Manga-Zeichenstudio

Kaneda Kobo

HÄNDE & FÜSSE

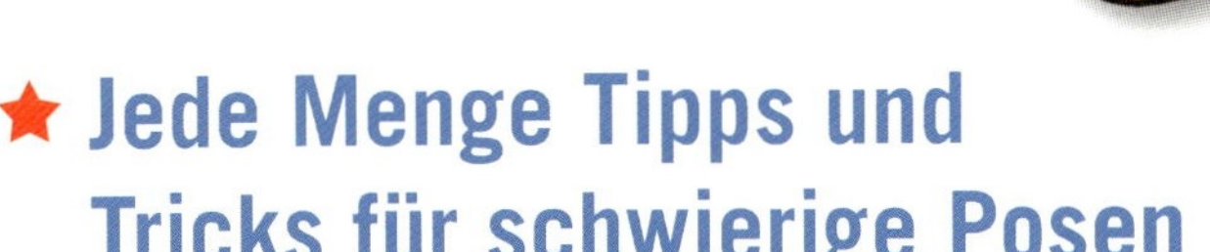

★ Jede Menge Tipps und Tricks für schwierige Posen

★ Viele Anwendungsbeispiele

★ Gut und übersichtlich erklärt

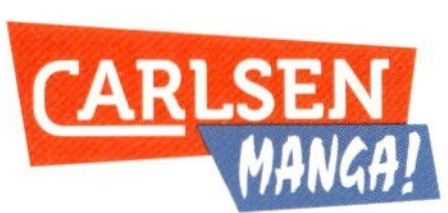

Manga-Zeichenstudio Hände & Füße

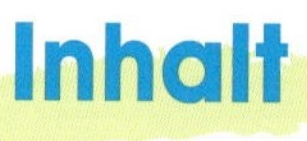

Inhalt

Kapitel 3: Wie man Füße und Beine zeichnet

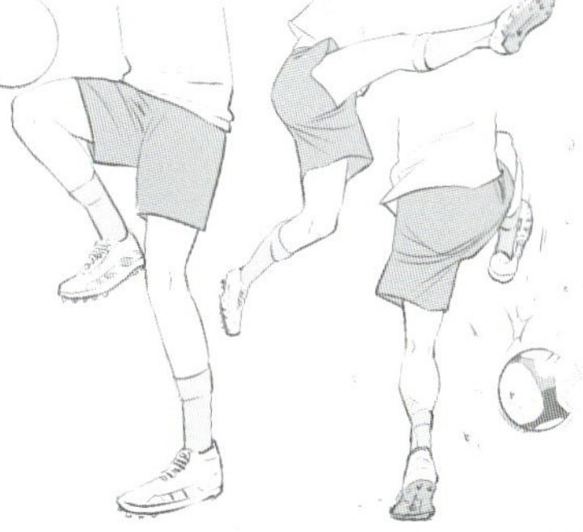

Kapitel 4: Füße und Beine in der Praxis

Kapitel 5: Ganzkörperdarstellung

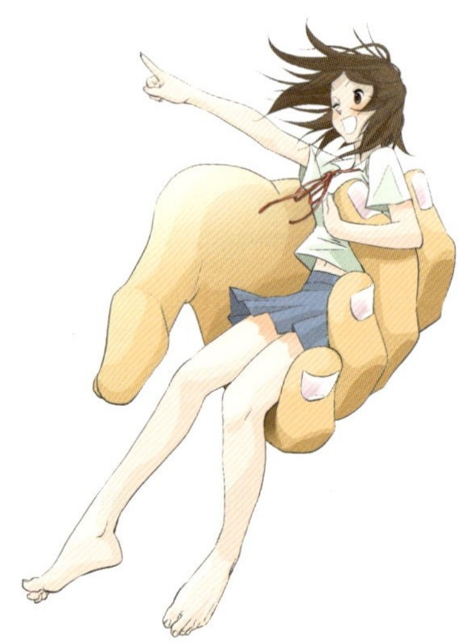

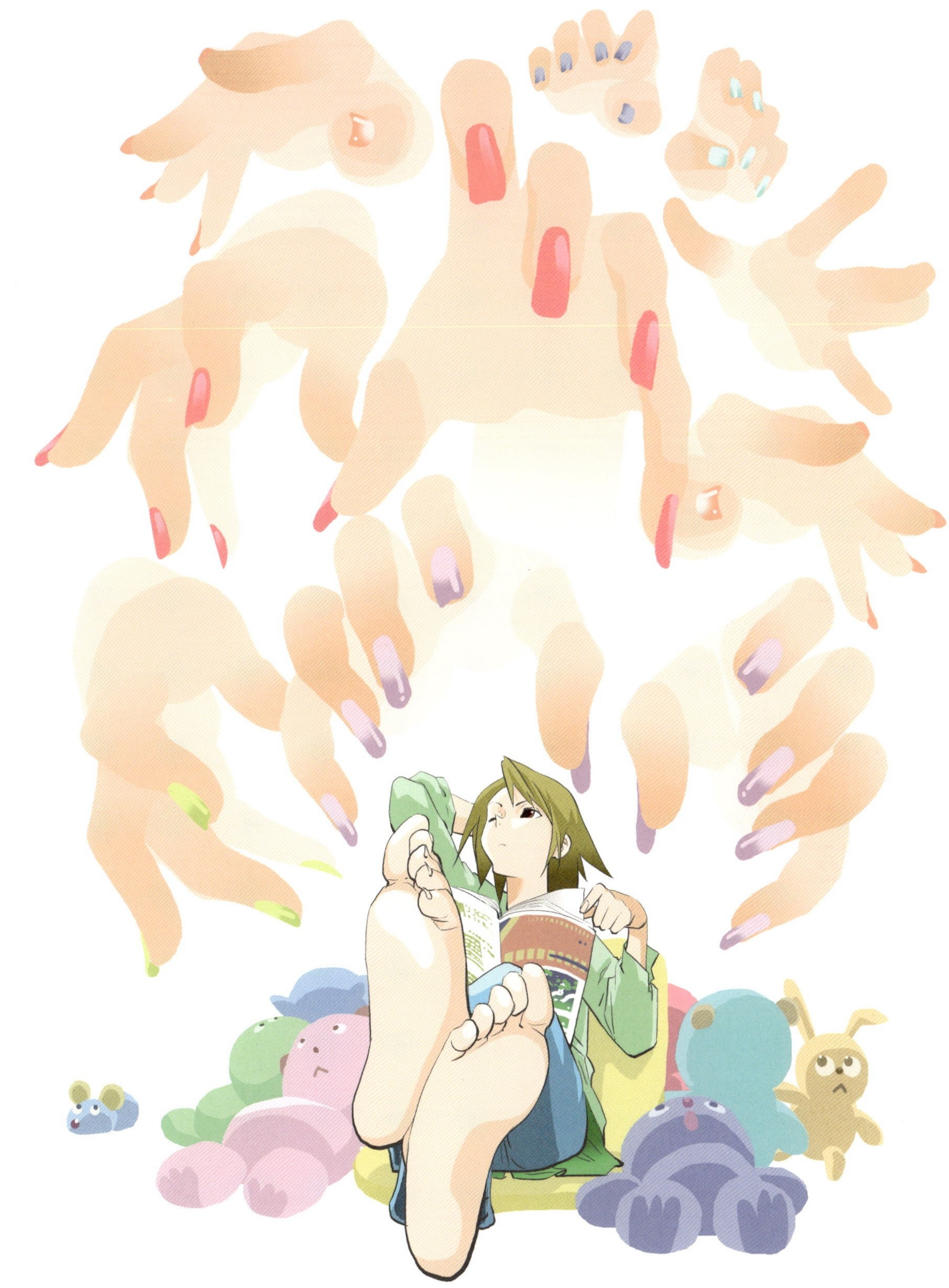

Es gibt unfassbar viele Möglichkeiten, Hände und Füße zu bewegen. Dementsprechend lassen sie sich auch in unterschiedlichster Art und Weise in einer Zeichnung erfassen. Dies bringt einerseits gewisse Schwierigkeiten mit sich, bietet aber durchaus auch die Möglichkeit, die Gefühle einer Figur besser auszudrücken und ihr so eine emotionale Tiefe zu verleihen. Füße und Hände sind also sehr entscheidend, wenn es darum geht, gelungene Figuren zu entwickeln. Dieses Buch will Euch dabei helfen, das Zeichnen von Händen und Füßen mit allen seinen positiven Aspekten zu erlernen.

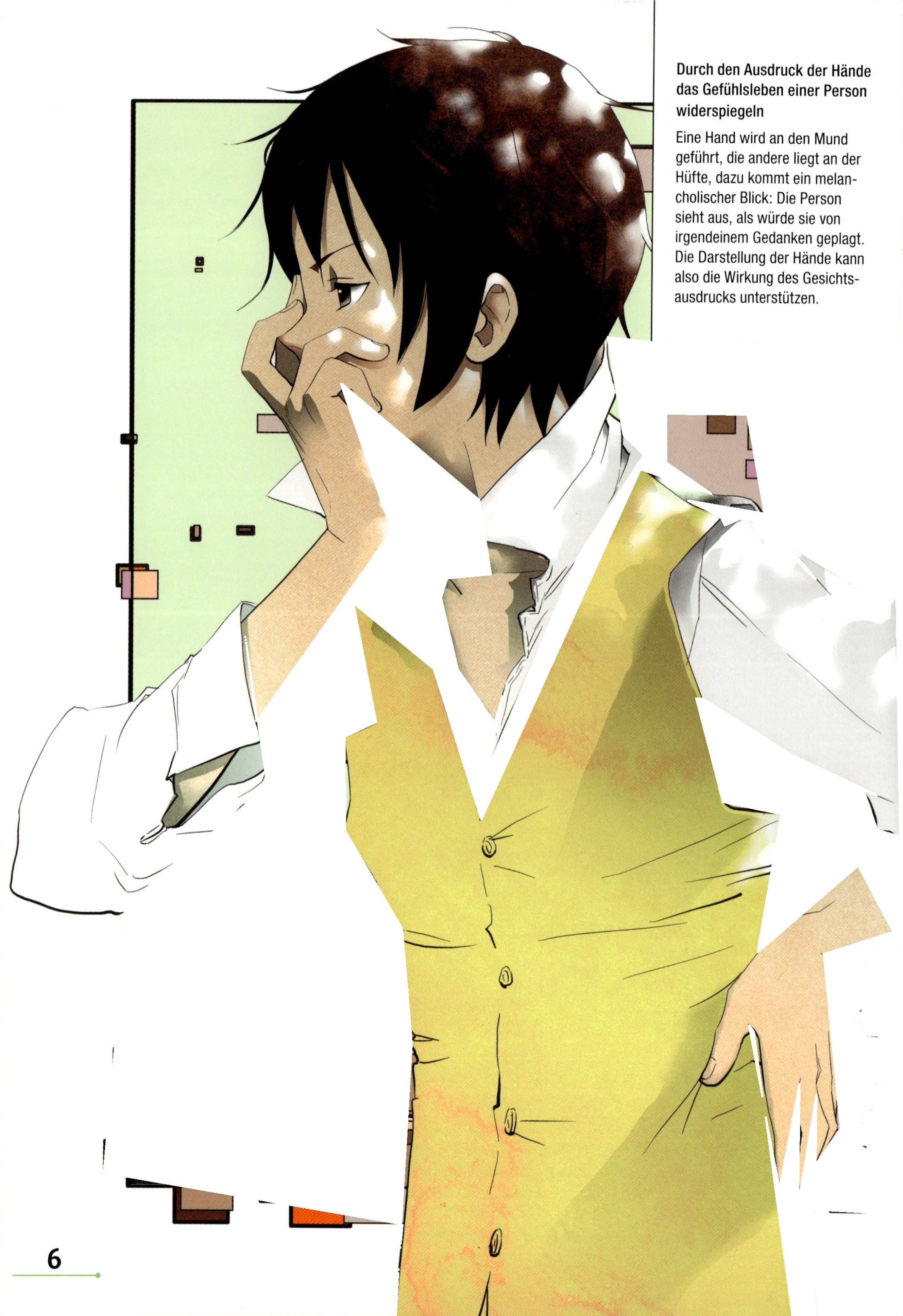

Durch den Ausdruck der Hände das Gefühlsleben einer Person widerspiegeln

Eine Hand wird an den Mund geführt, die andere liegt an der Hüfte, dazu kommt ein melancholischer Blick: Die Person sieht aus, als würde sie von irgendeinem Gedanken geplagt. Die Darstellung der Hände kann also die Wirkung des Gesichtsausdrucks unterstützen.

Das Verführerische an dieser Frau wird durch den Blick durch die Finger, die weichen Oberarme und die im Haar spielende Hand wiedergegeben. In diesem Bild erzeugen neben dem Gesicht auch die Hände Spannung.

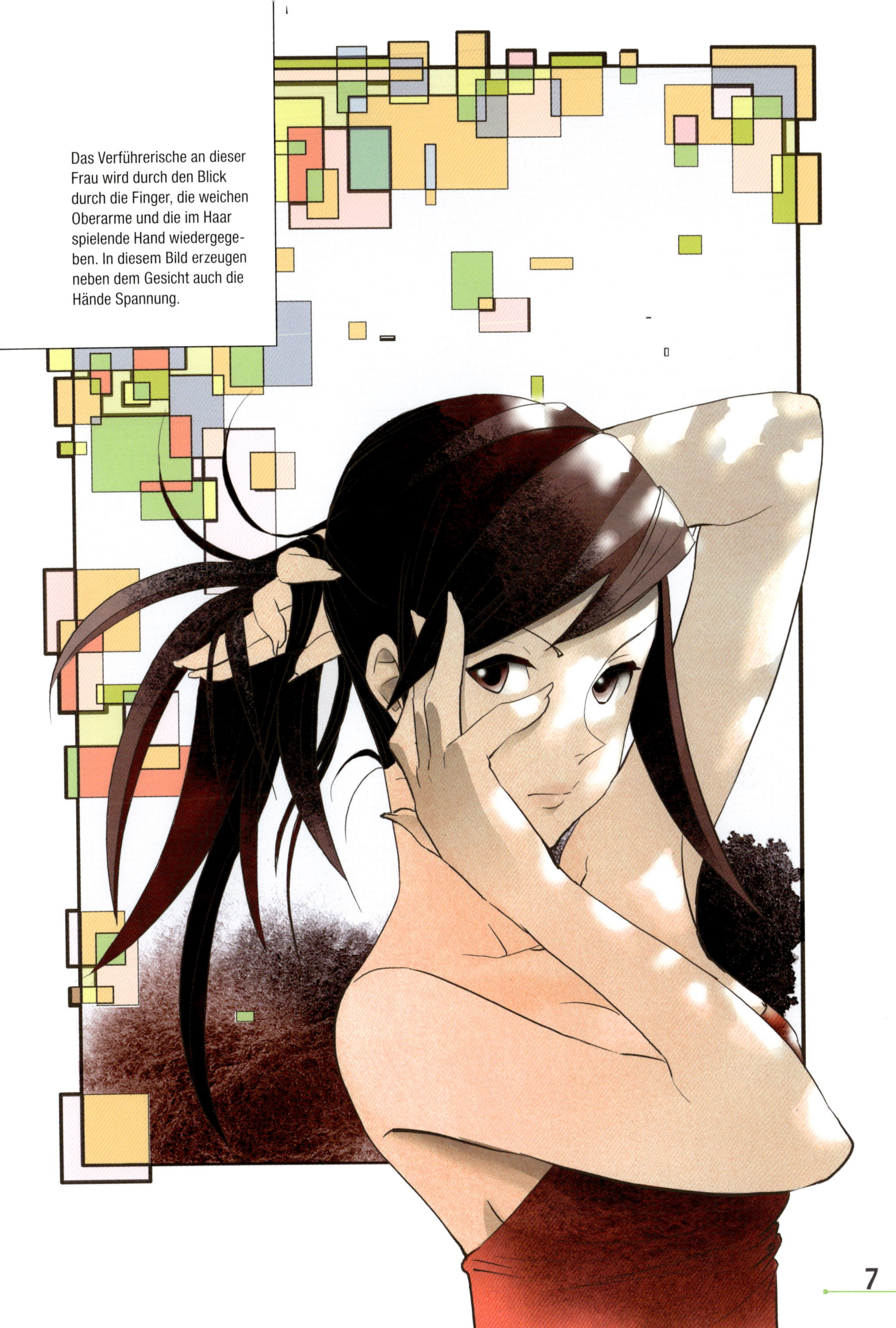

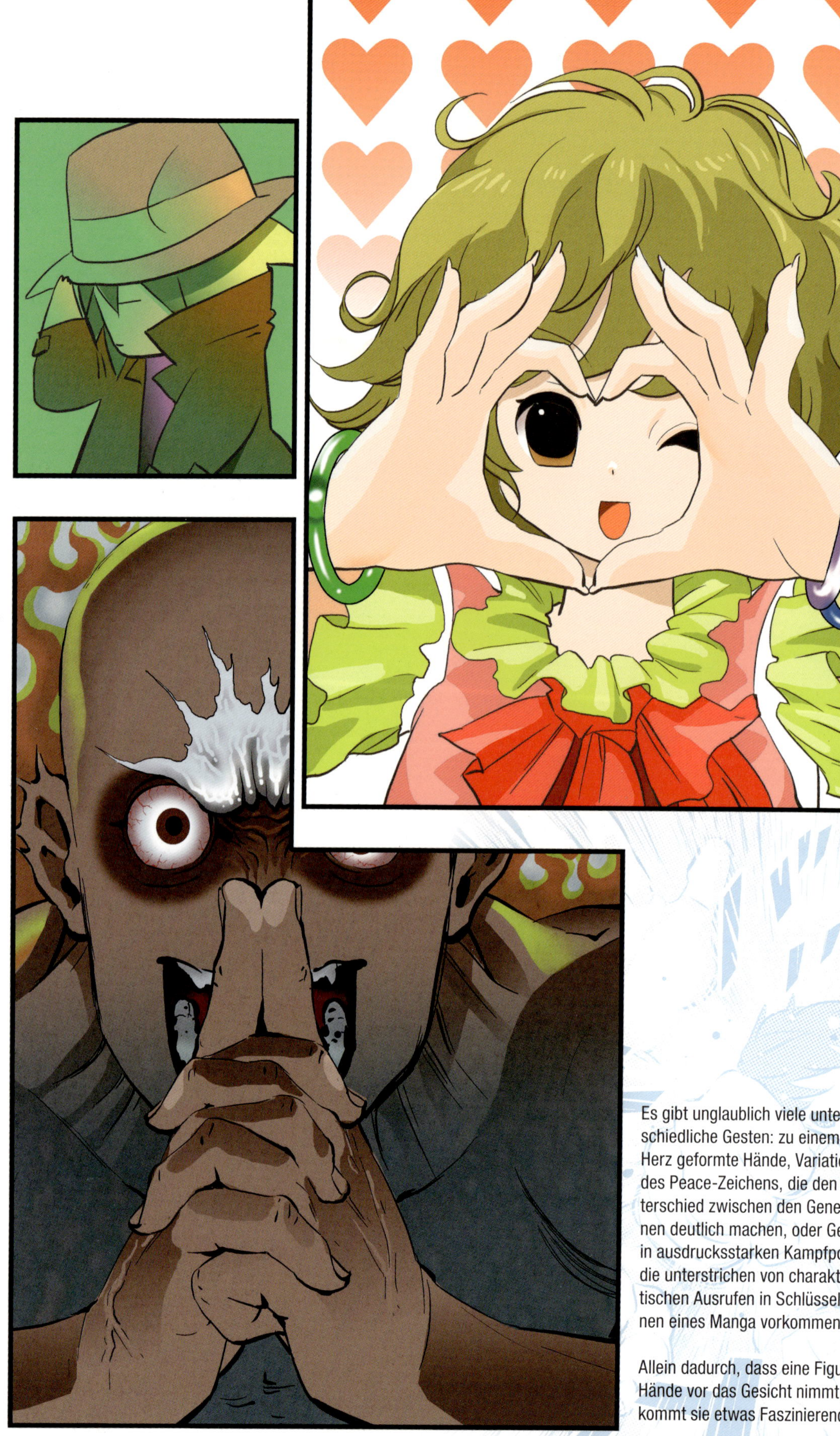

Es gibt unglaublich viele unterschiedliche Gesten: zu einem Herz geformte Hände, Variationen des Peace-Zeichens, die den Unterschied zwischen den Generationen deutlich machen, oder Gesten in ausdrucksstarken Kampfposen, die unterstrichen von charakteristischen Ausrufen in Schlüsselszenen eines Manga vorkommen.

Allein dadurch, dass eine Figur die Hände vor das Gesicht nimmt, bekommt sie etwas Faszinierendes.

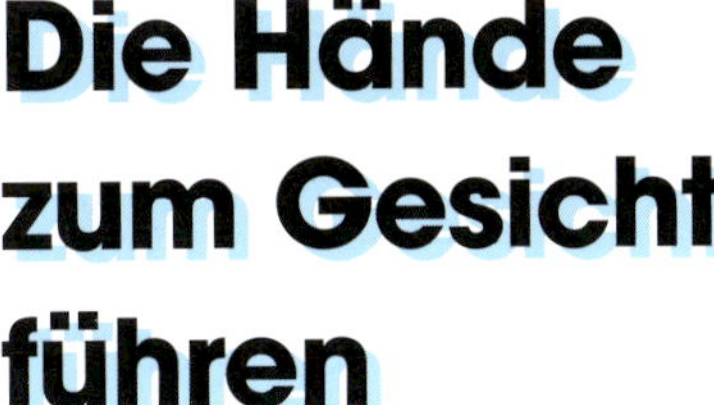

Die Hände zum Gesicht führen

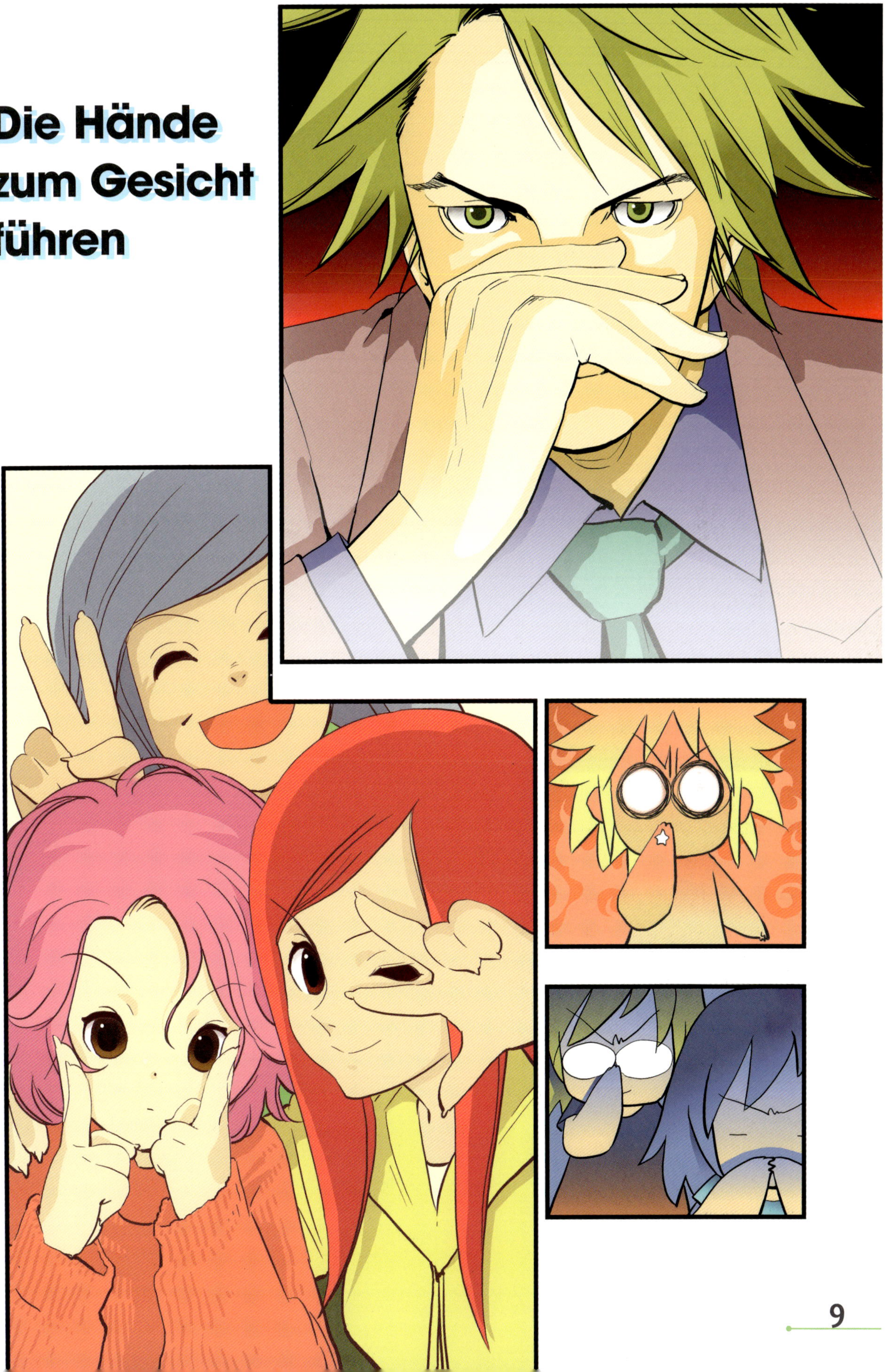

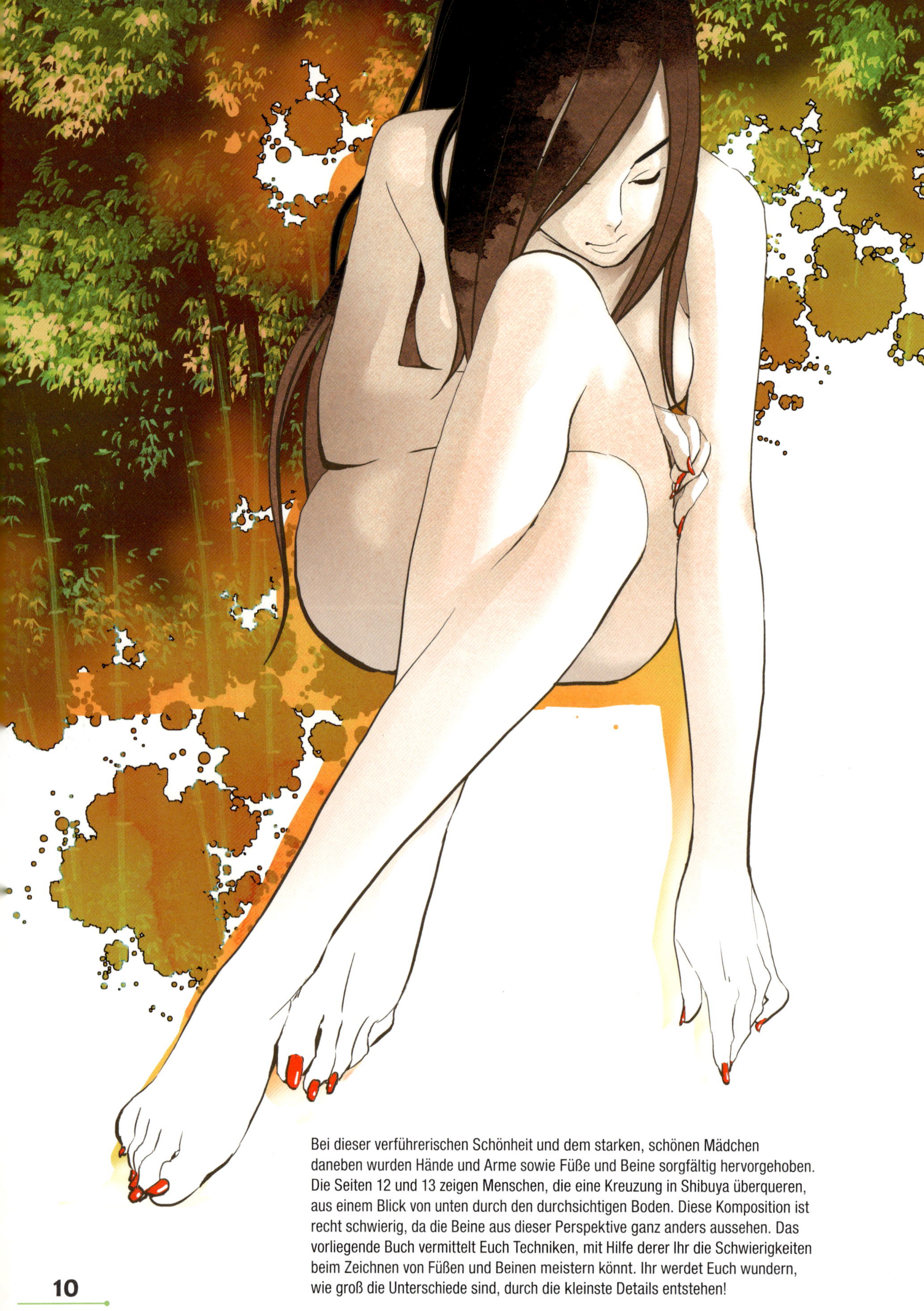

Bei dieser verführerischen Schönheit und dem starken, schönen Mädchen daneben wurden Hände und Arme sowie Füße und Beine sorgfältig hervorgehoben. Die Seiten 12 und 13 zeigen Menschen, die eine Kreuzung in Shibuya überqueren, aus einem Blick von unten durch den durchsichtigen Boden. Diese Komposition ist recht schwierig, da die Beine aus dieser Perspektive ganz anders aussehen. Das vorliegende Buch vermittelt Euch Techniken, mit Hilfe derer Ihr die Schwierigkeiten beim Zeichnen von Füßen und Beinen meistern könnt. Ihr werdet Euch wundern, wie groß die Unterschiede sind, durch die kleinste Details entstehen!

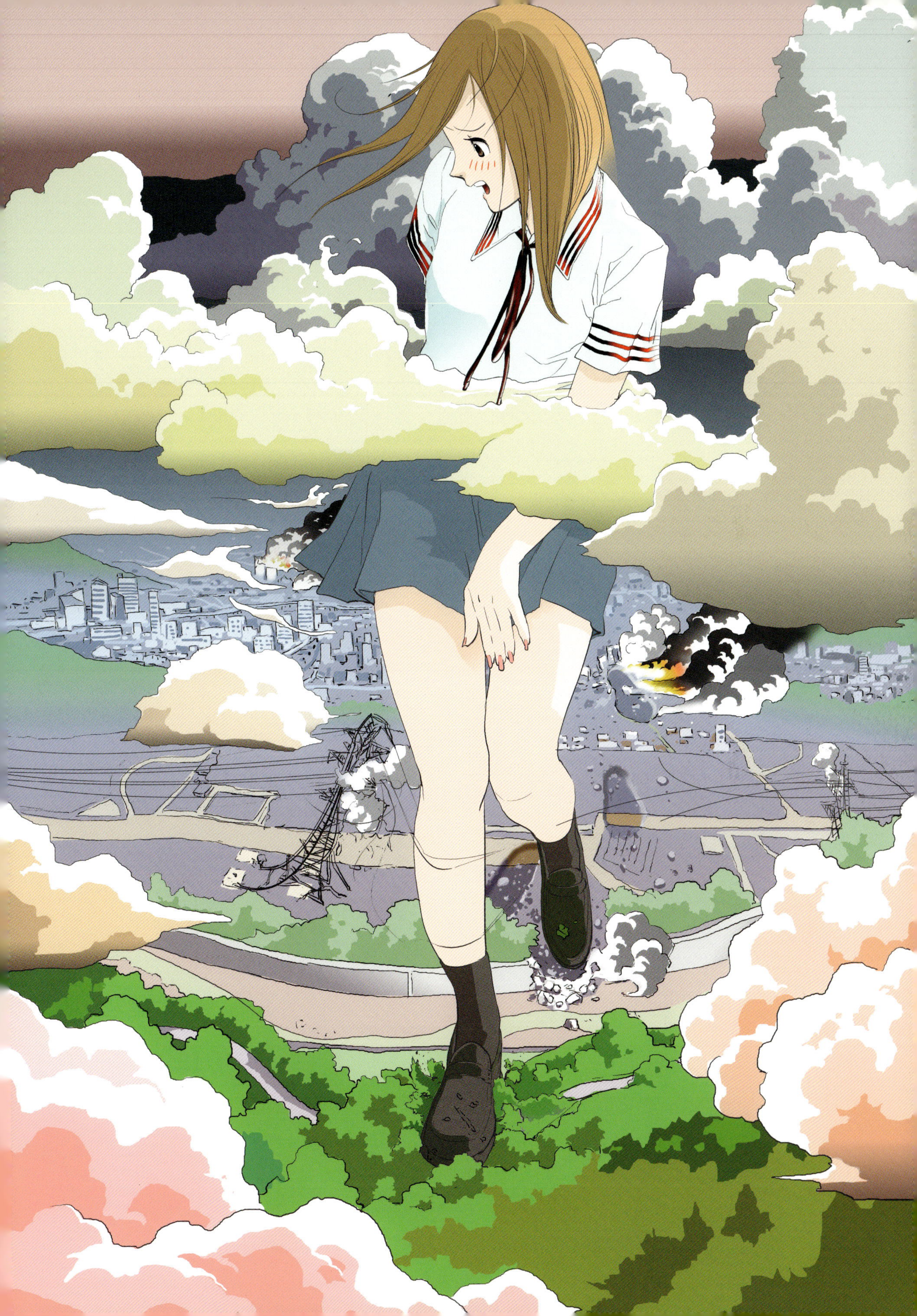

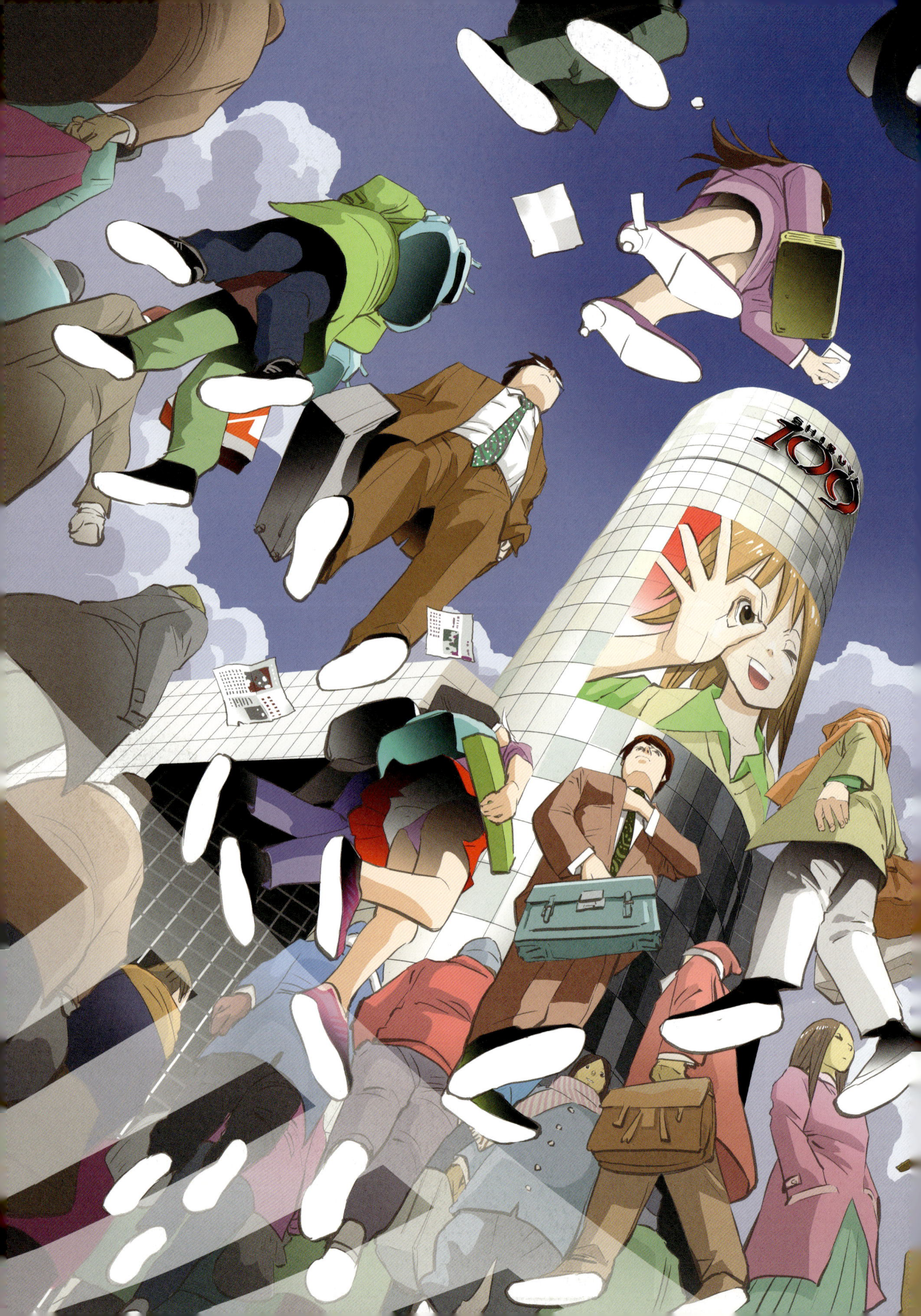
SHIBUYA
109

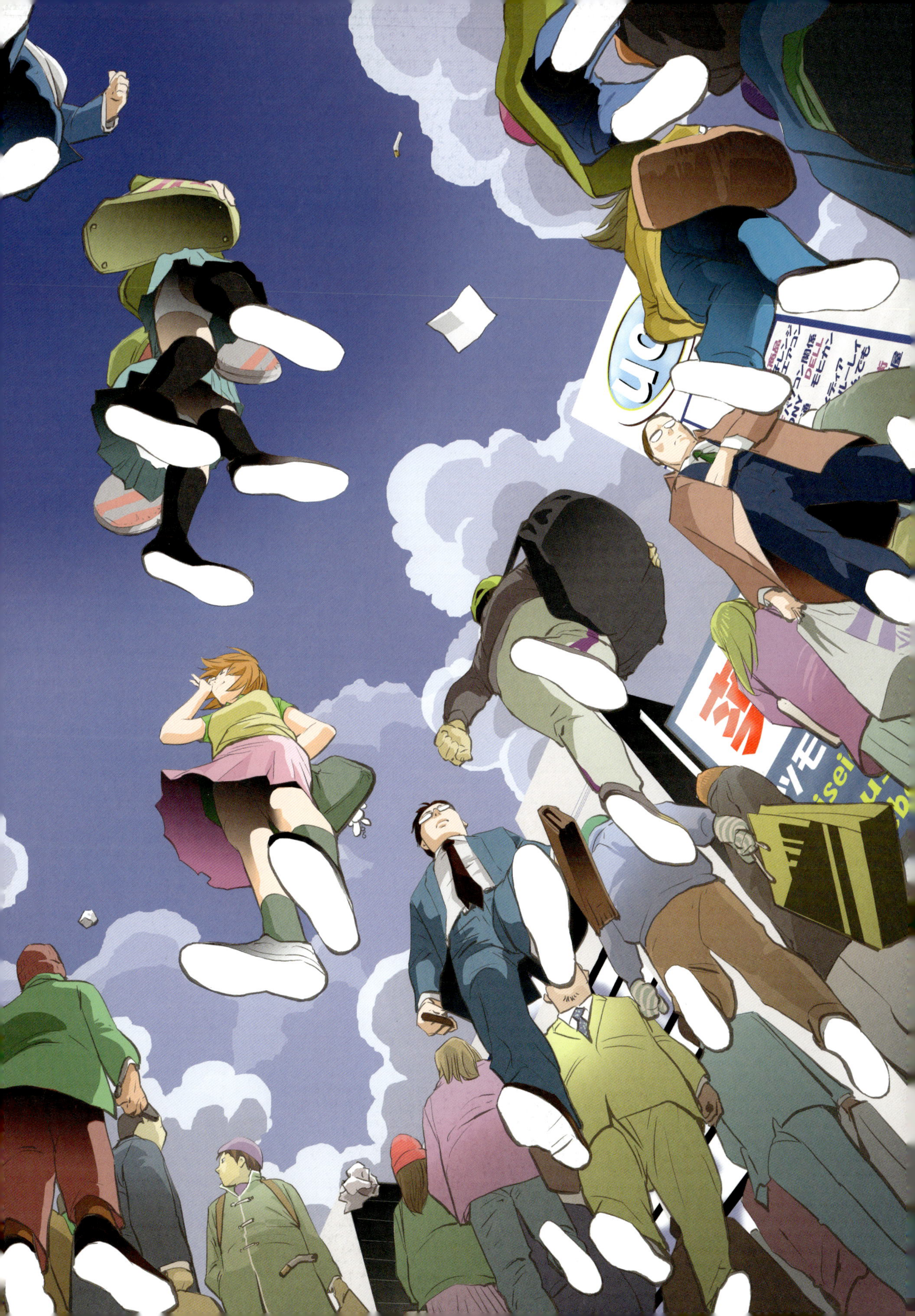
DELL

Muskeln und Sehnen des Arms

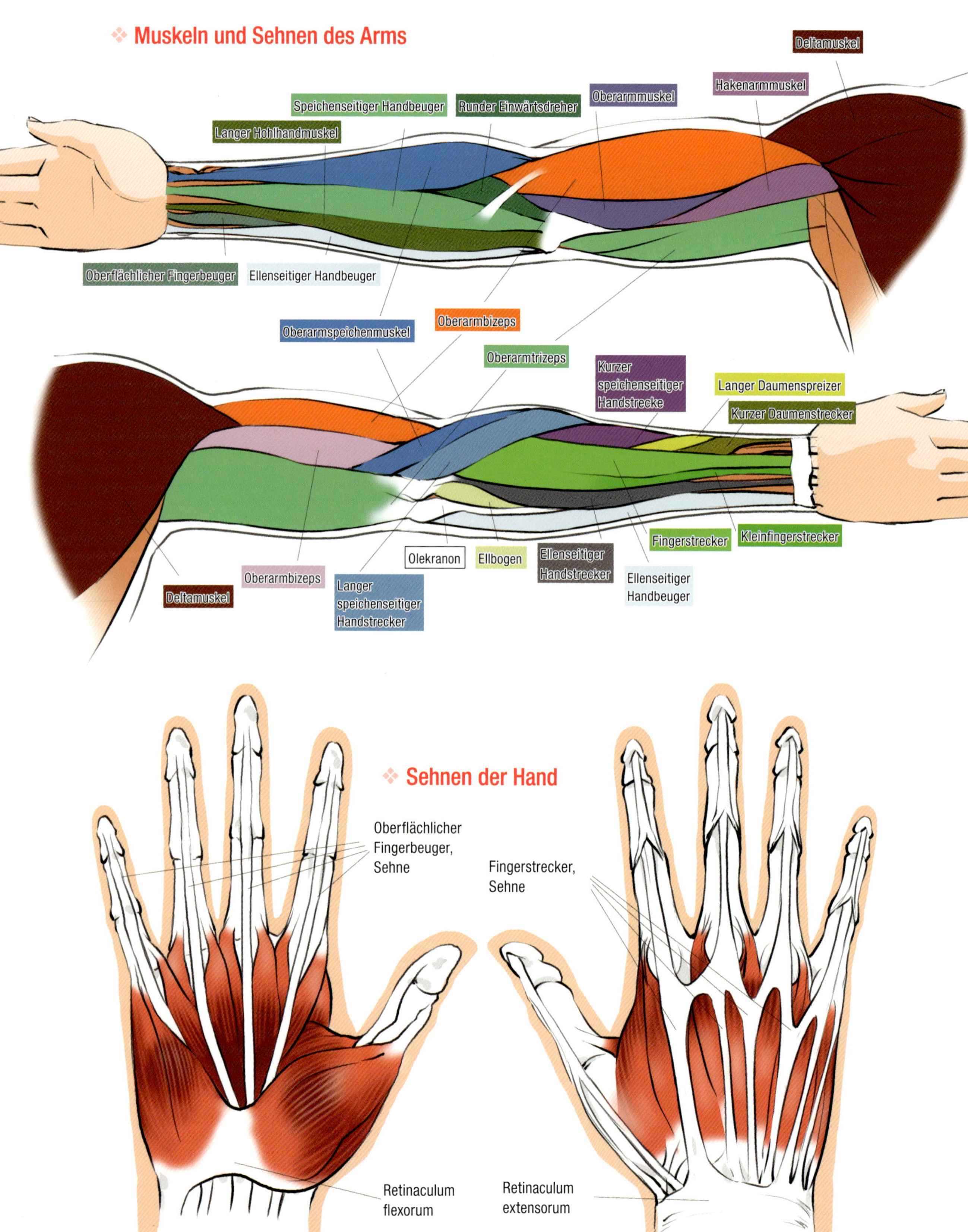

Muskeln und Sehnen des Beins

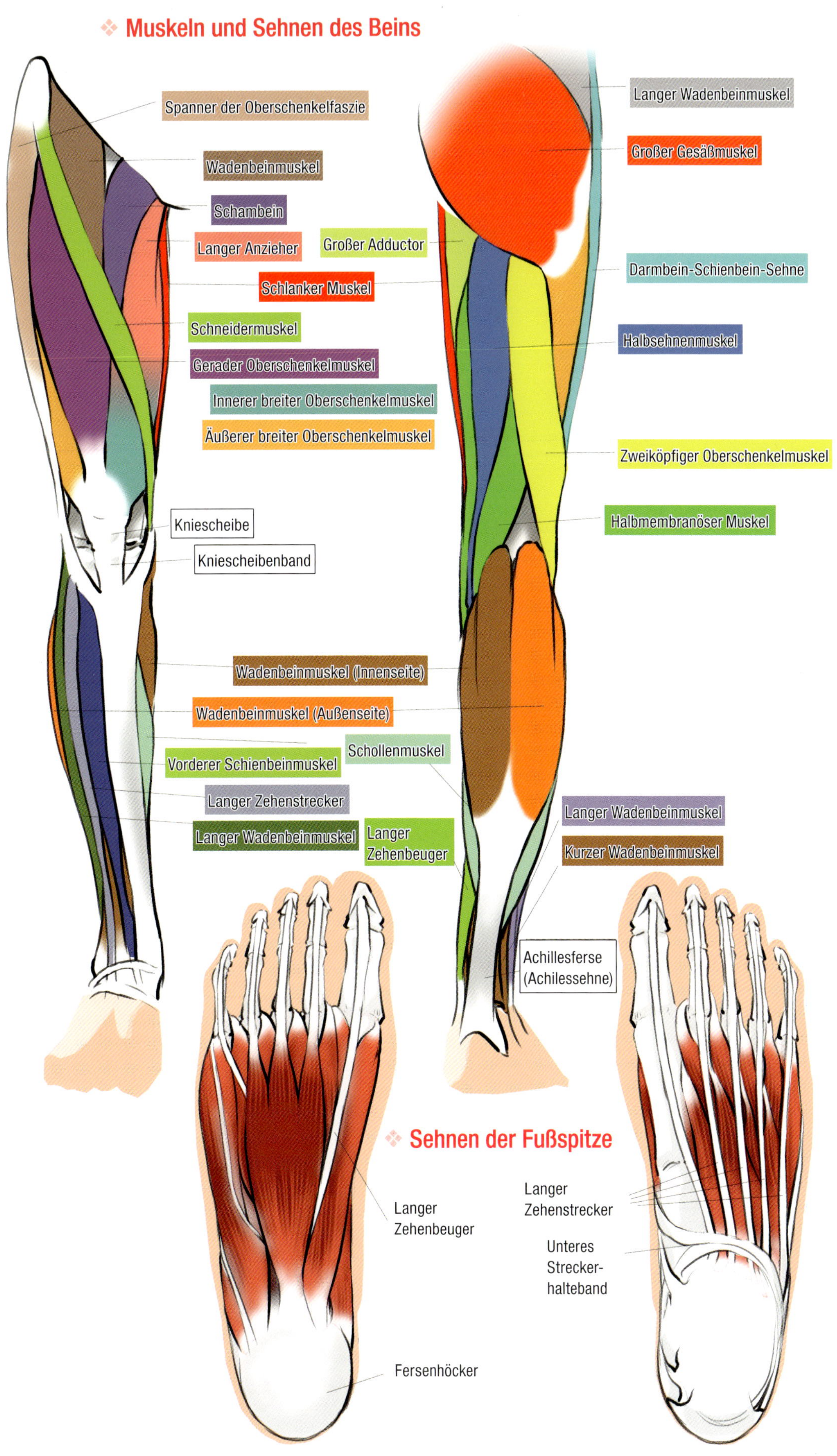

❖ Knochenbau von Arm und Bein

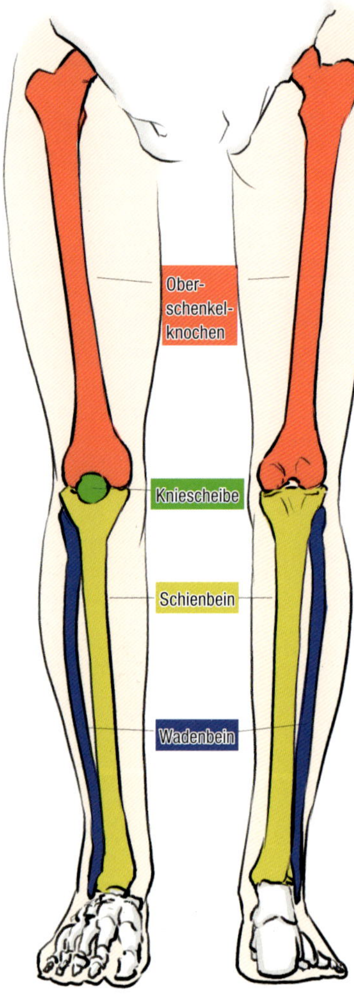

Schlüsselbein

Schulterblatt

Ober-
schenkel-
knochen

Kniescheibe

Schienbein

Wadenbein

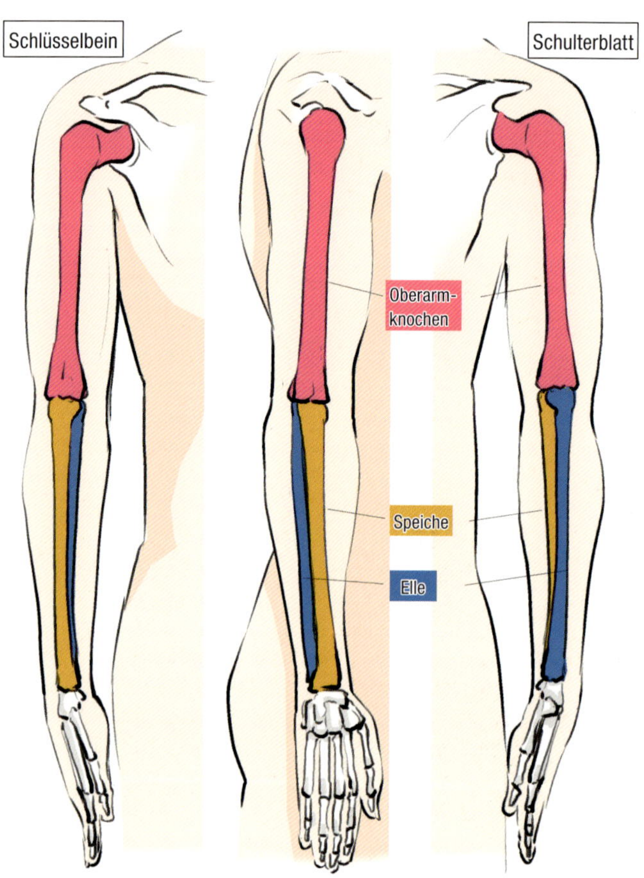

Oberarm-
knochen

Speiche

Elle

❖ Größe von Hand und Fuß im Vergleich

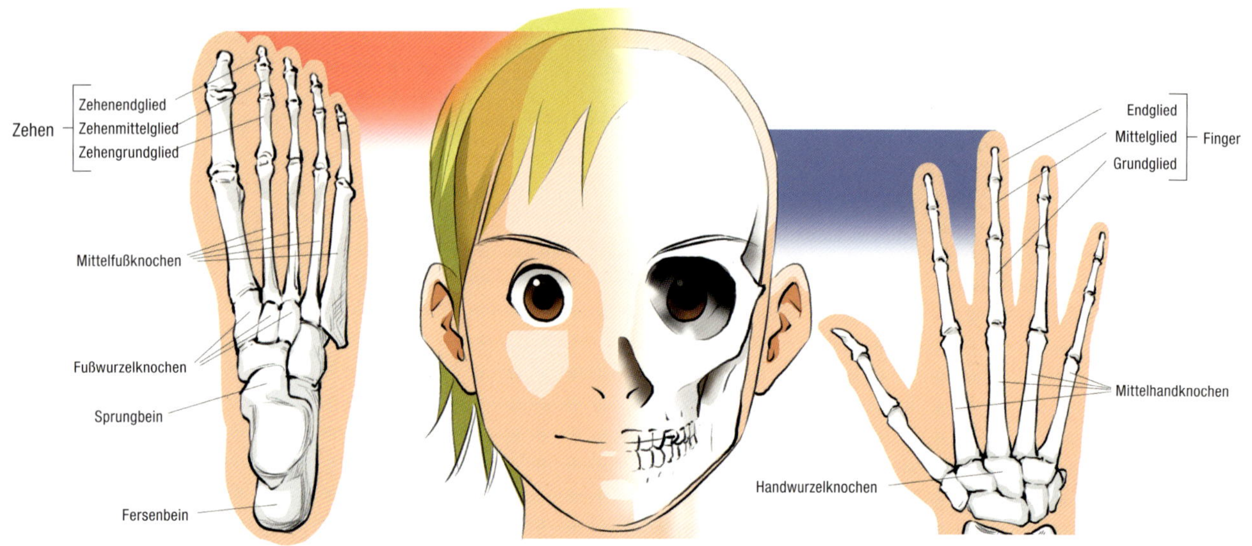

Kapitel 1

Wie man Hände und Arme zeichnet

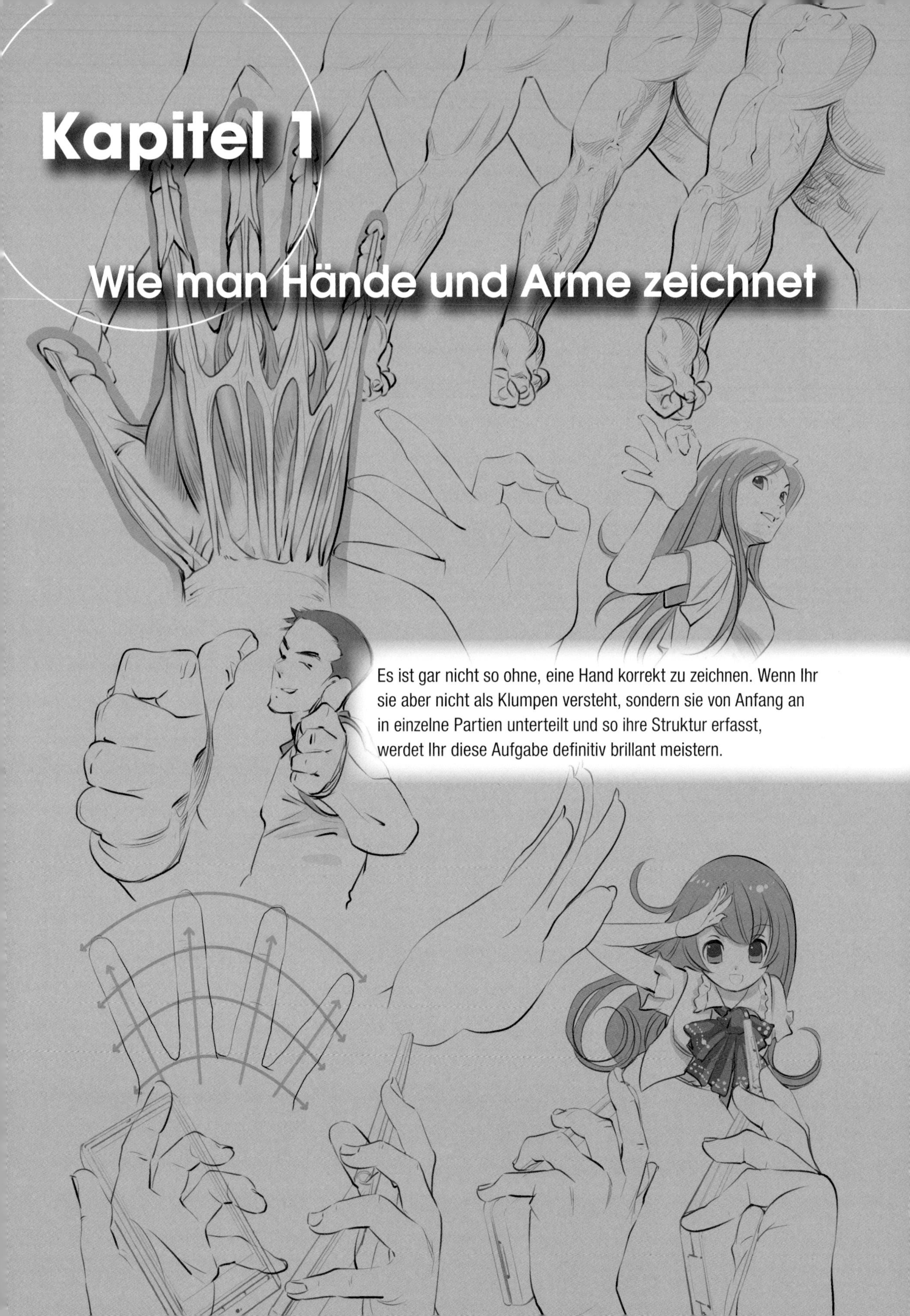

Es ist gar nicht so ohne, eine Hand korrekt zu zeichnen. Wenn Ihr sie aber nicht als Klumpen versteht, sondern sie von Anfang an in einzelne Partien unterteilt und so ihre Struktur erfasst, werdet Ihr diese Aufgabe definitiv brillant meistern.

01 Eine Hand ohne vorherige Skizze zeichnen

❖ Hand eines verzerrten Moe-Characters

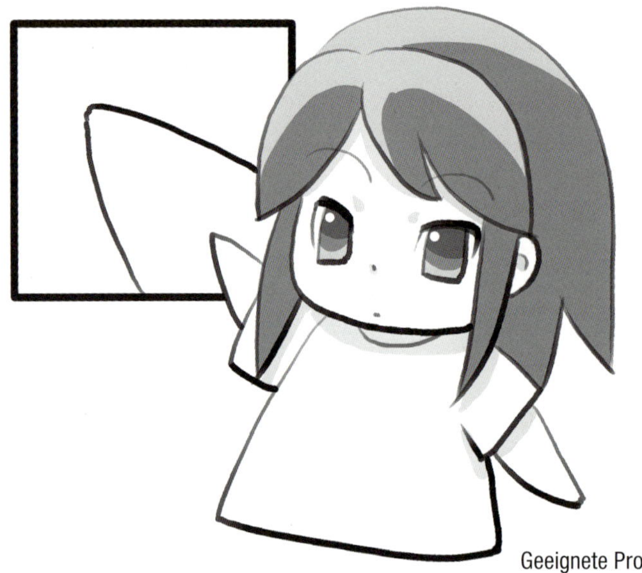

Indem man die Hand zu ihrer Spitze hin schmaler werden lässt, erhält man die Anmutung von Fingern.

Geeignete Proportion: 1:2 bis 1:3

So sind die Hände maximal vereinfacht, dennoch lassen sich nahezu alle Bewegungen wiedergeben.

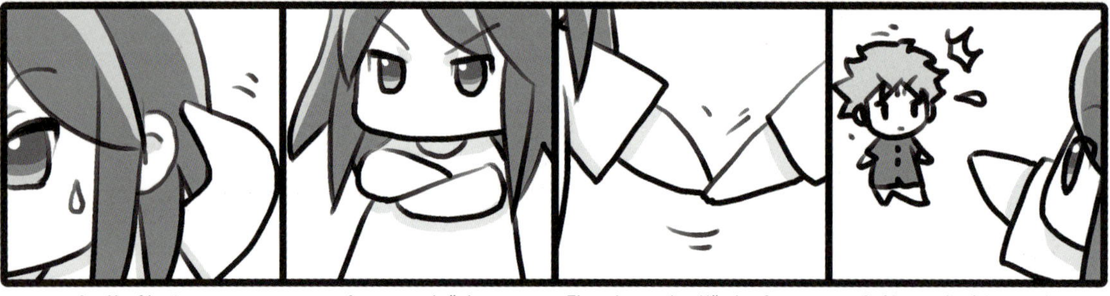

Am Kopf kratzen | Arme verschränken | Einander an den Händen fassen | Auf jemanden/etwas zeigen

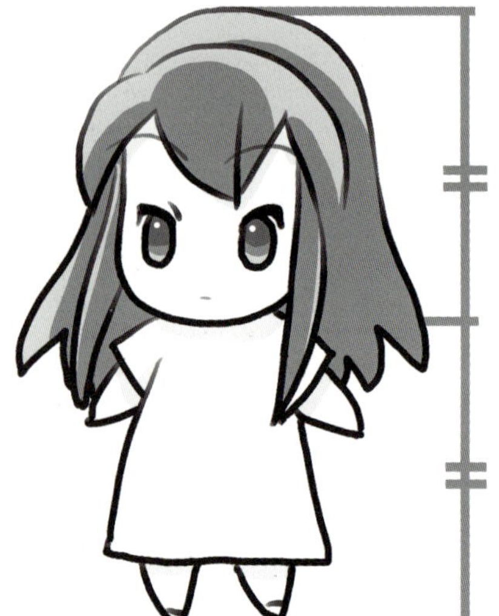

Wie man die Hände eines verzerrten Moe-Characters zeichnet

Die Hände gehen zwar in die Arme über, sind aber immer noch weitaus kleiner als der Kopf.

Herunterhängen

Zur Seite ausstrecken

Heben

Beugen

Point Zeichnet den Arm so, als würde er sich nach außen hin öffnen.

Point Die äußere Seite rundlich gestalten

Hand eines Yonkoma-Characters

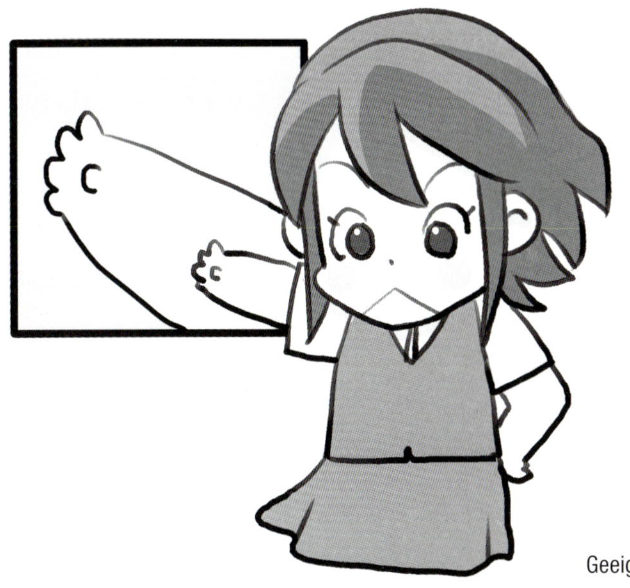

An die röhrenförmige Hand sind vorn die kurzen Finger ohne Gelenke angefügt.

Geeignete Proportion: 1:2 bis 1:3

In dieser Stufe der Verzerrung lassen sich nahezu sämtliche Bewegungen wiedergeben.

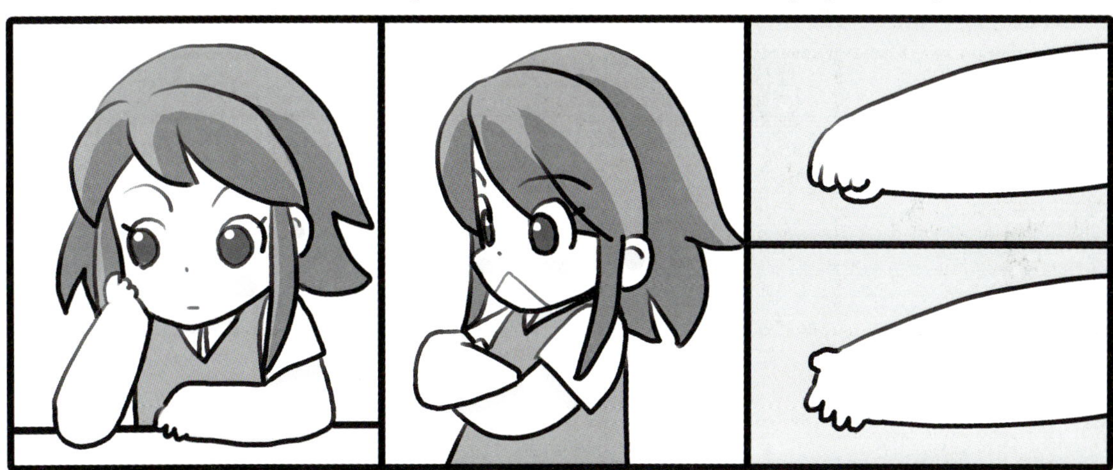

Wange in die Hand stützen Arme verschränken Etwas mit den Fingern greifen, Hand öffnen

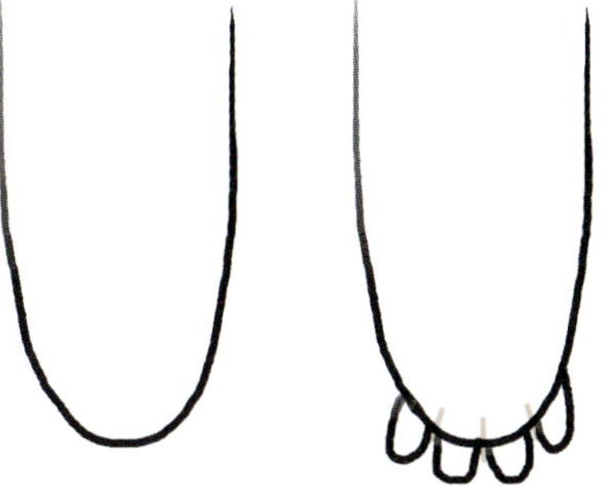

An die Spitze werden vier Finger gesetzt.

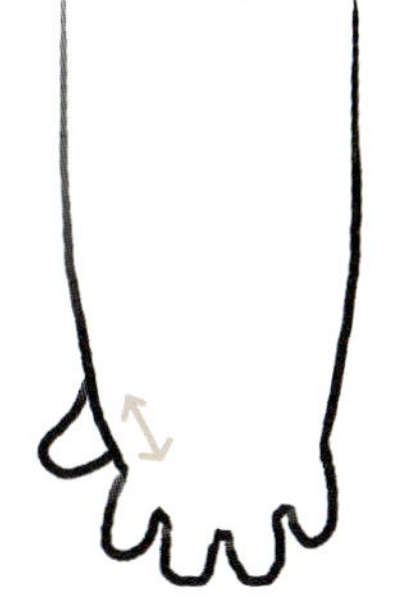

Point
Etwas weiter entfernt wird der Daumen angefügt.

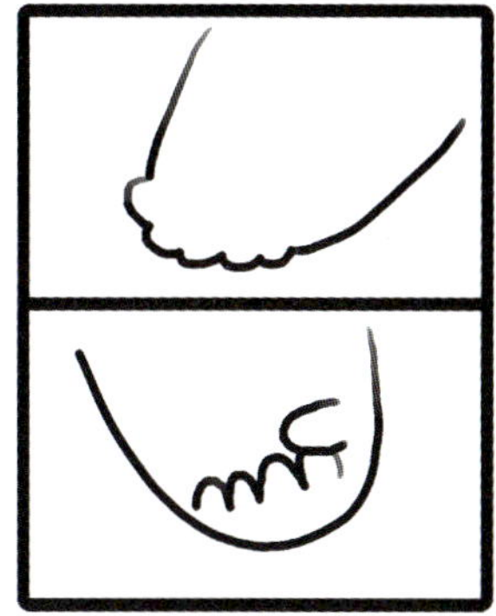

Greifende Hand

❖ Hand eines Manga-Characters

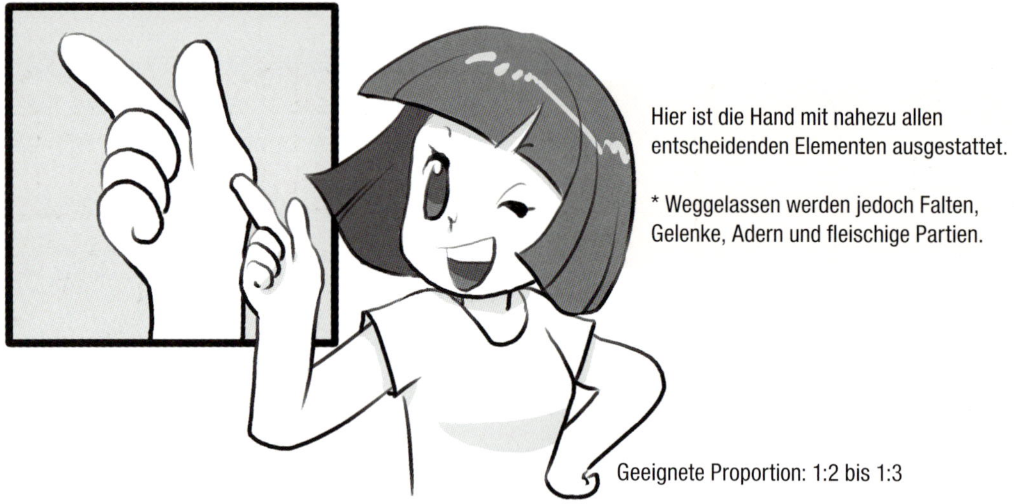

Hier ist die Hand mit nahezu allen entscheidenden Elementen ausgestattet.

* Weggelassen werden jedoch Falten, Gelenke, Adern und fleischige Partien.

Geeignete Proportion: 1:2 bis 1:3

Obwohl die Zeichnung nicht realitätsgetreu ist, lassen sich erstaunlicherweise sämtliche Bewegungen und Gefühlsausdrücke wiedergeben. Die Fingernägel können ebenfalls dargestellt werden, müssen es aber nicht.

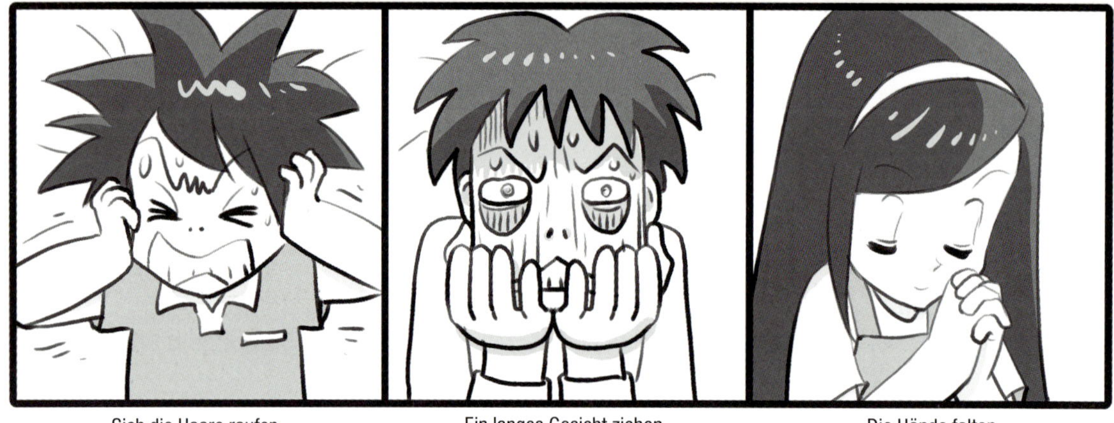

Sich die Haare raufen | Ein langes Gesicht ziehen | Die Hände falten

Einen Arm zeichnen Der Arm sieht wie ein gerader Stock aus.

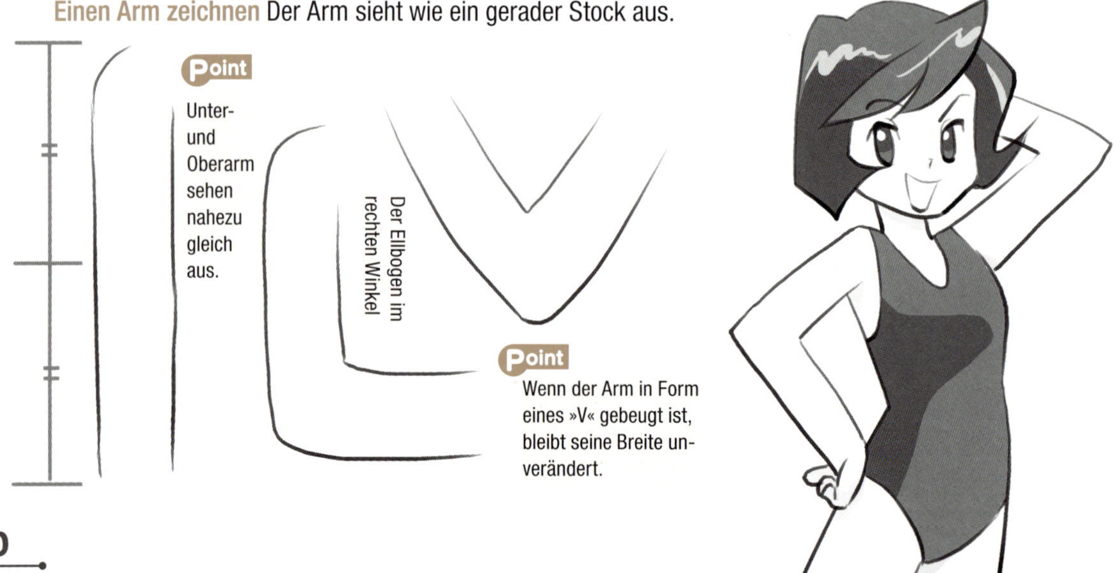

Point

Unter- und Oberarm sehen nahezu gleich aus.

Der Ellbogen im rechten Winkel

Point

Wenn der Arm in Form eines »V« gebeugt ist, bleibt seine Breite unverändert.

Eine Hand zeichnen

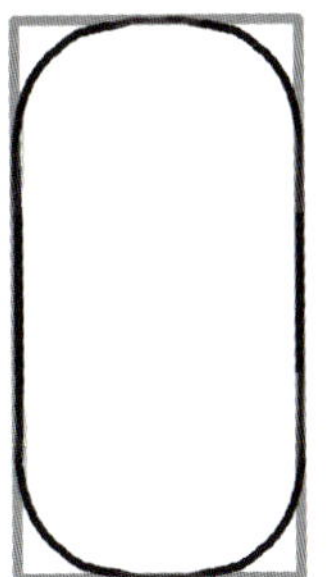

Ein Rechteck mit gerundeten Ecken zeichnen

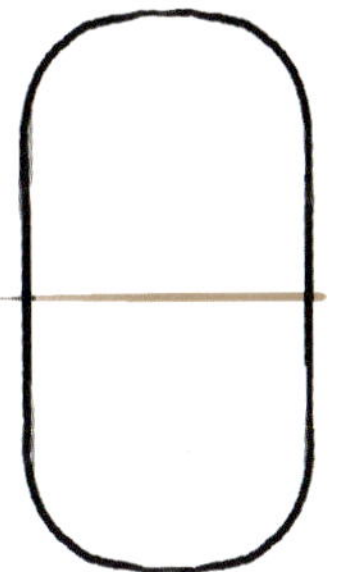

Eine Linie durch die Mitte ziehen

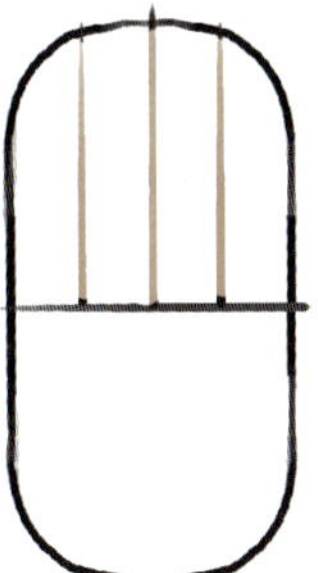

Den oberen Teil in vier Partien unterteilen

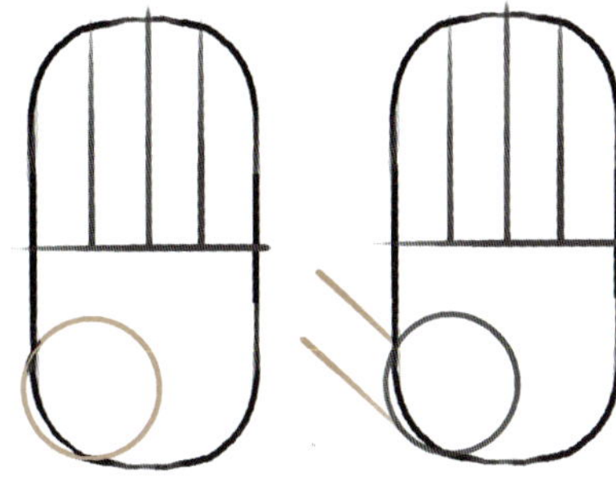

Den Kreis für den Daumenansatz links bzw. rechts in die Ecke setzen

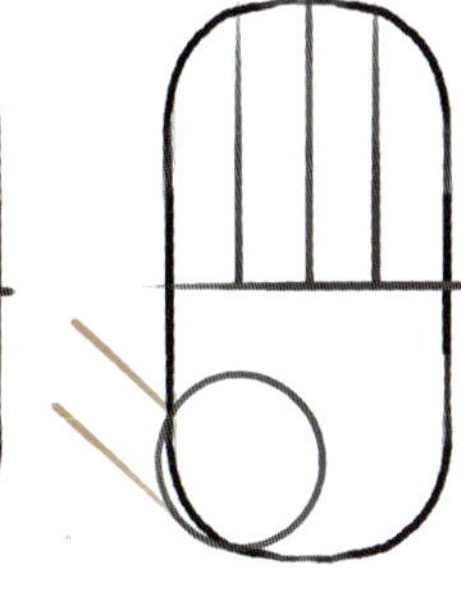

Den Daumen schräg anfügen

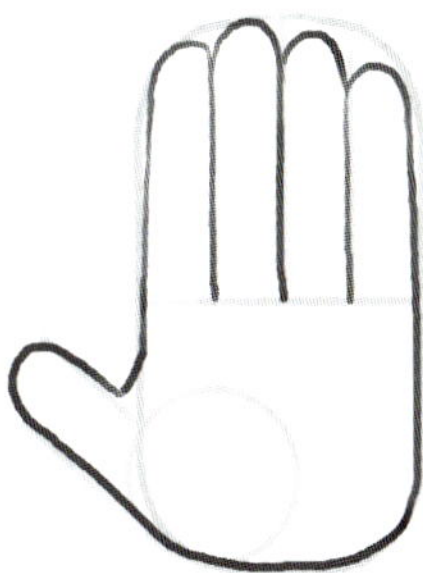

Mit Hilfe dieses Schemas lässt sich nun die Hand zeichnen.

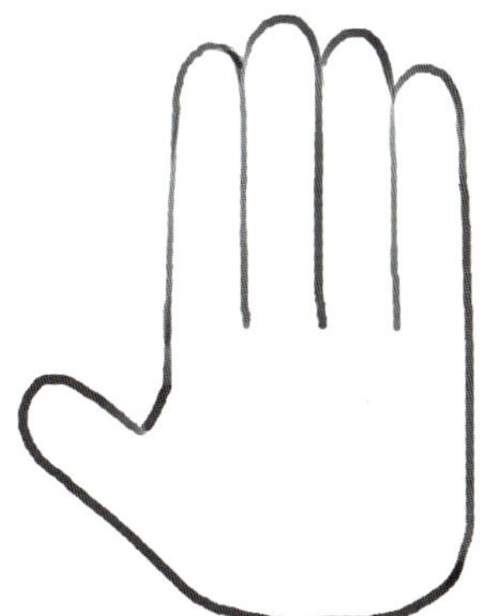

Fertig ist die Hand eines Manga-Characters!

Ab Seite 26 wird von Grund auf erklärt, in welcher Reihenfolge eine Hand zu zeichnen ist. Hier wollen wir zunächst einmal ganz oberflächlich das Schema einer Hand erfassen.

Arm und Hand zusammenfügen

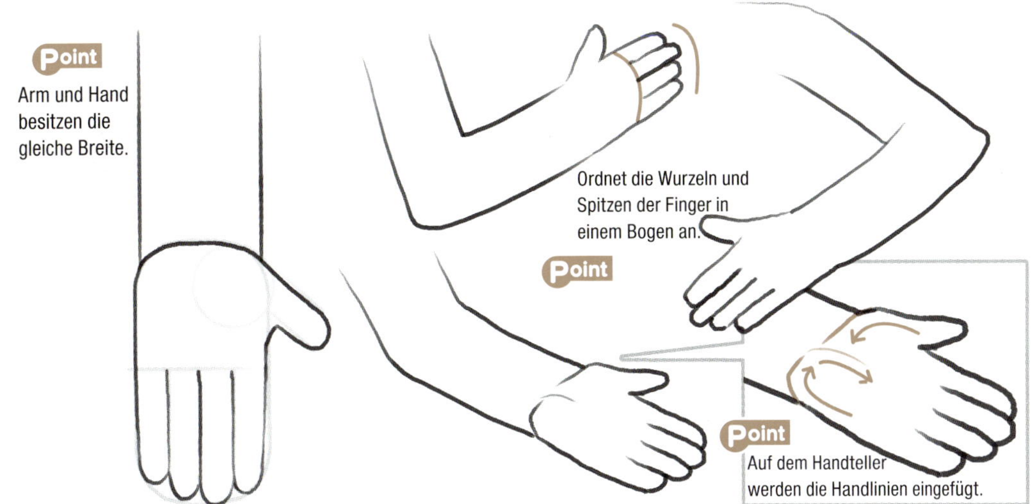

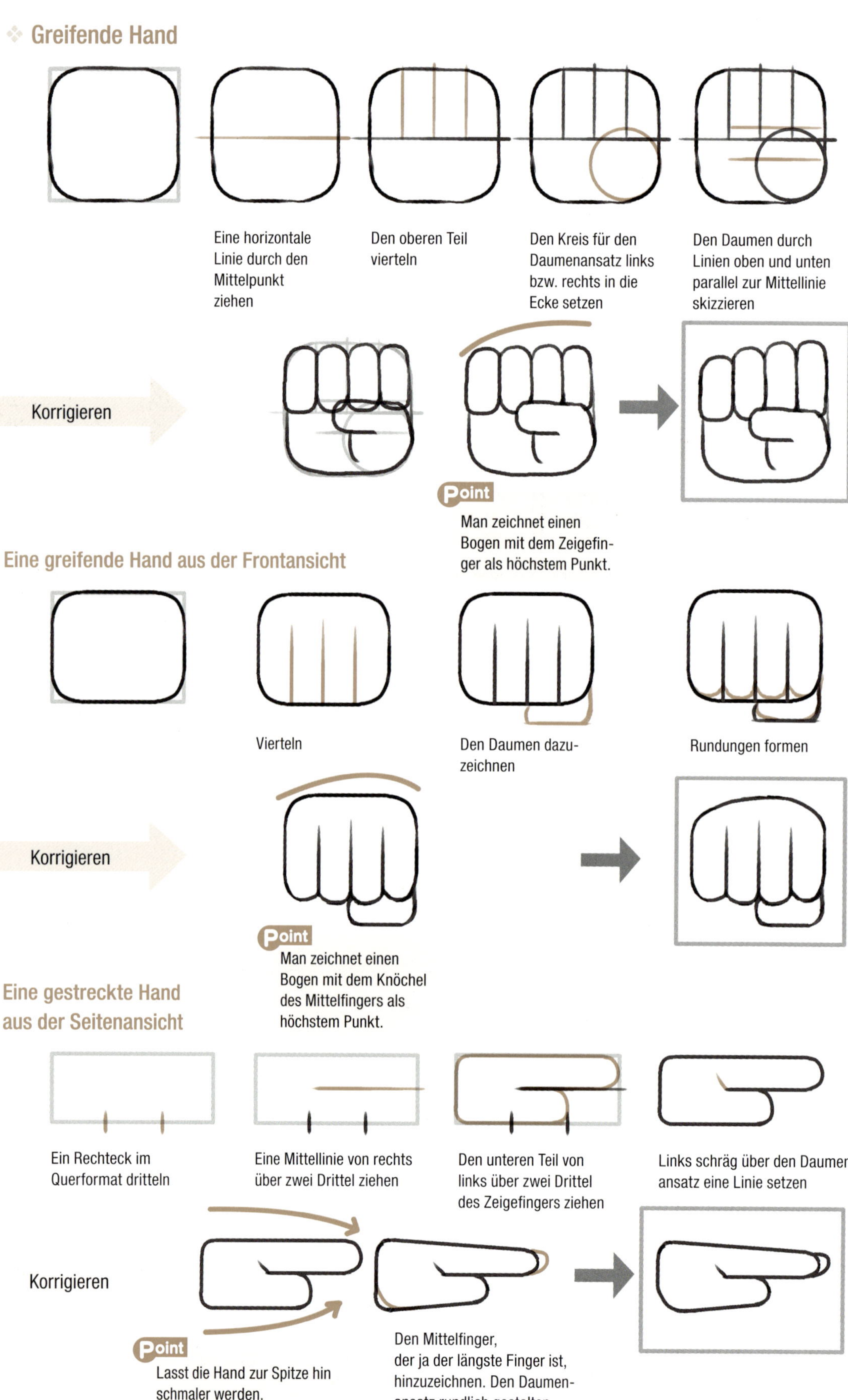
Greifende Hand
Eine horizontale Linie durch den Mittelpunkt ziehen
Den oberen Teil vierteln
Den Kreis für den Daumenansatz links bzw. rechts in die Ecke setzen
Den Daumen durch Linien oben und unten parallel zur Mittellinie skizzieren
Korrigieren
Point
Man zeichnet einen Bogen mit dem Zeigefinger als höchstem Punkt.
Eine greifende Hand aus der Frontansicht
Vierteln
Den Daumen dazuzeichnen
Rundungen formen
Korrigieren
Point
Man zeichnet einen Bogen mit dem Knöchel des Mittelfingers als höchstem Punkt.
Eine gestreckte Hand aus der Seitenansicht
Ein Rechteck im Querformat dritteln
Eine Mittellinie von rechts über zwei Drittel ziehen
Den unteren Teil von links über zwei Drittel des Zeigefingers ziehen
Links schräg über den Daumenansatz eine Linie setzen
Korrigieren
Point
Lasst die Hand zur Spitze hin schmaler werden.
Den Mittelfinger, der ja der längste Finger ist, hinzuzeichnen. Den Daumenansatz rundlich gestalten.

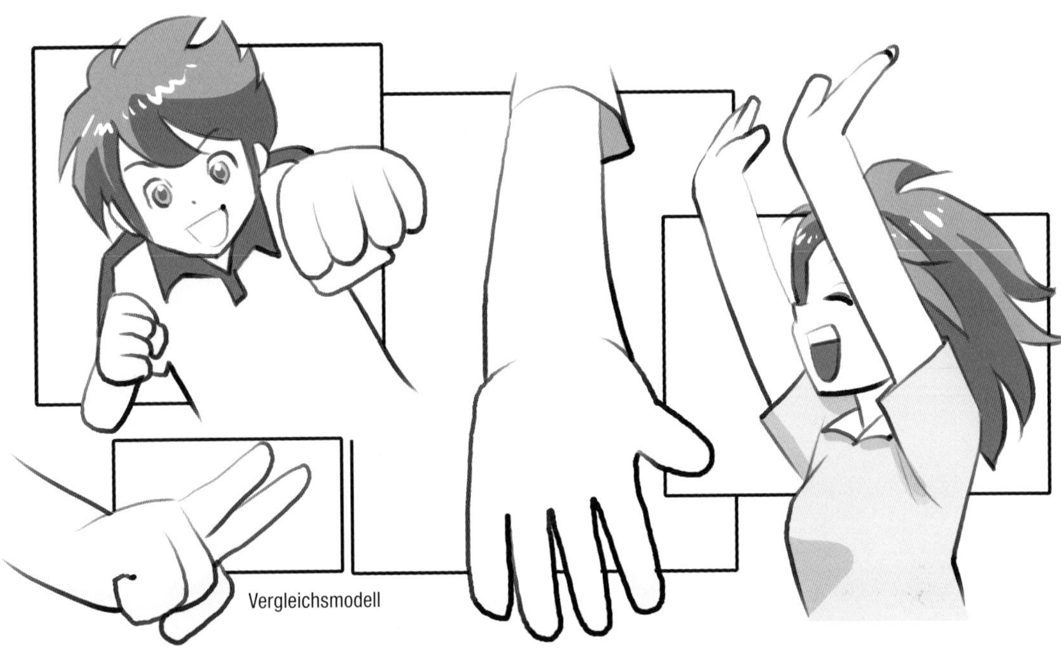

Vergleichsmodell

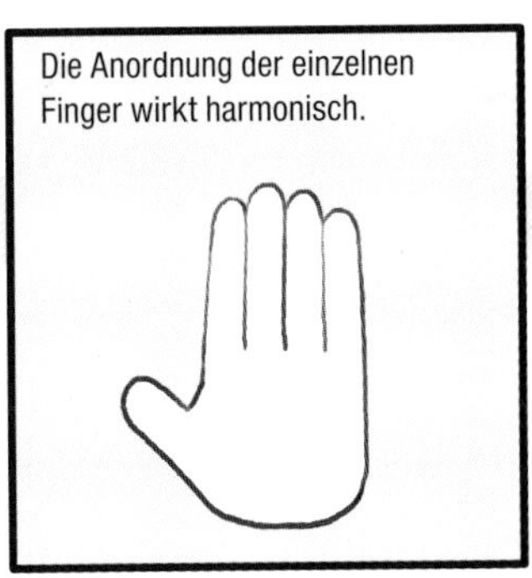

Die Anordnung der einzelnen Finger wirkt harmonisch.

Bisher…

Von nun an…

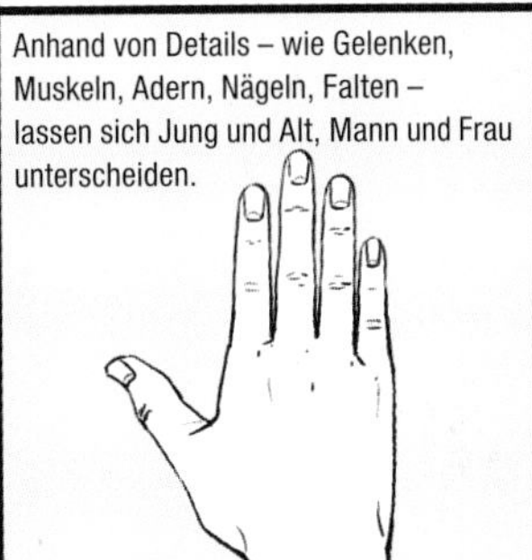

Anhand von Details – wie Gelenken, Muskeln, Adern, Nägeln, Falten – lassen sich Jung und Alt, Mann und Frau unterscheiden.

Diese Methode, eine Hand ohne vorherige Skizze zu zeichnen, dient uns als Grundlage, um nun zum nächsten Schritt überzugehen, nämlich eine Hand detailliert zu zeichnen!

02 Grundwissen zur Hand

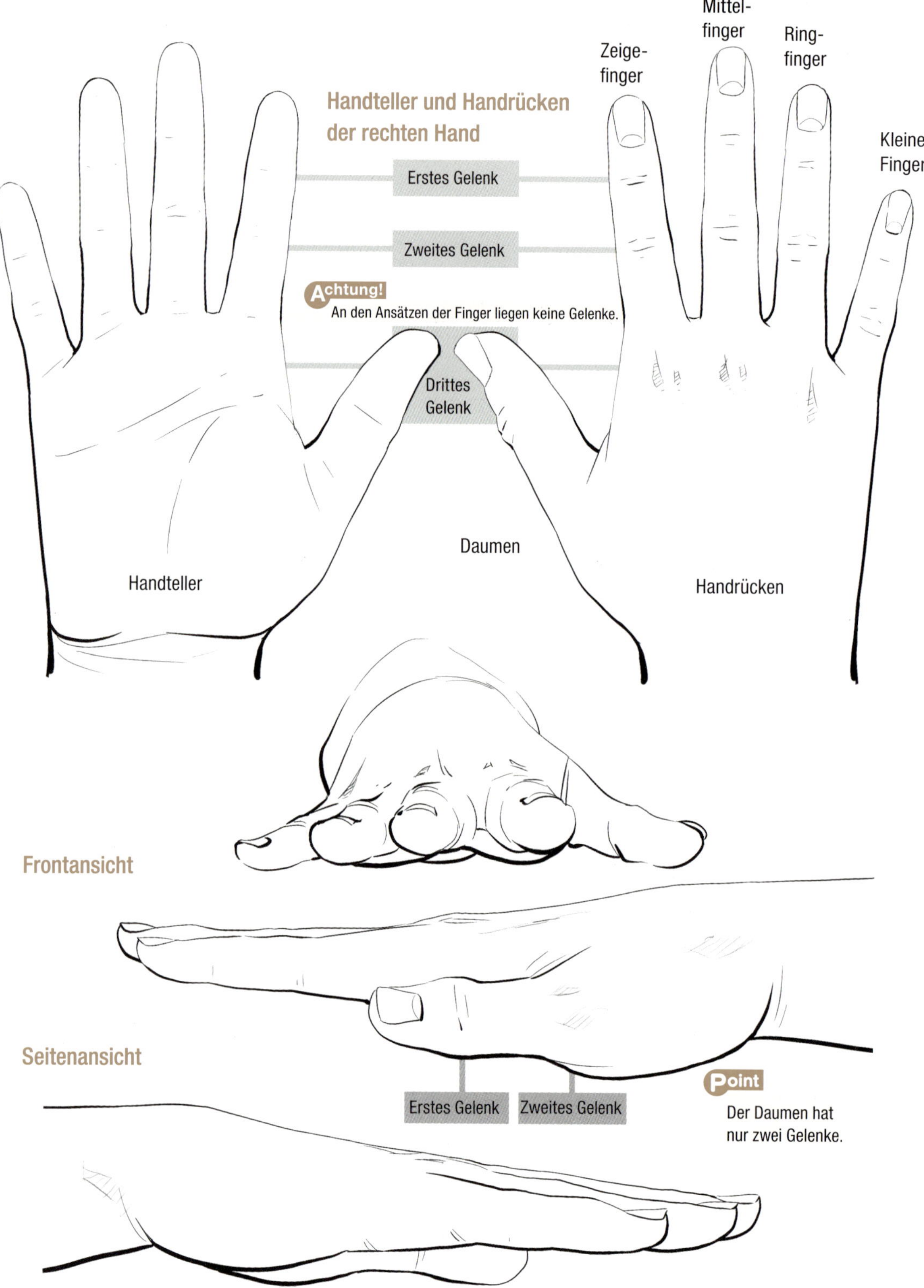

❖ Knochen und Sehnen, die auf der Hautoberfläche sichtbar sind

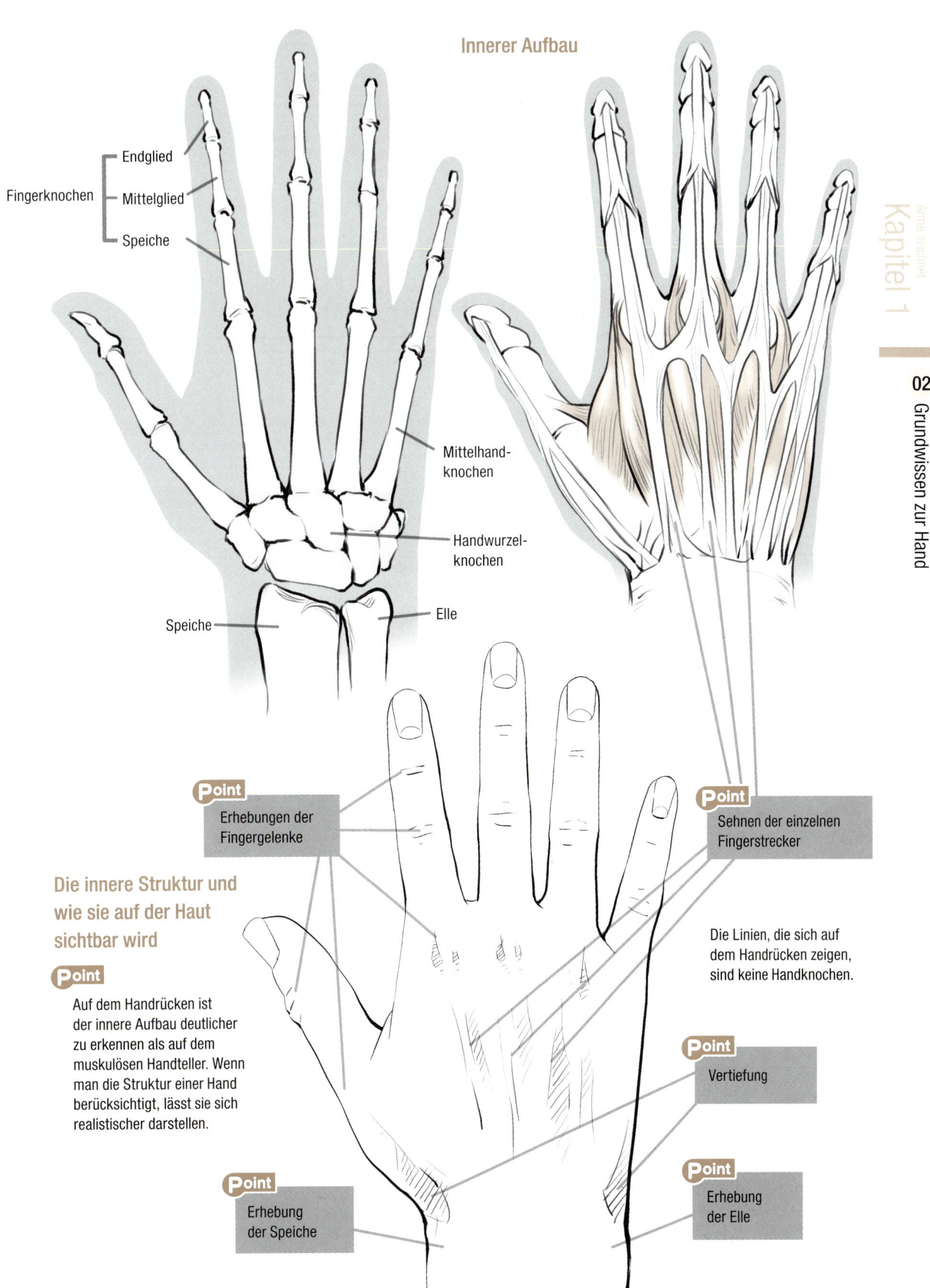

Die innere Struktur und wie sie auf der Haut sichtbar wird

Point

Auf dem Handrücken ist der innere Aufbau deutlicher zu erkennen als auf dem muskulösen Handteller. Wenn man die Struktur einer Hand berücksichtigt, lässt sie sich realistischer darstellen.

03 Eine Hand detailliert zeichnen

Sobald es Euch gelungen ist, die Form einer Hand grob zu erfassen, solltet Ihr Euch an ihre Details machen.

Wer die Struktur erfasst hat, kann eine Hand bald in einem Schwung zeichnen, ohne immer wieder innehalten zu müssen.

Wir üben zunächst die einzelnen Partien der Hand getrennt voneinander.

Die Finger

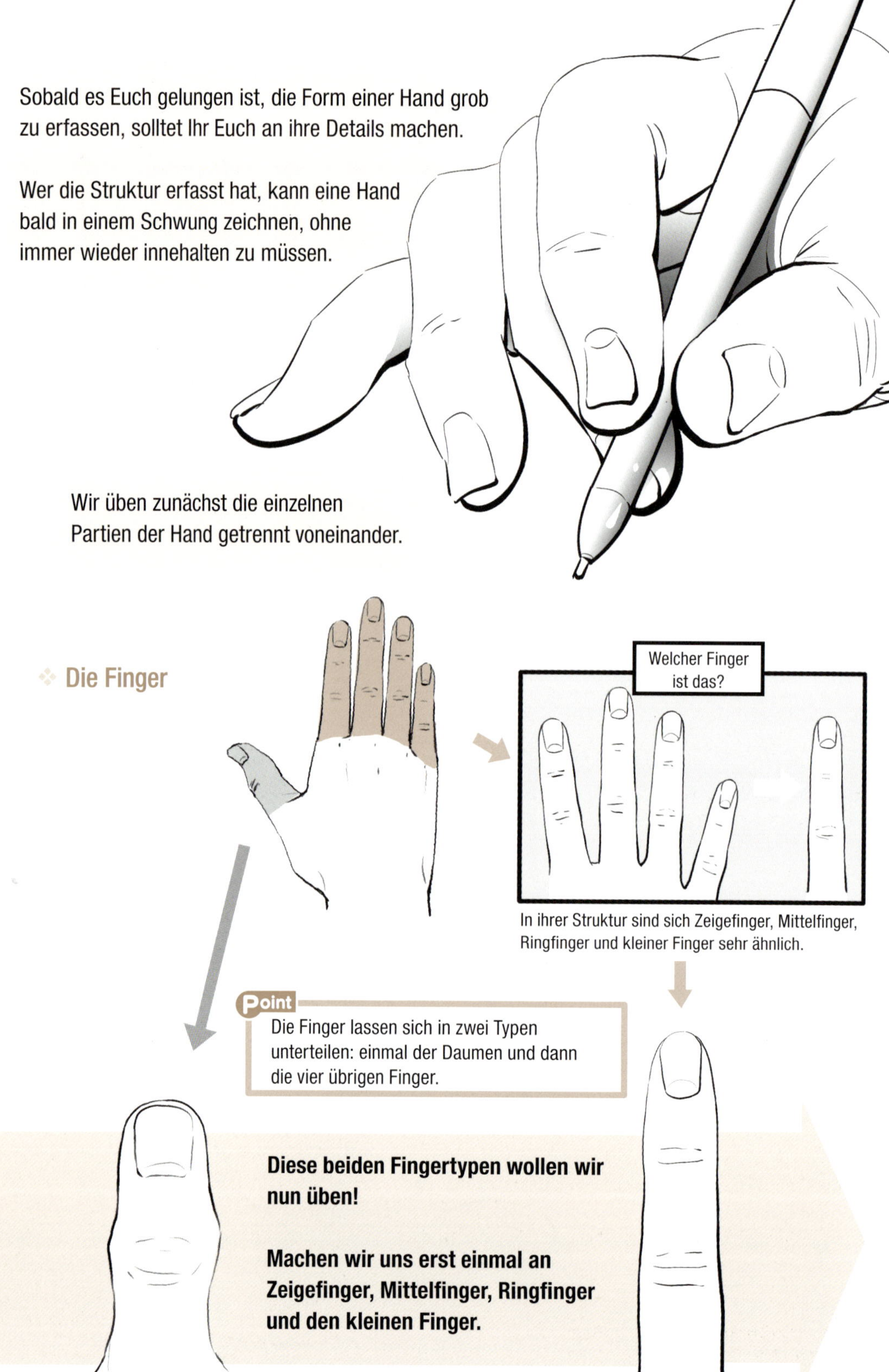

In ihrer Struktur sind sich Zeigefinger, Mittelfinger, Ringfinger und kleiner Finger sehr ähnlich.

Point
Die Finger lassen sich in zwei Typen unterteilen: einmal der Daumen und dann die vier übrigen Finger.

Diese beiden Fingertypen wollen wir nun üben!

Machen wir uns erst einmal an Zeigefinger, Mittelfinger, Ringfinger und den kleinen Finger.

Ausgestreckte Finger aus verschiedenen Blickwinkeln

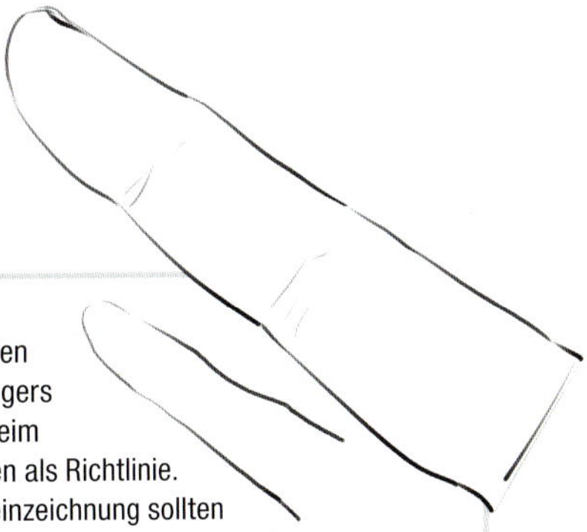

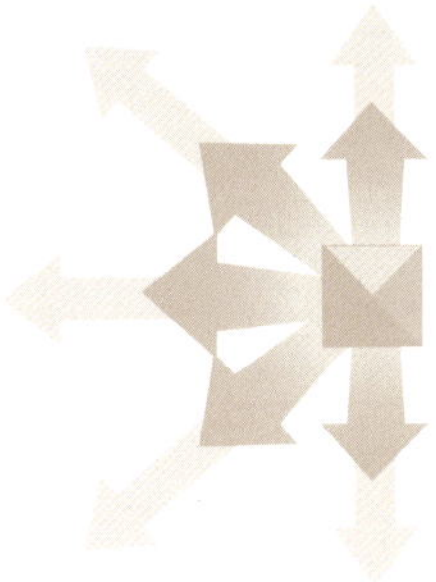

Um die Finger der anderen Hand zu üben, könnt Ihr Euch die vorliegende Seite in einem Spiegel anschauen oder spiegelverkehrt kopieren.

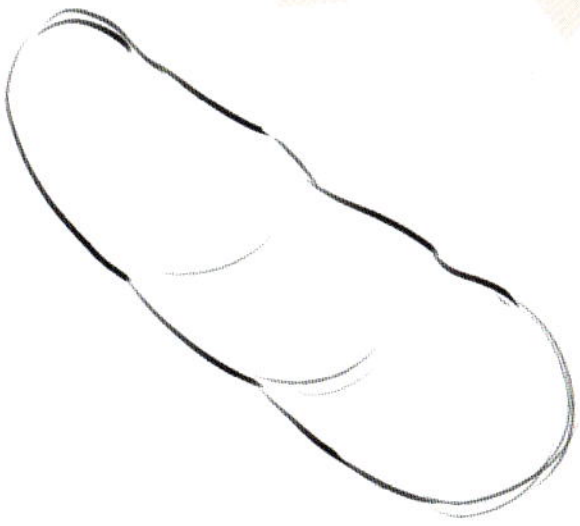

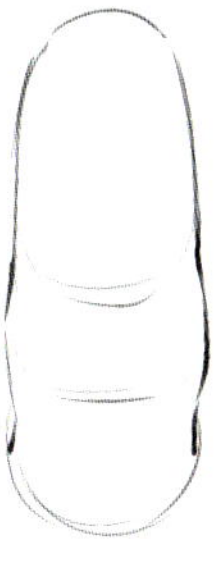

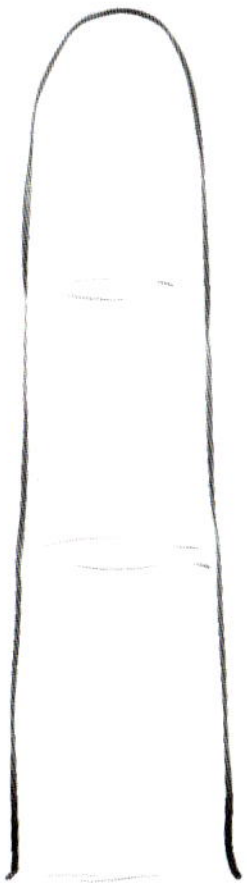

Die Knickfalten eines Fingers dienen beim Skizzieren als Richtlinie. In der Reinzeichnung sollten sie allerdings weggelassen werden, damit die Zeichnung ordentlicher wirkt.

Point

An den Gelenken finden sich Erhebungen.

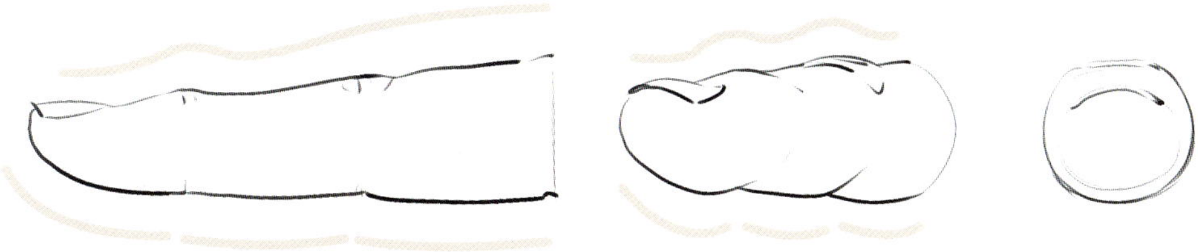

Am »Bauch«, also zwischen den Gelenken, weist der Finger Ausbuchtungen auf.

Achtung!

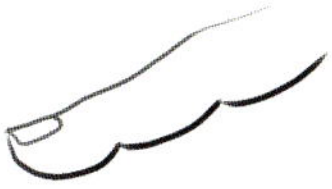

Betont man die »Bauch«-Partien eines Fingers, wirken sie unschön.

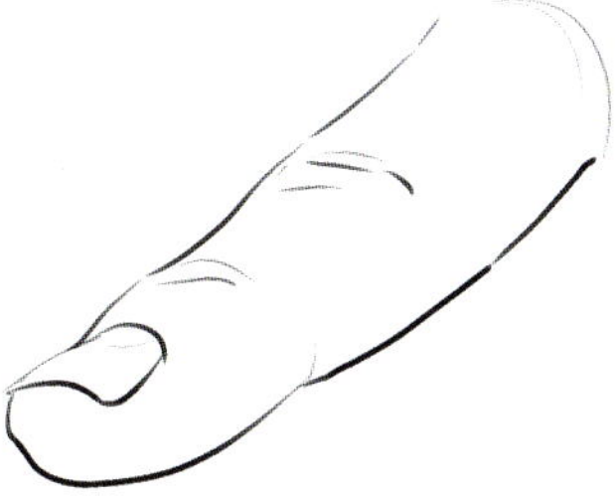

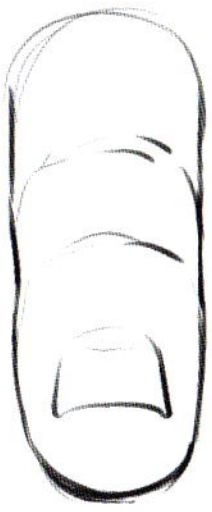

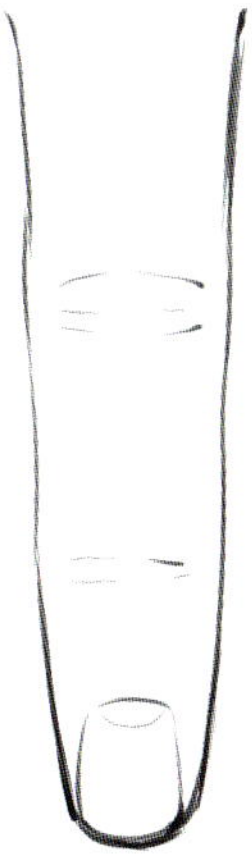

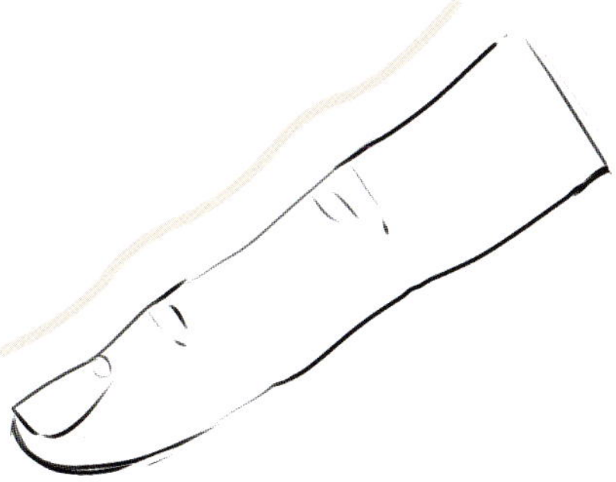

Der Fingernagel

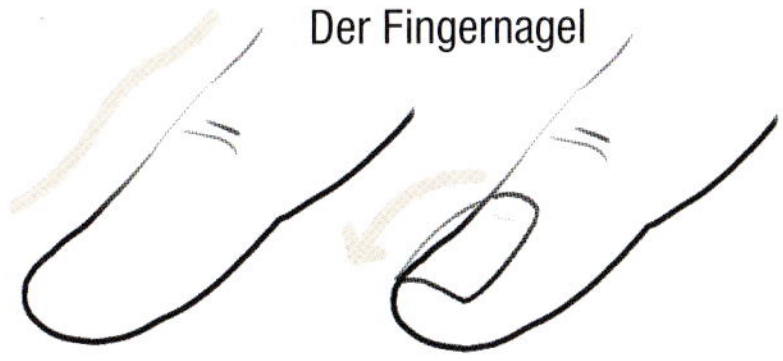

Der Nagel ist leicht gebogen.

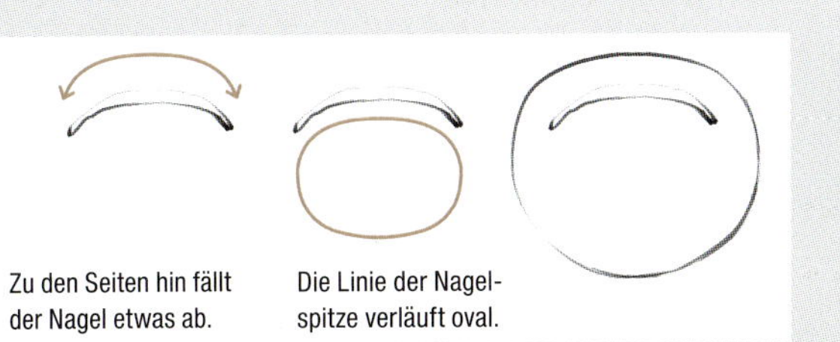

Zu den Seiten hin fällt der Nagel etwas ab.

Die Linie der Nagelspitze verläuft oval.

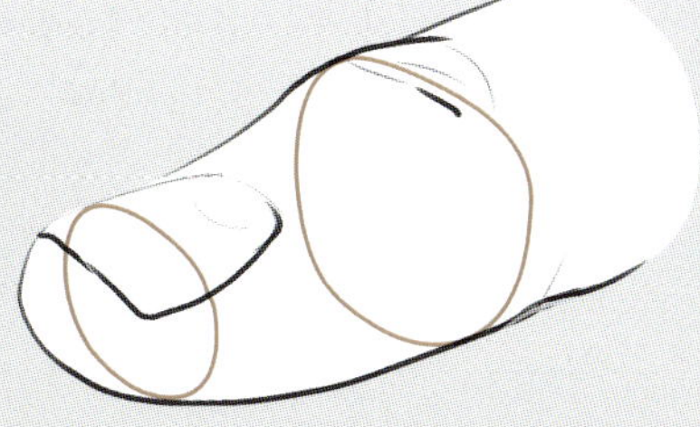

Leicht gekrümmter Finger aus verschiedenen Blickwinkeln

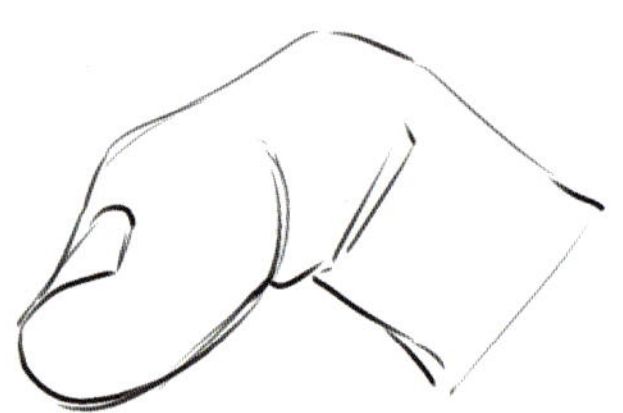

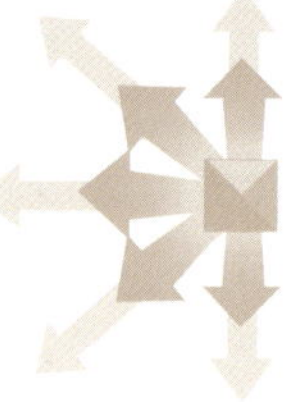

Um die Finger der anderen Hand zu üben, könnt Ihr Euch die vorliegende Seite in einem Spiegel anschauen oder spiegelverkehrt kopieren.

Durch das Krümmen des Fingers wird das Fleisch zur Seite weggedrückt.

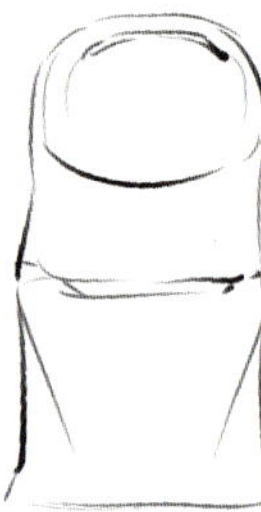

Ein gekrümmter Finger weist mehrere Winkel auf.

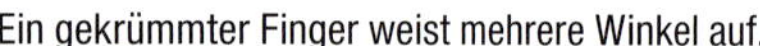

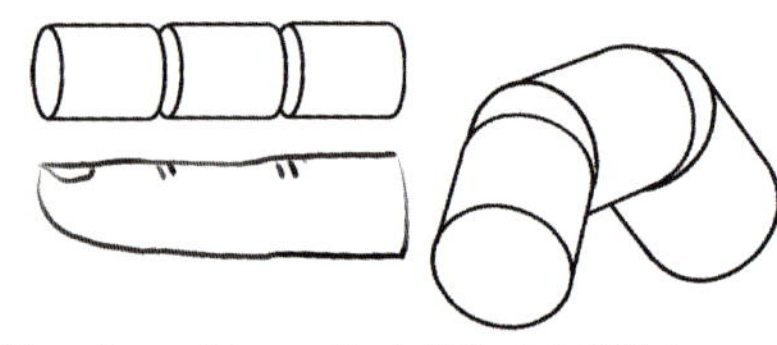

Wenn Ihr unsicher seid, stellt Euch drei Säulen vor und zeichnet grob deren Außenlinien.

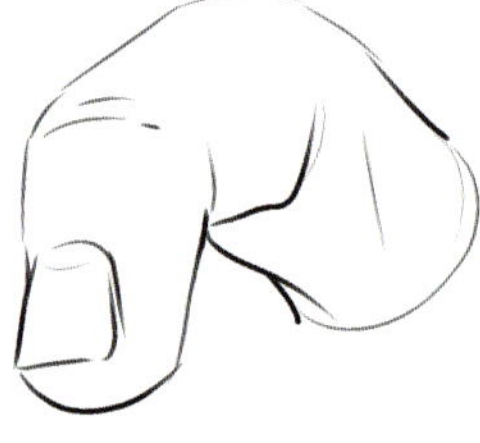

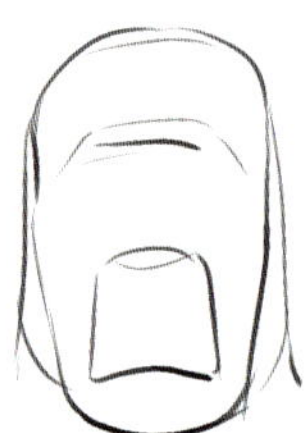

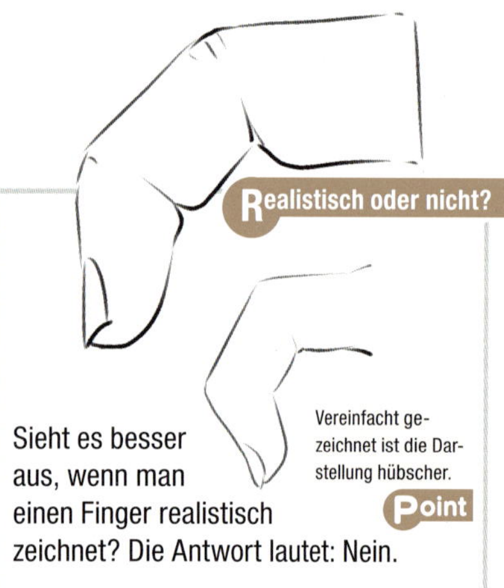

Realistisch oder nicht?

Sieht es besser aus, wenn man einen Finger realistisch zeichnet? Die Antwort lautet: Nein.

Point

Vereinfacht gezeichnet ist die Darstellung hübscher.

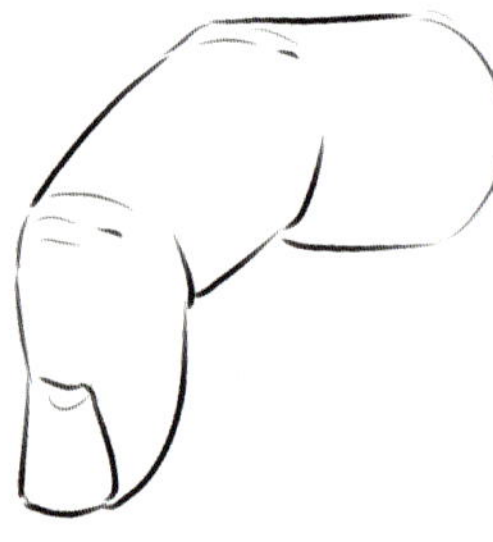

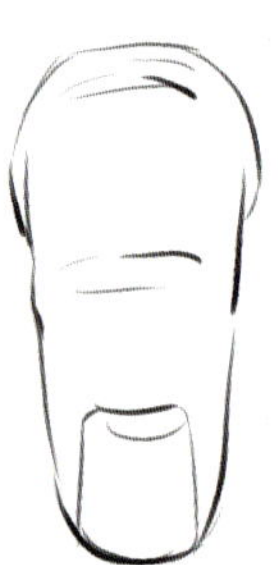

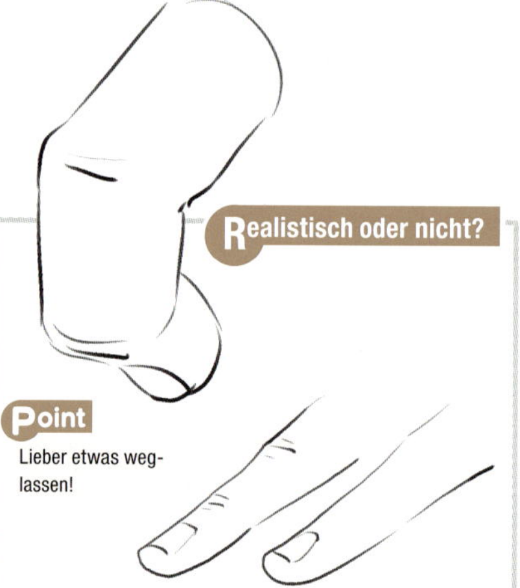

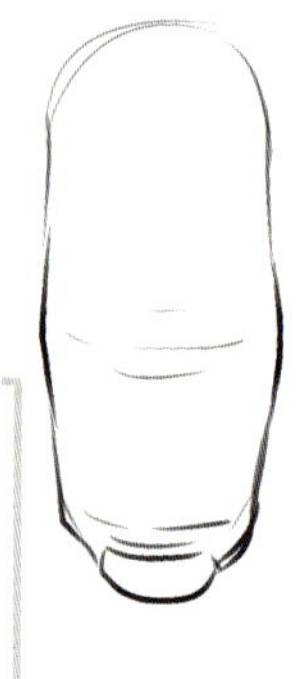

Realistisch oder nicht?

Point

Lieber etwas weglassen!

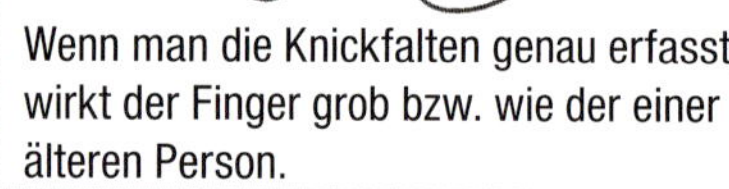

Wenn man die Knickfalten genau erfasst, wirkt der Finger grob bzw. wie der einer älteren Person.

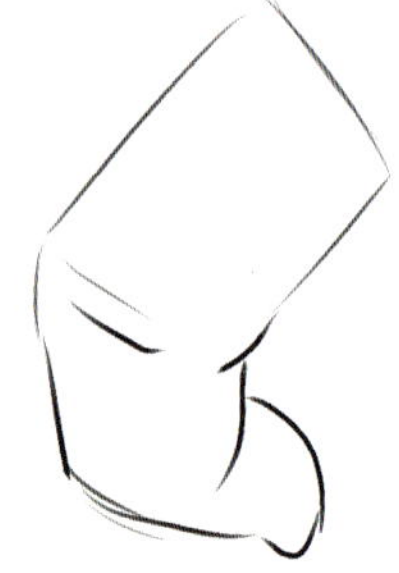

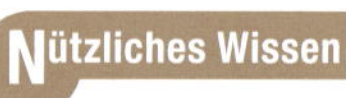

Nützliches Wissen

Wie sich ein Finger krümmt

Sofern es nicht anders trainiert wurde, beugen sich beim Krümmen alle Gelenke eines Fingers.

Point

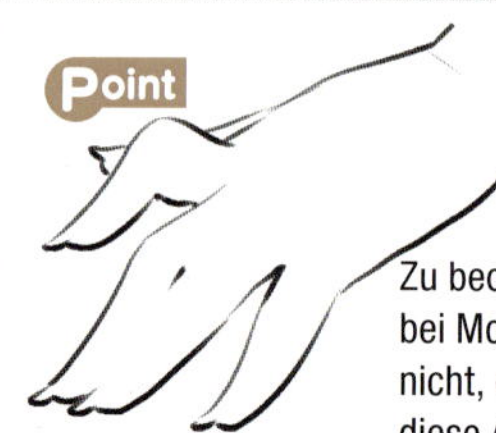

In diesem Fall bleibt das erste Gelenk durchgestreckt.

Zu beobachten ist diese Haltung z. B. bei Moe-Charactern. Das heißt jedoch nicht, dass ihre Finger sich immer auf diese Art krümmen müssen.

Stark gekrümmter Finger aus verschiedenen Blickwinkeln

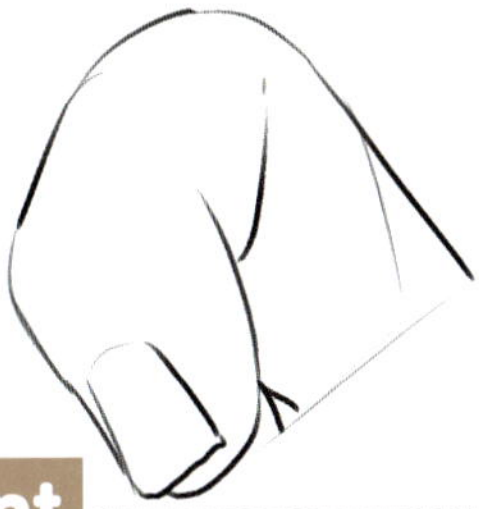

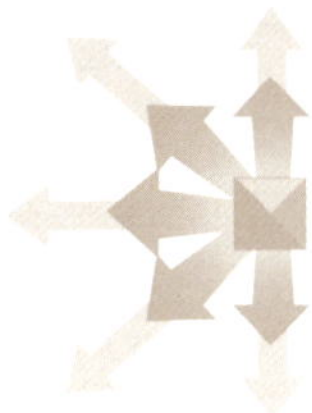

Um die Finger der anderen Hand zu üben, könnt Ihr Euch die vorliegende Seite in einem Spiegel anschauen oder spiegelverkehrt kopieren.

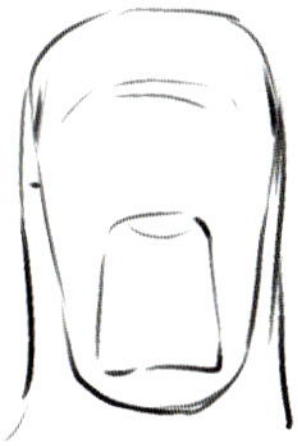

Point

Ein Trick, mit dem sich Krümmungsfalten gut zeichnen lassen

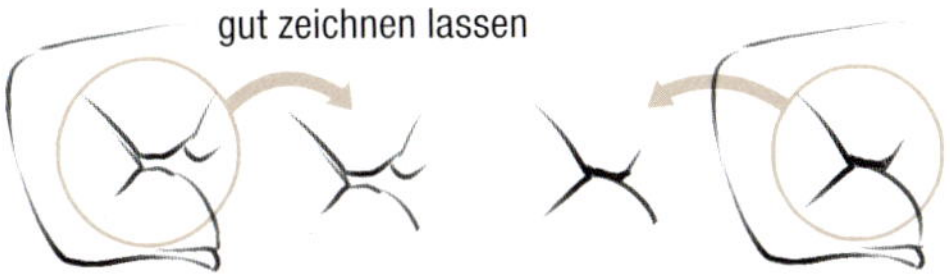

Nicht vereinfacht dargestellt

Ohne Zwischenraum dargestellt

Wenn zu viele Linien zu sehen sind, wirkt die Darstellung unordentlich. Daher sollte sie möglichst schlicht gehalten werden. Der Zwischenraum kann in der Darstellung auch gefüllt werden.

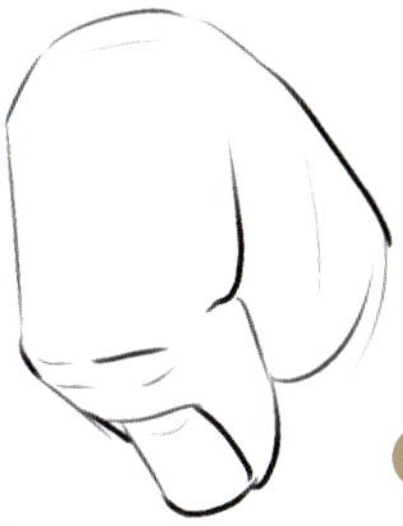

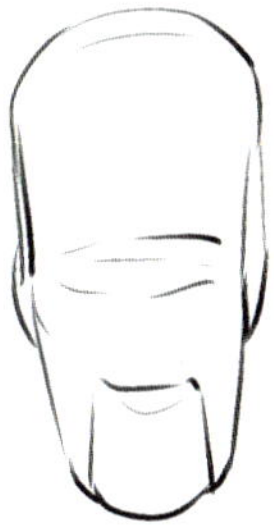

Point

Der Blickwinkel wird durch Falten und Fingernägel wiedergegeben.

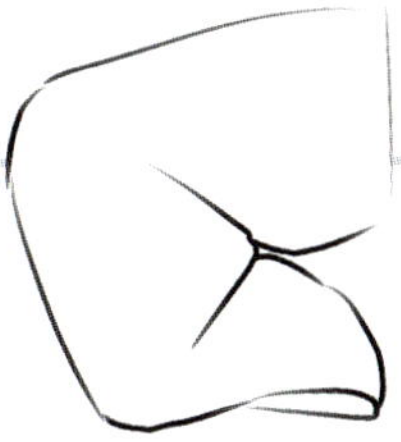

Die Winkel, in denen sich der Finger krümmt

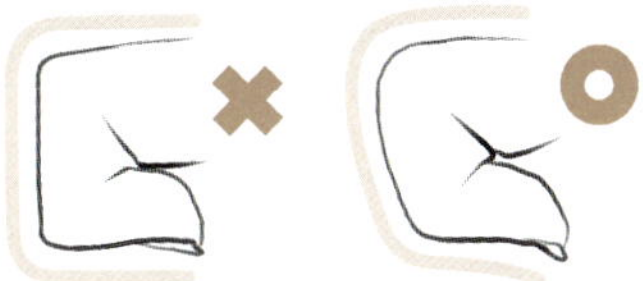

Ein Finger krümmt sich nicht im rechten Winkel. Das zweite Gelenk stößt spitzer hervor.

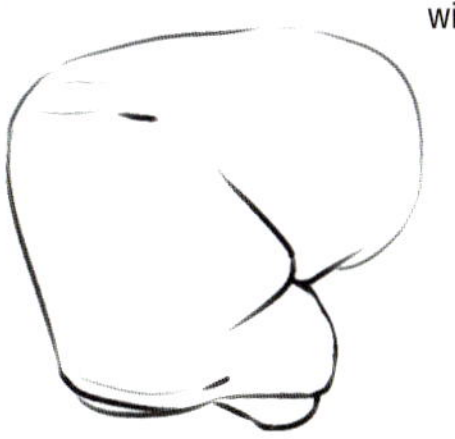

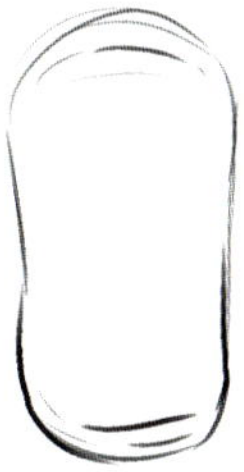

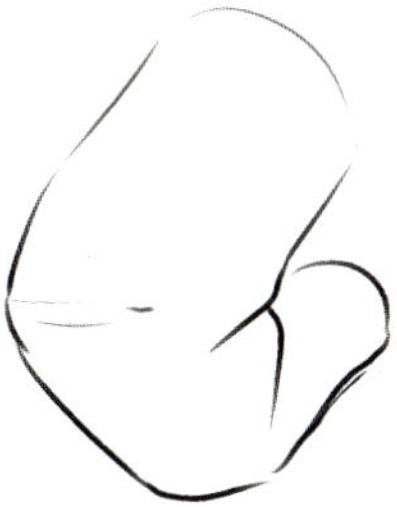

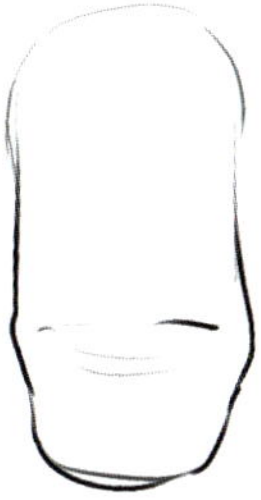

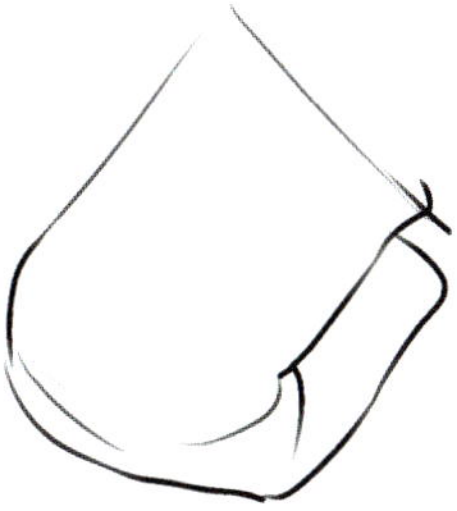

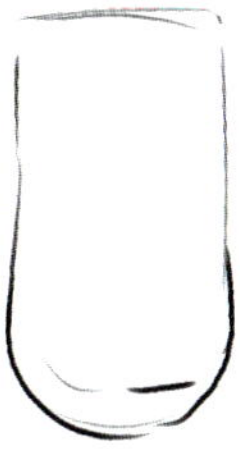

An der Außenseite zeigen sich die Knickfalten im Vergleich zum ausgestreckten Zustand nur schwach. Sie sollten, wenn überhaupt, nur sehr leicht gezeichnet werden.

Point

In diese Richtungen verlaufen die inneren Falten.

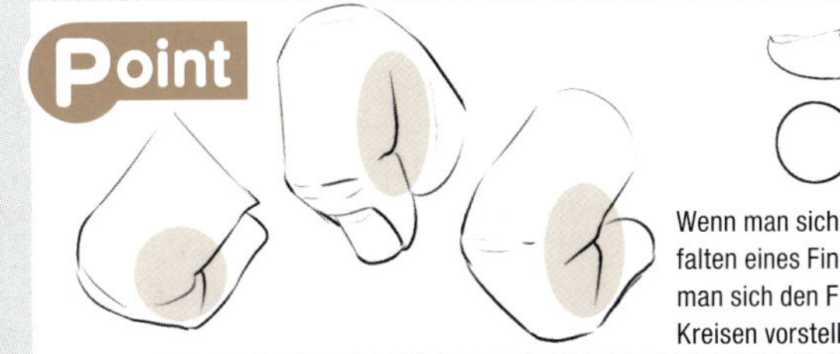

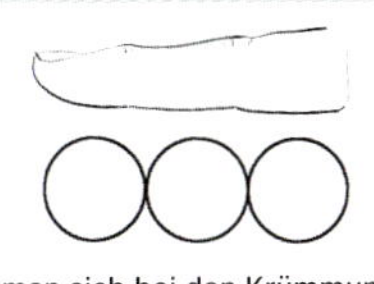

Wenn man sich bei den Krümmungsfalten eines Fingers unsicher ist, kann man sich den Finger in Form von drei Kreisen vorstellen.

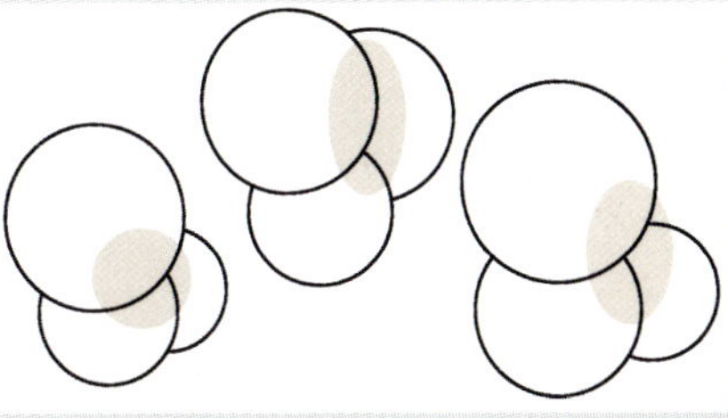

Die vier ähnlichen Finger voneinander unterscheiden

Die Länge der Finger

Zeigefinger Mittelfinger Ringfinger Kleiner Finger

Besonderheiten der einzelnen Finger

Point

Außer der Länge gibt es zwischen Zeigefinger, Mittelfinger und Ringfinger kaum Unterschiede.

Der kleine Finger ist schmaler als die anderen drei; auch sein Nagel ist deutlich schmaler.

Point

Wurzeln der Finger (Ausgangspunkte)

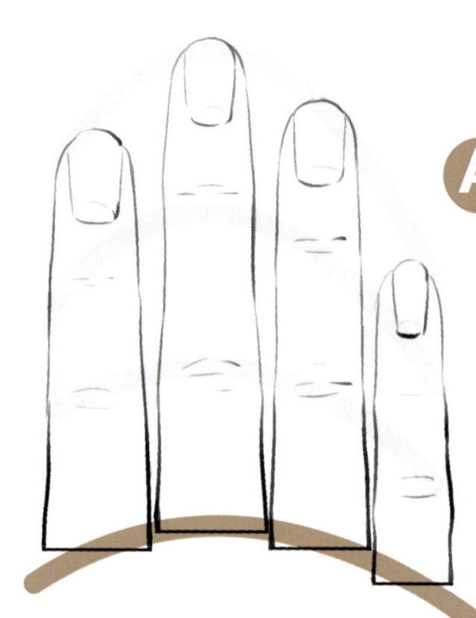

Achtung!

Die vier Finger sind in Form eines Berges mit dem Mittelfinger als Gipfel angeordnet.

Genauso ist es bei den einzelnen Gelenken.

Nützliches Manga-Wissen

Individuelle Unterschiede bei Zeige- und Ringfinger

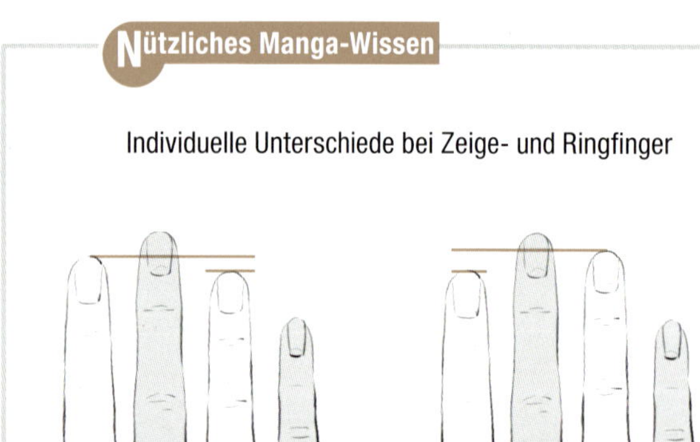

»Typisch weiblich« »Typisch männlich«

Wenn der Ringfinger länger ist als der Zeigefinger, so gilt dies als »typisch männlich«. Ist der Zeigefinger länger als der Ringfinger, gilt dies als »typisch weiblich«.

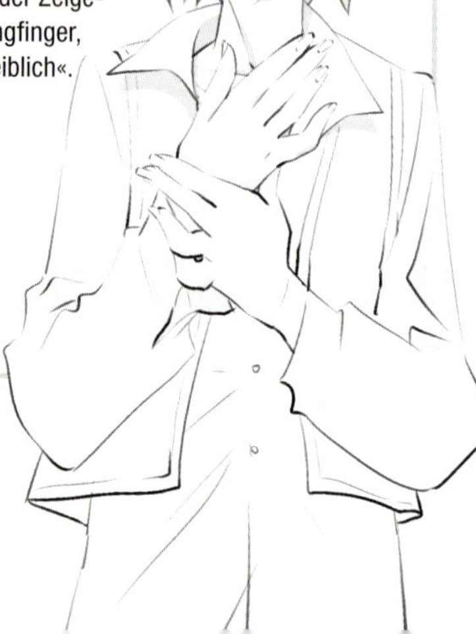

Die vier Finger mit der erlernten Methode zeichnen

Man zeichnet vier Kreise, die als Richtlinien für die Ausgangspunkte (die Wurzeln) der Finger dienen.

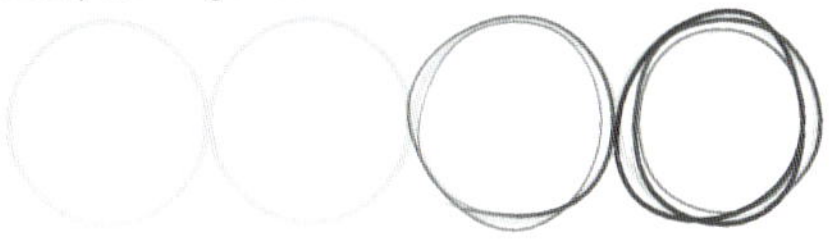

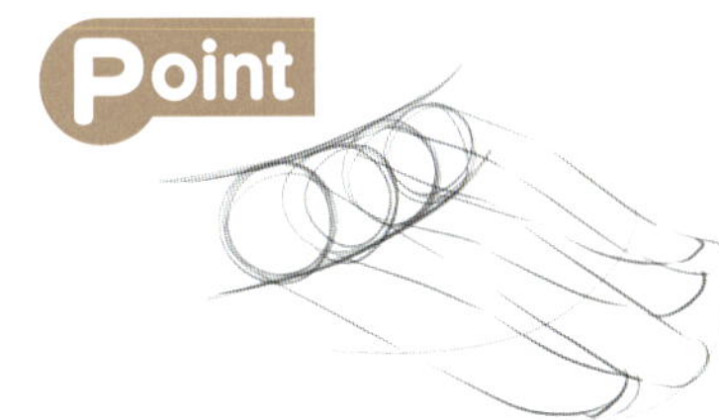

Point

Die Kreise berühren einander.

Die Größe der Kreise sollte der Breite der Finger entsprechen.

Zeichnet gerne frei Hand!

Die Kreise sind in Form eines Berges bzw. – von der Seite betrachtet – in Form eines Fächers angeordnet.

Point

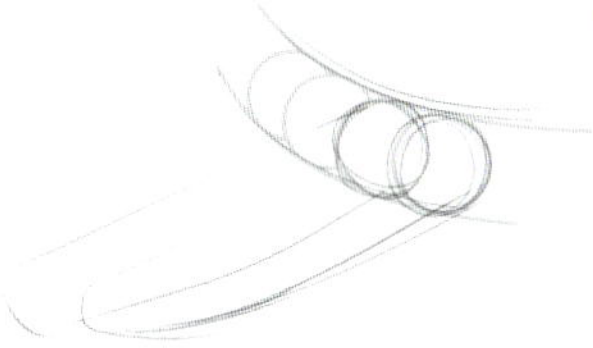

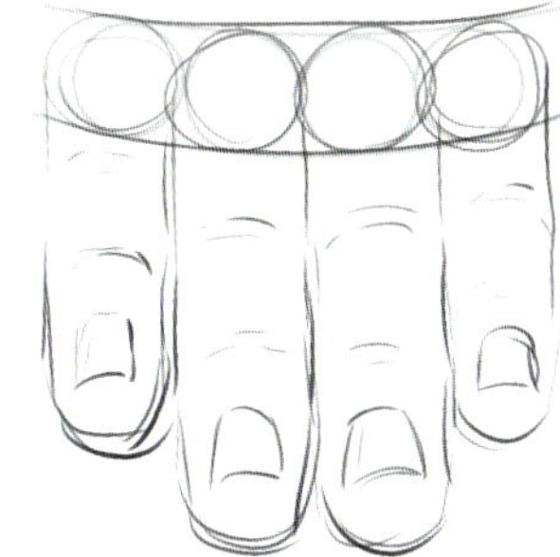

Fügen wir einfach die Beispiele der Seiten 27 bis 29 zusammen.

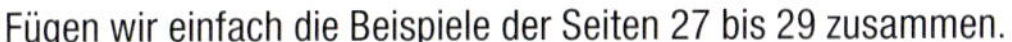

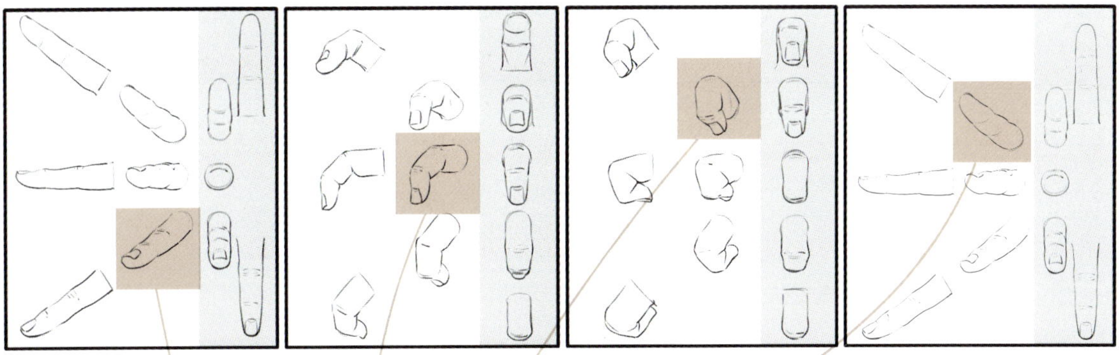

Seite 27 Seite 28 Seite 29 Seite 27

Point

Ihr erleichtert Euch das Zeichnen, wenn Ihr auch die die nicht sichtbaren Partien erfasst und an der Wurzel beginnt.

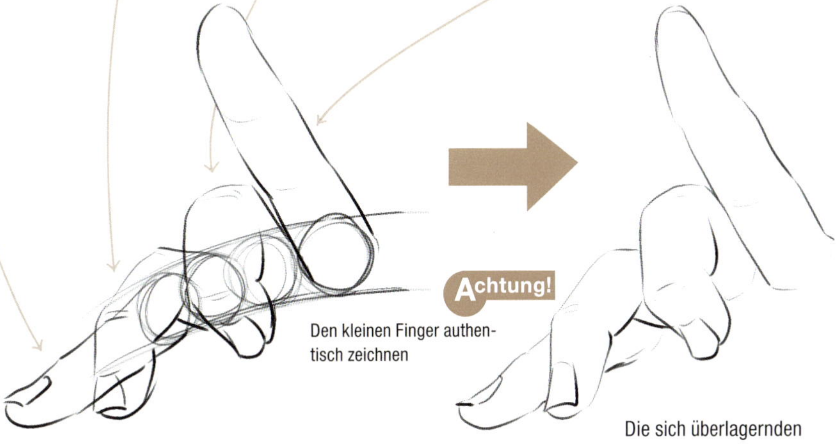

Achtung!

Den kleinen Finger authentisch zeichnen

Die sich überlagernden Linien entfernen

Geschlossene Handhaltung

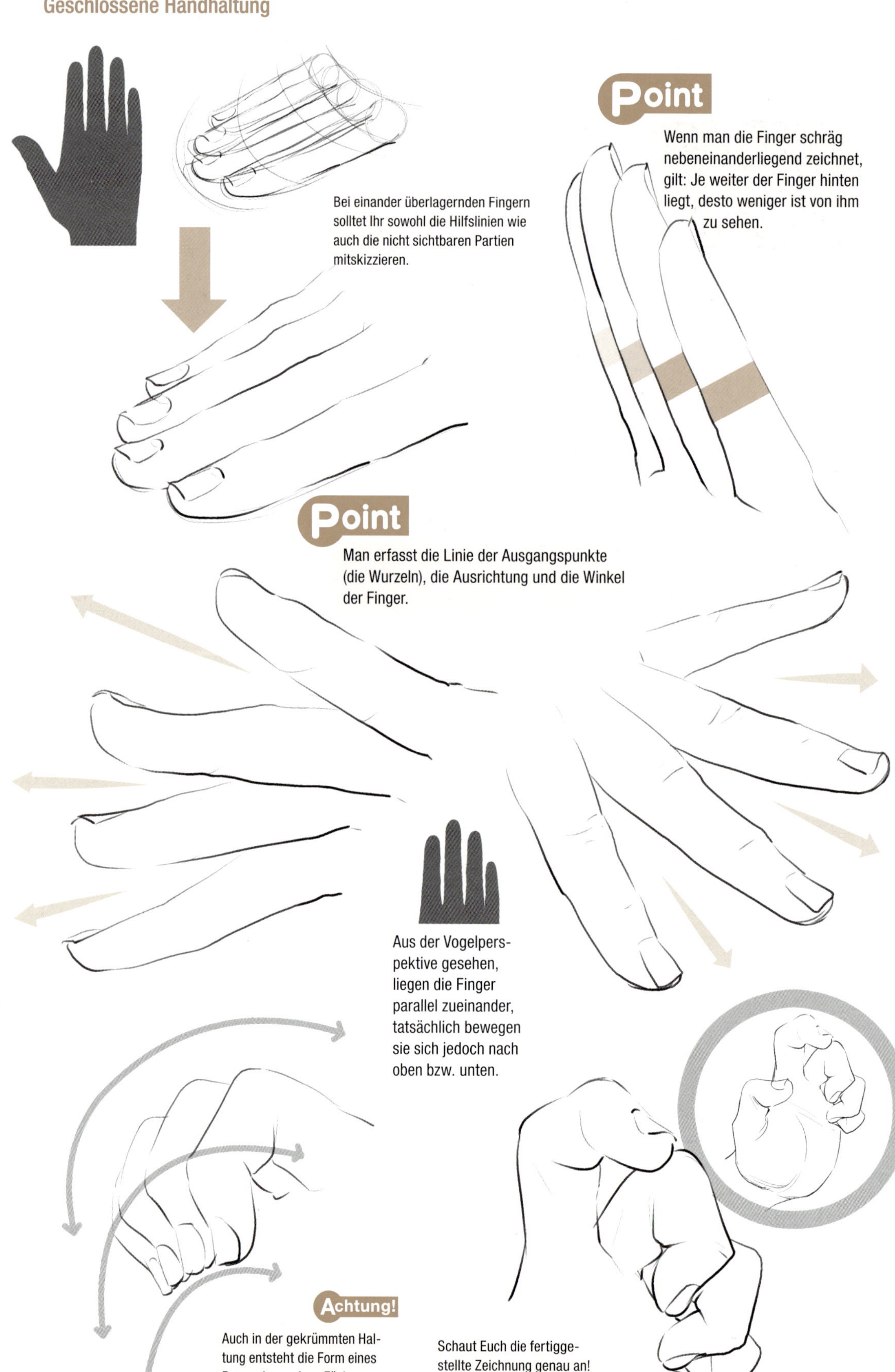

Gespreizte Finger

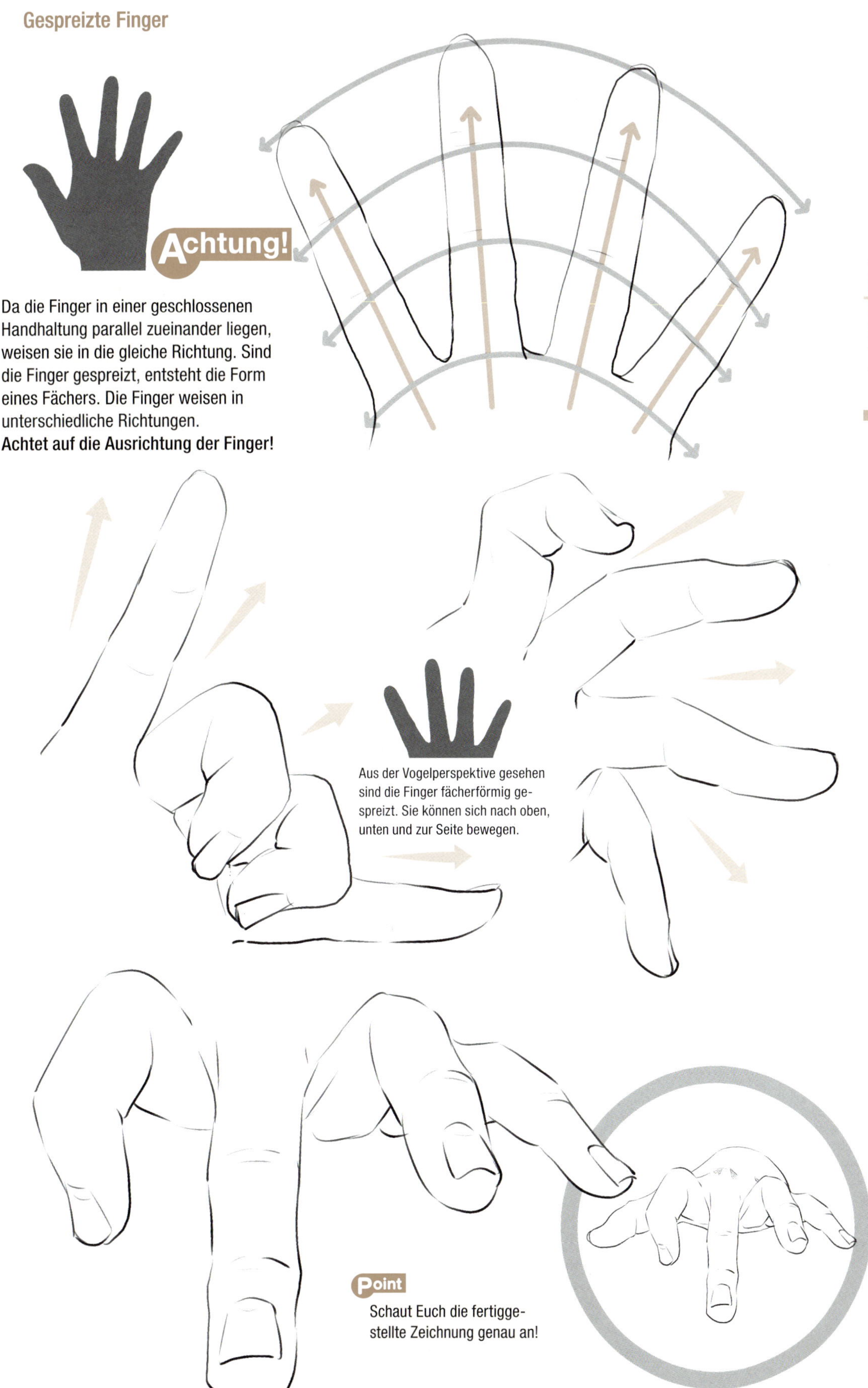

Da die Finger in einer geschlossenen Handhaltung parallel zueinander liegen, weisen sie in die gleiche Richtung. Sind die Finger gespreizt, entsteht die Form eines Fächers. Die Finger weisen in unterschiedliche Richtungen.
Achtet auf die Ausrichtung der Finger!

Aus der Vogelperspektive gesehen sind die Finger fächerförmig gespreizt. Sie können sich nach oben, unten und zur Seite bewegen.

Point
Schaut Euch die fertiggestellte Zeichnung genau an!

Der Daumen

Der Daumen hat kräftigere Gelenke als die übrigen Finger.

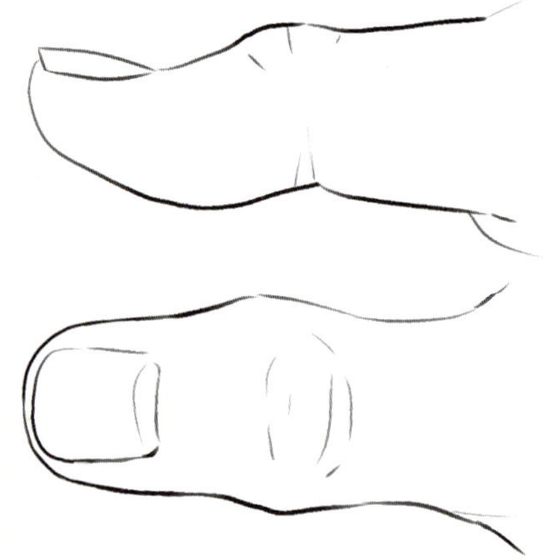

Sein Nagel ist breiter und auch ein wenig länger.

Point

Rechter und linker Daumen unterscheiden sich in ihrer Form geringfügig. Die Gelenke zeigen zur Handinnenseite hin eine kleine Ausbuchtung.

Nützliches Wissen

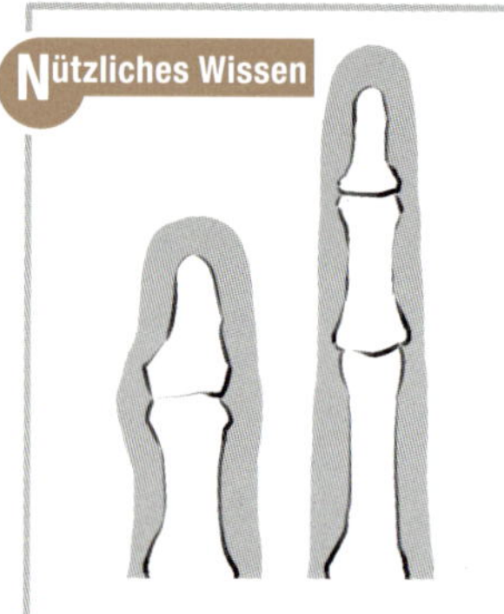

Da der Daumen einen Knochen weniger als die übrigen Finger besitzt, hat er auch nur zwei Gelenke.

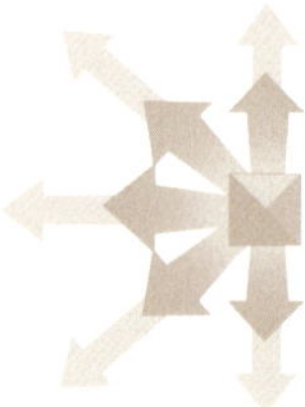

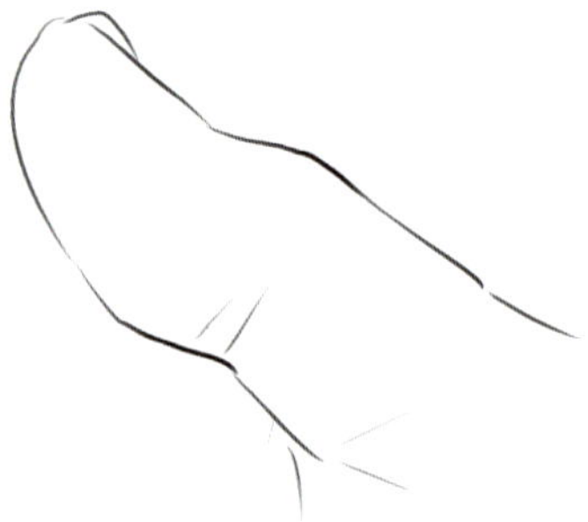

Um die Finger der anderen Hand zu üben, könnt Ihr Euch die vorliegende Seite in einem Spiegel anschauen oder spiegelverkehrt kopieren.

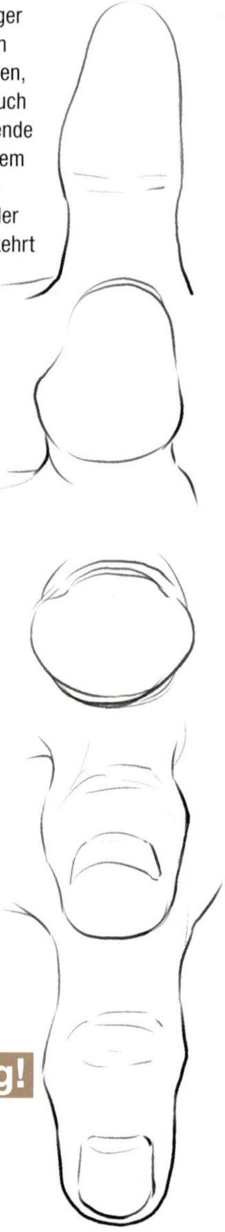

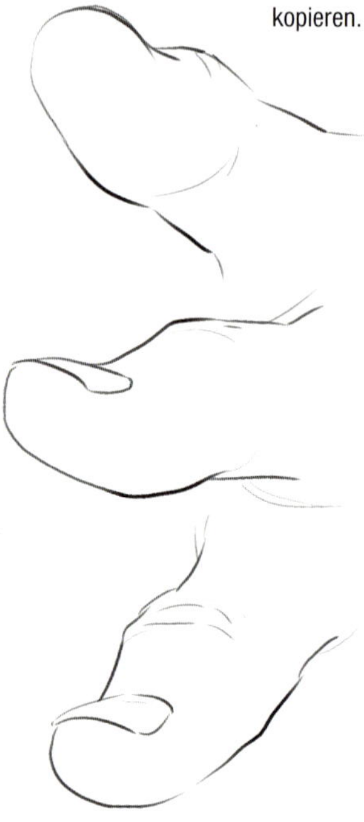

Realistisch oder nicht?

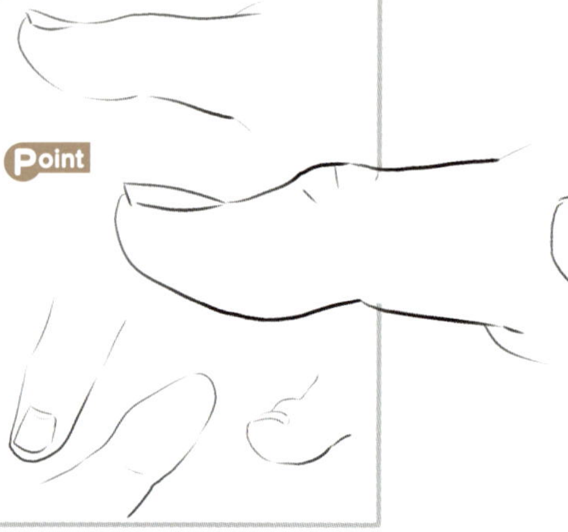

Point

Obwohl die Zeichnungen im Manga nicht unbedingt realistisch aussehen müssen, ist es sinnvoll und hilfreich, die Grundformen zu beherrschen.

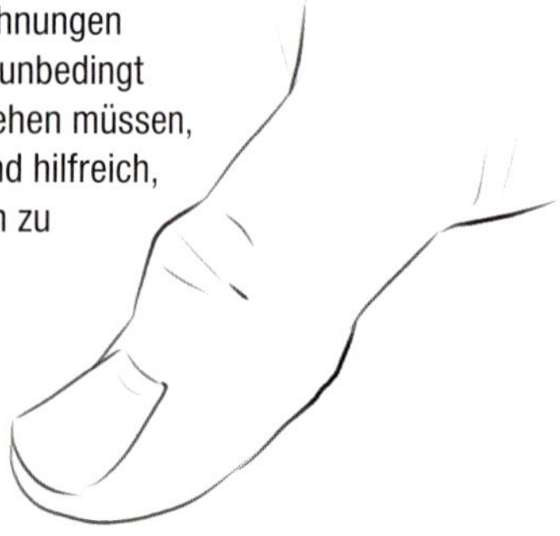

Achtung!

Der Daumen setzt in einem anderen Winkel als die übrigen Finger am Handteller an.

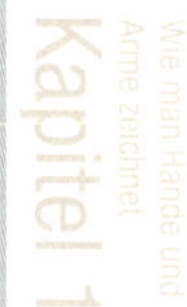

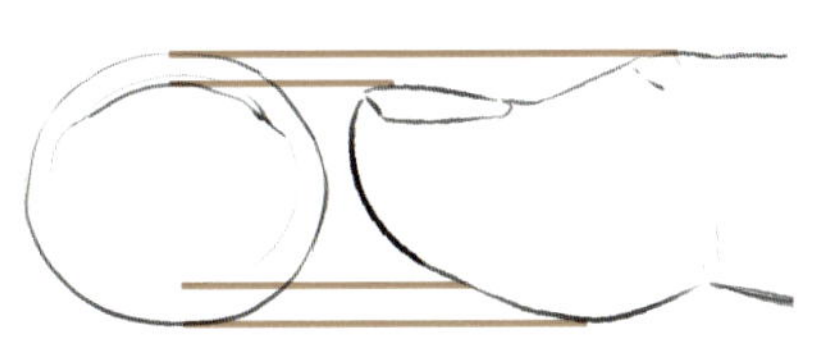

Point

Der Daumen besitzt stärkere Ausbuchtungen als die übrigen Finger. Im Bereich der Fingerspitze (Nagelpartie) nimmt die Breite des Daumens ab.

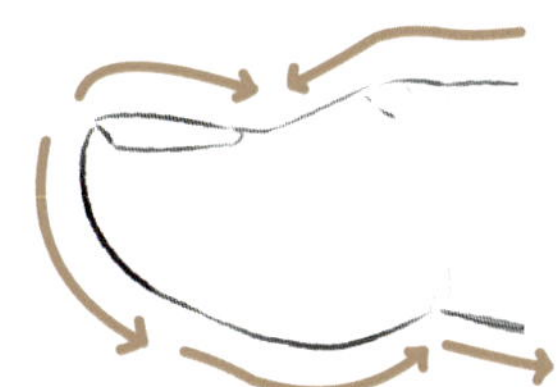

Der Daumen in schematisierter Form

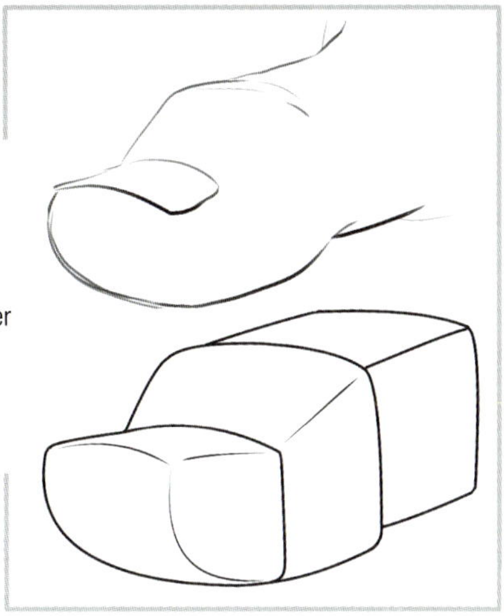

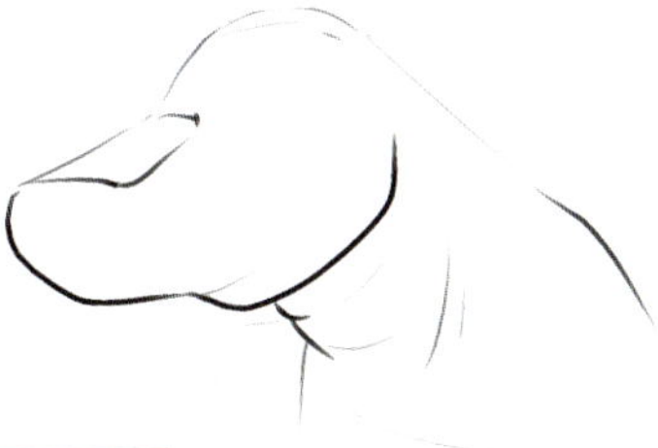

Um die Finger der anderen Hand zu üben, könnt Ihr Euch die vorliegende Seite in einem Spiegel anschauen oder spiegelverkehrt kopieren.

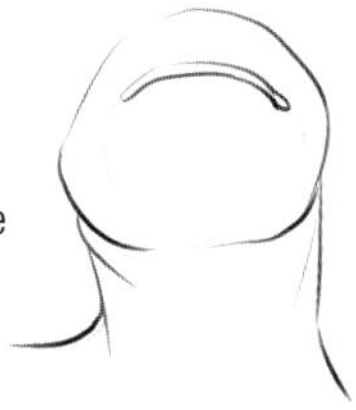

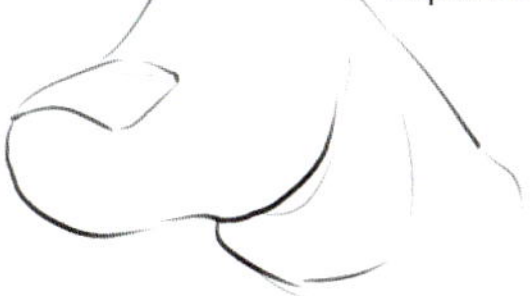

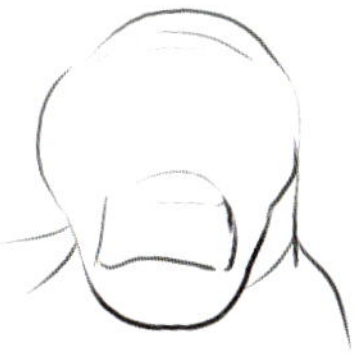

Realistisch oder nicht?

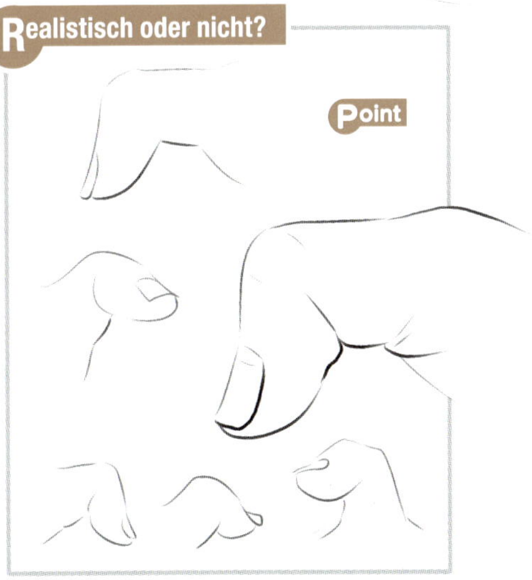

Point

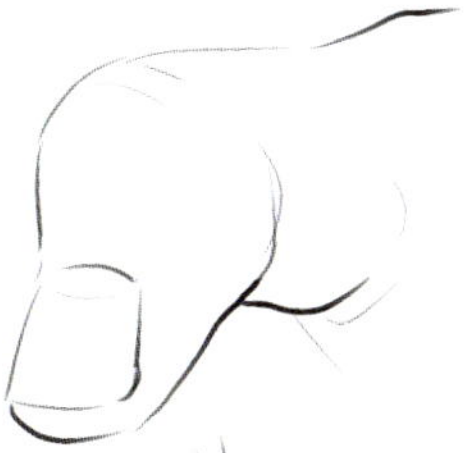

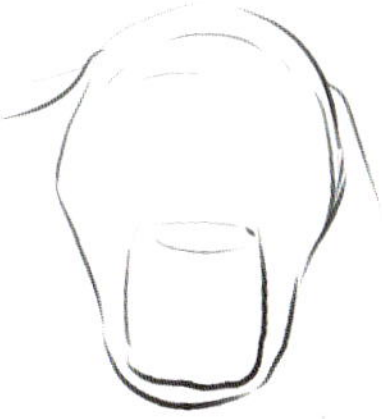

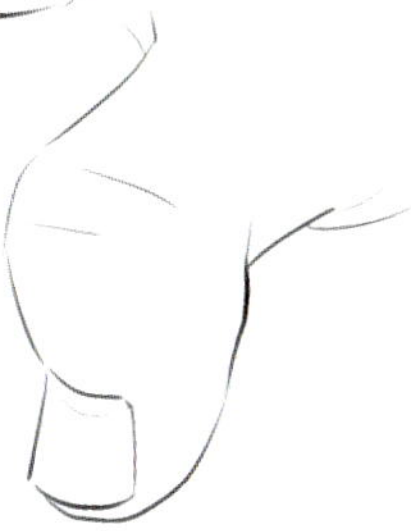

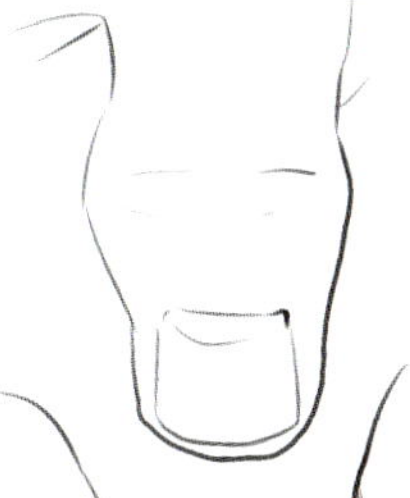

Die Falten dienen als Hilfslinien, sollten also in der Skizze mitgezeichnet, später aber entfernt werden.

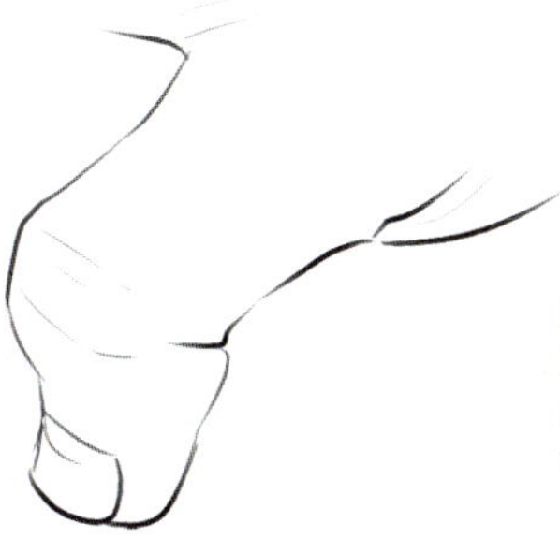

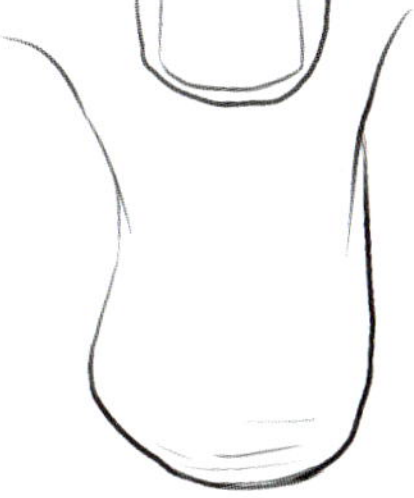

Da der Daumen kurz und kräftig ist, wird er beim Krümmen stark zusammengedrückt. So wirkt er noch kürzer.

❖ Den Daumen mit dem Handteller (Handrücken) verbinden

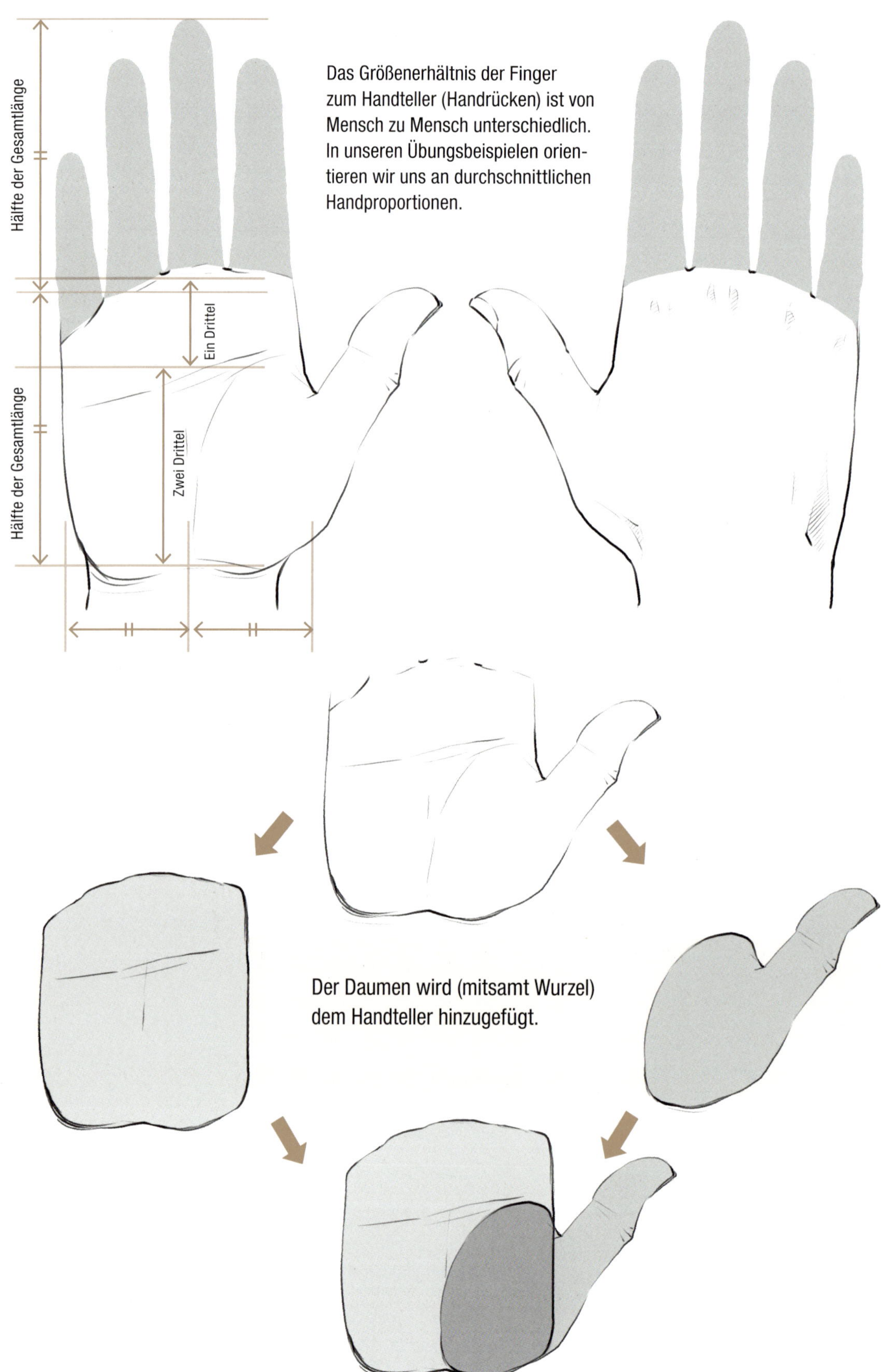

Der Daumenansatz

Vergesst nicht, dass Hände individuell unterschiedliche Proportionen besitzen!

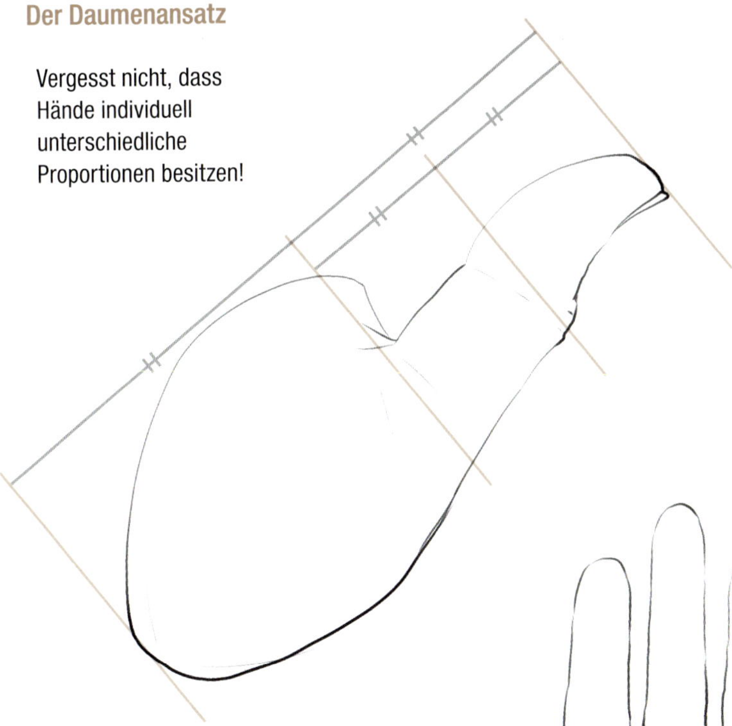

Grobe Daumenlinie

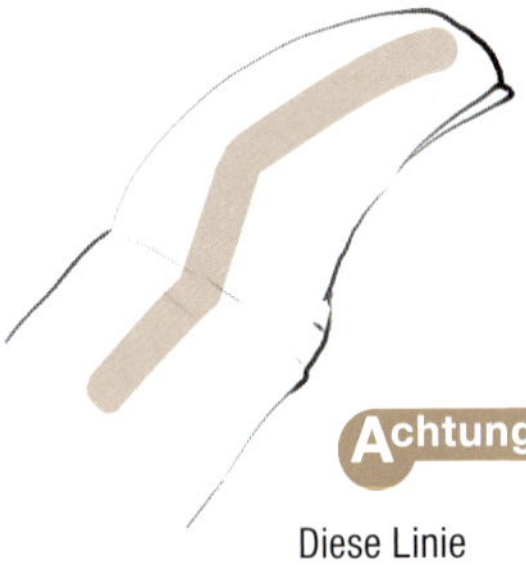

Achtung!

Diese Linie entspricht nicht den Knochen.

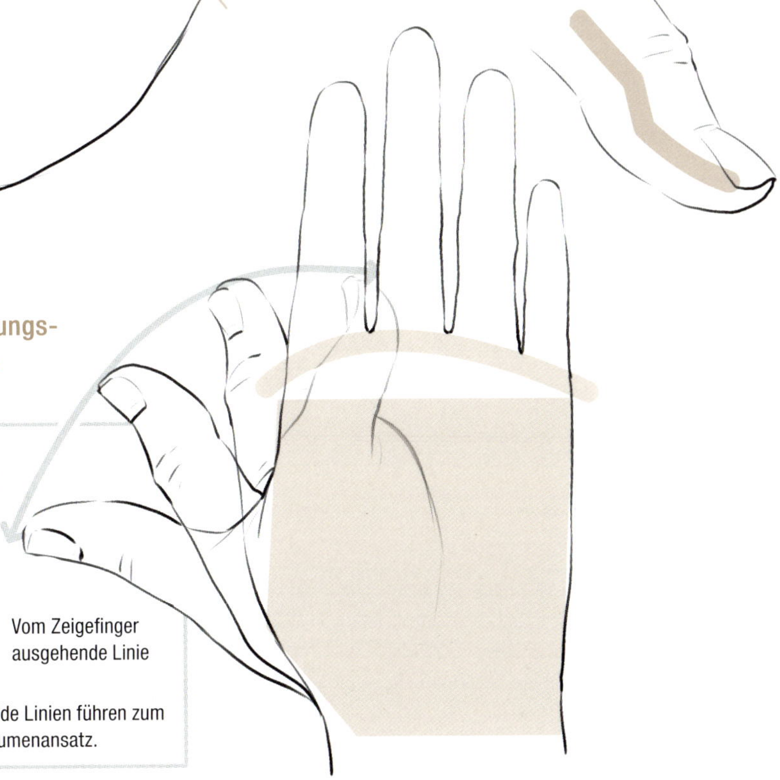

Der seitliche Bewegungsumfang des Daumens

Point

Die Haut zwischen Daumen und Zeigefinger setzt länglich an.

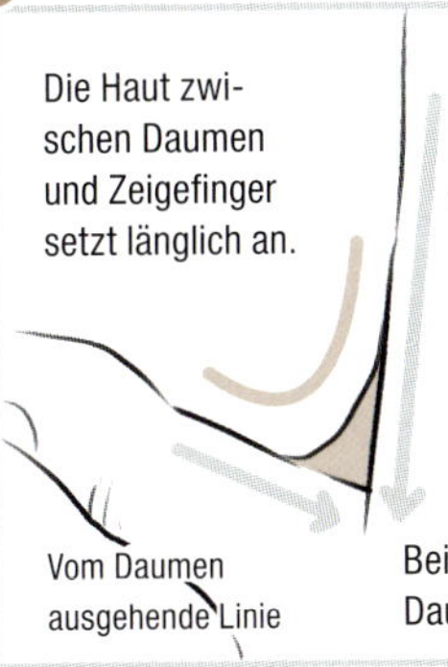

Vom Zeigefinger ausgehende Linie

Vom Daumen ausgehende Linie

Beide Linien führen zum Daumenansatz.

Die Hand in Frontansicht

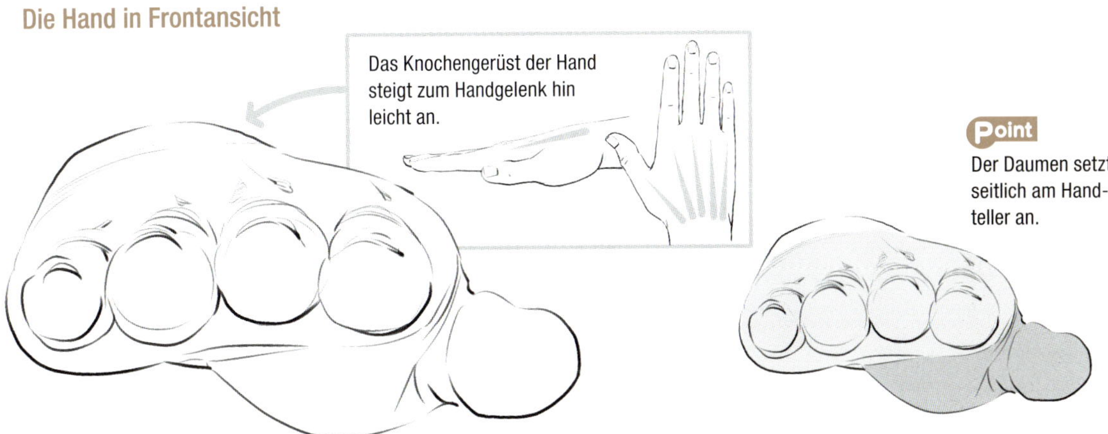

❖ Die übrigen vier Finger mit dem Handteller (Handrücken) verbinden

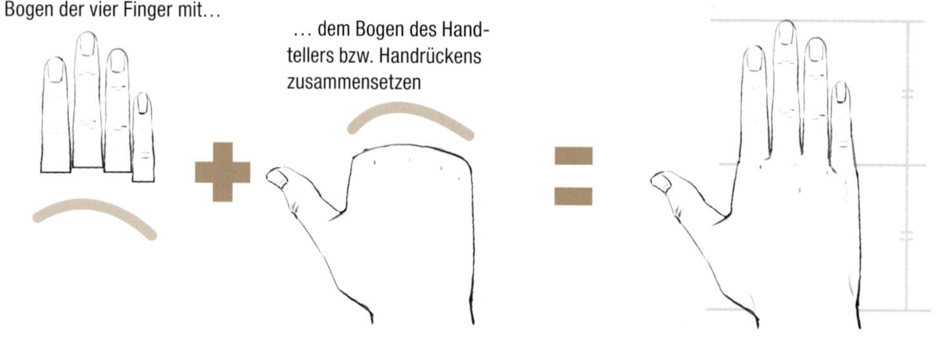

Achtung!

Noch einmal die Proportionen überprüfen, und fertig!

Die Wurzeln am Handteller bzw. Handrücken haben die Form eines schräg liegenden Trapezes.

An der unteren Seite befinden sich Hautverbindungen zwischen den Fingern.

Nützliches Wissen

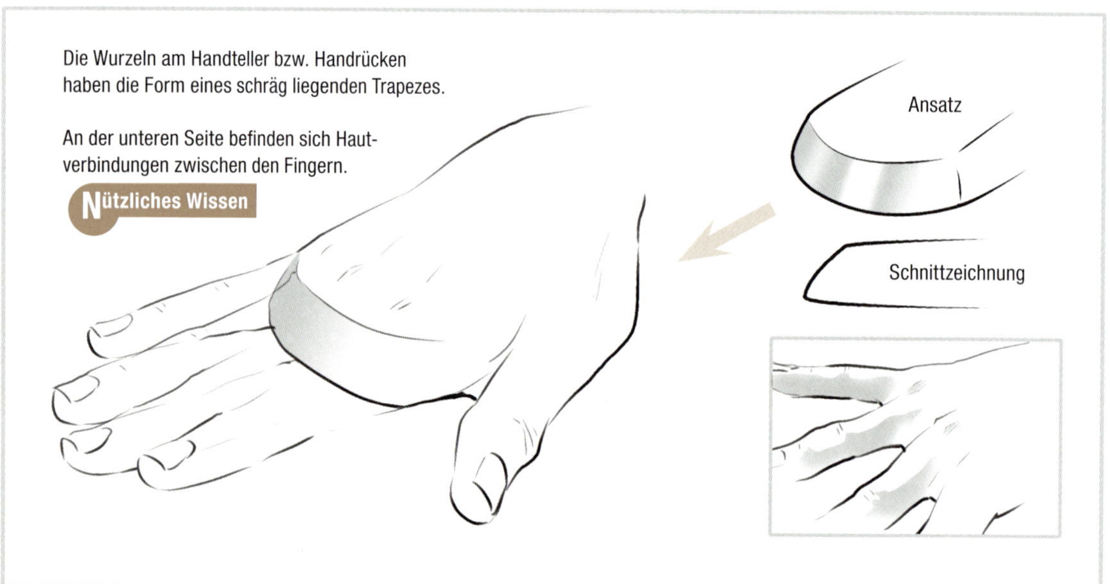

Die Hand im ausgestreckten Zustand

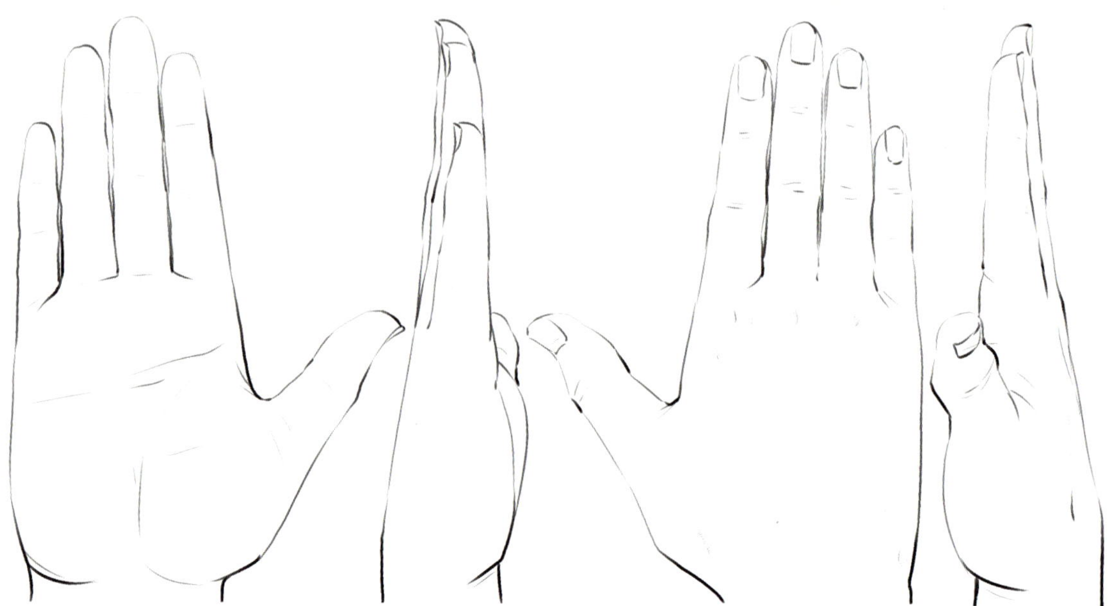

Nur das Daumengelenk ist gekrümmt.

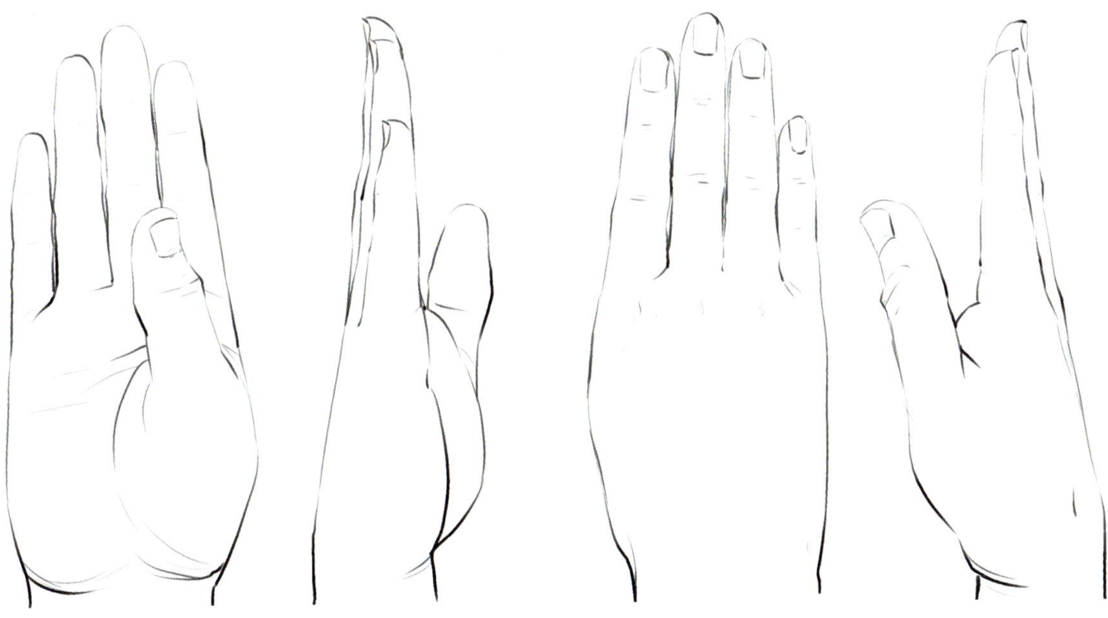

Die Gelenke von Daumen und den übrigen vier Fingern sind gekrümmt.

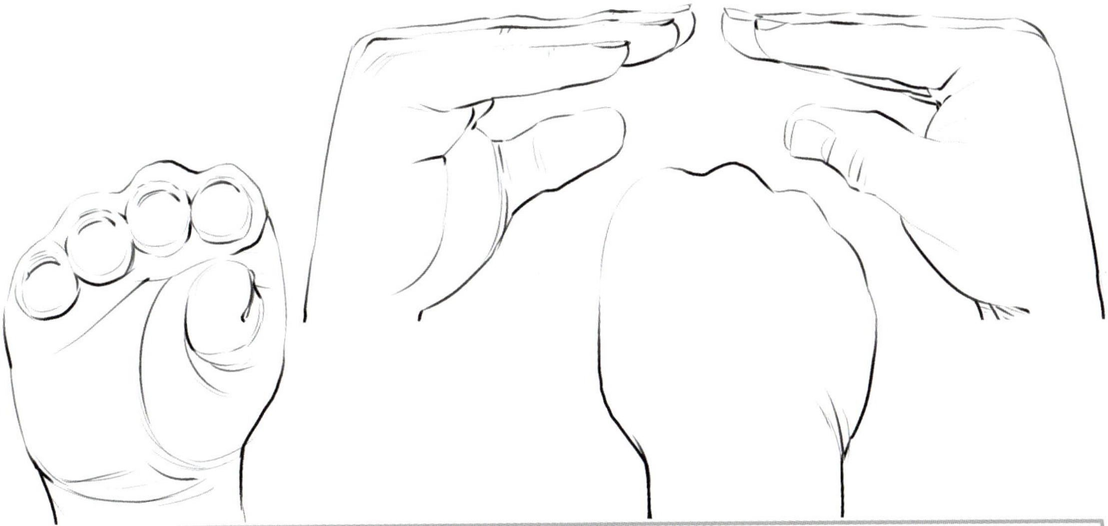

Handteller und Handrücken krümmen sich an unterschiedlichen Stellen.

Point

Grundglied

Die Knochen eines Fingers verlaufen nicht nur über seine gesamte Länge. Das untere Glied beginnt bereits unterhalb seines Ansatzes, an der Wurzel.

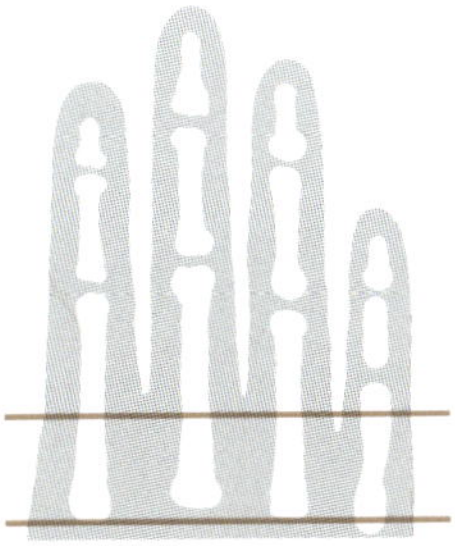

Linie des Ansatzes

Linie der Wurzel

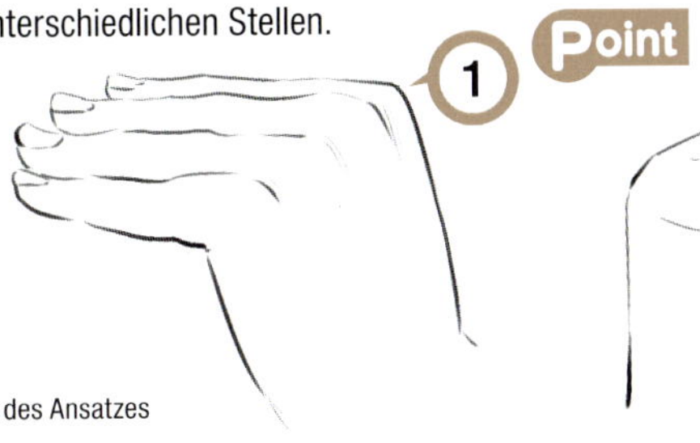

Krümmung am Handrücken an einem Punkt

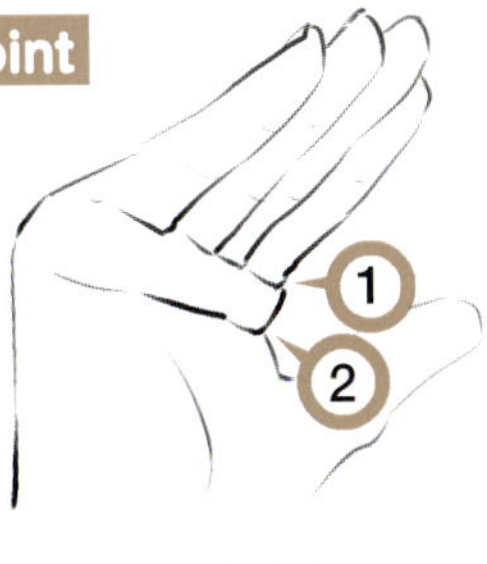

Krümmung im Handteller an zwei Punkten

04 Bringen wir die Hände in Bewegung

Auf Seite 38 und 39 haben wir uns mit den Grundbewegungen der Hand beschäftigt. Sie dienen als Basis, um nun die Finger in Bewegung zu bringen!

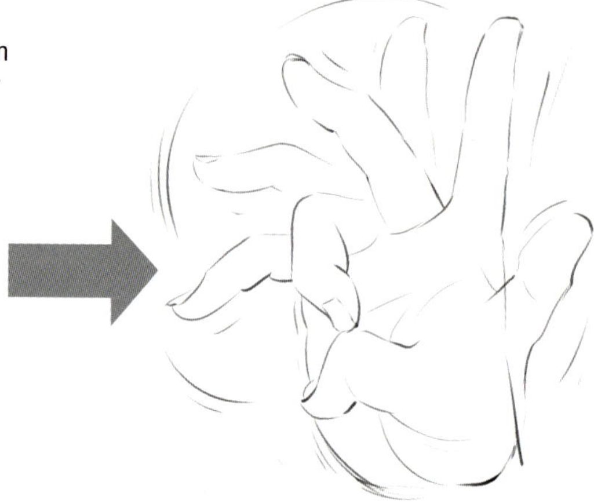

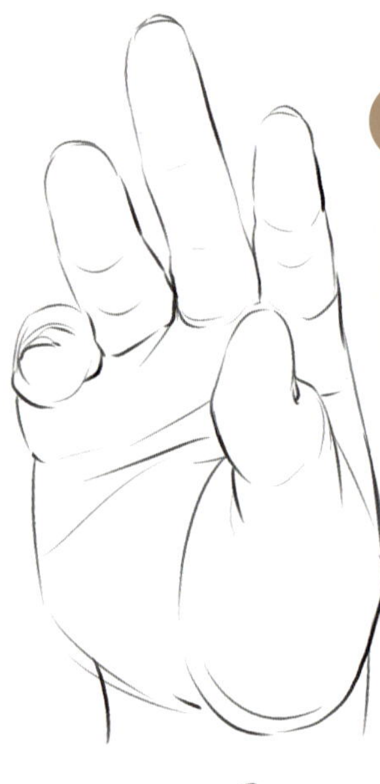

Point

Um die Zeichnung aus einer für Euch angenehmen Richtung zu beginnen, könnt Ihr das Papier hochkant, quer oder schräg legen.

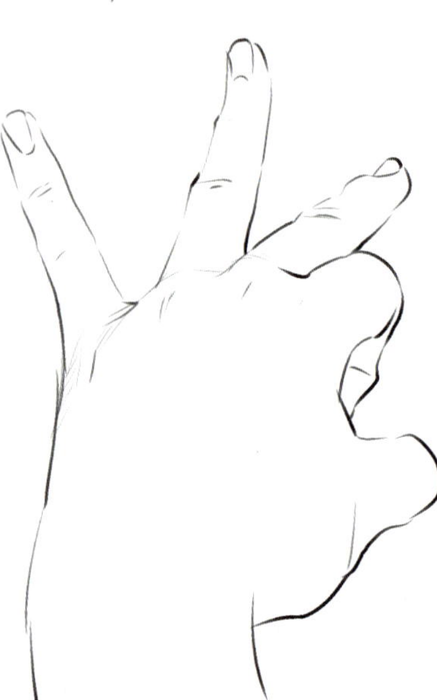

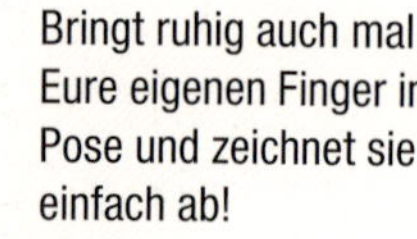

Bringt ruhig auch mal Eure eigenen Finger in Pose und zeichnet sie einfach ab!

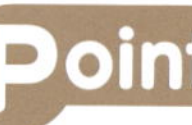

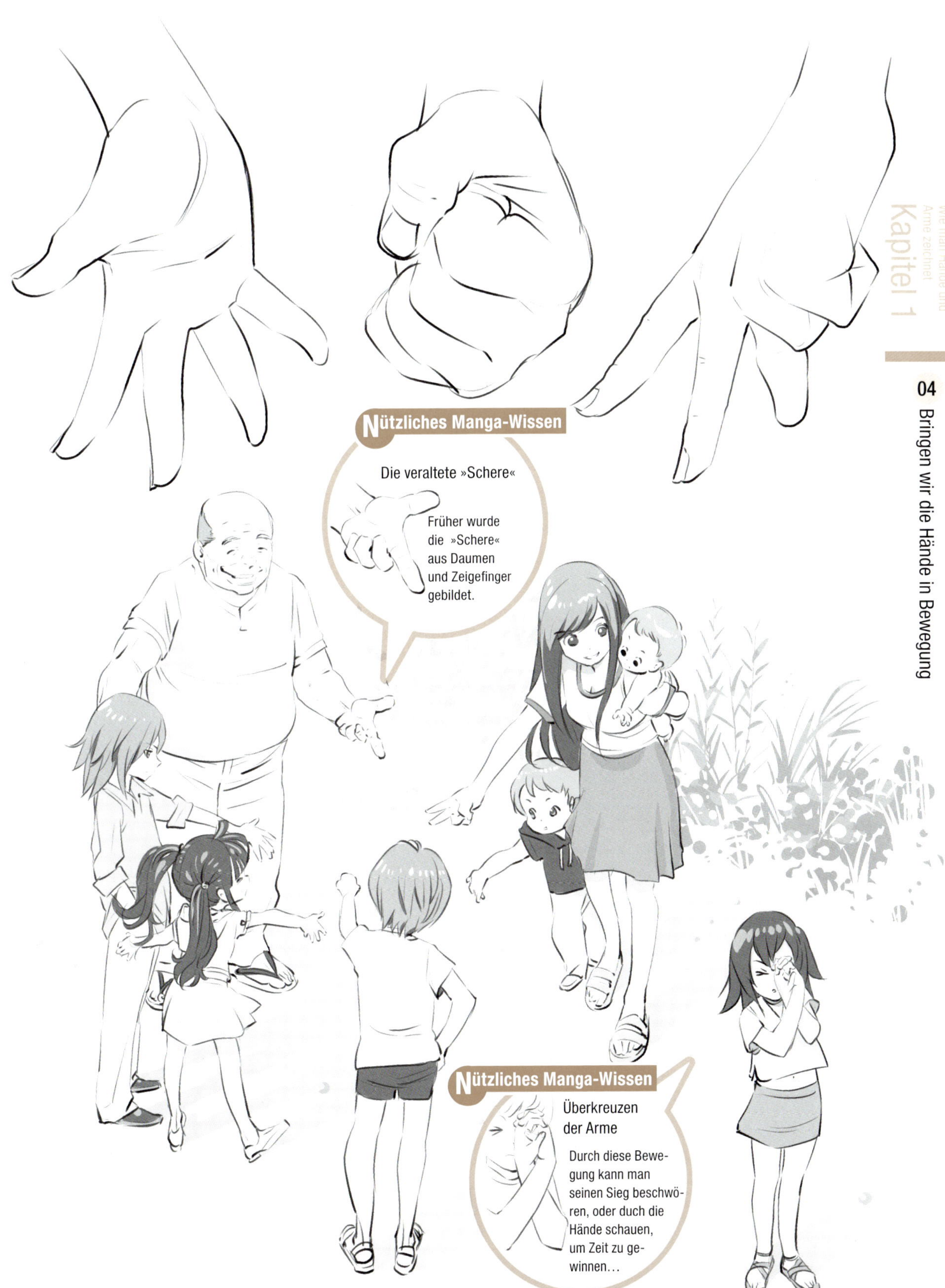
Nützliches Manga-Wissen
Die veraltete »Schere«
Früher wurde die »Schere« aus Daumen und Zeigefinger gebildet.
Nützliches Manga-Wissen
Überkreuzen der Arme
Durch diese Bewegung kann man seinen Sieg beschwören, oder duch die Hände schauen, um Zeit zu gewinnen…

05 Vereinfachte Darstellung der Hand eines Moe-Characters

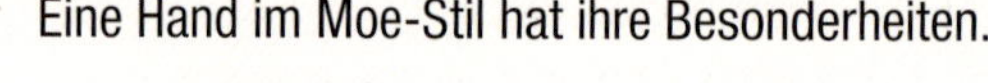

Eine Hand im Moe-Stil hat ihre Besonderheiten.

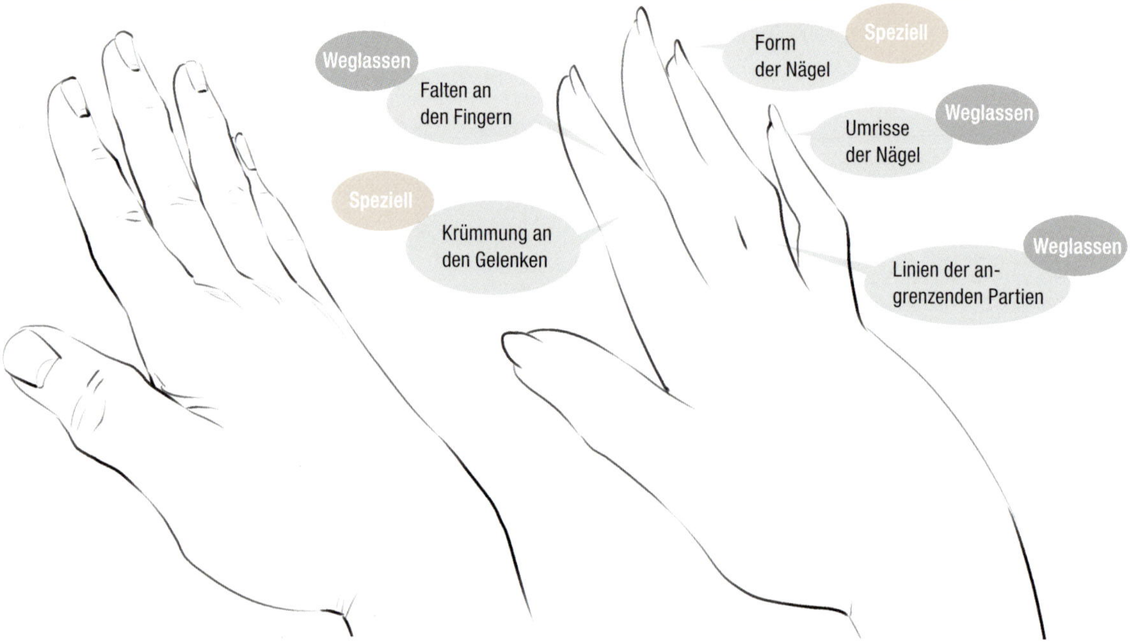

Je stärker Ihr die Finger vereinfacht, indem Ihr Gelenke, Falten oder Umrisse der Nägel weglasst, desto gelungener erscheint die Darstellung.

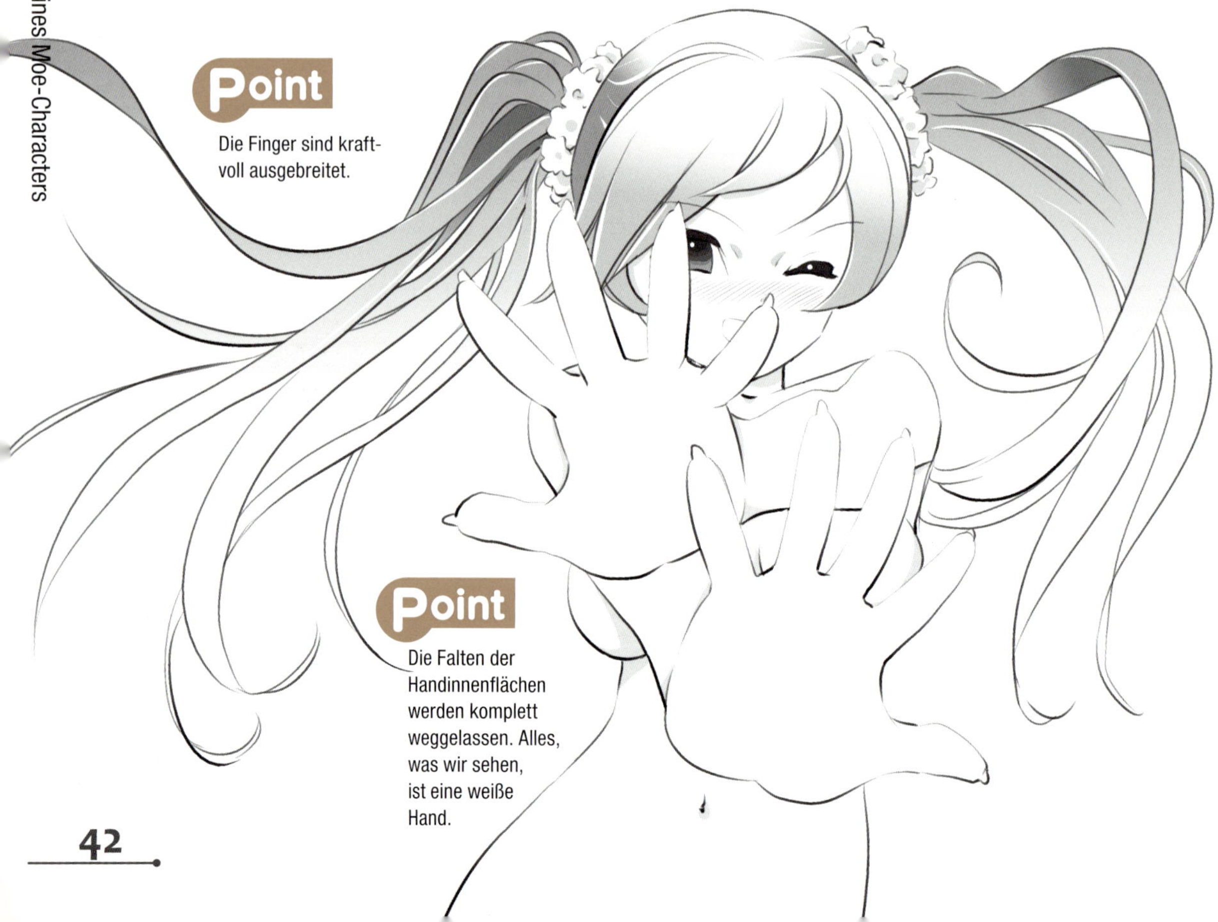

Point

Die Finger sind kraftvoll ausgebreitet.

Point

Die Falten der Handinnenflächen werden komplett weggelassen. Alles, was wir sehen, ist eine weiße Hand.

❖ Was Weglassen bewirken kann

Wenn die Falten oder Gelenke zu detailliert erfasst werden, wirkt das Bild überfrachtet. Um eine schöne Hand darzustellen, solltet Ihr sie vereinfacht zeichnen.

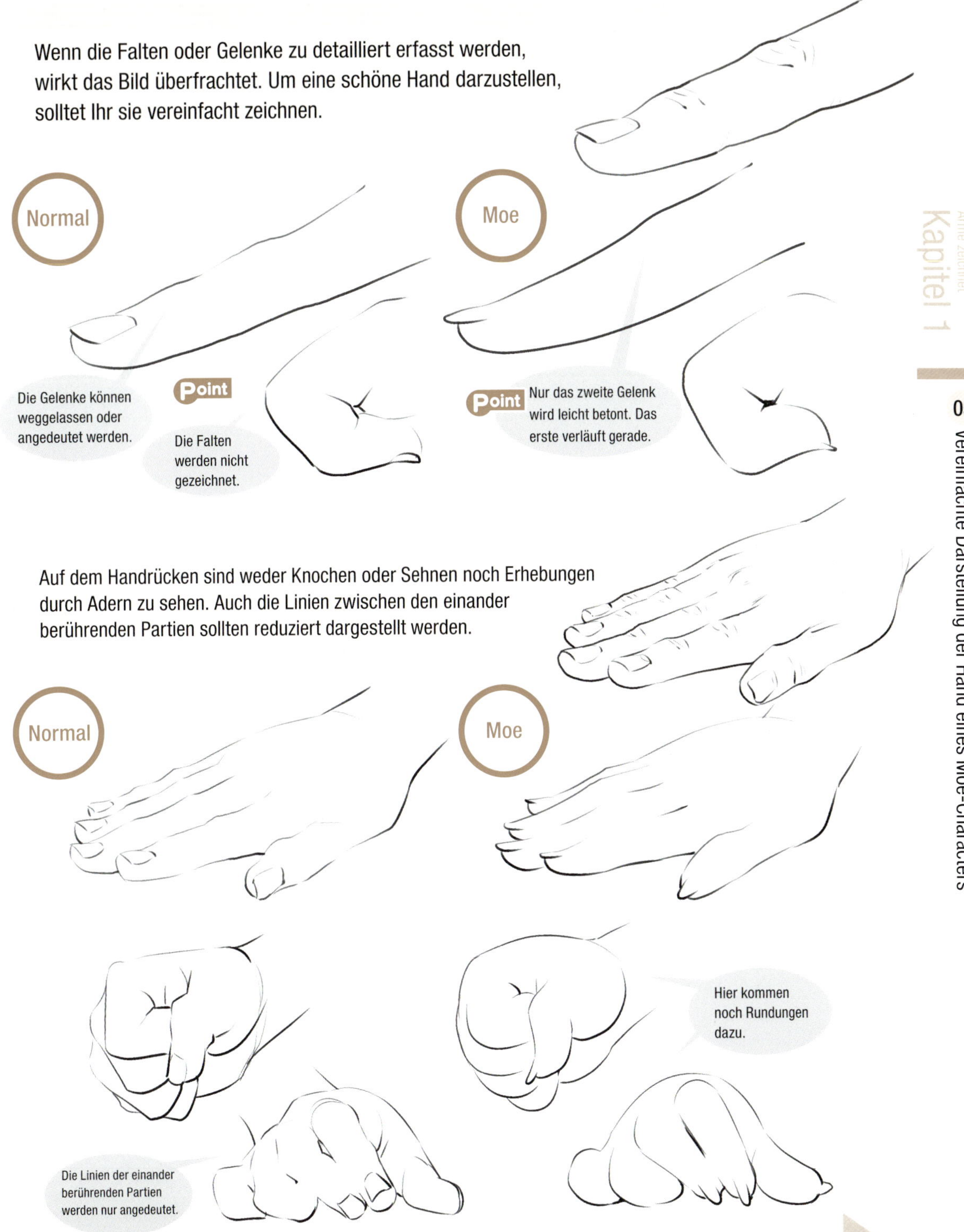

Nun haben wir uns eine solide Grundlage erarbeitet, um uns mit spezielleren Ausprägungen zu beschäftigen. Hier geht's zu den Models!

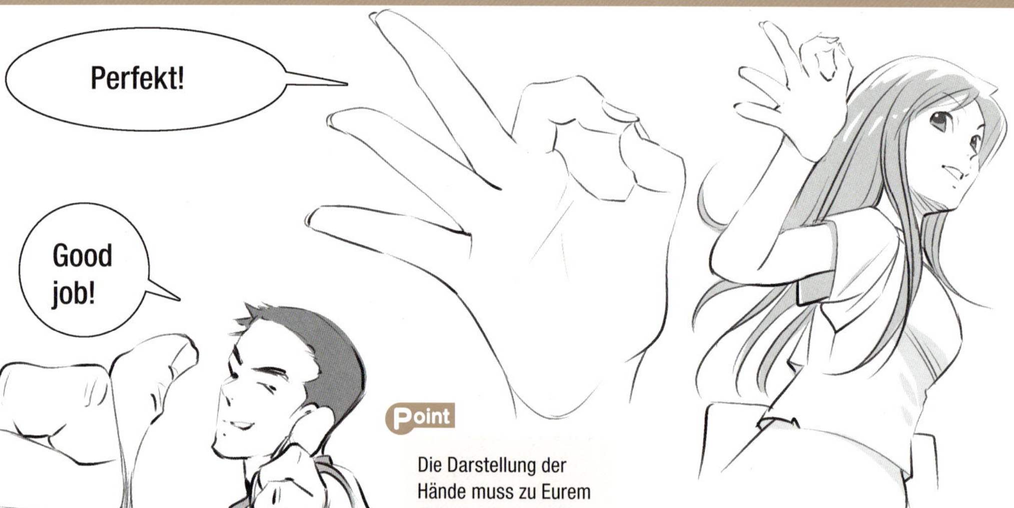

06 Beispiele

Perfekt!

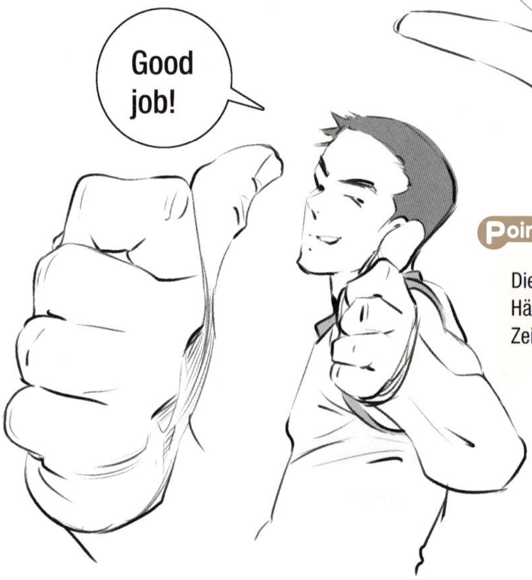

Good job!

Point

Die Darstellung der Hände muss zu Eurem Zeichenstil passen!

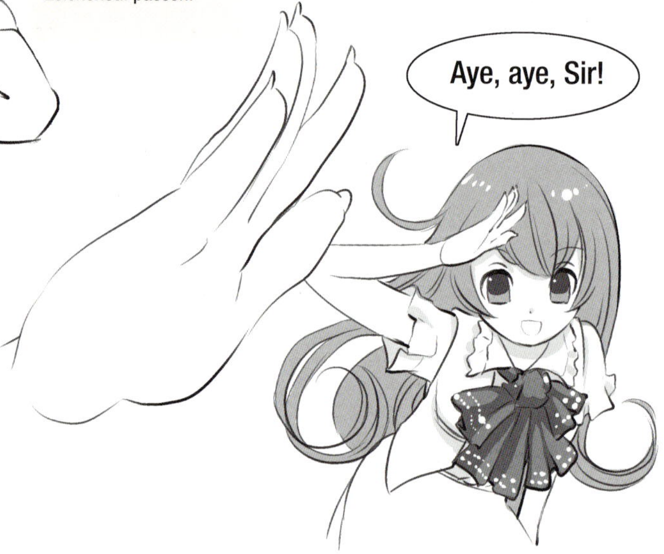

Aye, aye, Sir!

KIIIIIH!!

Point

Weniger kompakte Linien lassen uns den Schlag förmlich spüren.

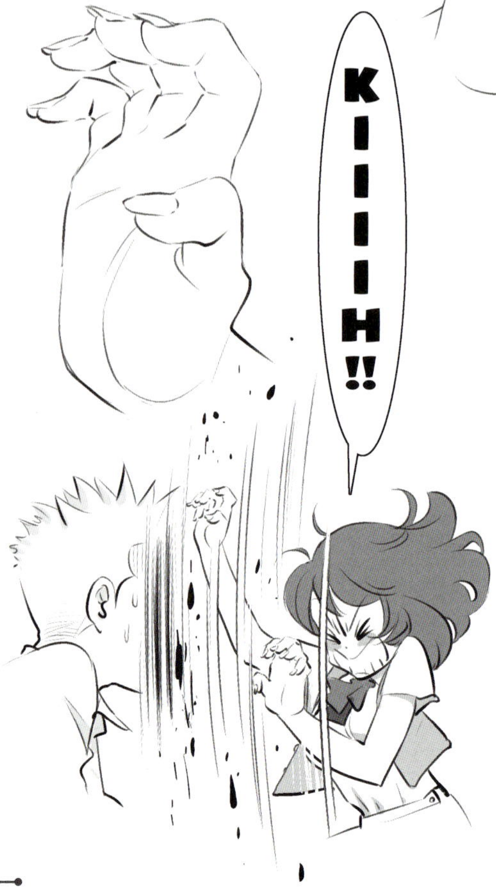

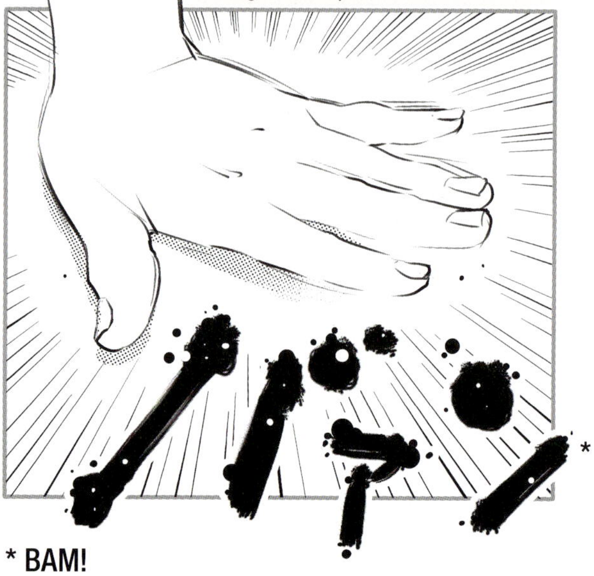

バァン*

* BAM!

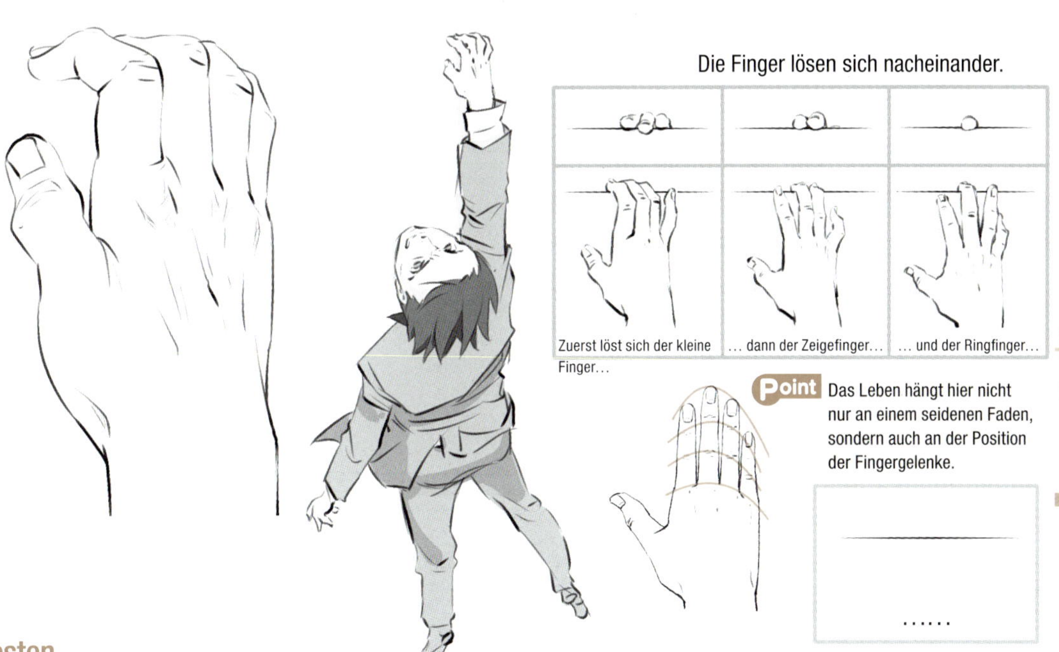

Gesten

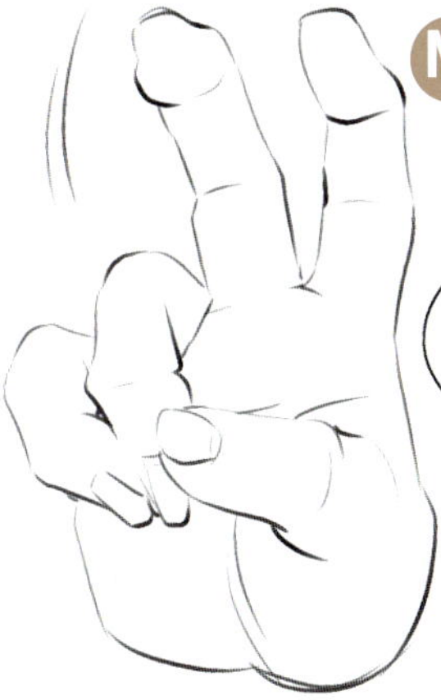

Nützliches Manga-Wissen

Diese Geste bedeutet »in Anführungszeichen«, weil die Figur mit Zeige- und Mittelfinger beider Hände ein Anführungszeichen setzt.

So verleiht man einem bestimmten Wort im Gespräch mehr Bedeutung.

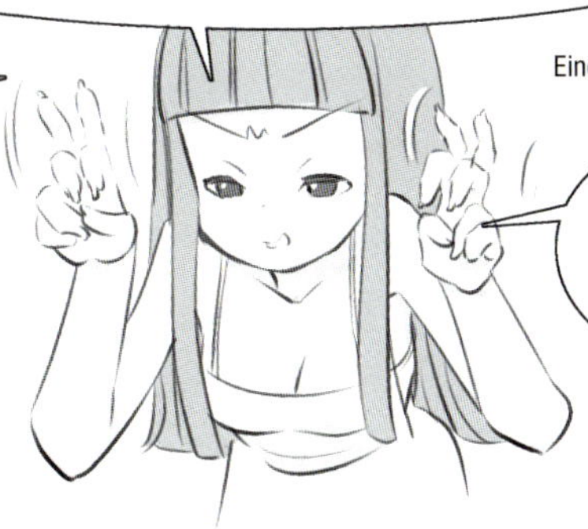

Eine eindeutige Geste

Wer kennt das nicht?!

Die Finger werden zweimal hoch- und runterbewegt.

Und das?

Und? Habt ihr es gemacht?

HAH FUH HAH FUH

Jungchen! Mein Jungchen!

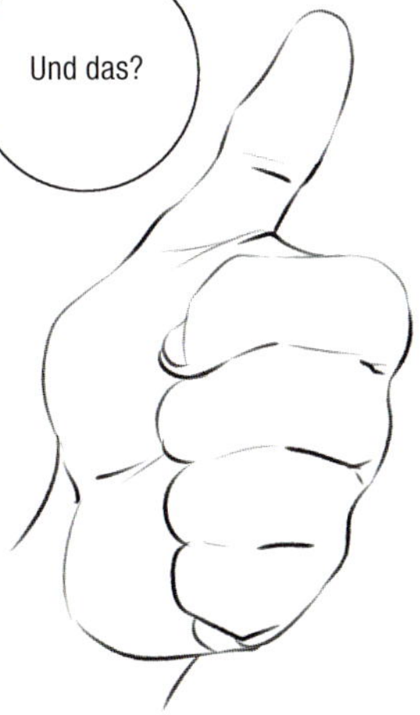

»Mann«, »der Freund«

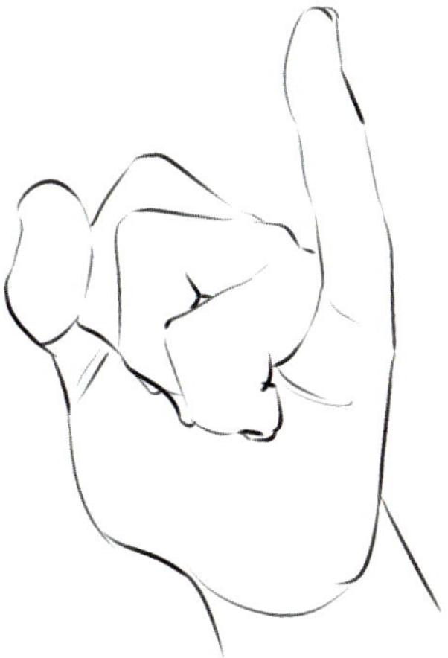

»Frau«, »die Freundin«

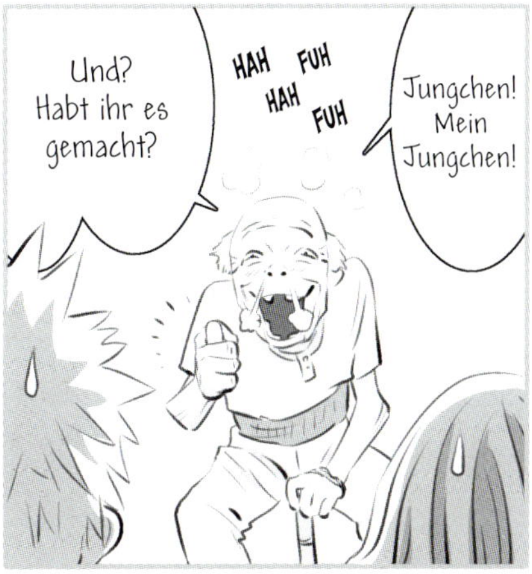

Ihr wisst schon…

Hand mit einem Gegenstand

Die Hand ist es gewohnt, Stifte oder Stäbchen zu halten. Dies zu zeichnen ist allerdings recht schwierig. Beachtet einfach die Reihenfolge, dann wird es kinderleicht.

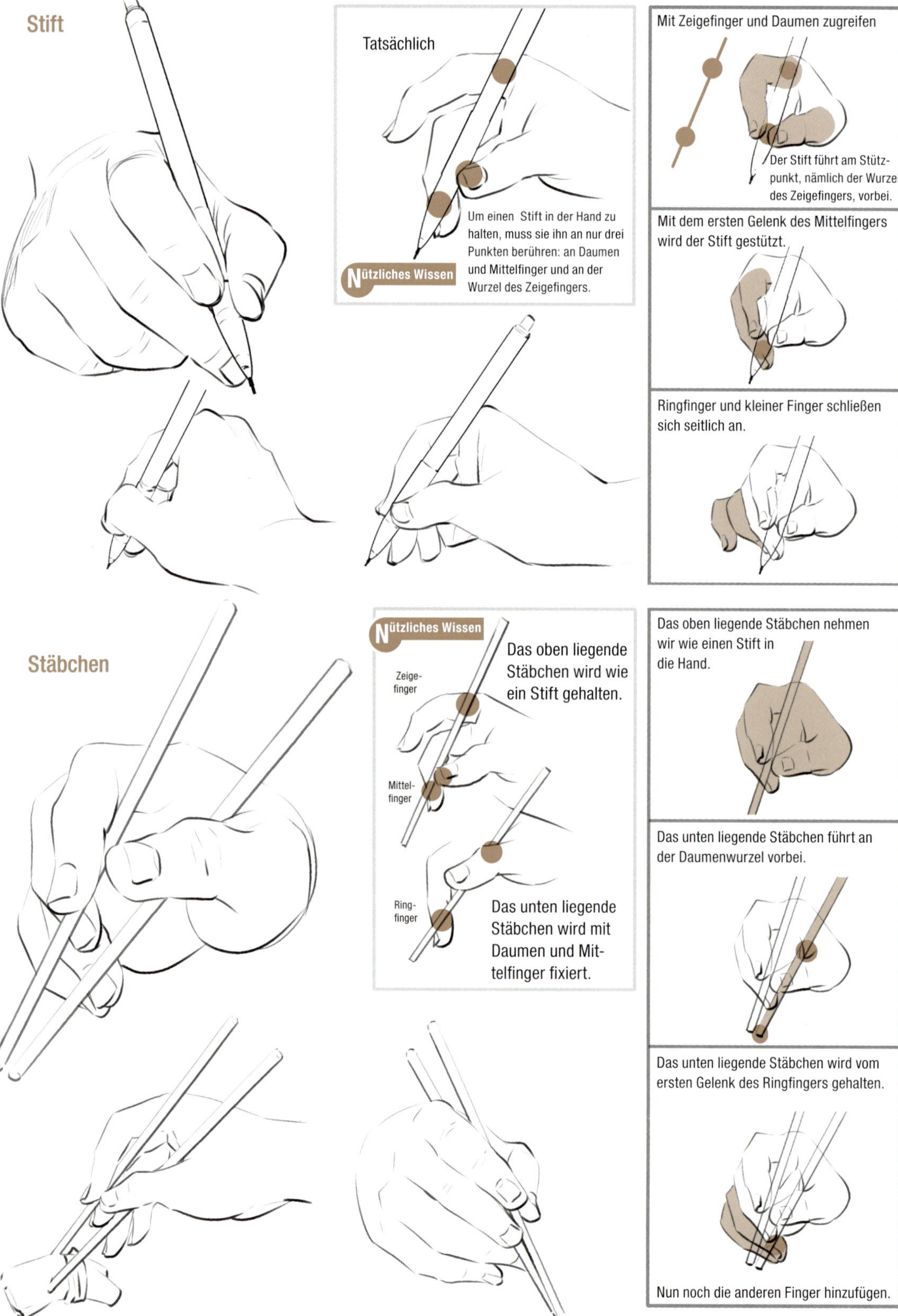

Handy und Smartphone

Handys und Smartphones liegen relativ ähnlich in der Hand.

Point
Das Handy berührt den Handteller nicht direkt.

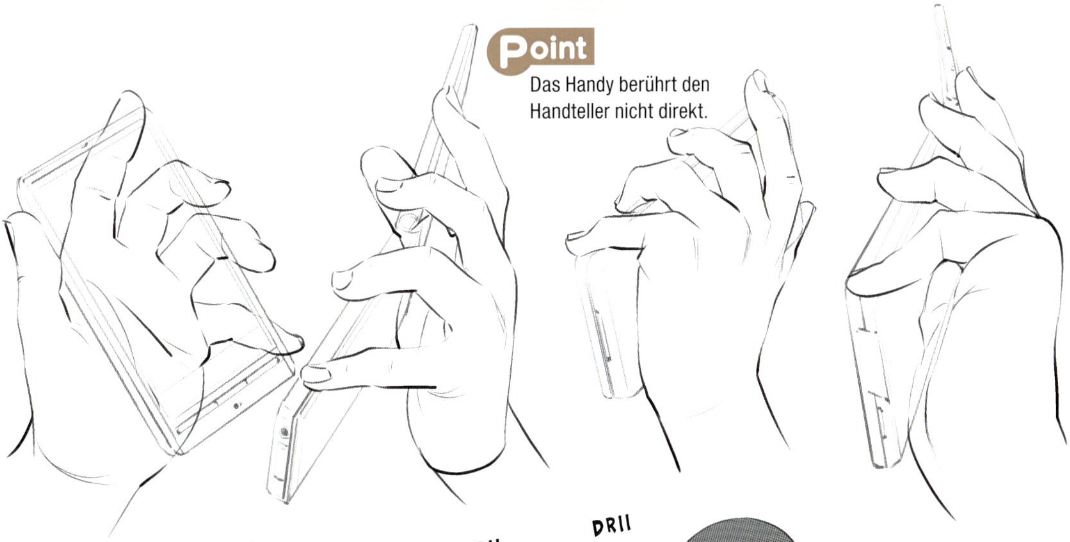

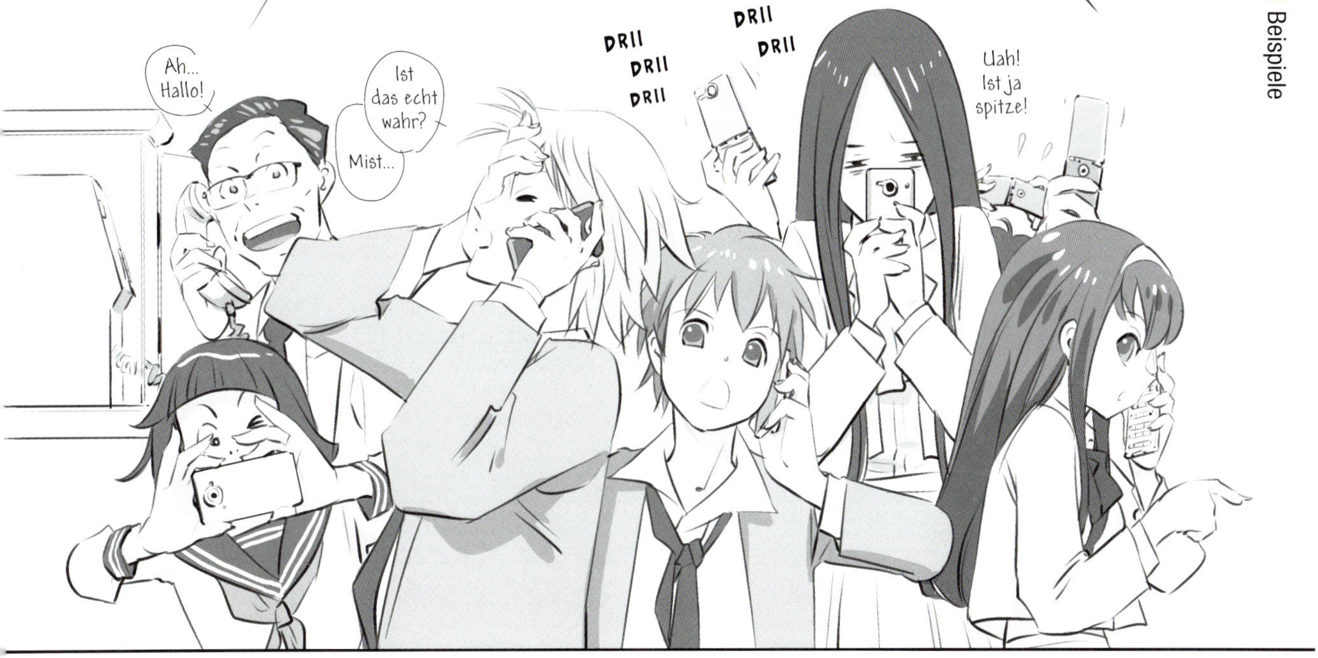

Ah... Hallo!
Ist das echt wahr?
Mist...
DRII
DRII
DRII
DRII
DRII
Uah! Ist ja spitze!

Ein Smartphone bedienen

Wischen oder Tippen mit einer Hand

Point
Nur die Fingerspitze berührt das Display.

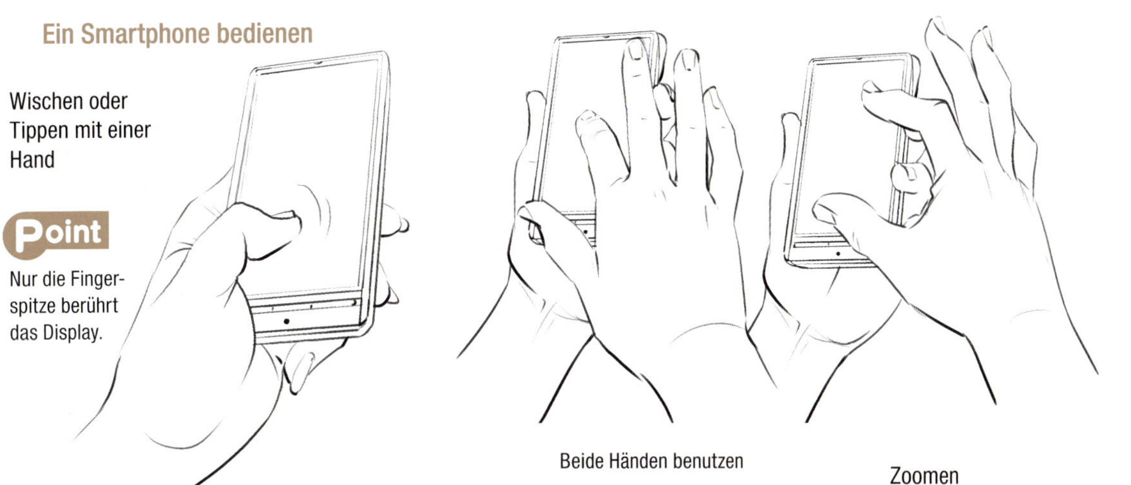

❖ Kombination zweier Hände (die eigenen Hände)

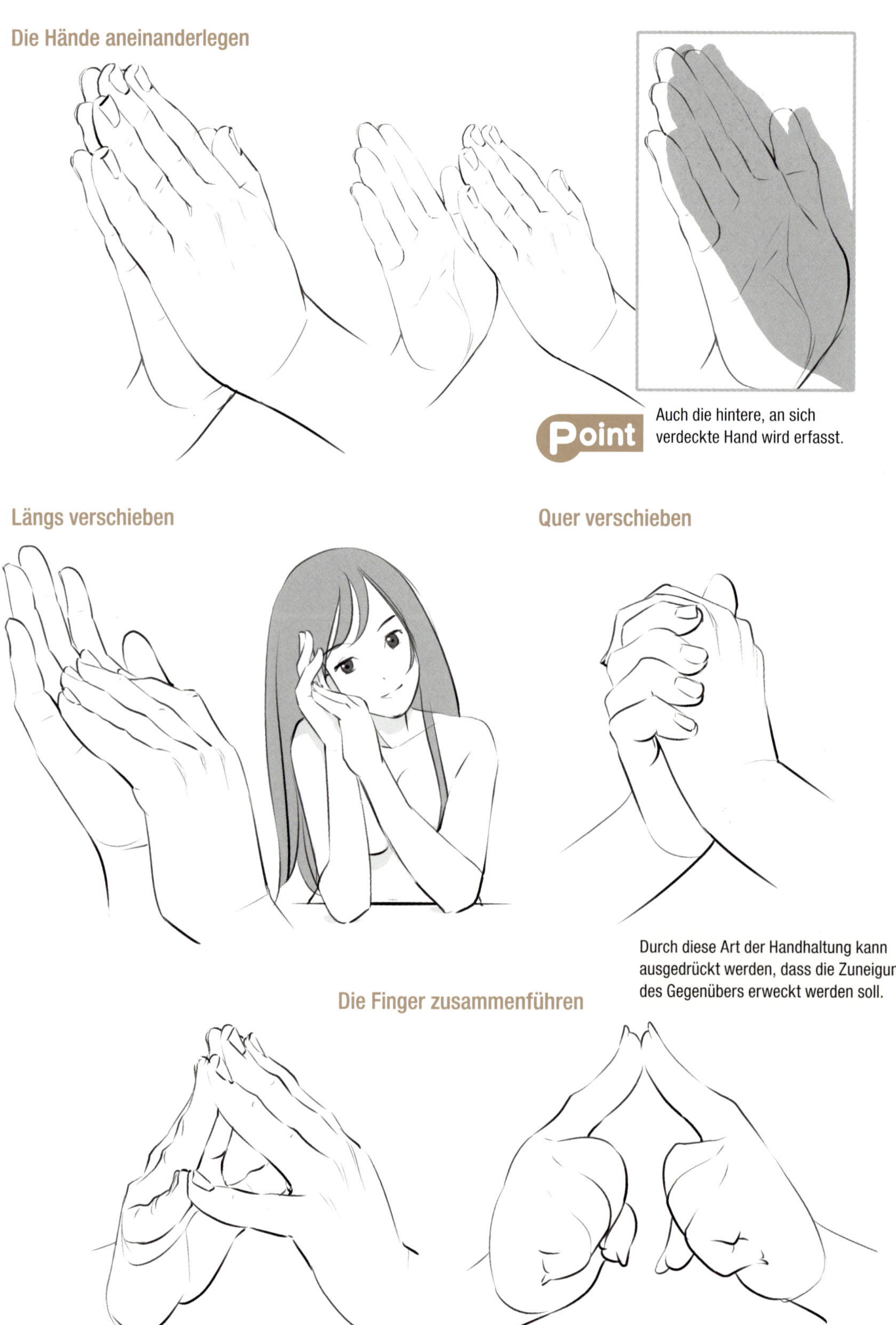

Kombination zweier Hände (mit der Hand eines anderen)

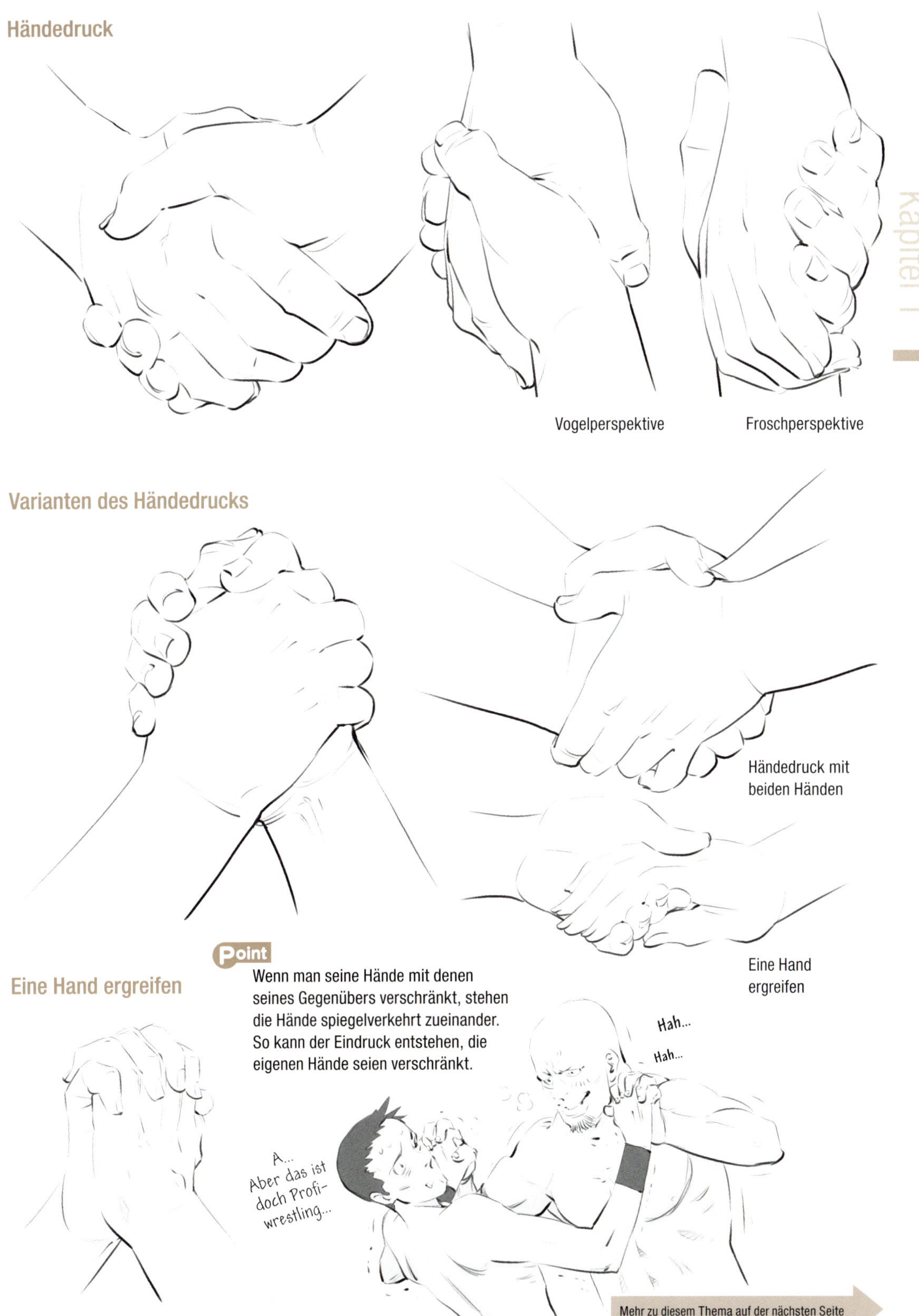

Händedruck

Vogelperspektive

Froschperspektive

Varianten des Händedrucks

Händedruck mit beiden Händen

Eine Hand ergreifen

Eine Hand ergreifen

Point

Wenn man seine Hände mit denen seines Gegenübers verschränkt, stehen die Hände spiegelverkehrt zueinander. So kann der Eindruck entstehen, die eigenen Hände seien verschränkt.

Mehr zu diesem Thema auf der nächsten Seite

❖ Ineinander verschränkte Hände

Ineinander verschränkte Hände sind relativ schwierig zu zeichnen.

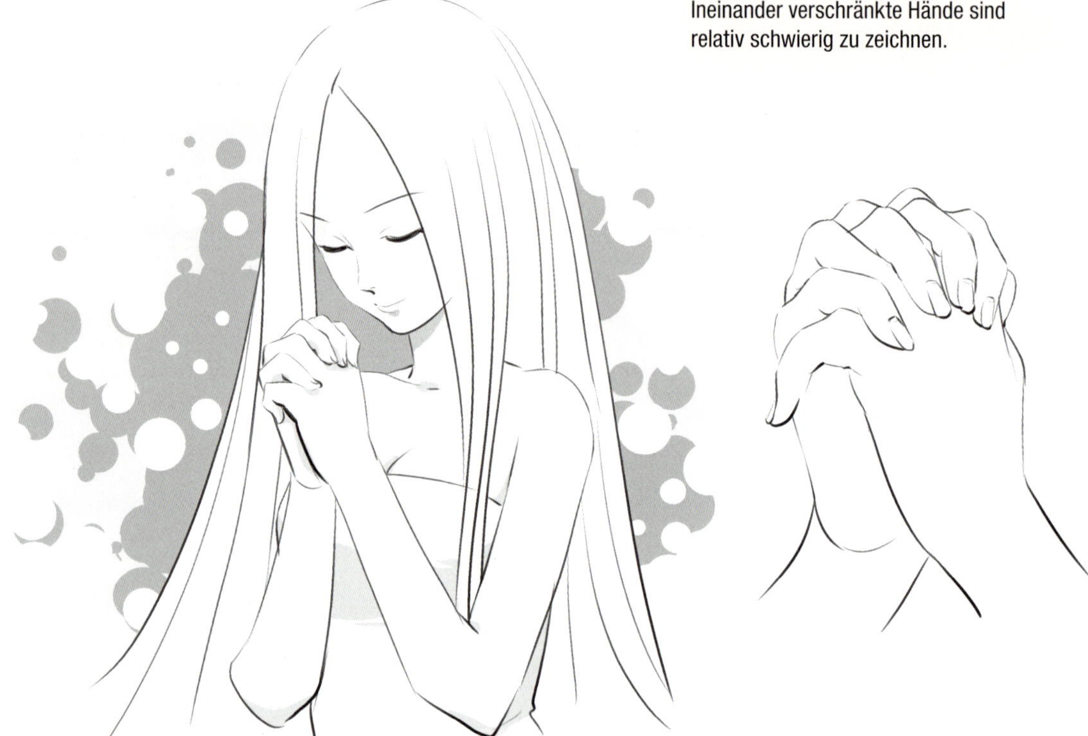

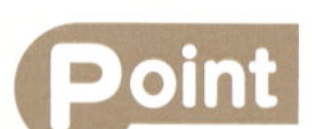

Verschränkt einmal Eure eigenen Hände ineinander. Dann löst sie, behaltet aber die Haltung bei!

Aber wir haben einen Trick!

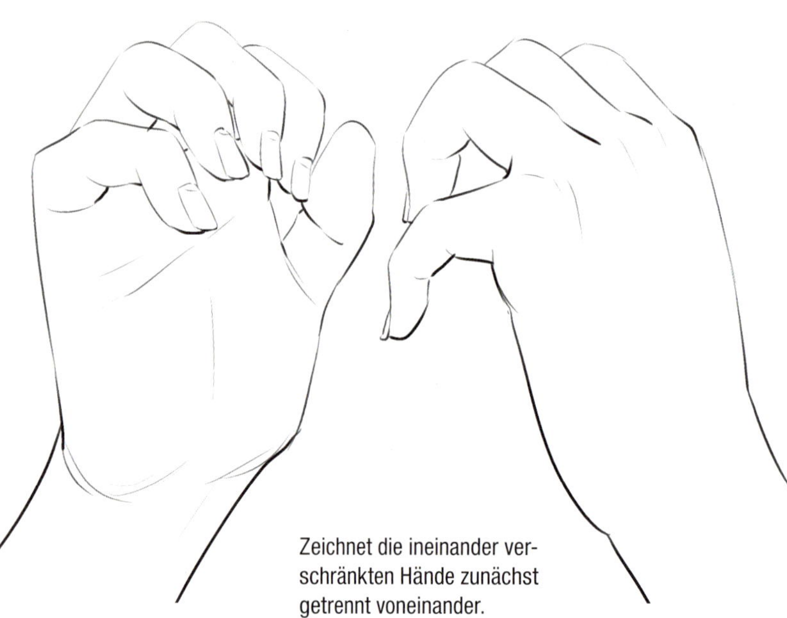

Zeichnet die ineinander verschränkten Hände zunächst getrennt voneinander.

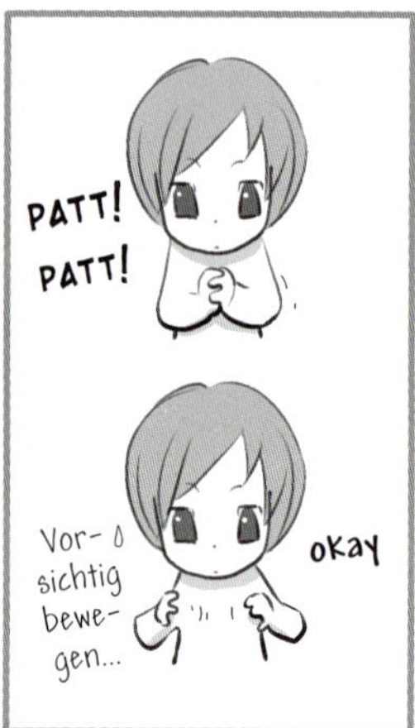

Getrennt voneinander lassen sich die Hände mit den bisher geübten Methoden gut zeichnen.

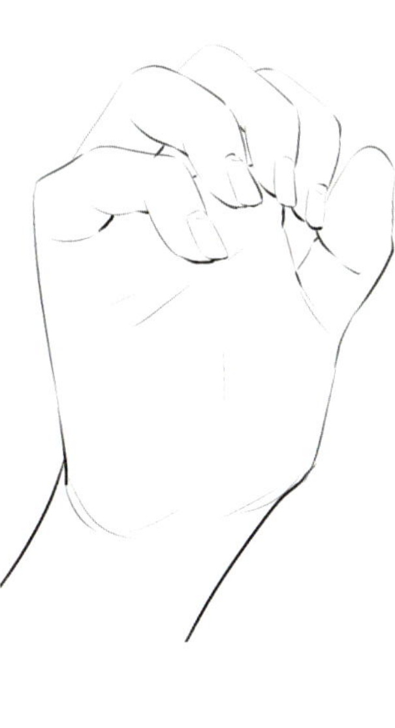

Zunächst zeichnet Ihr die hintere Hand, von der später nur die Fingerspitzen zu sehen sind.

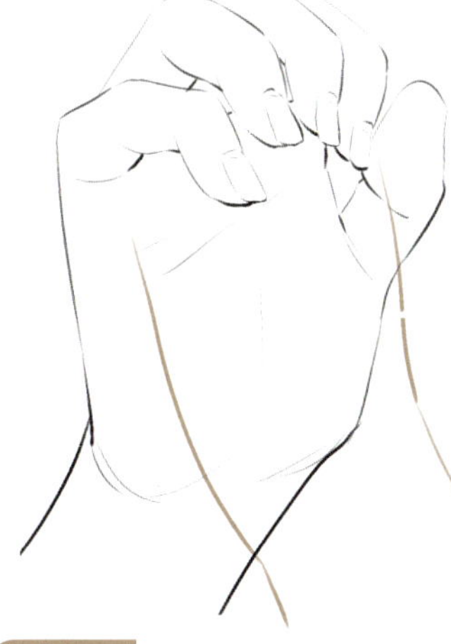

Nun zeichnet man den Handrücken der verdeckenden Hand.

Achtet hierbei besonders auf die richtige Breite.

Anschließend werden jene Stellen, die durch die vordere Hand verdeckt werden, entfernt.

Achtung!

Der Bogen der Fingerspitzen dient als Hilfslinie.

Point

Ihr startet mit dem kleinen Finger der vorderen Hand.

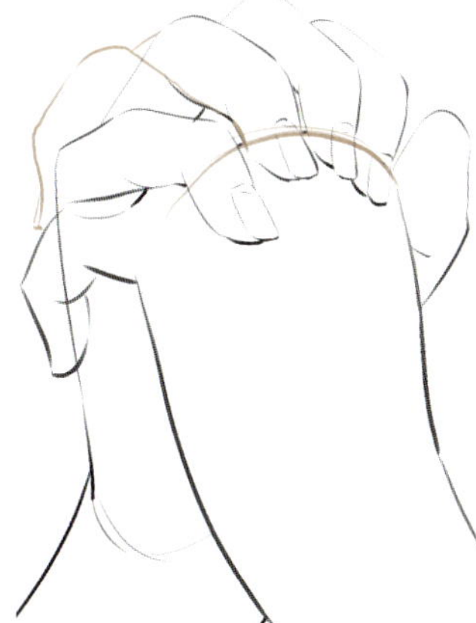

Dann macht Ihr Euch an Ring- und Mittelfinger.

Point

Je nachdem, wie die Finger verschlungen sind und von wo aus man auf sie schaut, zeigen sich Zeige-, Mittel- und Ringfinger. Vergegenwärtigt Euch genau, was überhaupt zu sehen ist, alles andere könnt Ihr geflissentlich ignorieren.

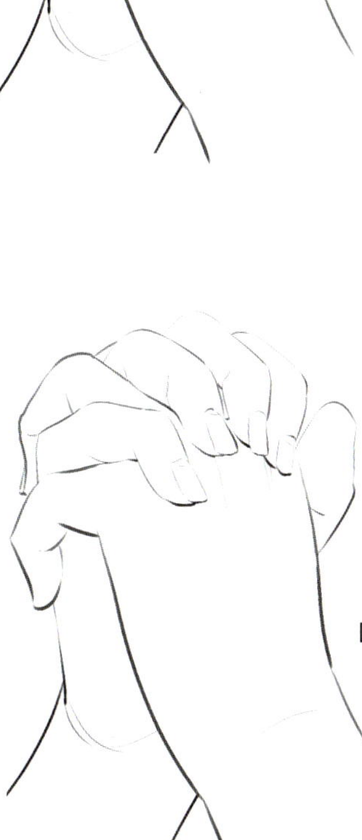

Die Linien der verdeckten Partien entfernen, und fertig!

Point

Beim Zeichnen sollte man sich das Gesamtbild der Hände stets vor Augen halten und die Zeichnung immer wieder daran überprüfen.

07 Einen Arm detailliert zeichnen

Wie der Arm ansetzt

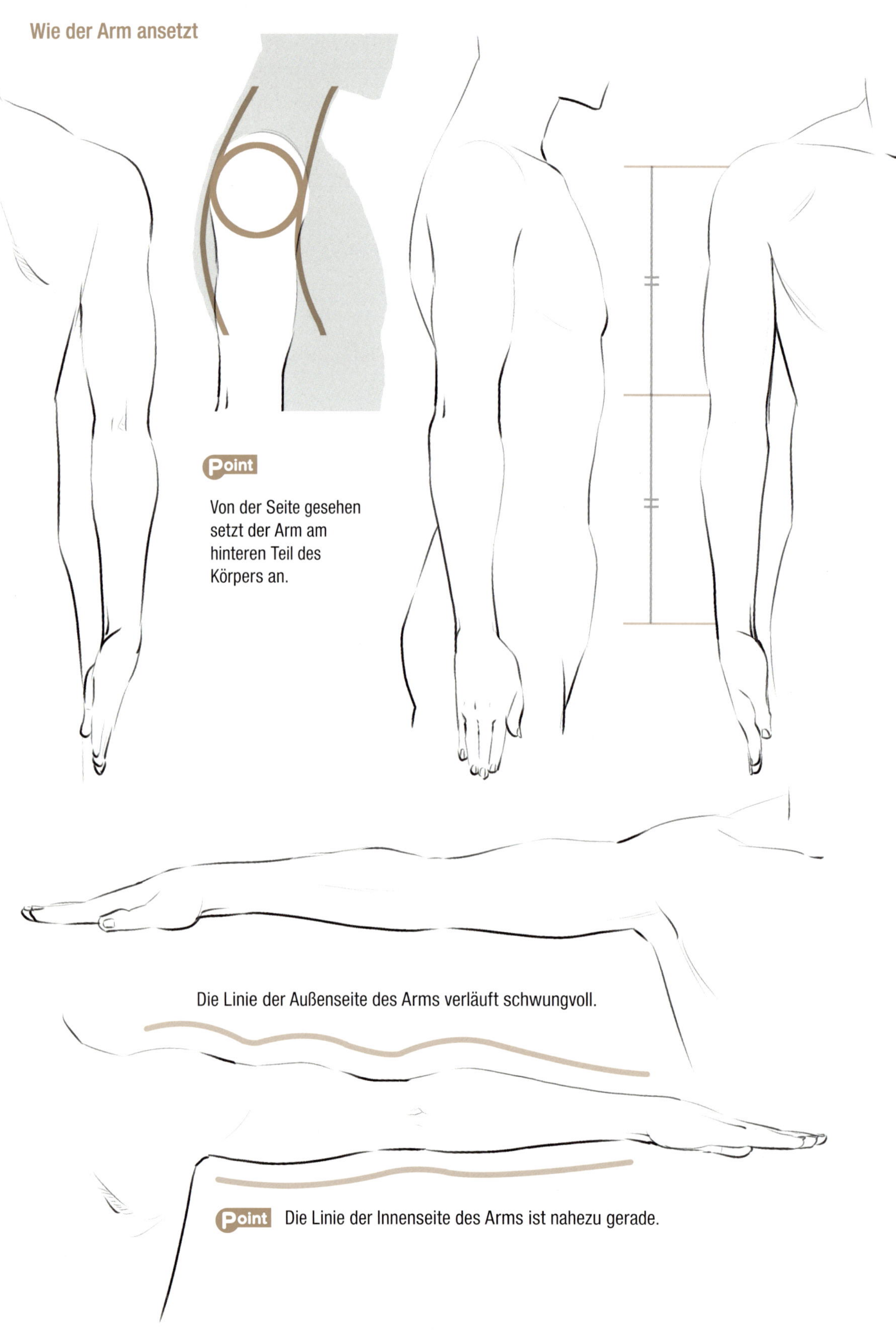

Point Von der Seite gesehen setzt der Arm am hinteren Teil des Körpers an.

Die Linie der Außenseite des Arms verläuft schwungvoll.

Point Die Linie der Innenseite des Arms ist nahezu gerade.

08 Grundwissen zum Arm

Oberarm

Wenn man über die innere Struktur Bescheid weiß, lässt sich ein Arm noch realistischer zeichnen.

Es ist nicht nötig, jedes Detail darzustellen, aber Ihr solltet Euch den gesamten Arm grob vorstellen können.

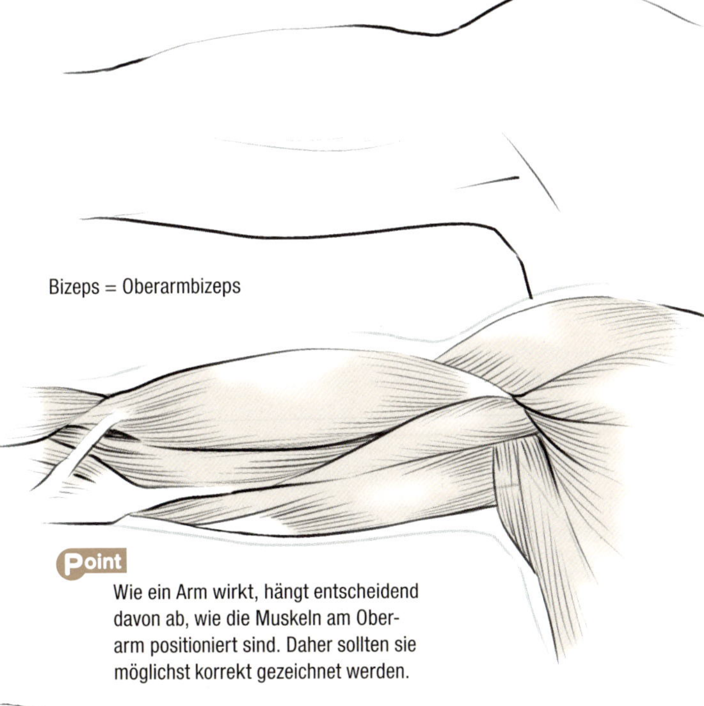

Point
Wie ein Arm wirkt, hängt entscheidend davon ab, wie die Muskeln am Oberarm positioniert sind. Daher sollten sie möglichst korrekt gezeichnet werden.

Unterarm

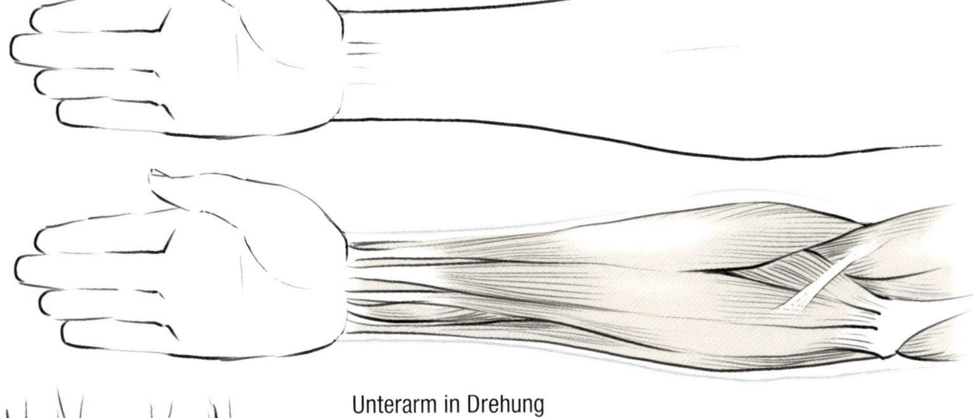

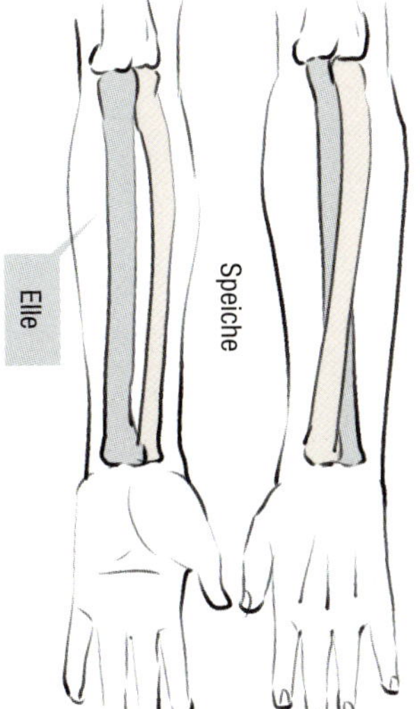

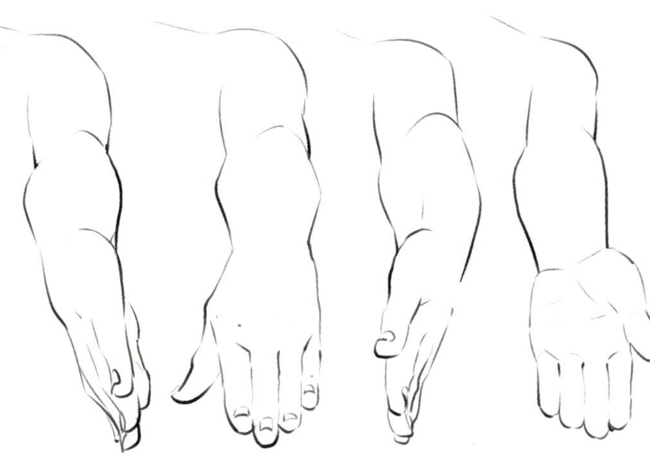

Der Bewegungsumfang des Arms

Point

Wenn sich der Arm hebt, hebt sich auch die Schulter.

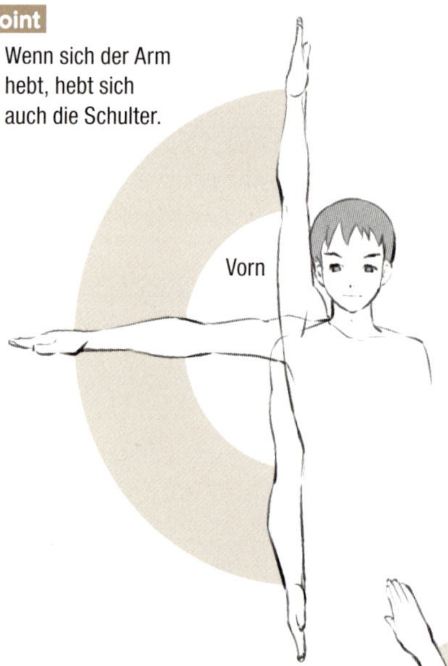

Vorn

Weite, kraftvolle Bewegungen veranschaulichen den horizontalen Bewegungsumfang.

Vogelperspektive

Point

Wenn der Arm vor- bzw. zurückschwingt, geht auch die Schulter nach vorn bzw. zurück.

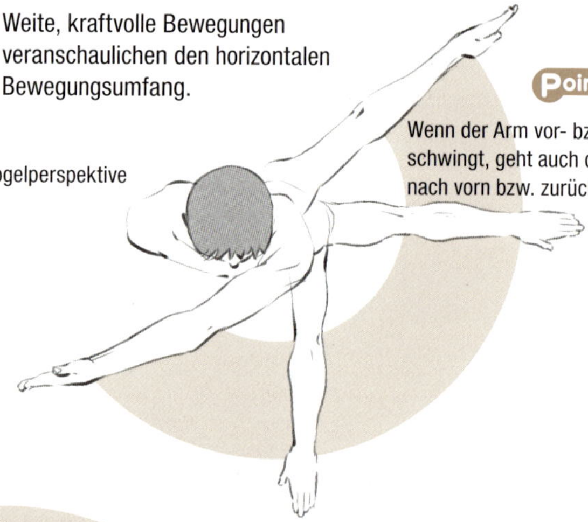

Der Bewegungsumfang in der Vertikalen zeigt sich, wenn der Arm hoch- und heruntergeschwungen wird.

Die Schulter folgt der Bewegung.

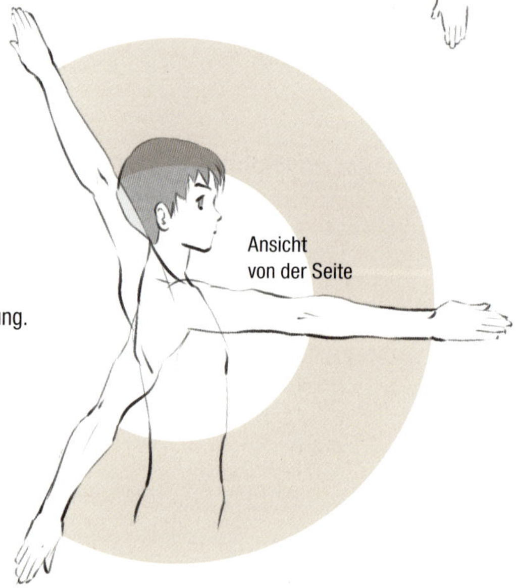

Ansicht von der Seite

Die Hände an den Rücken führen

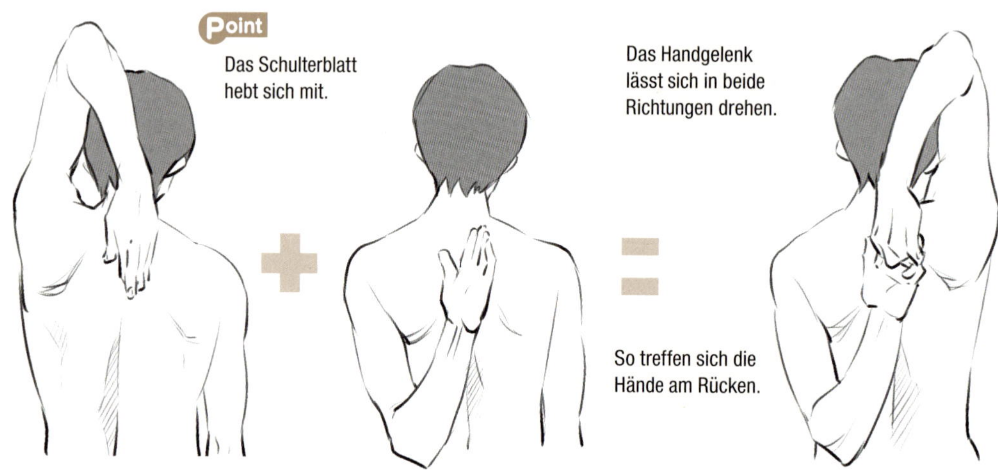

09 Gebeugter Arm

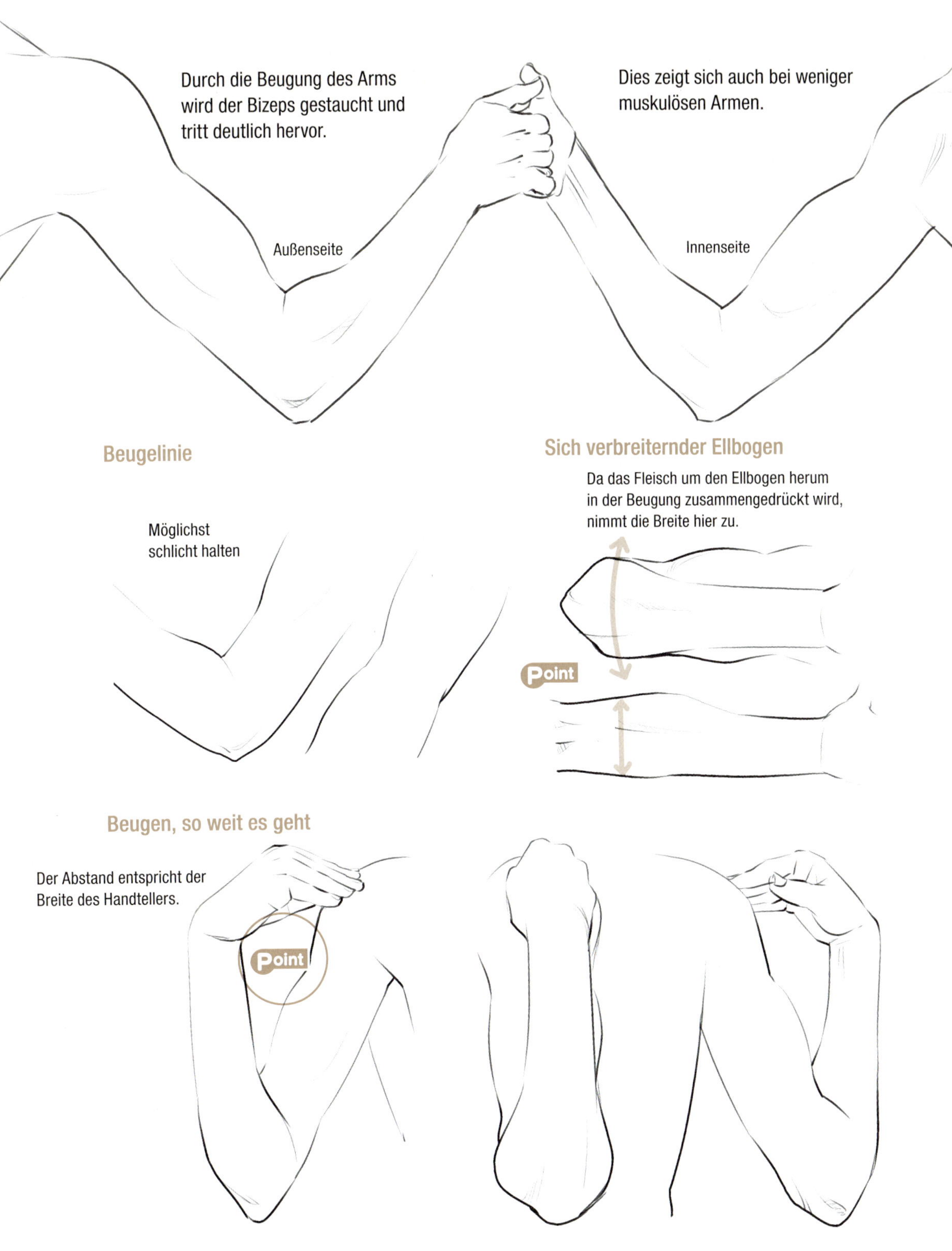

Es entsteht ein v-förmiger Zwischenraum.

Der Bewegungsumfang eines gebeugten Arms

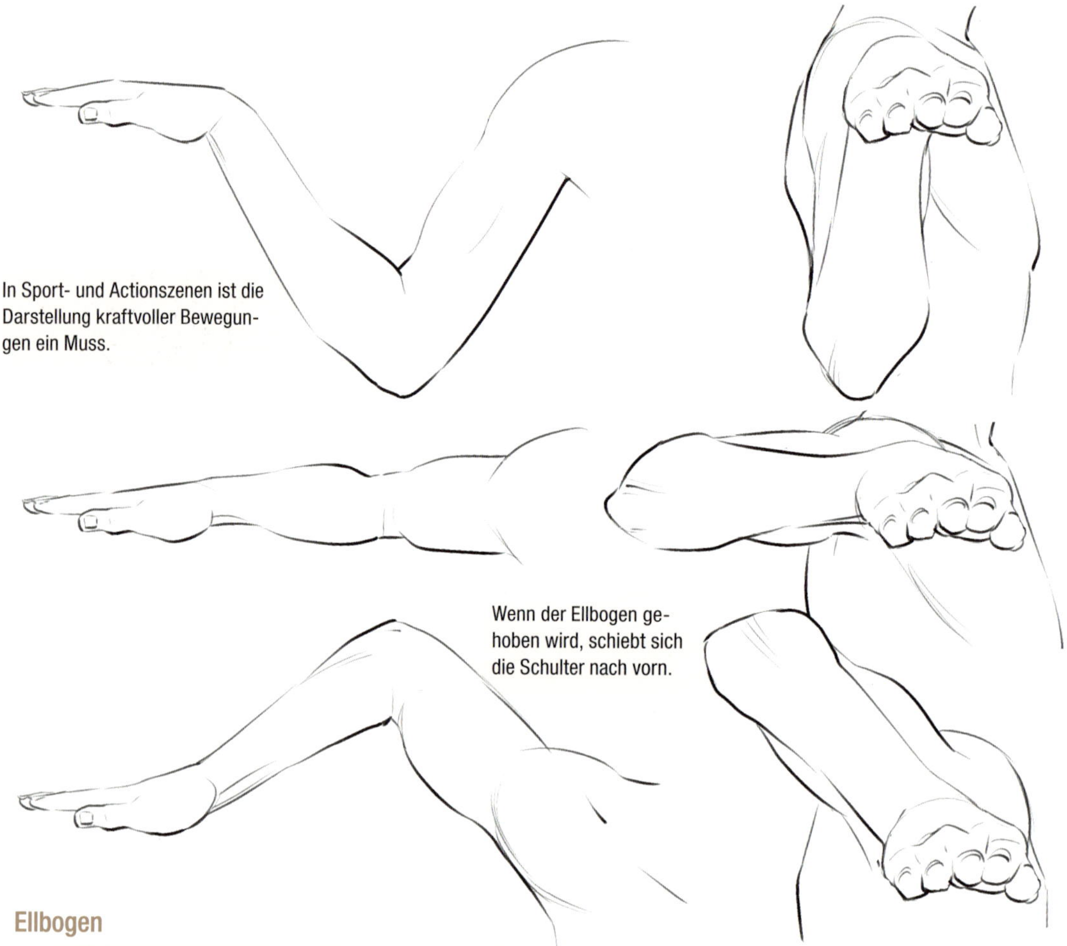

In Sport- und Actionszenen ist die Darstellung kraftvoller Bewegungen ein Muss.

Wenn der Ellbogen gehoben wird, schiebt sich die Schulter nach vorn.

Ellbogen

Ein Ellbogen weist starke individuelle Unterschiede auf. Bei manchen Menschen tritt er stark hervor, bei anderen fällt er kaum auf. Wenn man einen Ellbogen zu betont zeichnet, wirkt er sehr grob und wuchtig. Deshalb achtet darauf, dass der Ellbogen zur übrigen Figur Eures Characters passt.

Achtung!

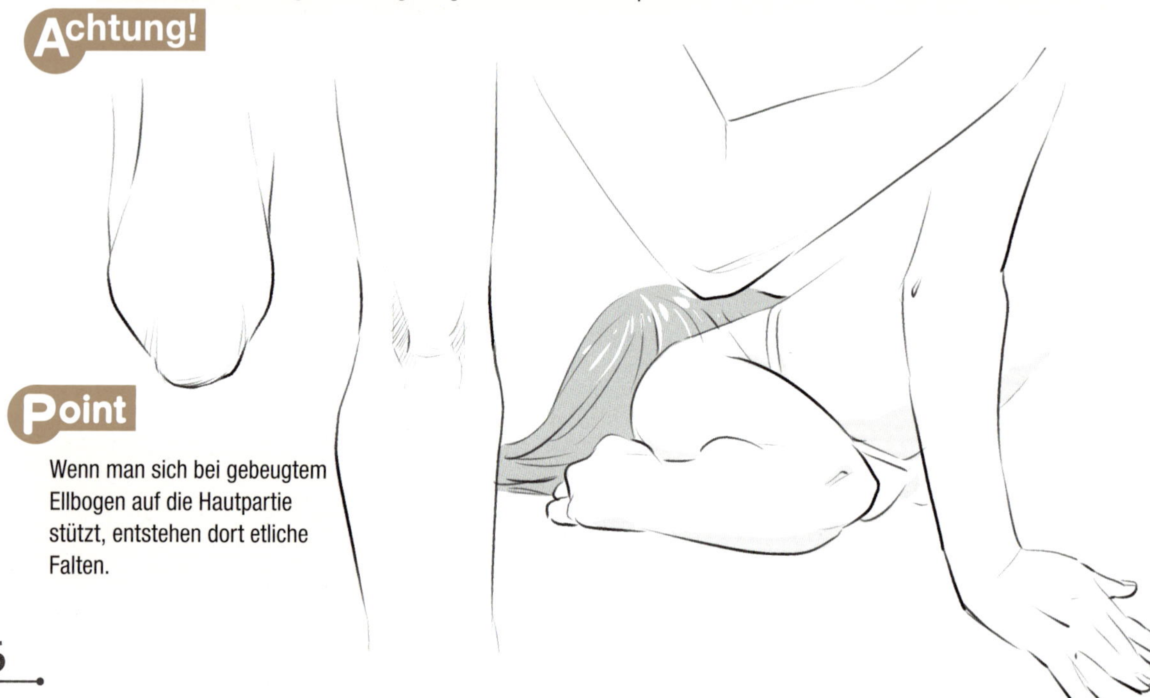

Point

Wenn man sich bei gebeugtem Ellbogen auf die Hautpartie stützt, entstehen dort etliche Falten.

10 Balance von Arm und Handgelenk

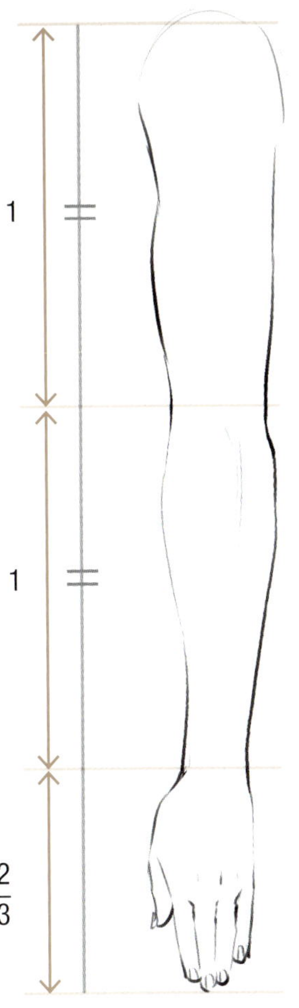

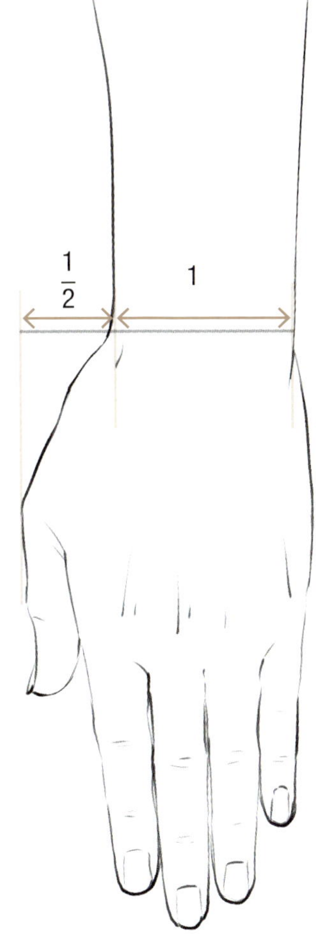

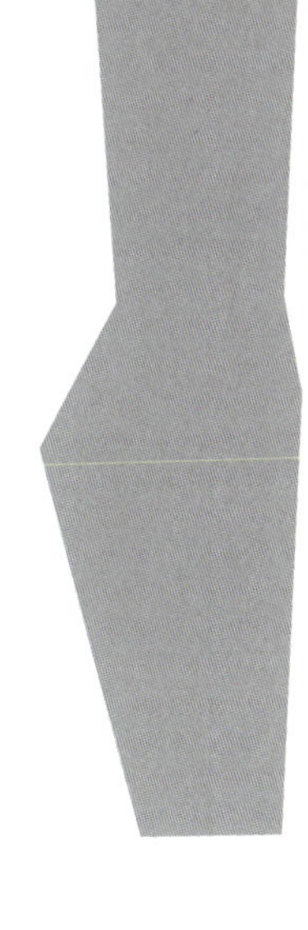

Grobe Silhouette der Hand vom Ansatz des Handgelenks bis zu den Fingerspitzen

Point

Wenn Arm und Hand nicht stimmig wirken, überprüft die Proportionen!

Der Ansatz des Handgelenks

Vertikaler Bewegungsumfang

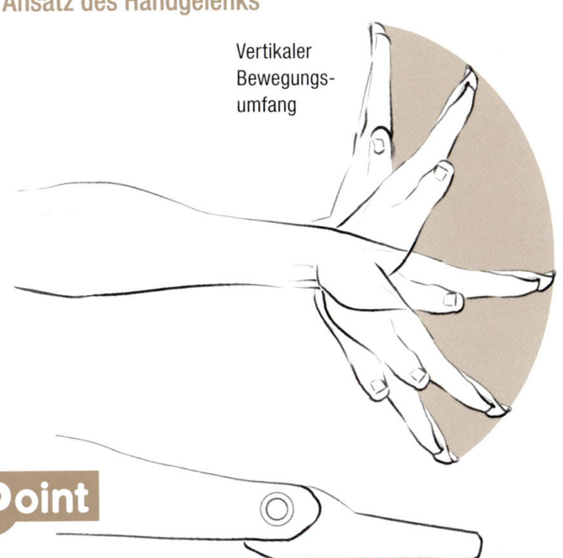

Horizontaler Bewegungsumfang

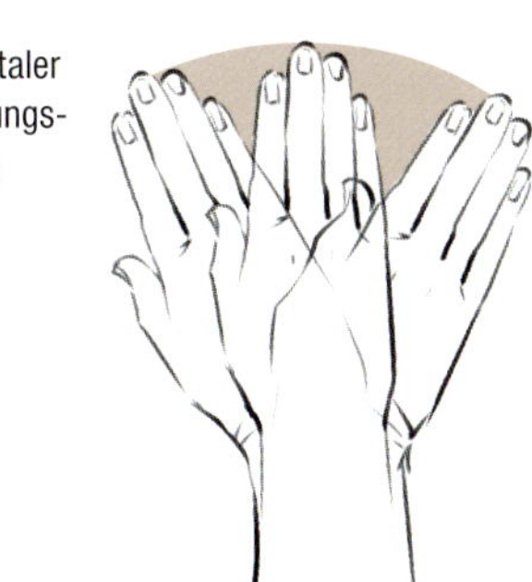

Point

Anhand einer schematischen Darstellung lässt sich der Ansatz des Handgelenks verdeutlichen.

Die Verbindung zwischen Arm und Hand befindet sich am oberen Teil des Handrückens.

Nützliches Wissen

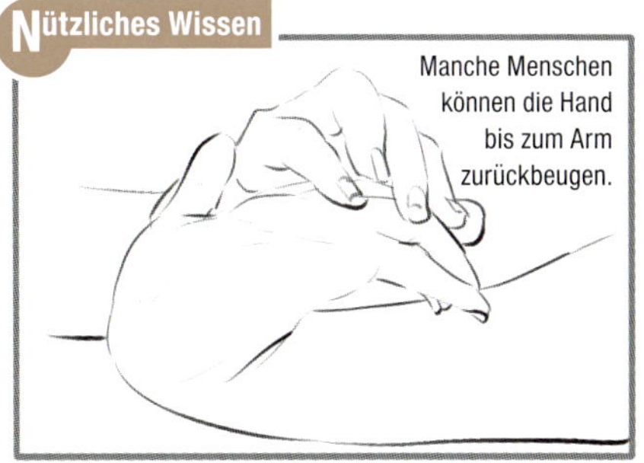

Manche Menschen können die Hand bis zum Arm zurückbeugen.

11 Unterschiede zwischen Mann und Frau

❖ Der Arm eines Mannes

Die der Orientierung dienende Darstellung von Muskeln und Sehnen wird in der Reinzeichnung entfernt.

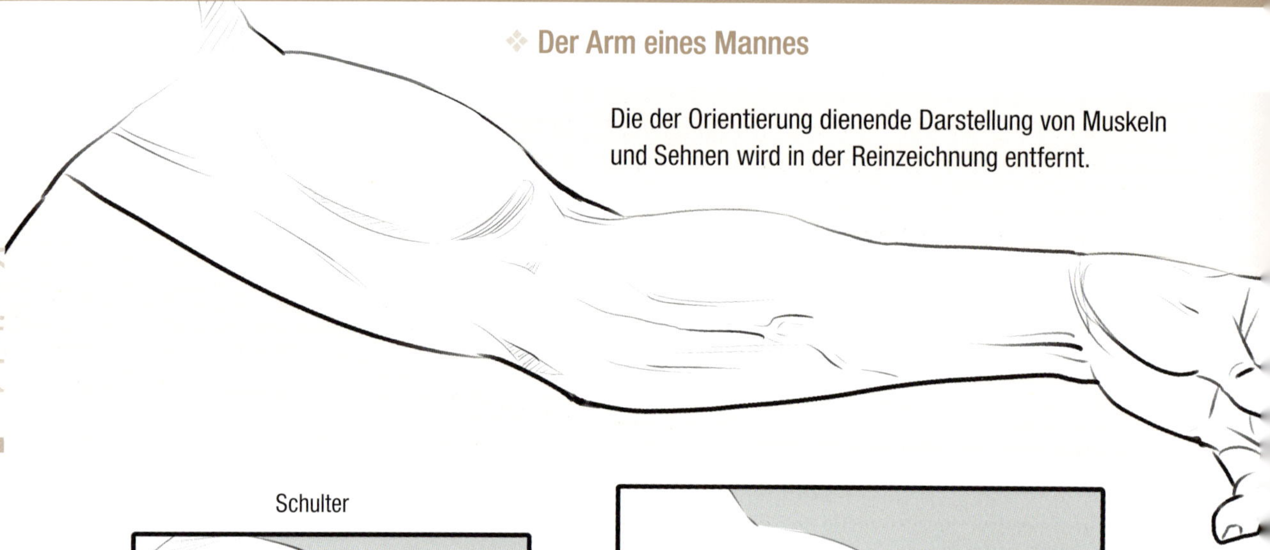

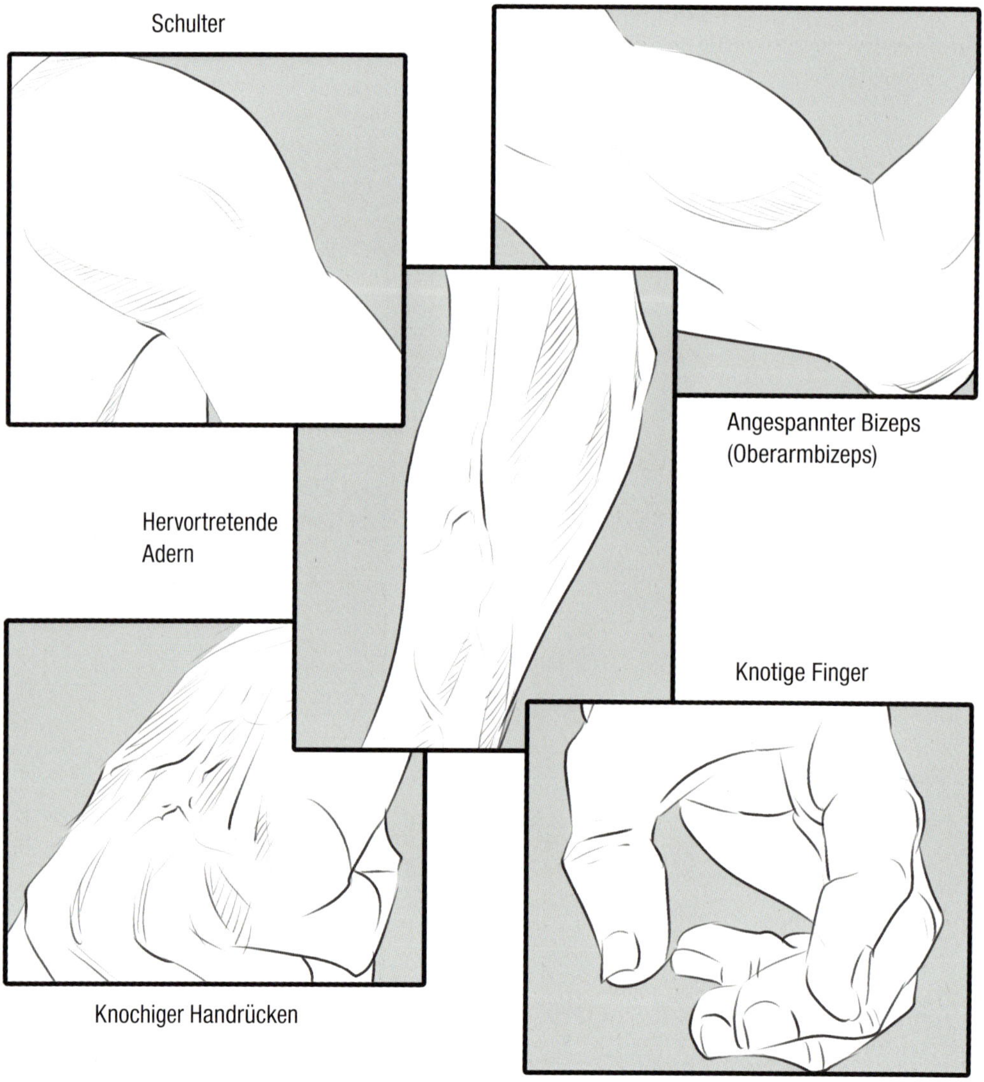

Schulter

Angespannter Bizeps (Oberarmbizeps)

Hervortretende Adern

Knotige Finger

Knochiger Handrücken

Der Arm einer Frau

Point Auch hier wurden jene Linien, die in der Skizze die Position von Muskeln und Sehnen verdeutlichten, entfernt. Diese »Informationen« helfen Euch dabei, dass Zeichnungen leichter und besser gelingen.

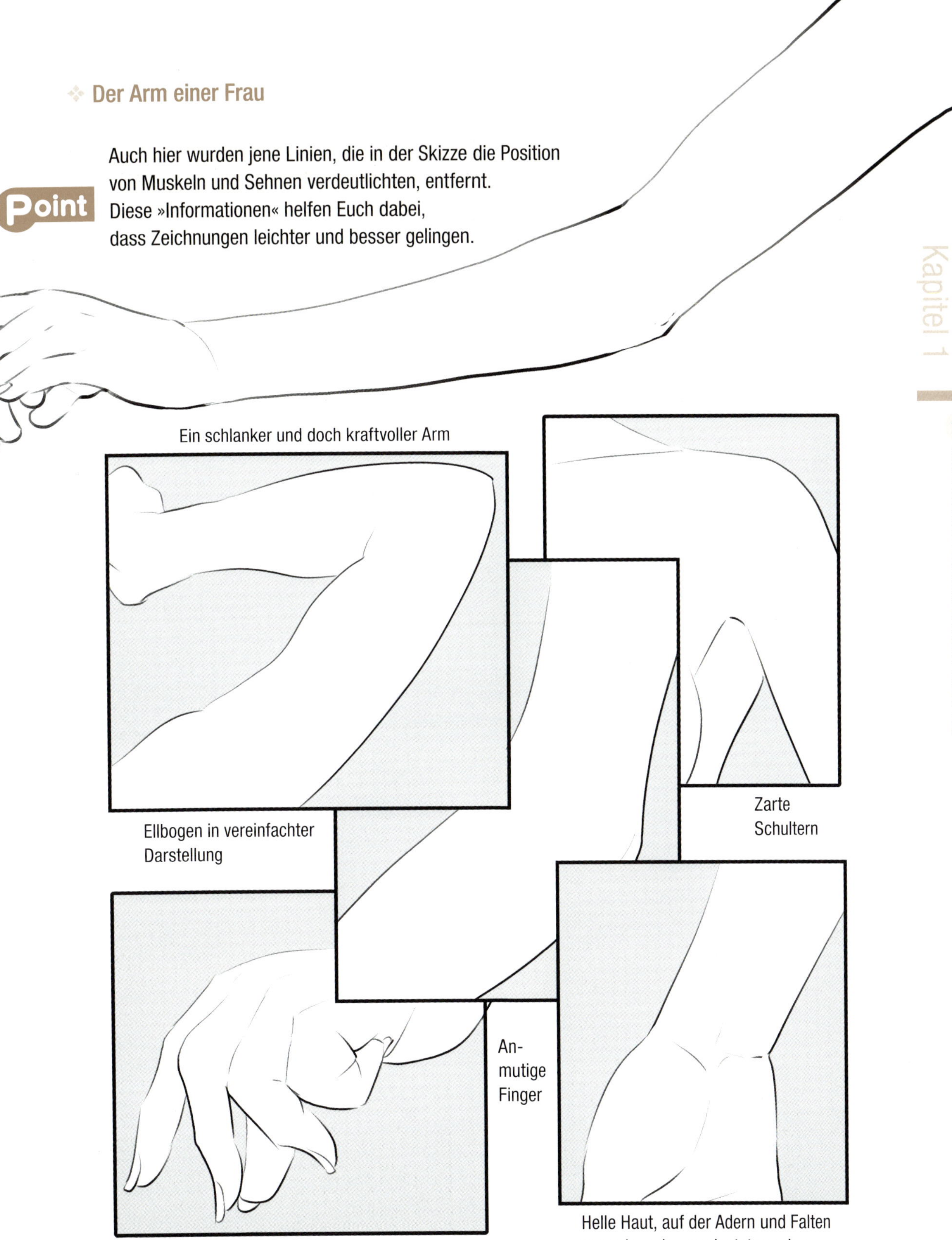

❖ Der Arm eines Mannes genauer betrachtet

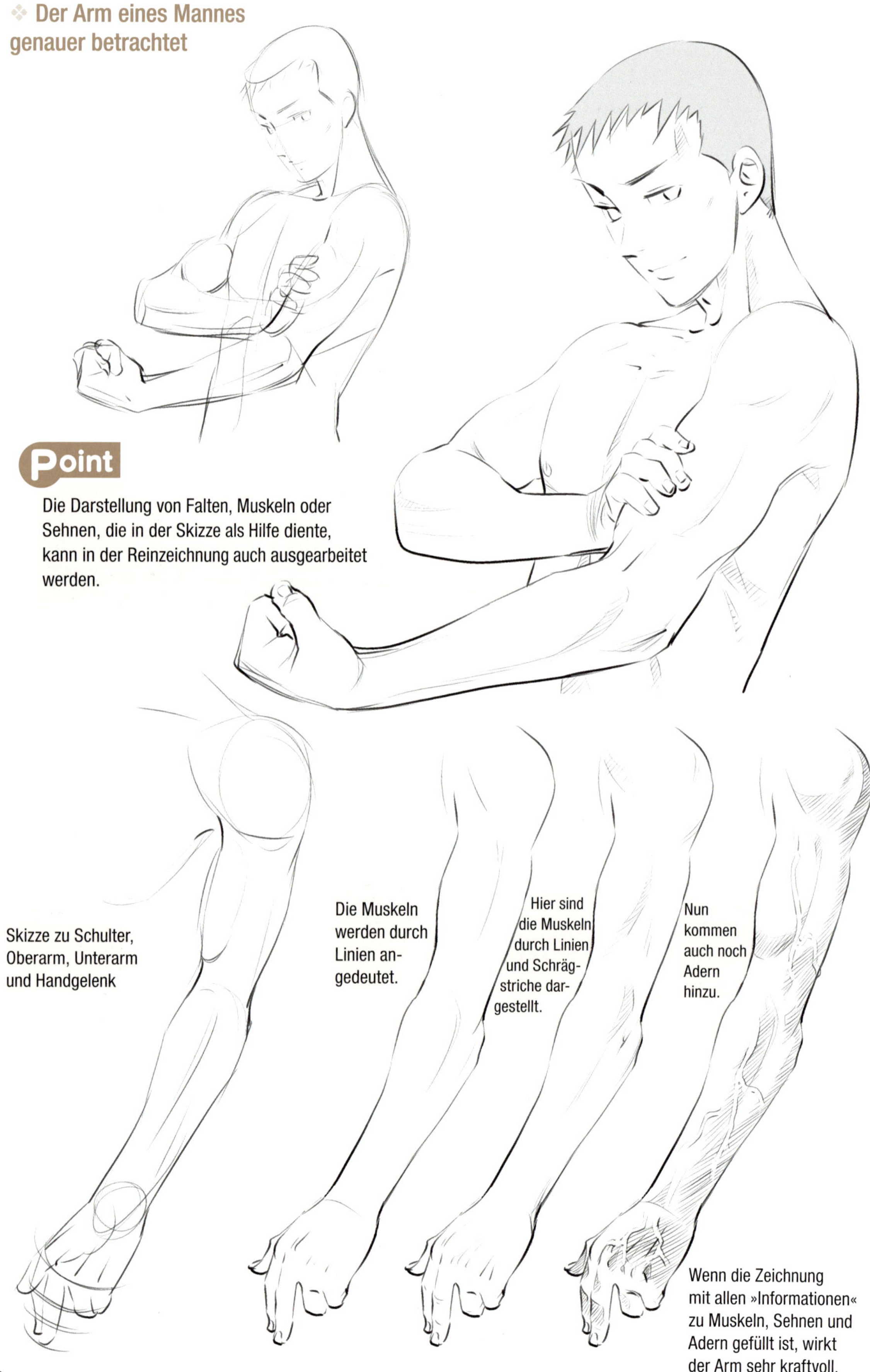

Point

Die Darstellung von Falten, Muskeln oder Sehnen, die in der Skizze als Hilfe diente, kann in der Reinzeichnung auch ausgearbeitet werden.

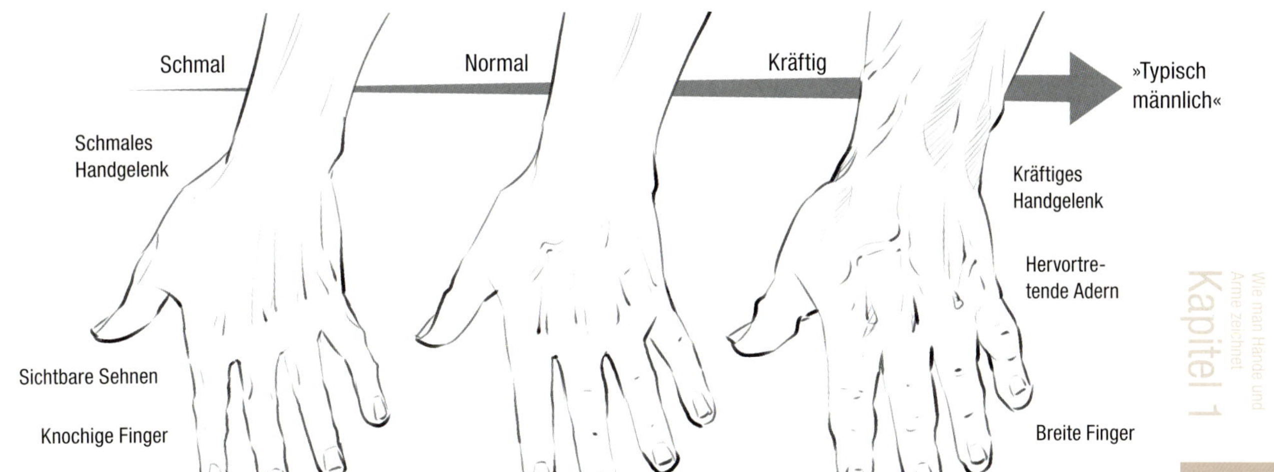

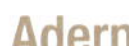

Adern

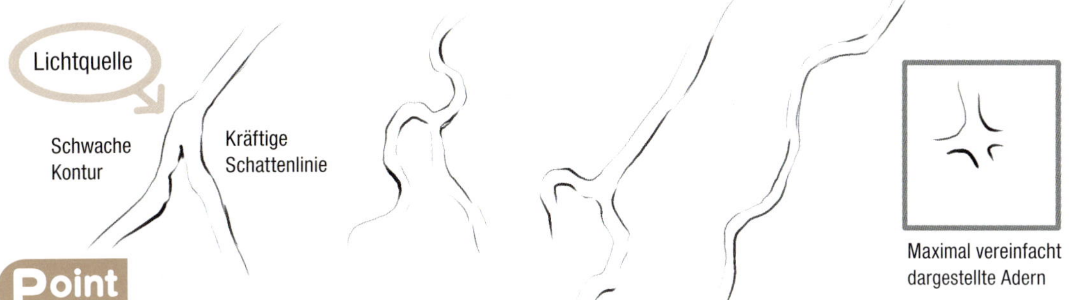

Point

Adern haben die Eigenschaft, sich wie Wurzeln einer Pflanze zu verästeln. Achtet darauf, dass sie sich zwar teilen können, aber nicht wieder zusammenfließen.

Körperbehaarung

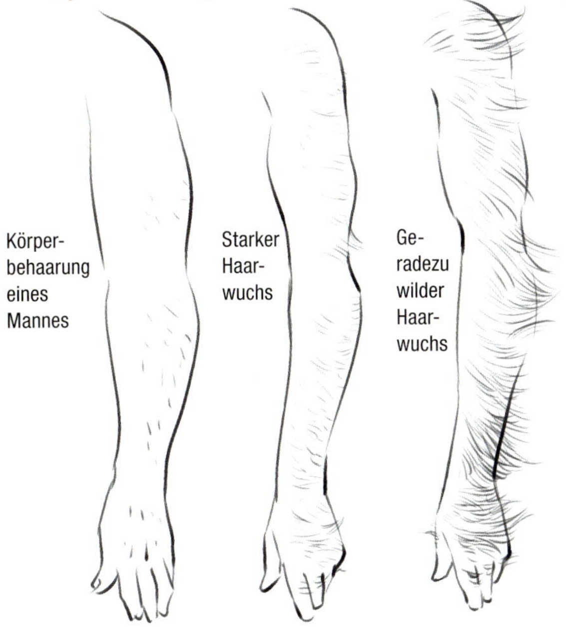

Körperbehaarung eines Mannes

Starker Haarwuchs

Geradezu wilder Haarwuchs

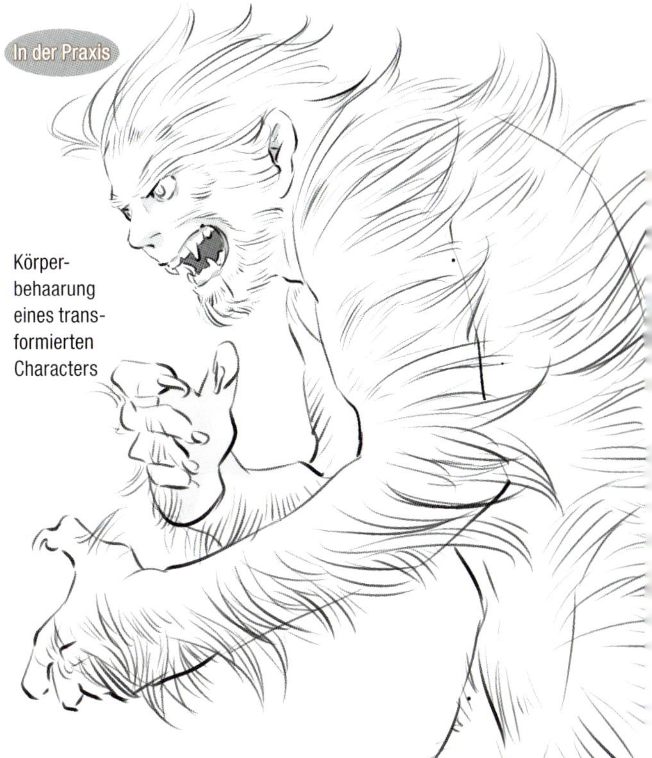

In der Praxis

Körperbehaarung eines transformierten Characters

Der Arm einer Frau genauer betrachtet

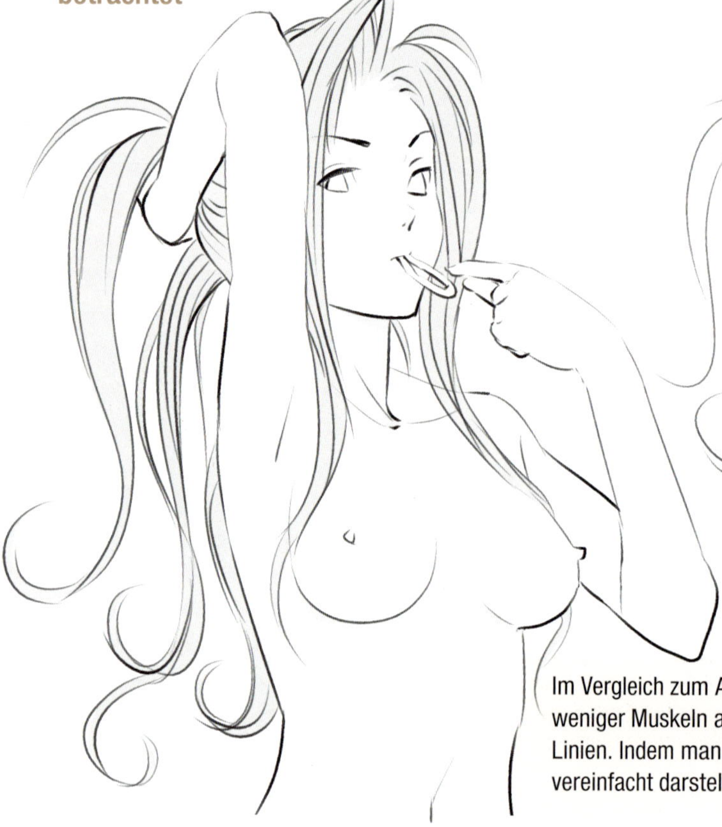

Eine vereinfachte Darstellung betont die weibliche Schönheit.

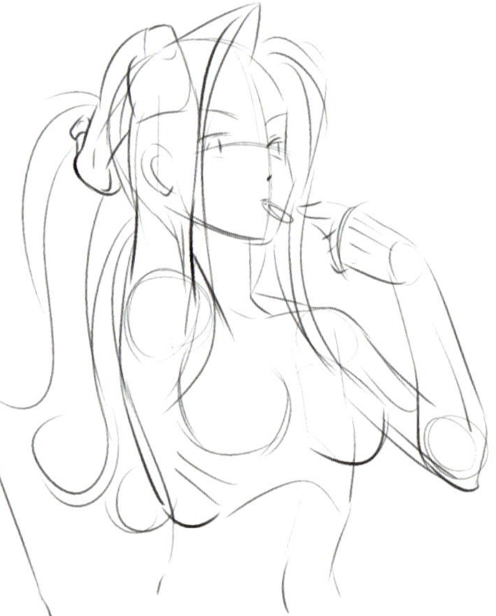

Im Vergleich zum Arm eines Mannes weist der einer Frau weniger Muskeln auf. Achtet daher auf weiche, fließende Linien. Indem man die Muskeln, Sehnen, Gelenke und Adern vereinfacht darstellt bzw. weglässt, wirkt die Figur feminin.

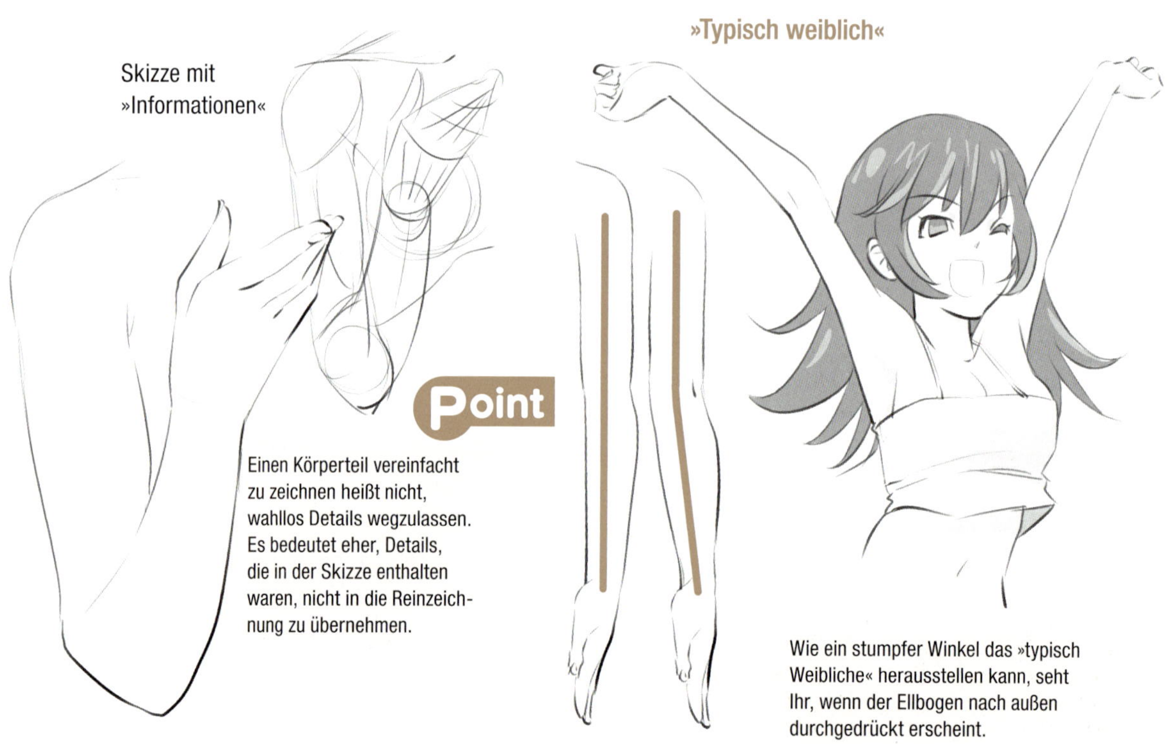

Point

Einen Körperteil vereinfacht zu zeichnen heißt nicht, wahllos Details wegzulassen. Es bedeutet eher, Details, die in der Skizze enthalten waren, nicht in die Reinzeichnung zu übernehmen.

Wie ein stumpfer Winkel das »typisch Weibliche« herausstellen kann, seht Ihr, wenn der Ellbogen nach außen durchgedrückt erscheint.

Verzerrt

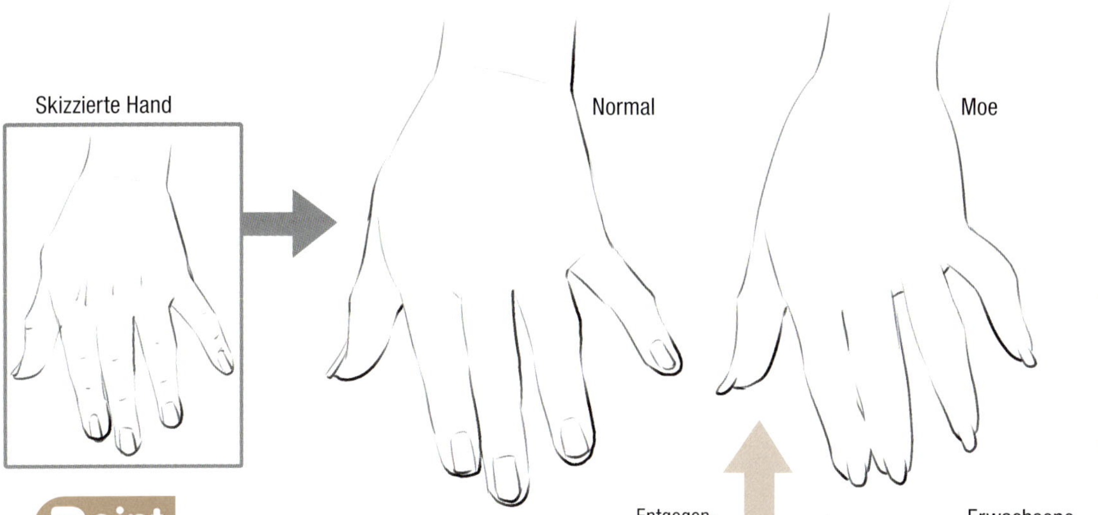

Skizzierte Hand

Normal

Moe

Entgegen-
gesetzt
verzerrt

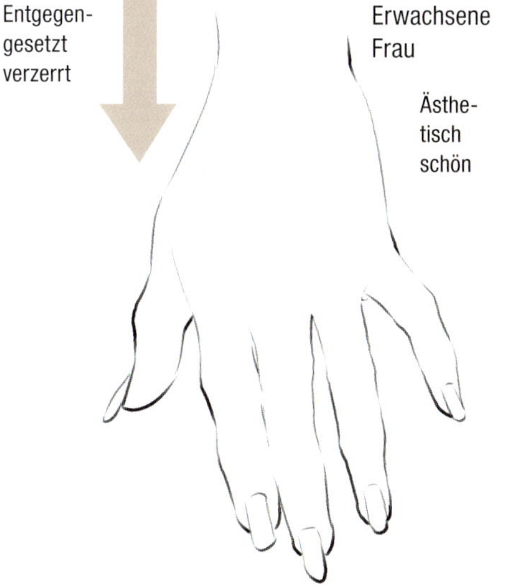

Erwachsene
Frau

Ästhe-
tisch
schön

Point

Die Hand einer Frau

Die Hand einer erwachsenen Frau lässt sich auch auf andere Art und Weise (und damit entgegengesetzt zum Moe-Stil) verzerrt darstellen. In diesem Beispiel werden die Umrisse langer Fingernägel und der Gelenke nicht etwa vereinfacht dargestellt, sondern besonders betont.

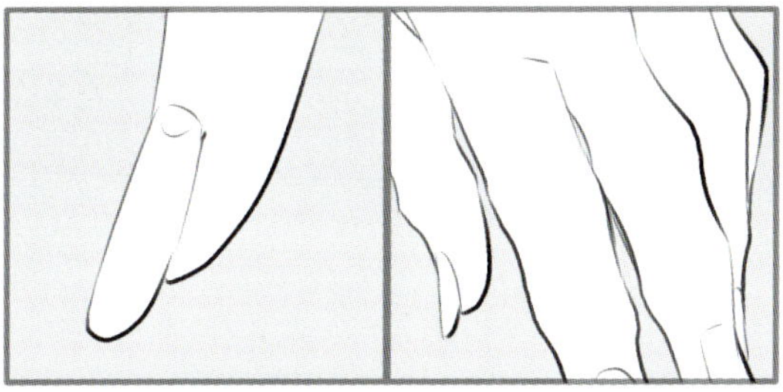

Weiblich, aber…

Nützliches Wissen

Genau wie Männer besitzen auch Frauen Körperbehaarung

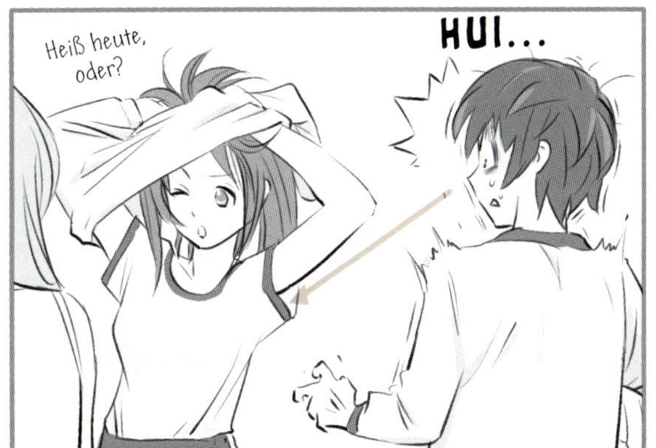

Weil die meisten Frauen ihre Achseln rasieren, staunen manche Männer, wenn sie unrasierte Achseln sehen.

Das Alter einer Frau zeigt sich an ihren Händen.

Mit zunehmendem Alter reduziert sich der Fettanteil der Haut auf dem Handrücken. Das Alter tritt deutlich hervor und lässt sich – auch durch Schminke – nicht leugnen.

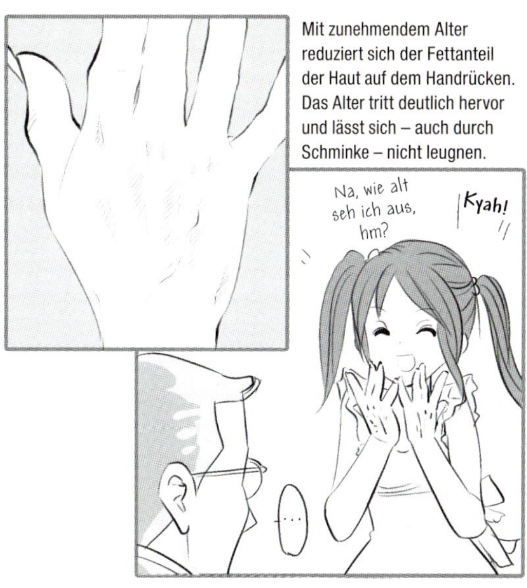

12 Beispiele

Muskulöser Arm

Wie sich die Muskelmasse auf das Aussehen des Arms auswirkt

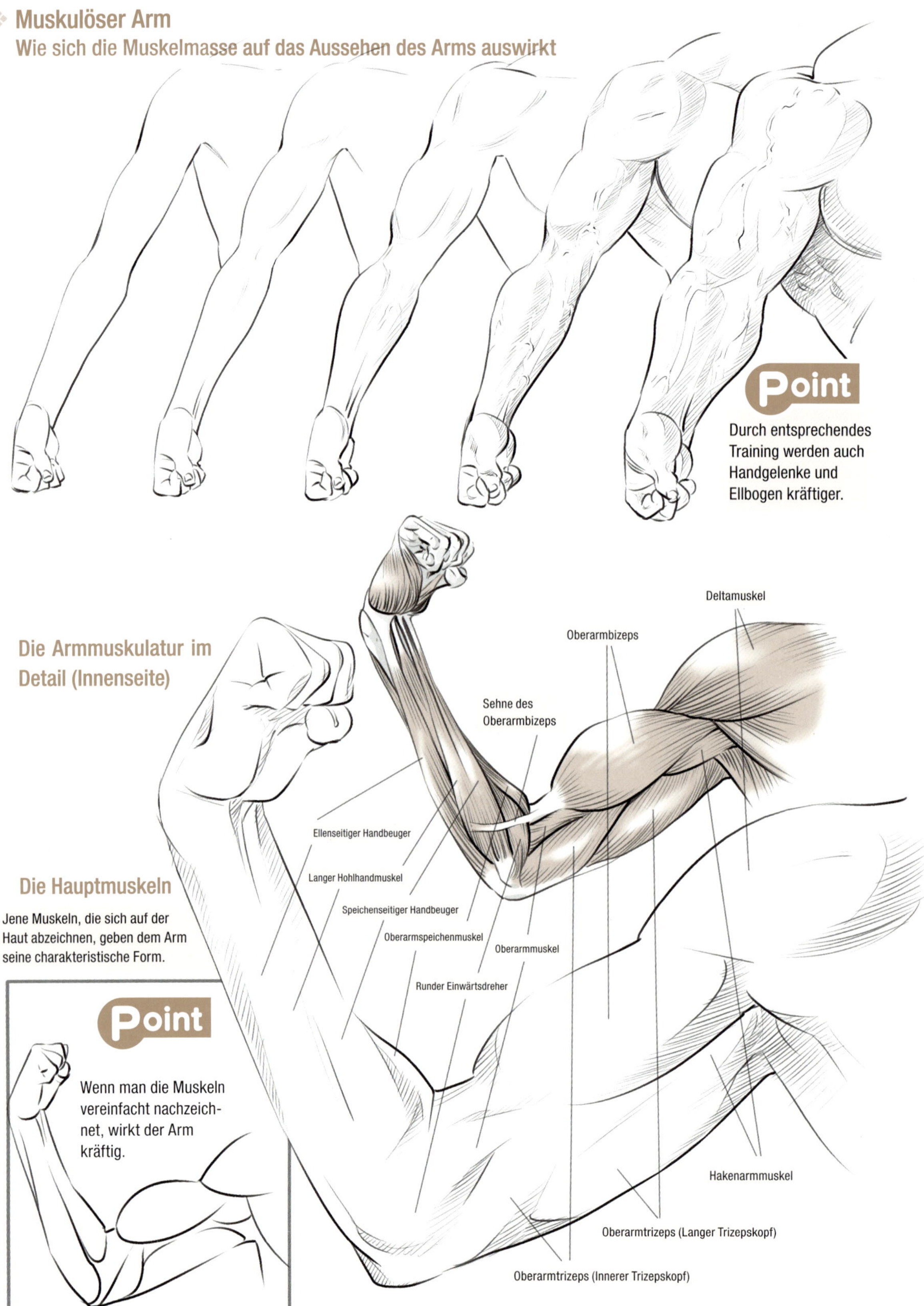

Die Armmuskulatur im Detail (Innenseite)

Die Hauptmuskeln

Jene Muskeln, die sich auf der Haut abzeichnen, geben dem Arm seine charakteristische Form.

Wie sich die Muskeln stauchen

Die Länge des Arms ändert sich nicht, aber die Muskelmasse wird eingeengt und gestaucht.

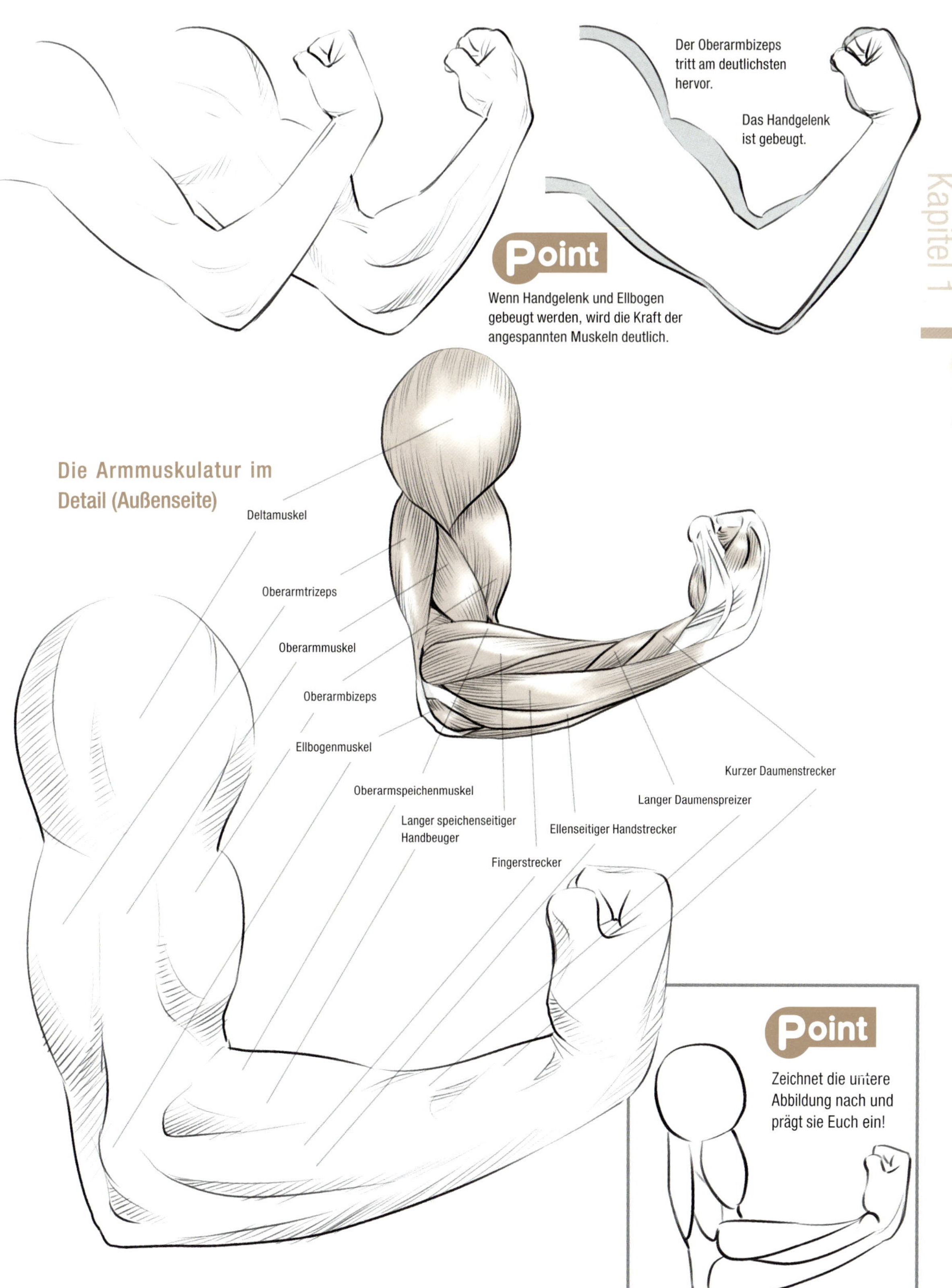

Die Armmuskulatur einer Frau

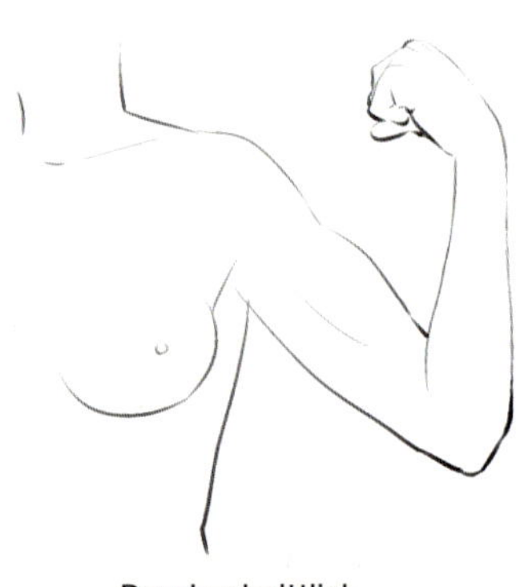

Durchschnittlich

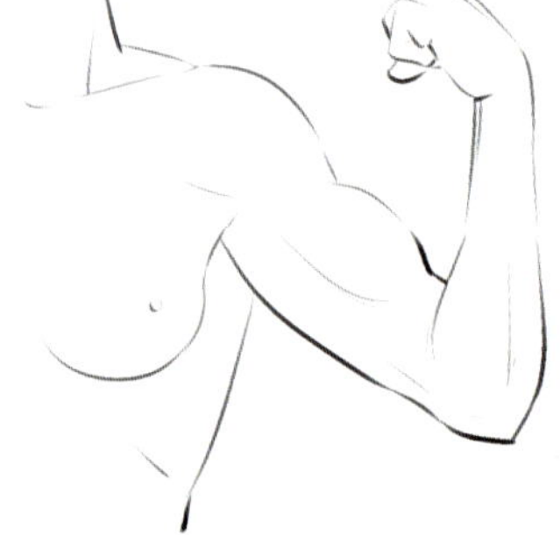

Athletisch

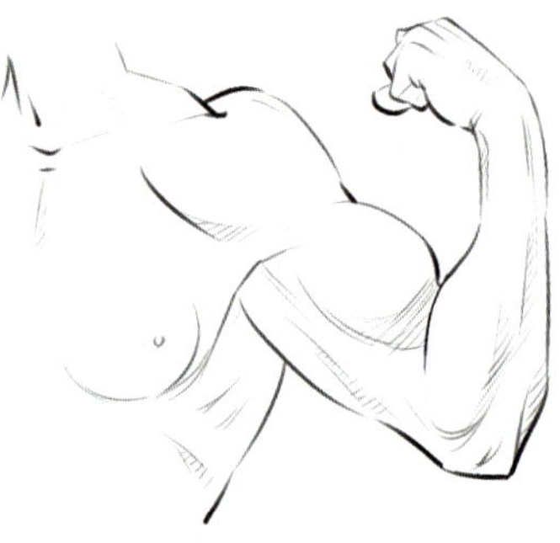

Bodybuilding-Art

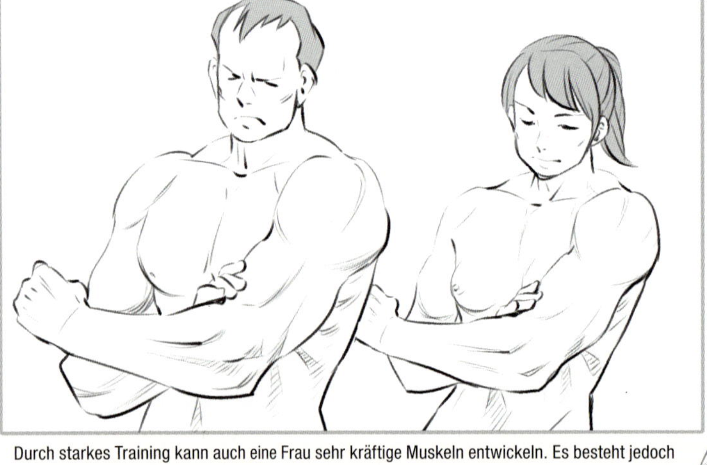

Durch starkes Training kann auch eine Frau sehr kräftige Muskeln entwickeln. Es besteht jedoch von Natur aus ein deutlicher Unterschied in der Anlage der Muskulatur von Männern und Frauen.

Nützliches Wissen

Die Brustmuskulatur setzt bei Mann und Frau an den gleichen Stellen an. Eine stark trainierte Muskulatur kann bei einem Mann die Brust hervortreten lassen.

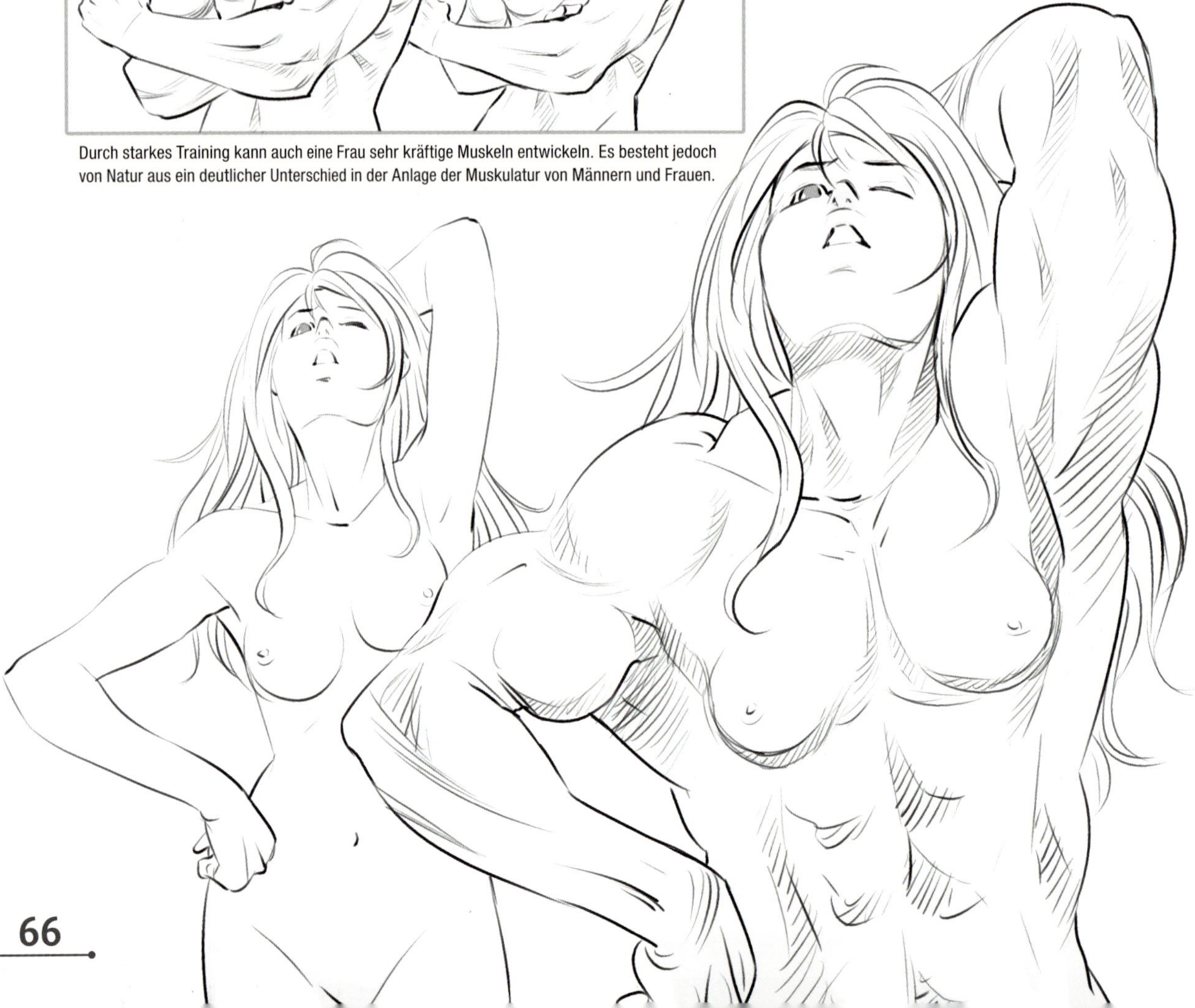

Abgemagerter Arm

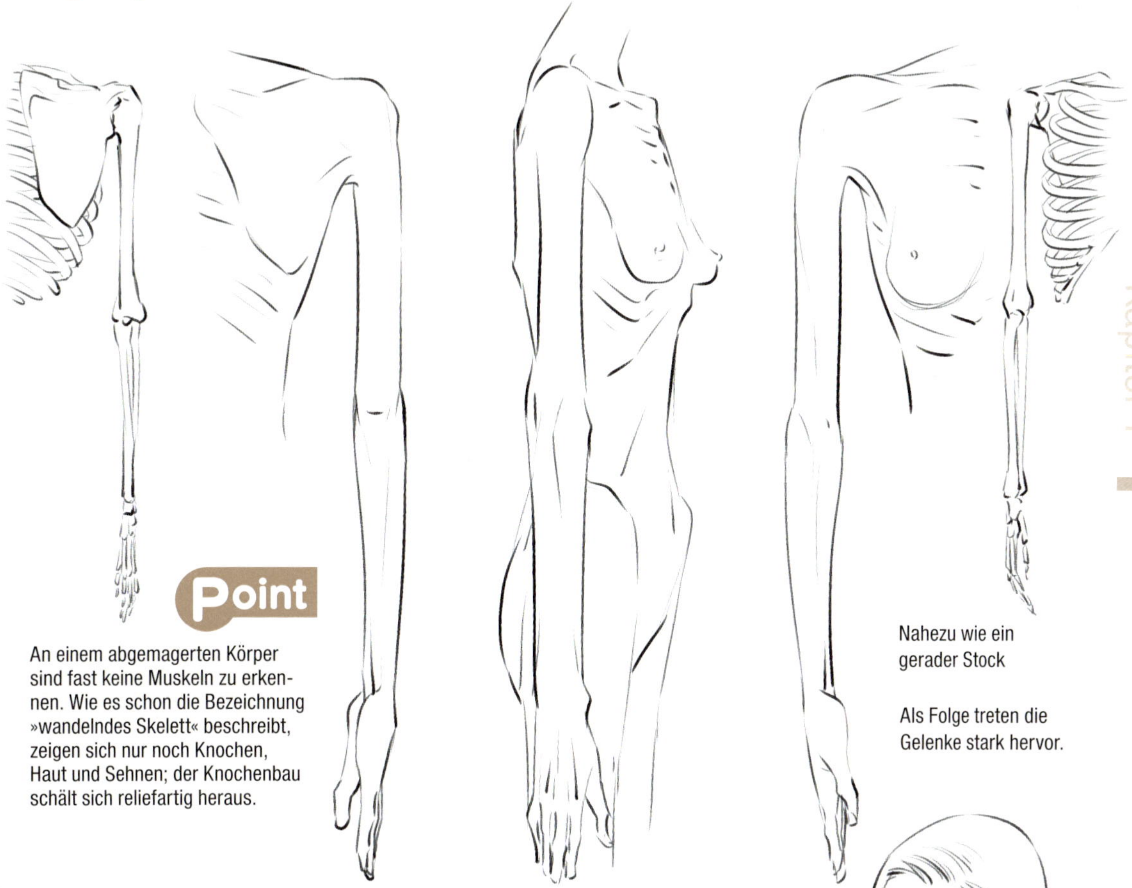

Point

An einem abgemagerten Körper sind fast keine Muskeln zu erkennen. Wie es schon die Bezeichnung »wandelndes Skelett« beschreibt, zeigen sich nur noch Knochen, Haut und Sehnen; der Knochenbau schält sich reliefartig heraus.

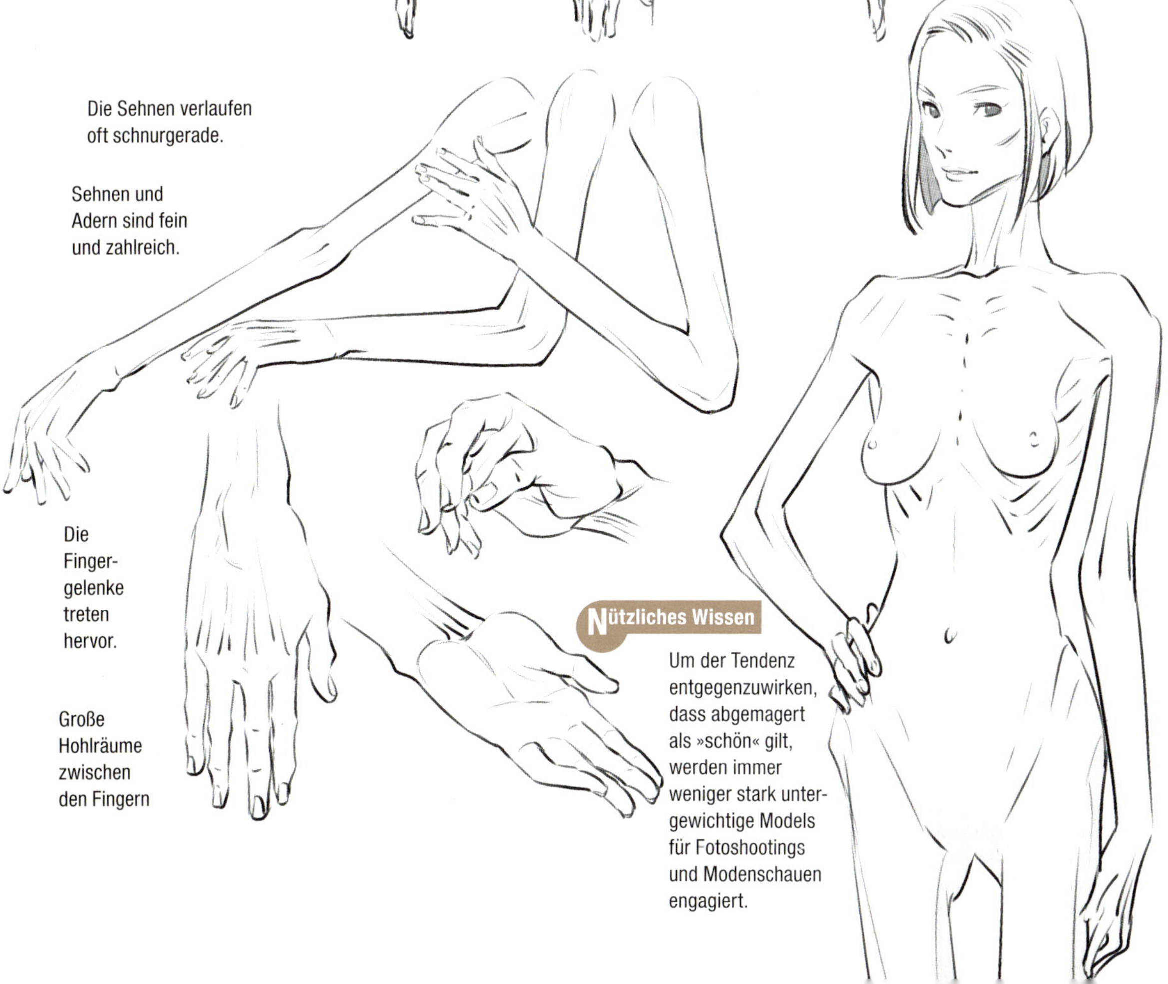

Nahezu wie ein gerader Stock

Als Folge treten die Gelenke stark hervor.

Die Sehnen verlaufen oft schnurgerade.

Sehnen und Adern sind fein und zahlreich.

Die Fingergelenke treten hervor.

Große Hohlräume zwischen den Fingern

Nützliches Wissen

Um der Tendenz entgegenzuwirken, dass abgemagert als »schön« gilt, werden immer weniger stark untergewichtige Models für Fotoshootings und Modenschauen engagiert.

Fülliger Arm

Grade der Gewichtszunahme

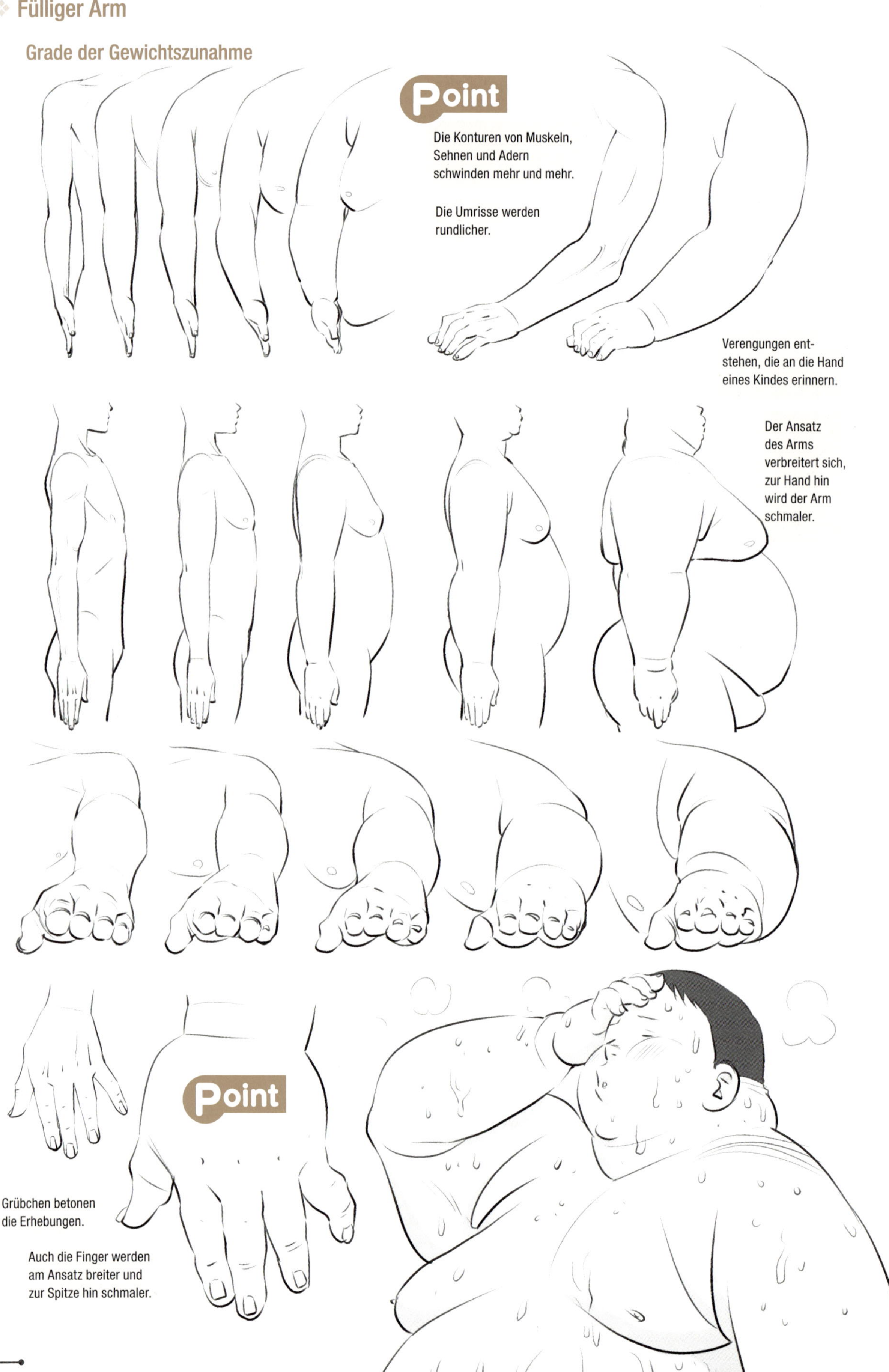

❖ Der Arm eines Kindes

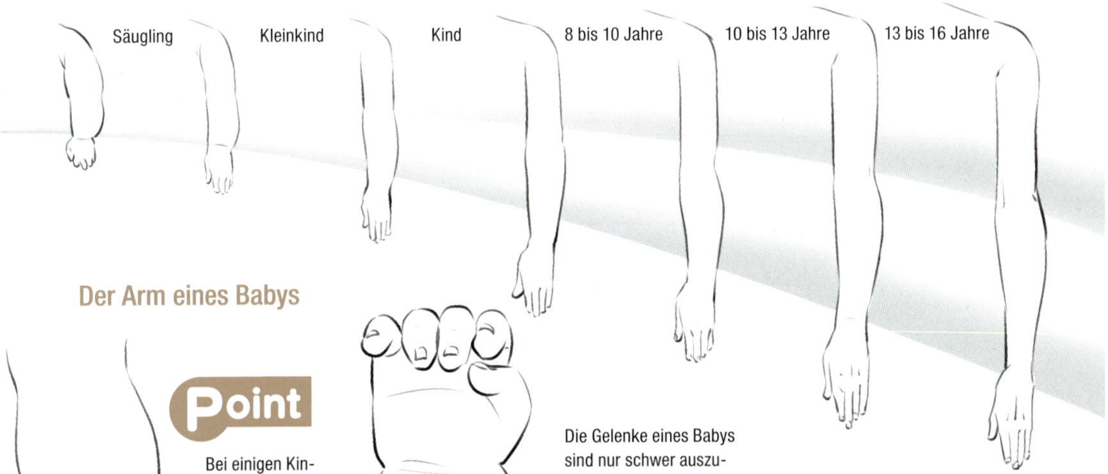

Säugling | Kleinkind | Kind | 8 bis 10 Jahre | 10 bis 13 Jahre | 13 bis 16 Jahre

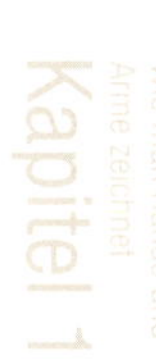

Der Arm eines Babys

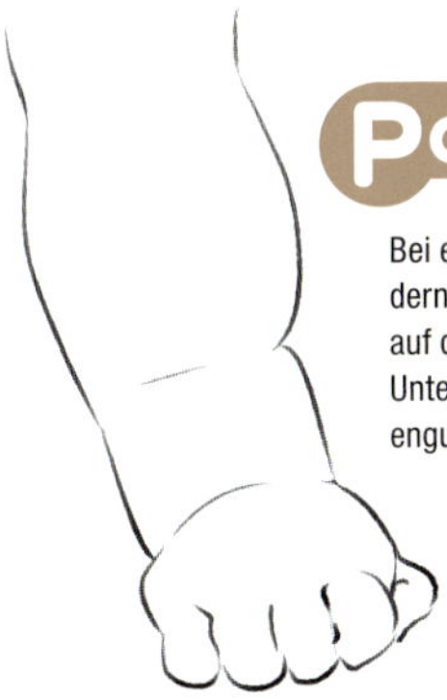

Point

Bei einigen Kindern bilden sich auf dem drallen Unterarm Verengungen.

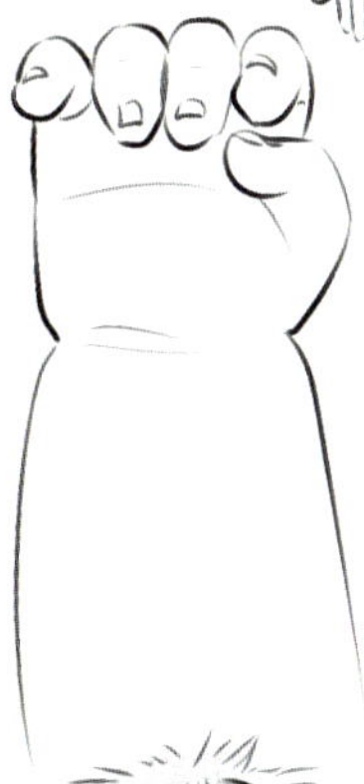

Die Gelenke eines Babys sind nur schwer auszumachen. Einschnürungen erinnern an die Enden einer knackigen Wurst, die mit Fäden abgebunden wurde.

Achtung!

Die Größe des Bildes entscheidet, wie viele Details gezeigt werden sollten. Ein kleines Bild verlangt eine stärkere Vereinfachung als ein großes.

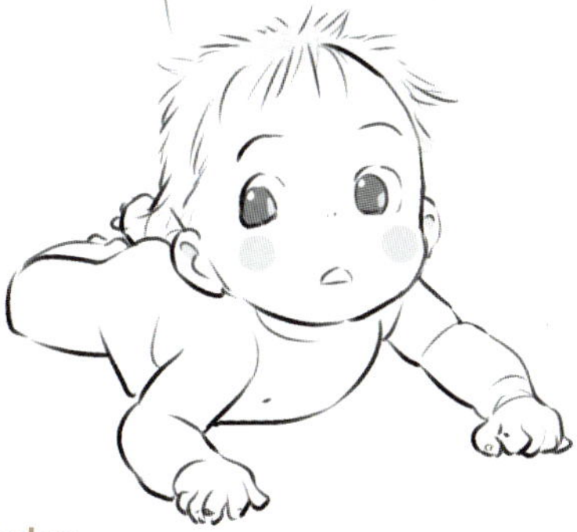

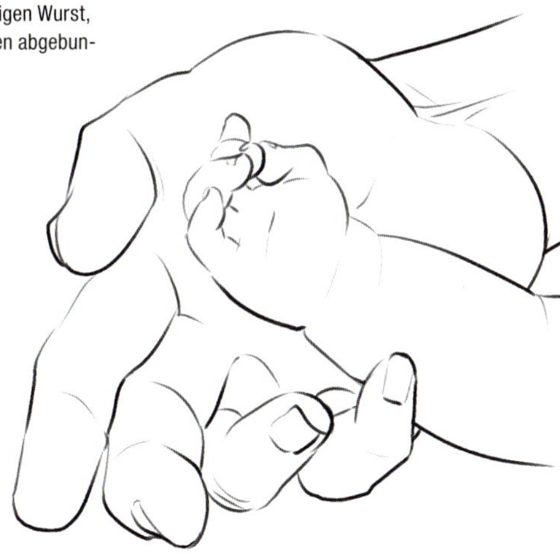

Der Arm eines Kindes

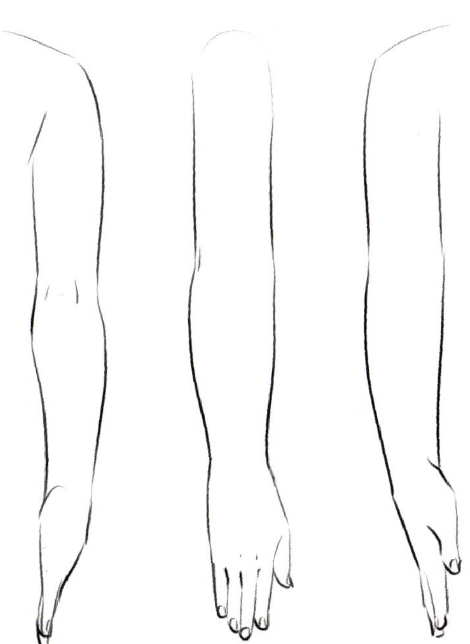

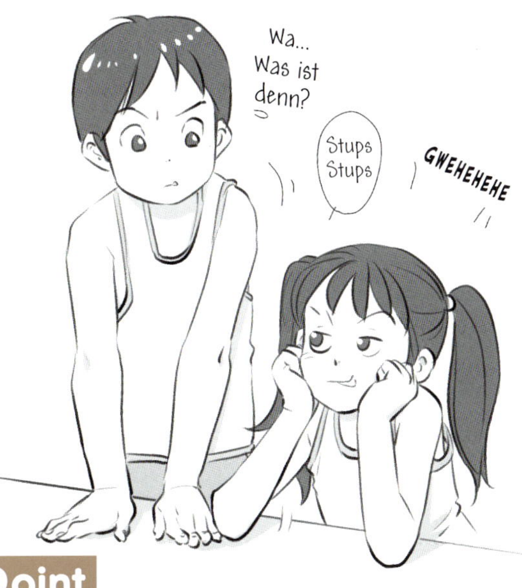

Point

Die Hand eines Kindes unterscheidet sich nur in der Größe (Länge und Breite) von der eines Erwachsenen. Es empfiehlt sich jedoch, sie auch etwas rundlicher zu zeichnen.

Der Arm einer älteren Person

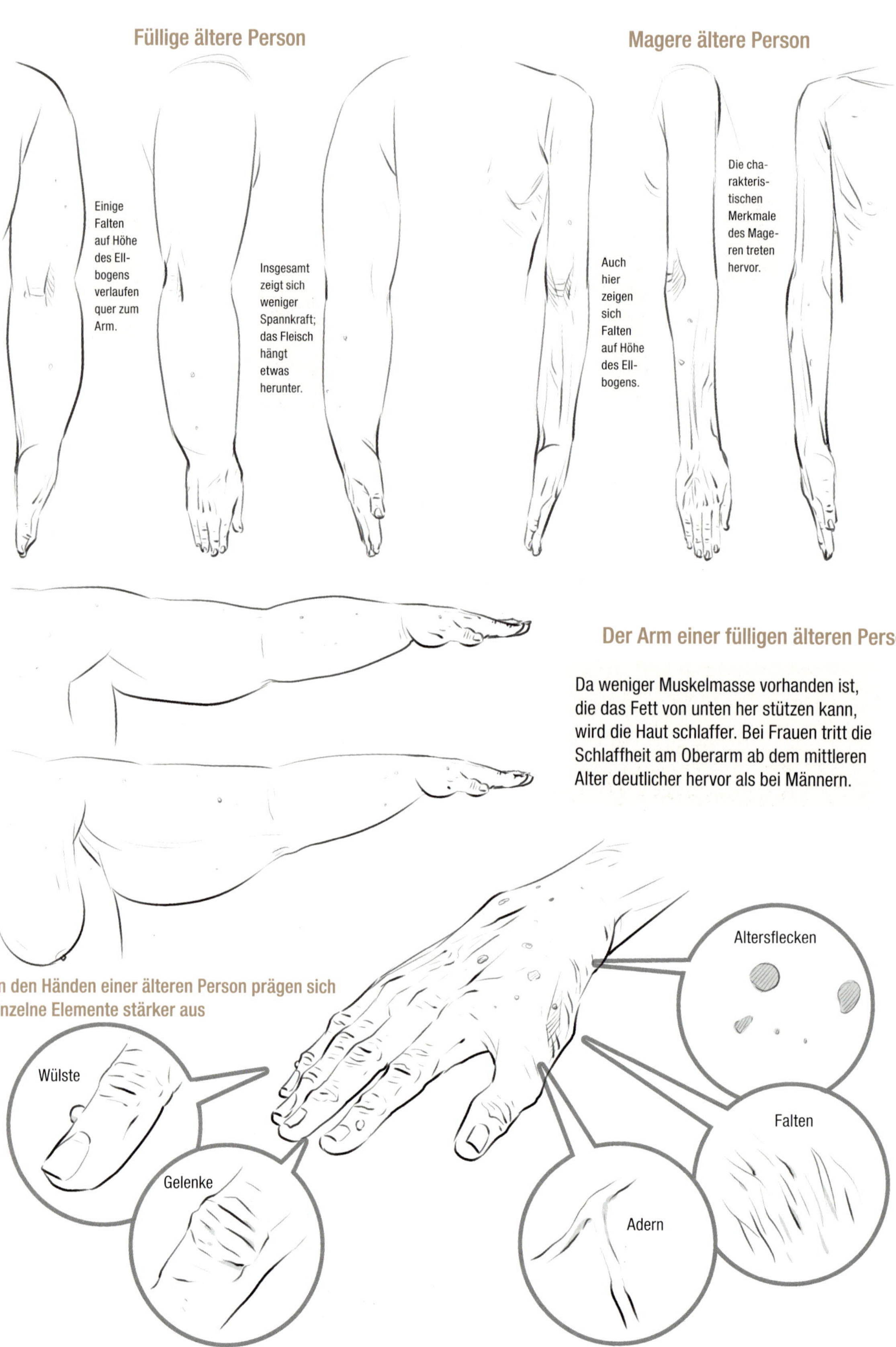

Der Arm einer fülligen älteren Person

Da weniger Muskelmasse vorhanden ist, die das Fett von unten her stützen kann, wird die Haut schlaffer. Bei Frauen tritt die Schlaffheit am Oberarm ab dem mittleren Alter deutlicher hervor als bei Männern.

An den Händen einer älteren Person prägen sich einzelne Elemente stärker aus

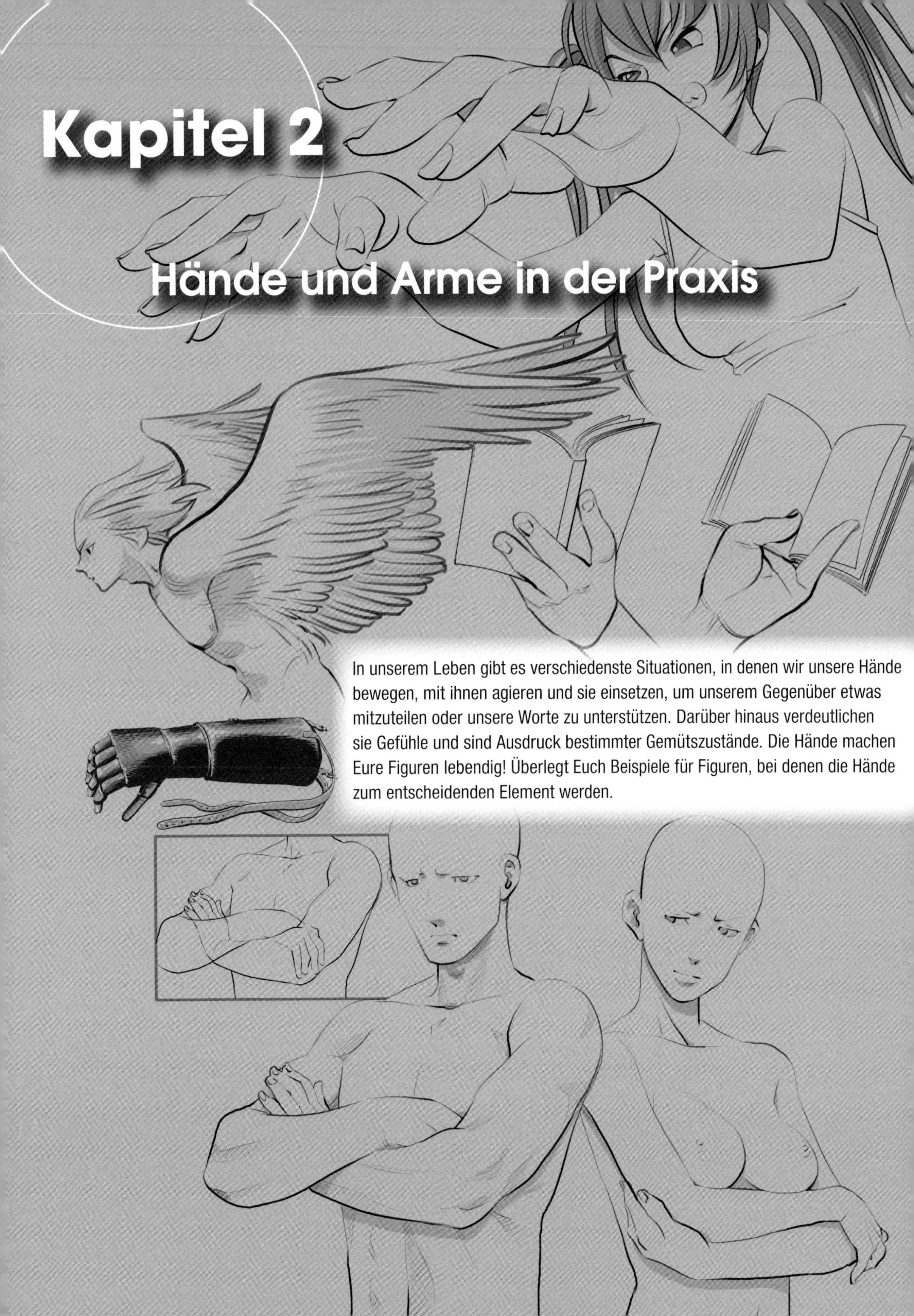

Kapitel 2

Hände und Arme in der Praxis

In unserem Leben gibt es verschiedenste Situationen, in denen wir unsere Hände bewegen, mit ihnen agieren und sie einsetzen, um unserem Gegenüber etwas mitzuteilen oder unsere Worte zu unterstützen. Darüber hinaus verdeutlichen sie Gefühle und sind Ausdruck bestimmter Gemütszustände. Die Hände machen Eure Figuren lebendig! Überlegt Euch Beispiele für Figuren, bei denen die Hände zum entscheidenden Element werden.

01 Beispiele und praktische Anwendung

Tastatur

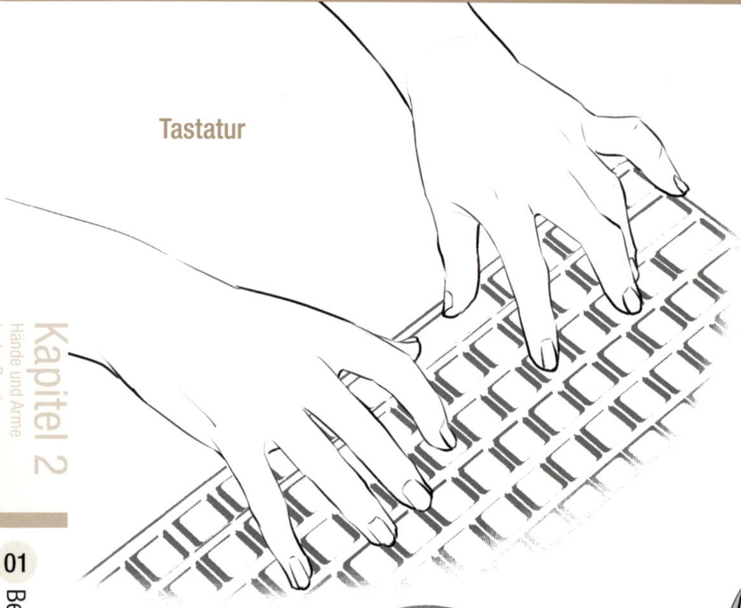

Mit zwei Fingern tippen

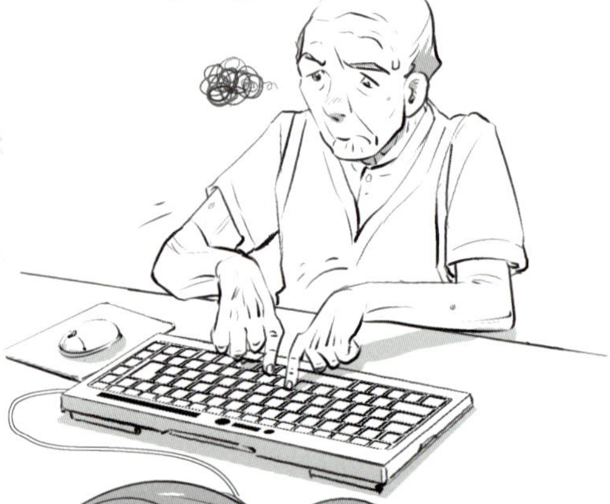

In der Praxis Klavier spielen

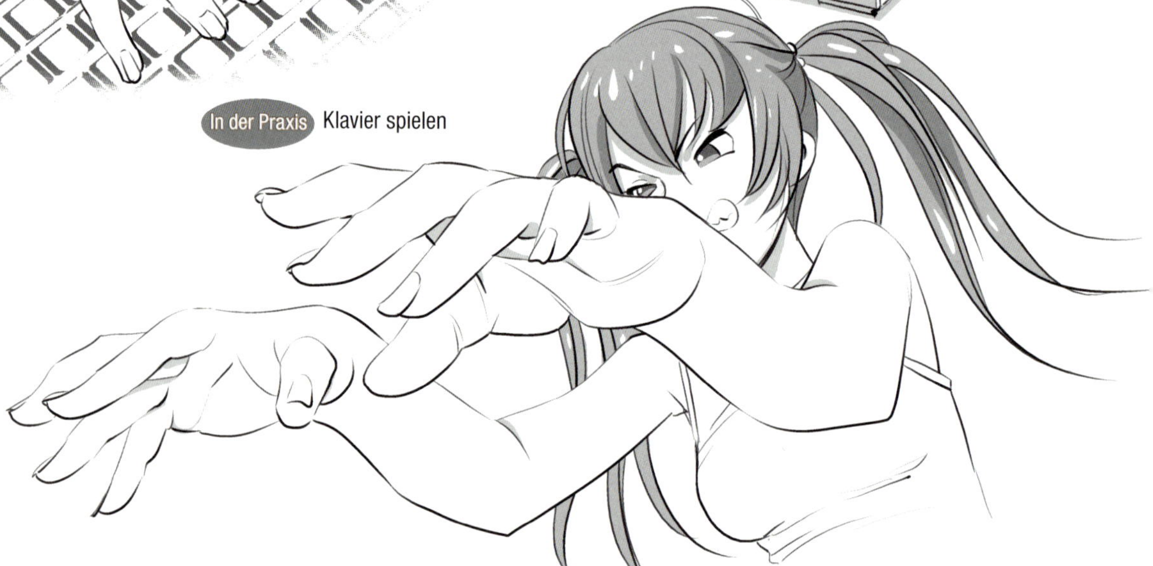

Playstation

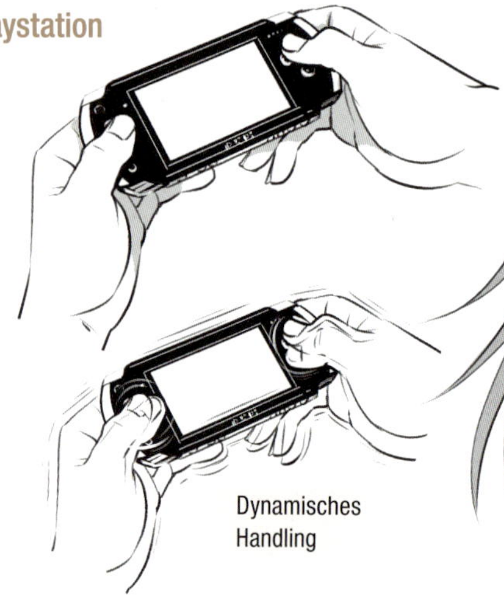

Dynamisches Handling

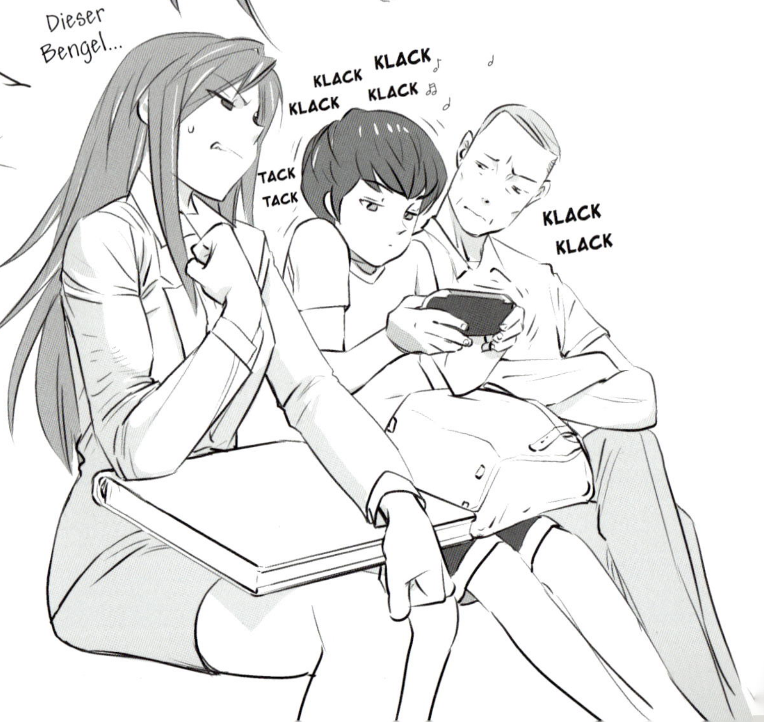

Mikrofon

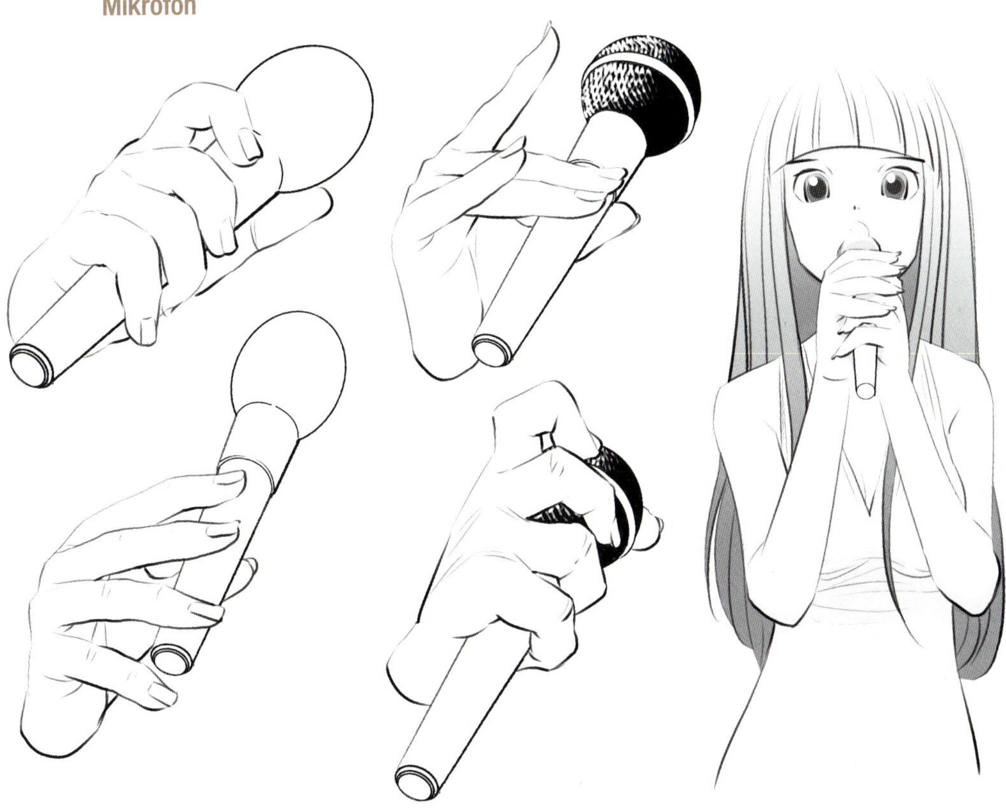

Gitarre

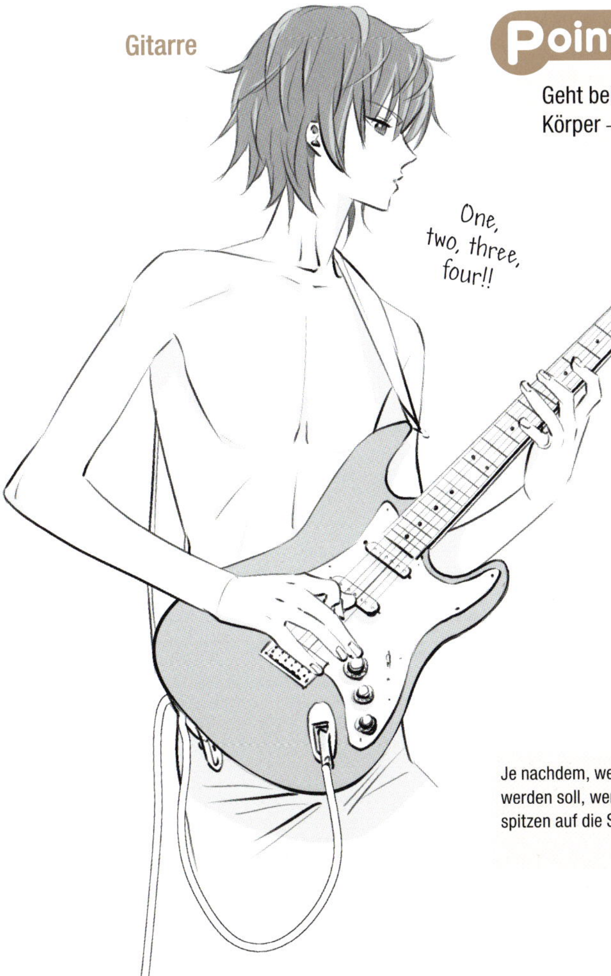

Point

Geht beim Skizzieren in dieser Reihenfolge vor:
Körper → Gitarre → Handgelenk → Arme

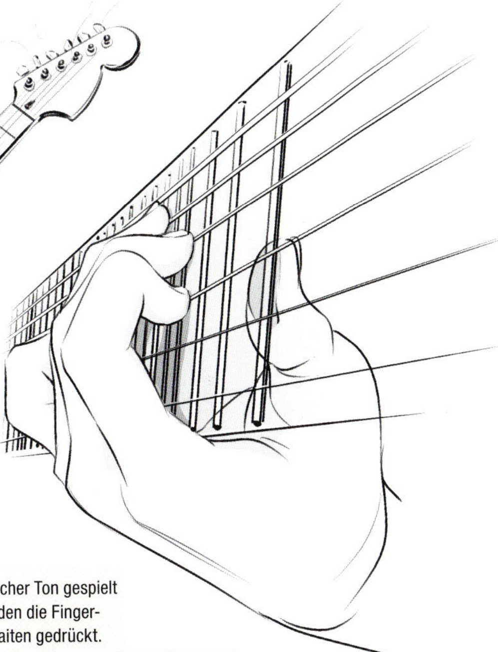

One, two, three, four!!

Je nachdem, welcher Ton gespielt werden soll, werden die Fingerspitzen auf die Saiten gedrückt.

Nützliches Wissen

Bücher, Zeitschriften und Zeitungen

Zeitschriften, Zeitungen, Dokumente, große, kleine, dicke, dünne Bücher – je nachdem, was wir mit ihnen machen, ändert sich auch, wie sie von uns gehalten werden.

Schon die Art, wie eine Figur einen Gegenstand hält, kann sehr viel über ihr Wesen ausdrücken.

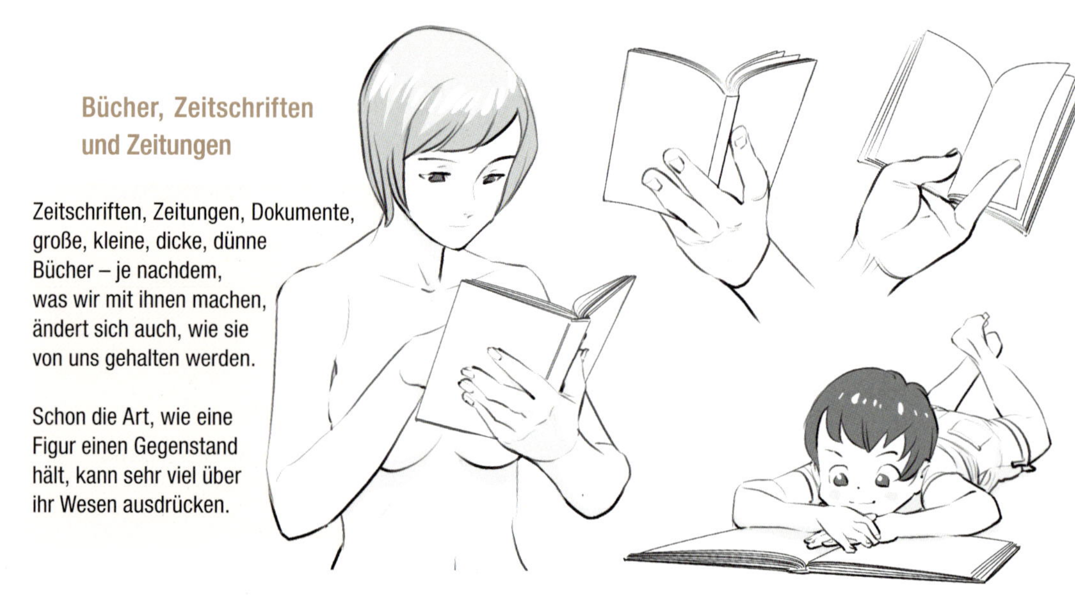

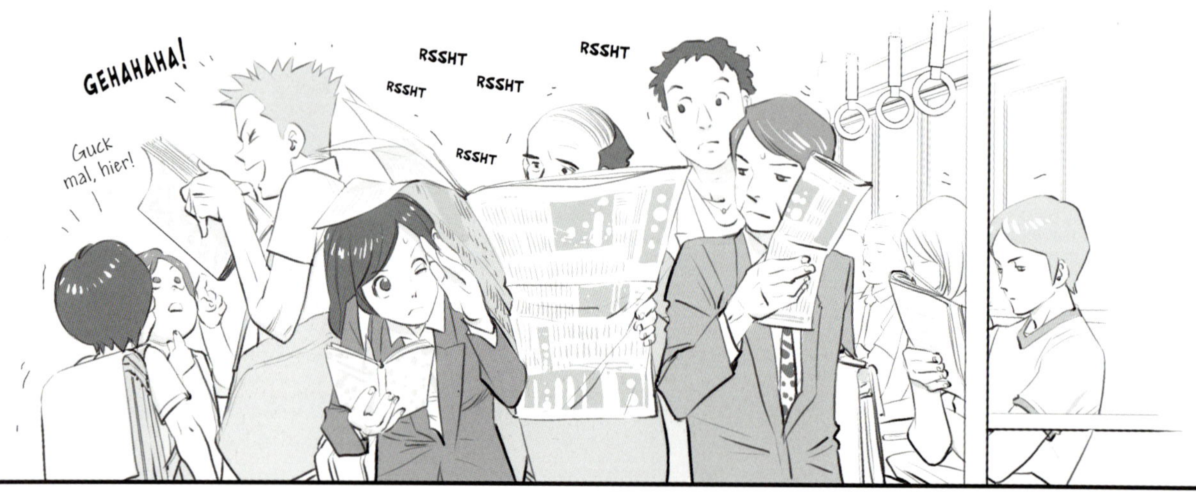

Zähneputzen

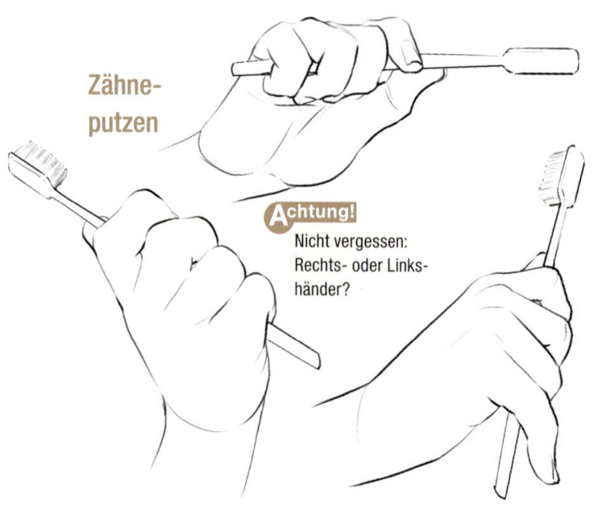

Achtung!
Nicht vergessen: Rechts- oder Linkshänder?

Dynamische Handlung

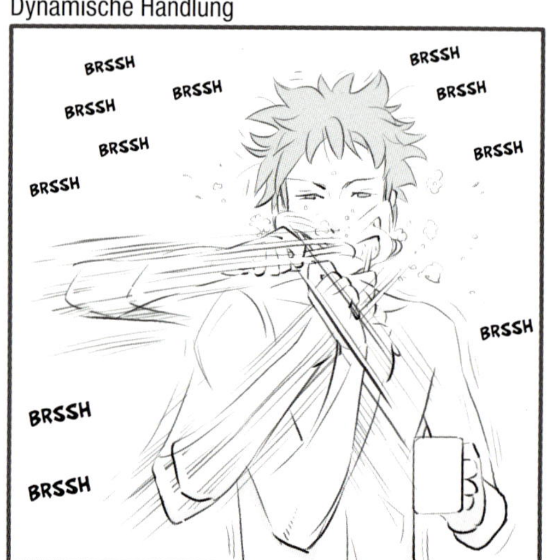

Autofahren

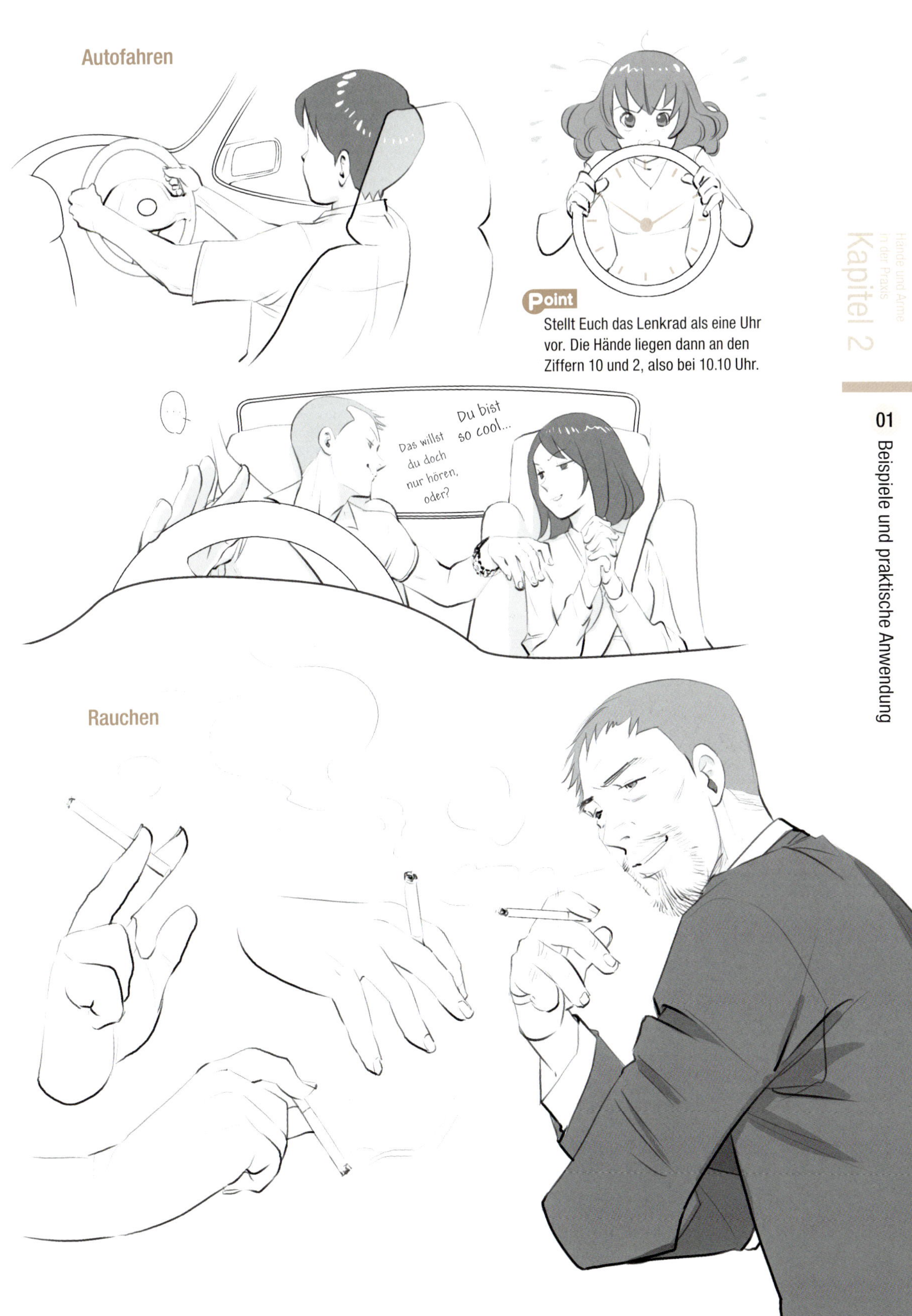

Point
Stellt Euch das Lenkrad als eine Uhr vor. Die Hände liegen dann an den Ziffern 10 und 2, also bei 10.10 Uhr.

Rauchen

Den Kopf mit den Händen stützen

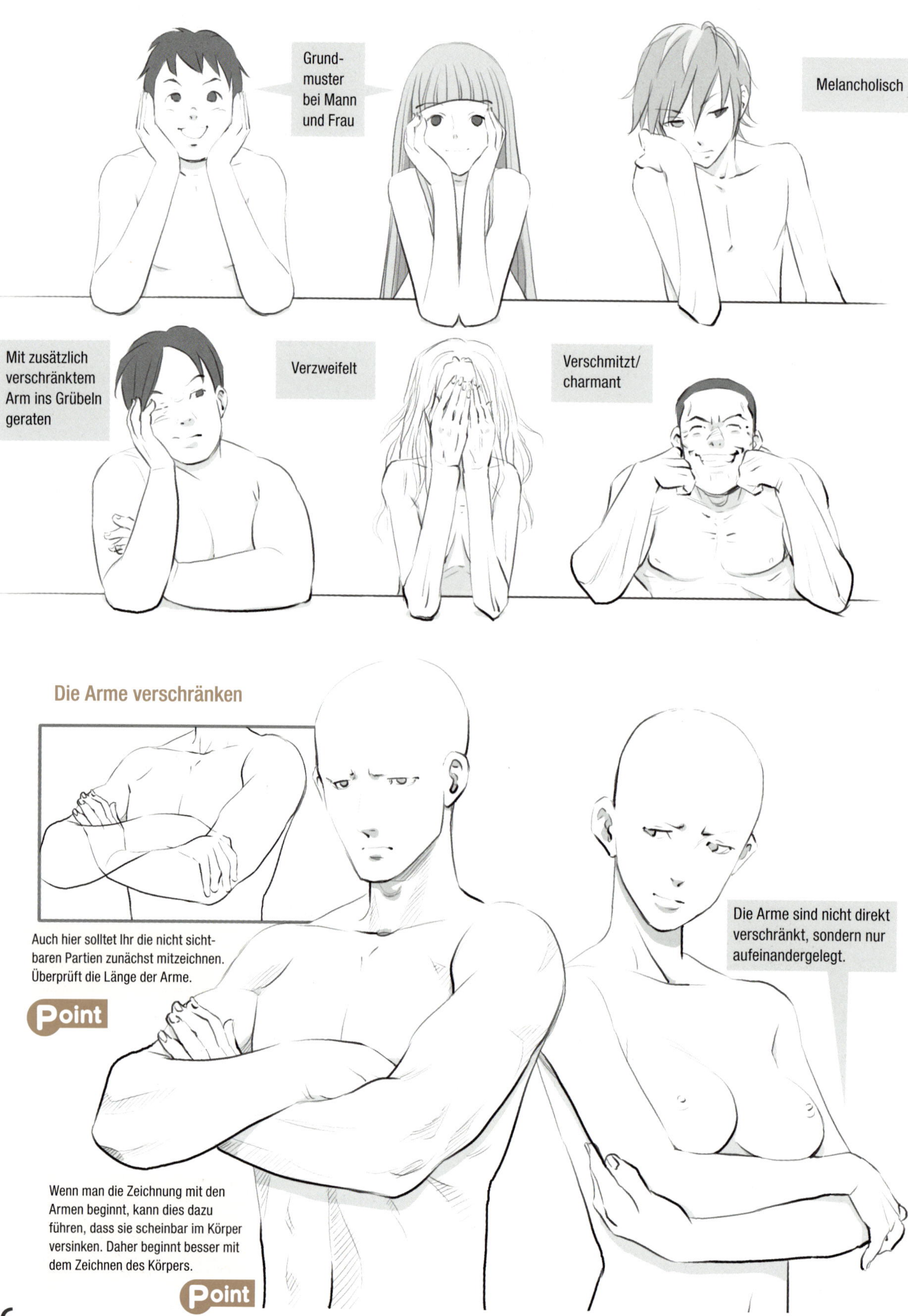

Die Arme verschränken

Auch hier solltet Ihr die nicht sichtbaren Partien zunächst mitzeichnen. Überprüft die Länge der Arme.

Point

Die Arme sind nicht direkt verschränkt, sondern nur aufeinandergelegt.

Wenn man die Zeichnung mit den Armen beginnt, kann dies dazu führen, dass sie scheinbar im Körper versinken. Daher beginnt besser mit dem Zeichnen des Körpers.

Point

Sich bei jemandem einhaken

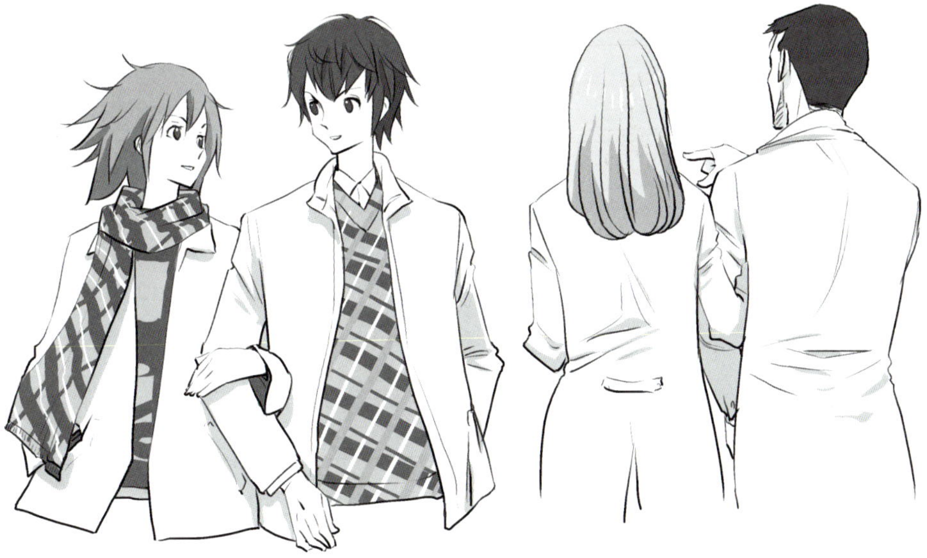

Hand in Hand

Ineinander verschränkte Hände zeigen sich z. B., wenn sich ein Pärchen mit verschlungenen Fingern an den Händen hält.

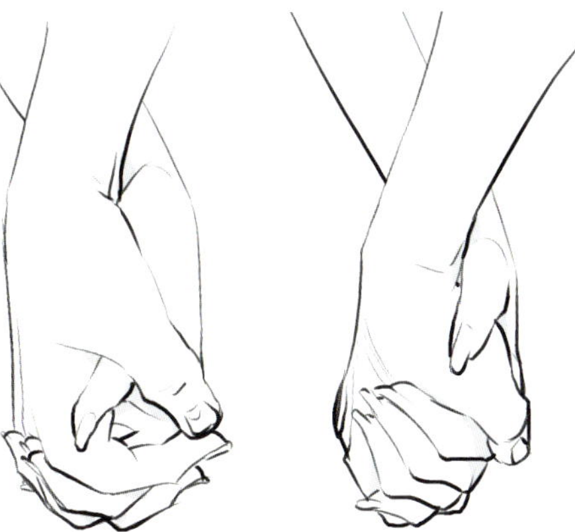

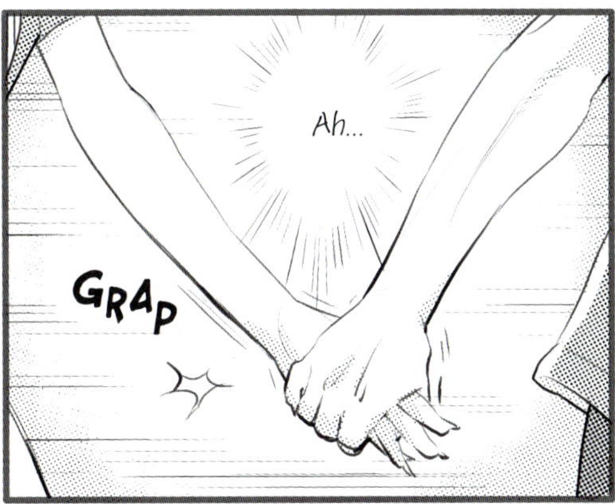

Den Arm um die Schultern legen

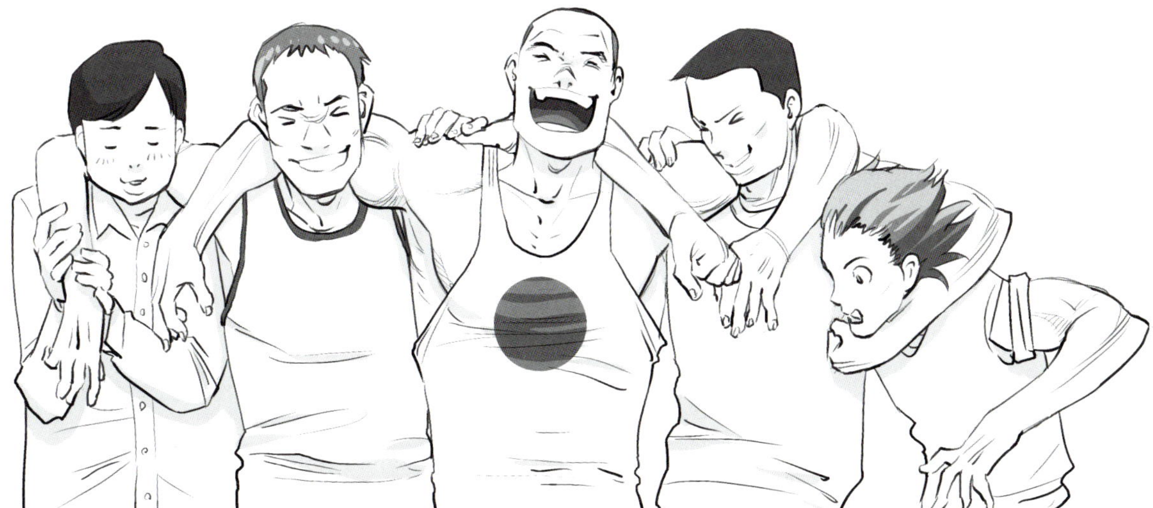

Streit

Willst du dich mit mir anlegen, oder was?

Ja?

Wenn Ihr die bisherigen Übungen miteinander kombiniert, könnt Ihr problemlos auch komplizierte, verschlungene Posen mit einem Gegenüber (Streit, Wettkampf) zeichnen.

Bevor Ihr Euch an weitere Techniken macht, um noch mehr Spannung in Eure Bilder zu bringen, solltet Ihr die Grundlagen beherrschen.

Schauen wir uns also die Grundlagen an, ohne es zu kompliziert zu machen.

* GRAP

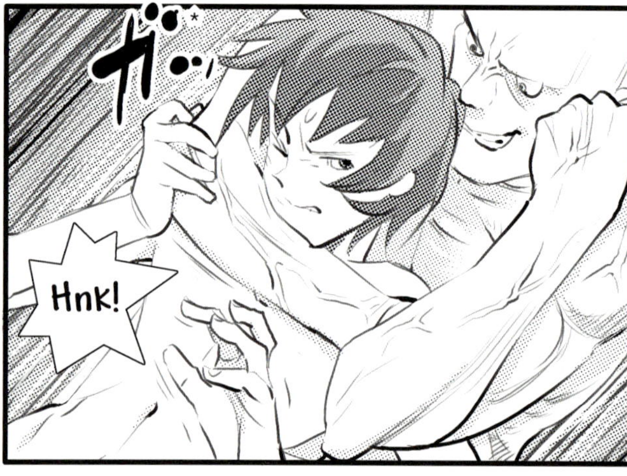

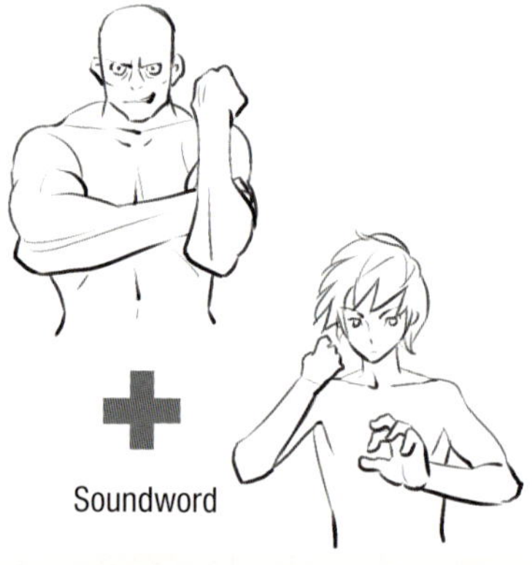

Soundword

Die Abbildung links entsteht aus einer Pose dieser zwei Figuren plus Hintergrundeffekten.

Die ultimative Technik

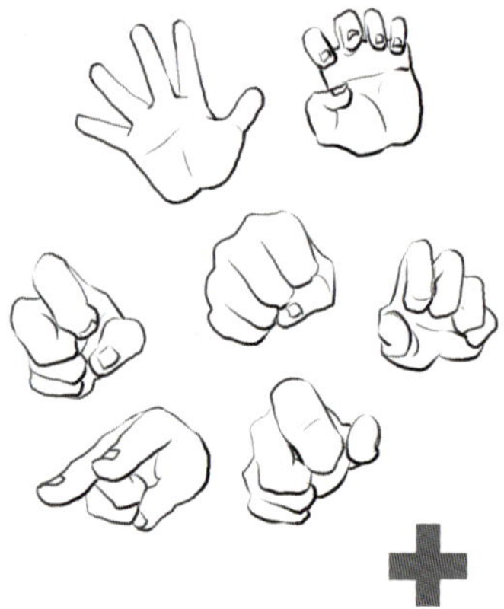

Strahlenförmige Effektlinien
Whitening
Strahlenförmig angeordnete Soundwords

Die Abbildung rechts zeigt, wie einfach es ist, eine gelungene Zeichnung zu schaffen. Es handelt sich bei ihr nämlich lediglich um die Zusammenstellung diverser Handhaltungen, wie wir sie bereits geübt haben. Je nachdem, wie die Hände gezeigt werden, lassen sich so unendlich viele packende Mangaszenen zeichnen.

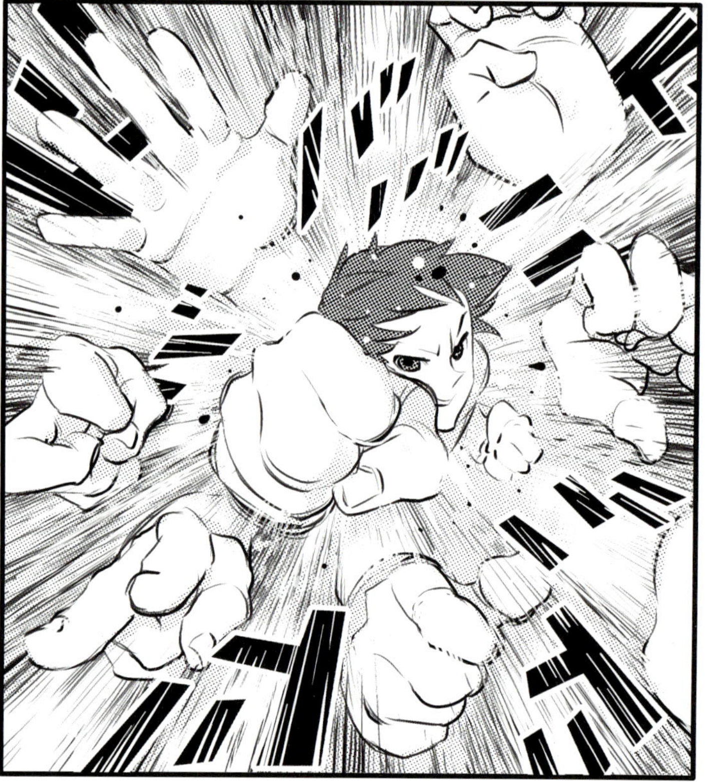

* Badomm

Streit unter Frauen

Frauen, die weniger Kraft haben, schlagen schon mal mit der flachen Hand.

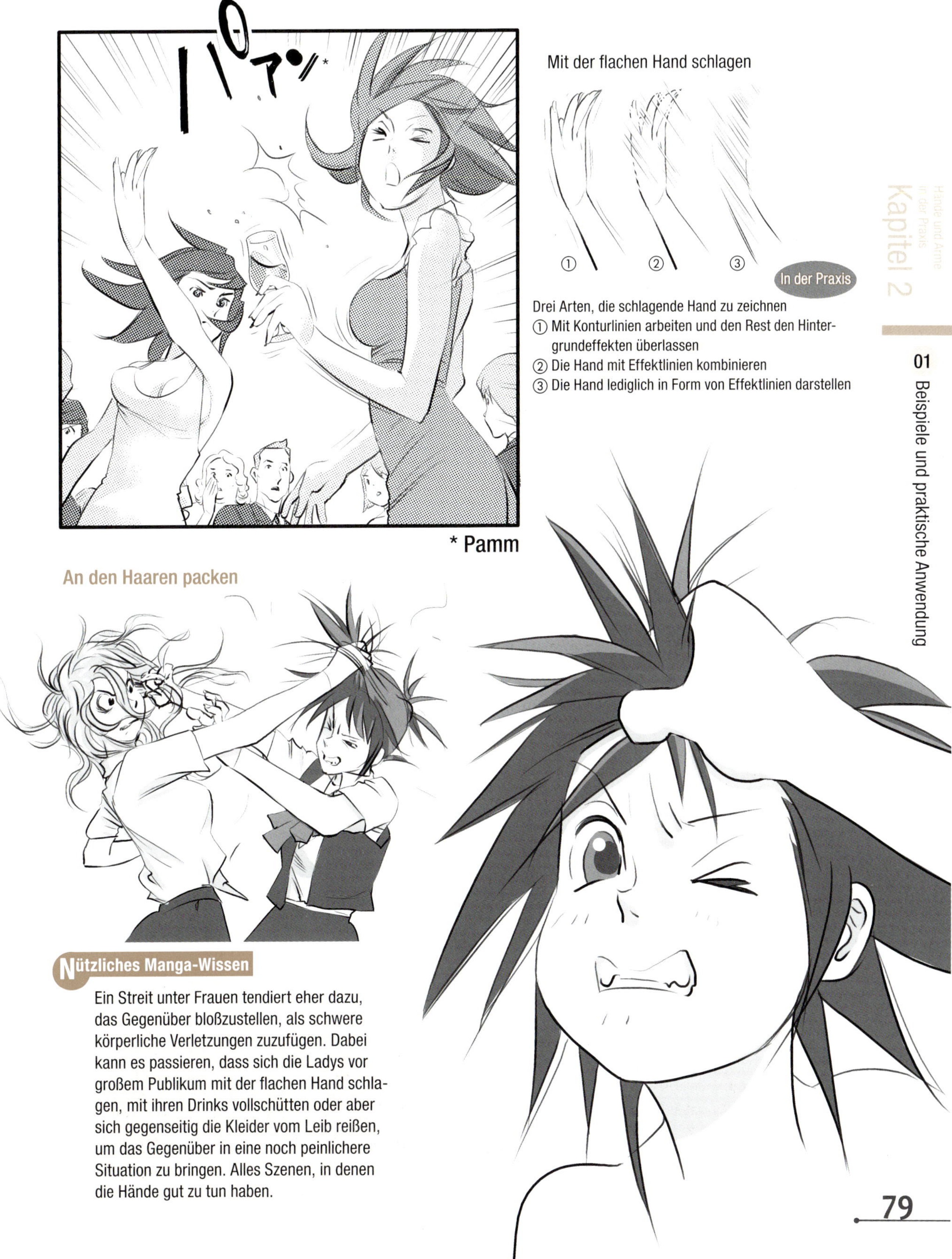

* Pamm

Mit der flachen Hand schlagen

In der Praxis

Drei Arten, die schlagende Hand zu zeichnen

① Mit Konturlinien arbeiten und den Rest den Hintergrundeffekten überlassen
② Die Hand mit Effektlinien kombinieren
③ Die Hand lediglich in Form von Effektlinien darstellen

An den Haaren packen

Nützliches Manga-Wissen

Ein Streit unter Frauen tendiert eher dazu, das Gegenüber bloßzustellen, als schwere körperliche Verletzungen zuzufügen. Dabei kann es passieren, dass sich die Ladys vor großem Publikum mit der flachen Hand schlagen, mit ihren Drinks vollschütten oder aber sich gegenseitig die Kleider vom Leib reißen, um das Gegenüber in eine noch peinlichere Situation zu bringen. Alles Szenen, in denen die Hände gut zu tun haben.

02 Bekleidete Arme

T-Shirt

Die Ärmel unterstützen Euch dabei, einen mageren bzw. einen fülligen Arm zu zeichnen.

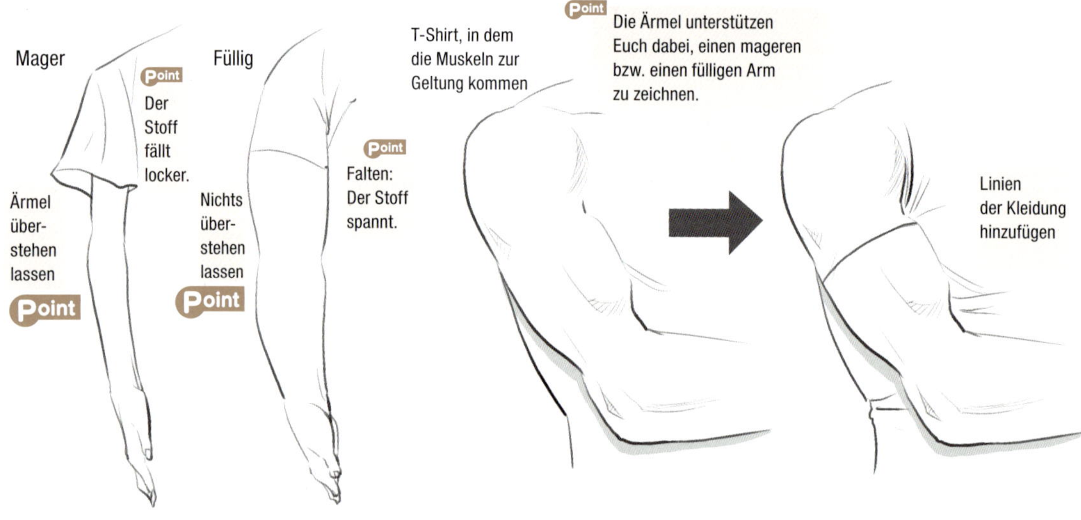

Lange Ärmel

Es gibt zwei Arten, Ärmel zu zeichnen, die den größten Teil des Arms bedecken.

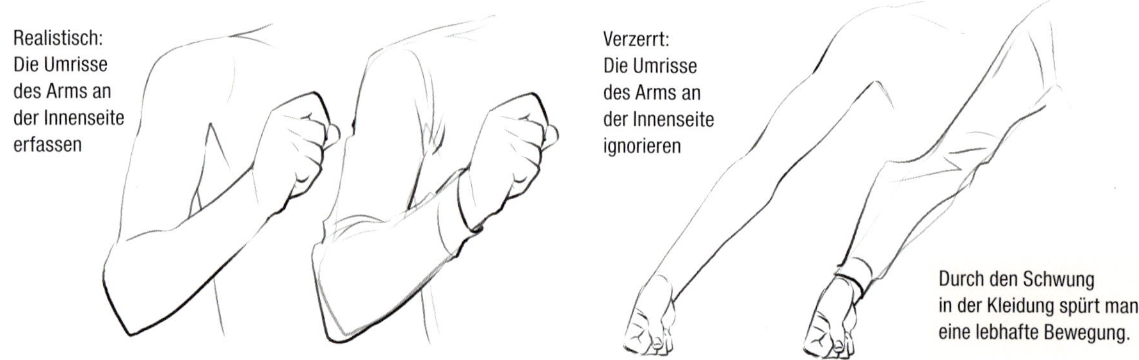

Sweater

Die Umrisse des Arms werden nicht wiedergegeben. Dies bedeutet einerseits mehr Freiheit, bringt aber auch seine Schwierigkeiten mit sich.

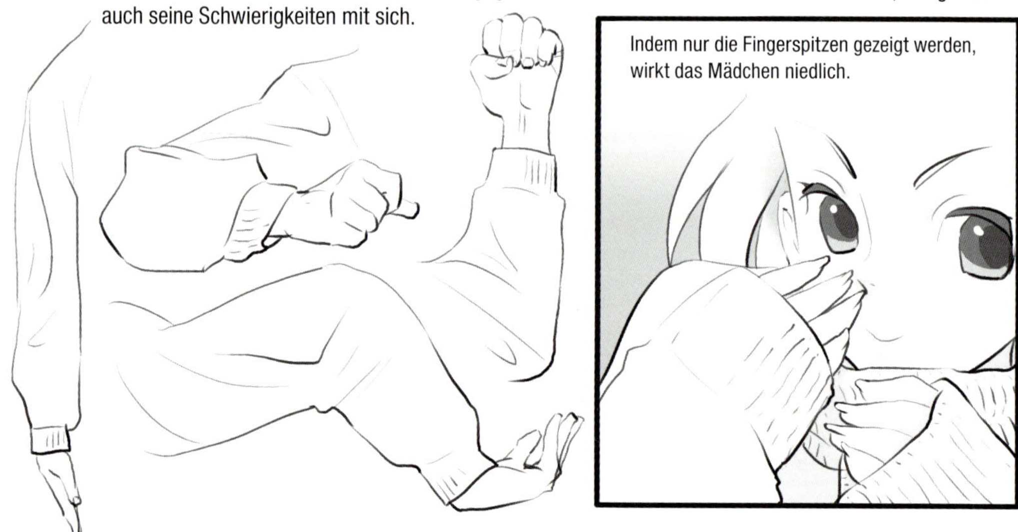

Anzug

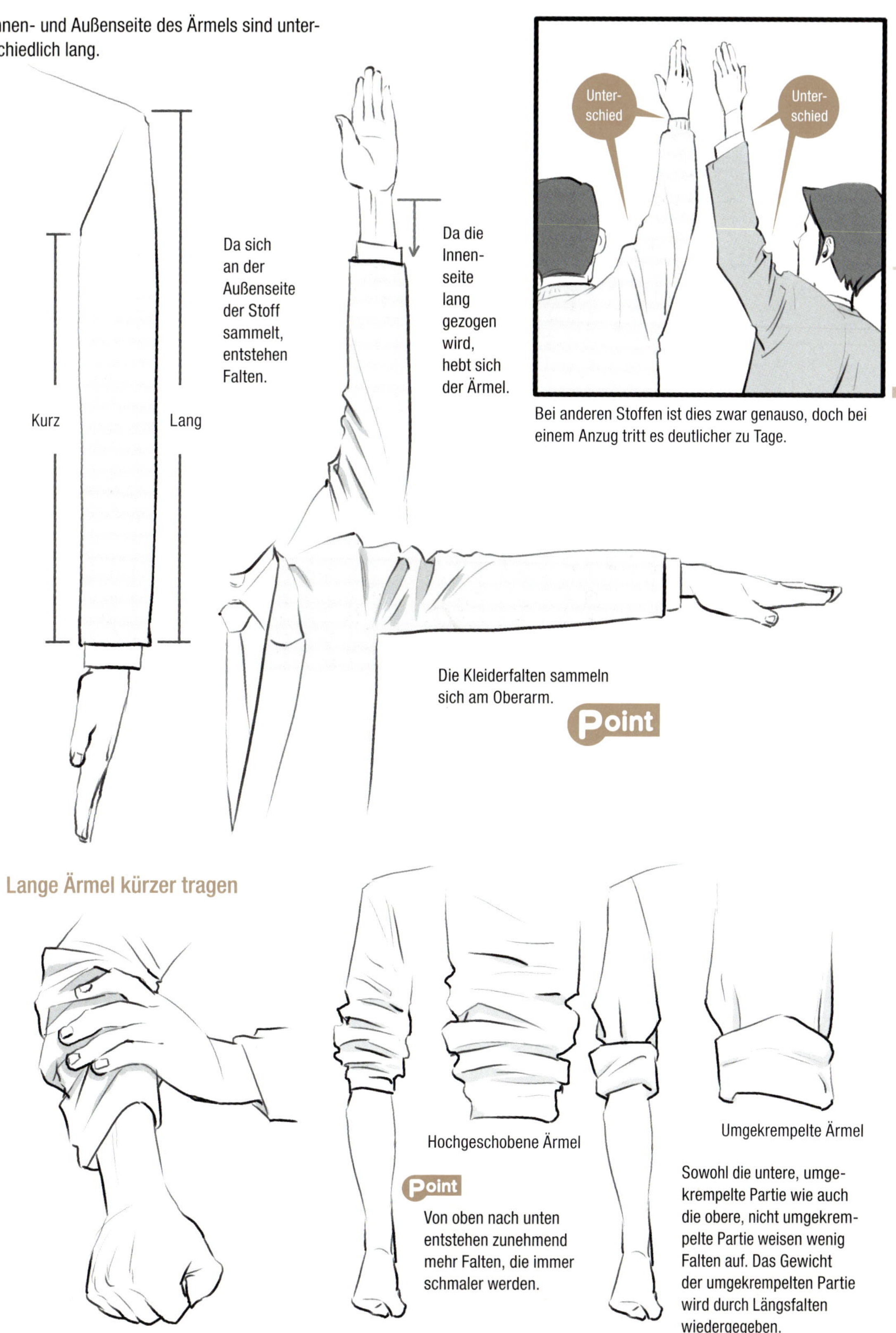
Innen- und Außenseite des Ärmels sind unterschiedlich lang.
Kurz
Lang
Da sich an der Außenseite der Stoff sammelt, entstehen Falten.
Da die Innenseite lang gezogen wird, hebt sich der Ärmel.
Unterschied
Unterschied
Bei anderen Stoffen ist dies zwar genauso, doch bei einem Anzug tritt es deutlicher zu Tage.
Die Kleiderfalten sammeln sich am Oberarm.
Point
Lange Ärmel kürzer tragen
Hochgeschobene Ärmel
Point
Von oben nach unten entstehen zunehmend mehr Falten, die immer schmaler werden.
Umgekrempelte Ärmel
Sowohl die untere, umgekrempelte Partie wie auch die obere, nicht umgekrempelte Partie weisen wenig Falten auf. Das Gewicht der umgekrempelten Partie wird durch Längsfalten wiedergegeben.
Point

Verschränkte bekleidete Arme

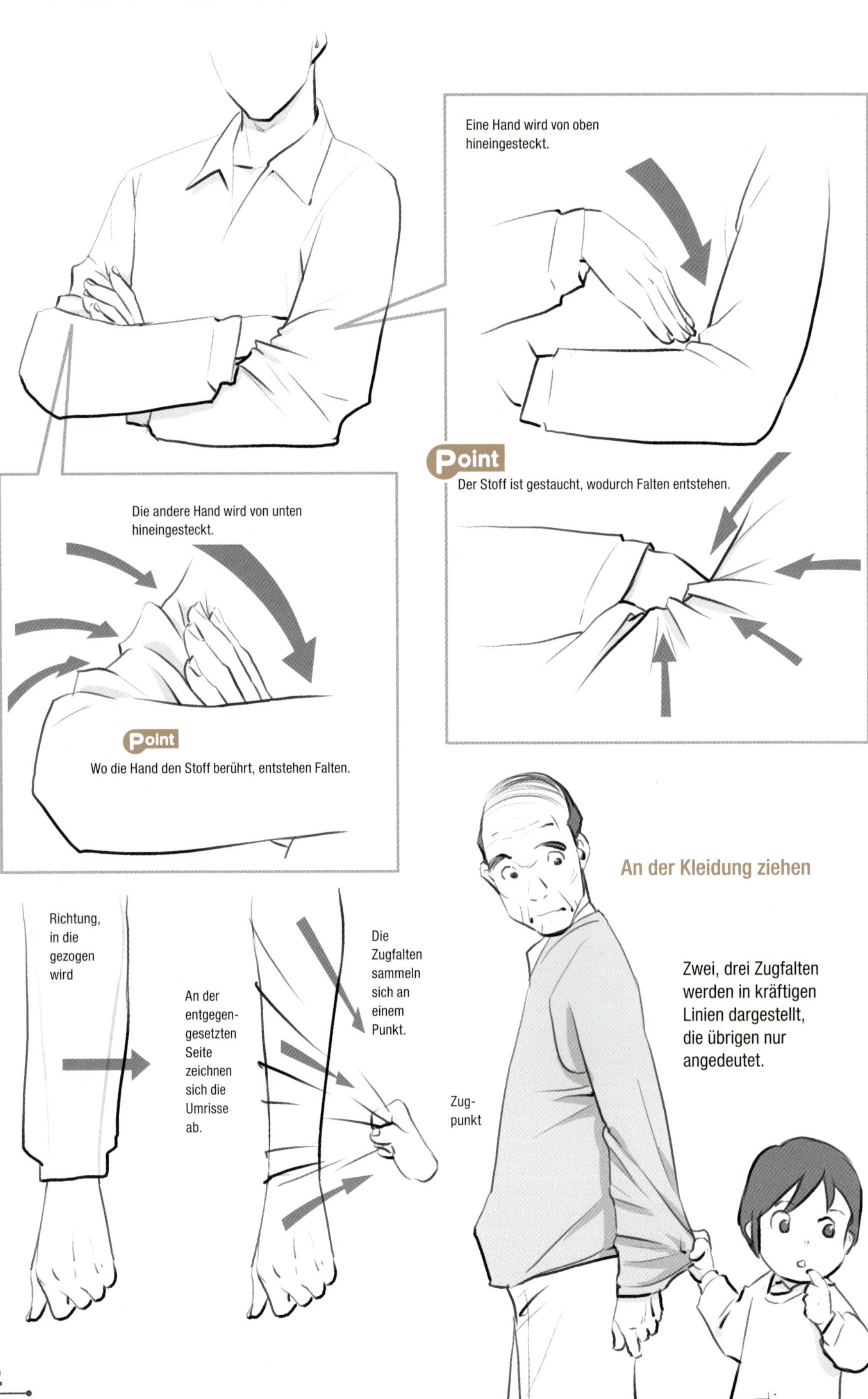

Jemanden am Revers (Schlafittchen) packen

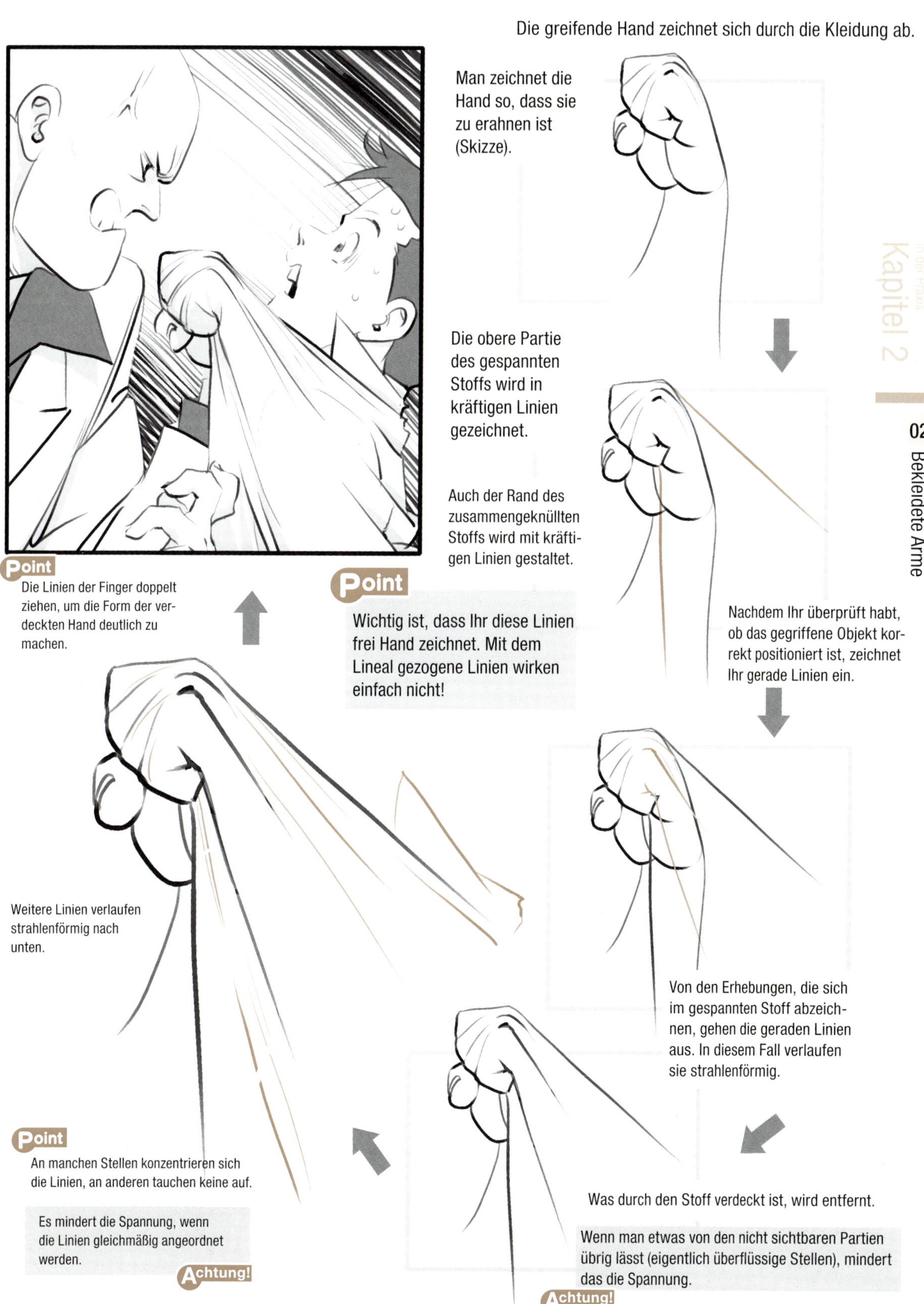

03 Accessoires für Hände und Arme

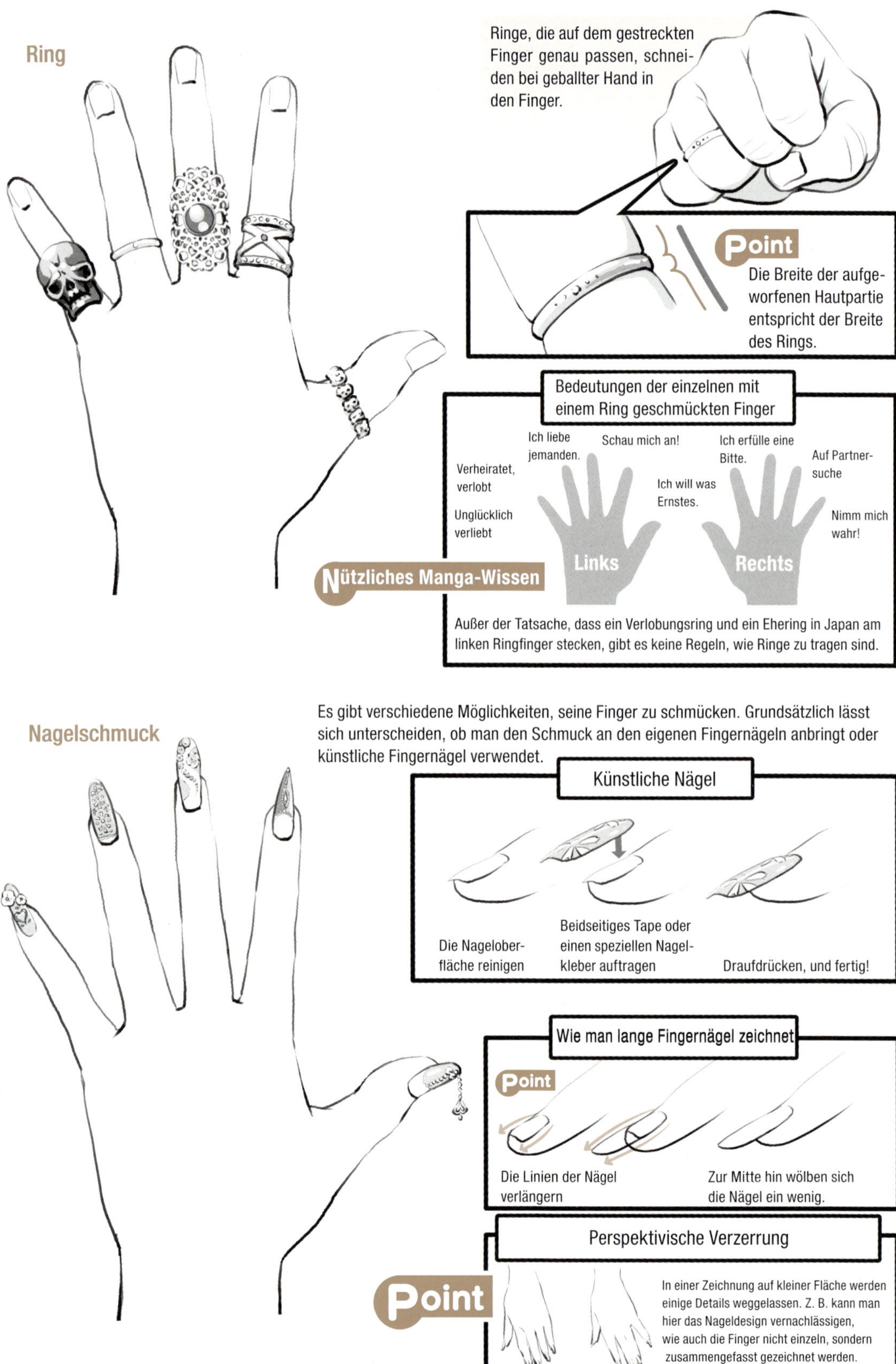

Armbanduhr

Nützliches Wissen

Frauen tragen ihre Armbanduhr manchmal auch mit dem Ziffernblatt auf der Innenseite des Arms.

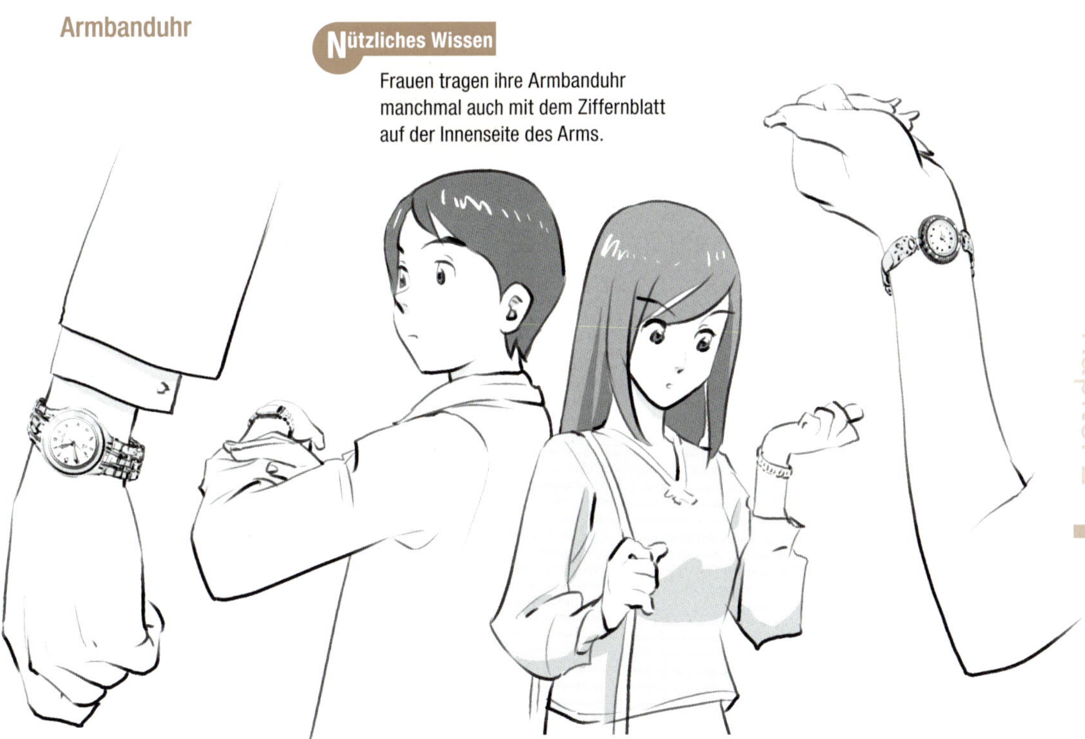

Tattoo

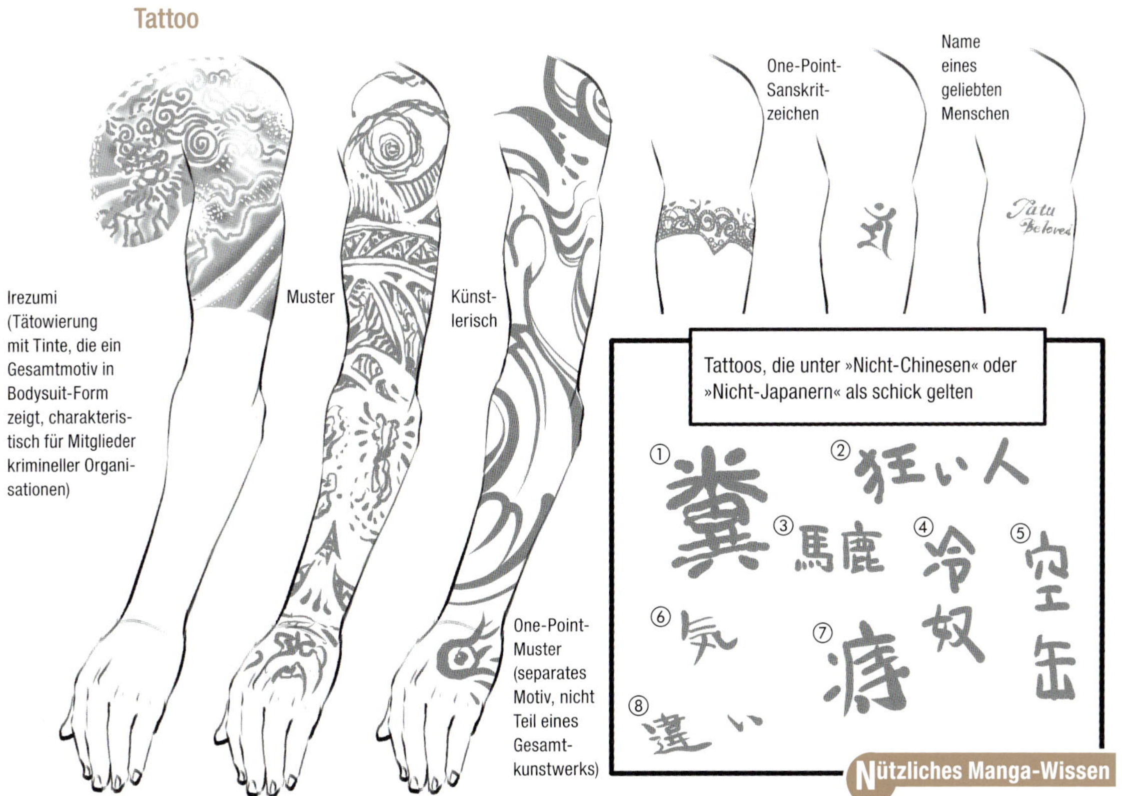

Tattoos, die unter »Nicht-Chinesen« oder »Nicht-Japanern« als schick gelten

① 糞 ② 狂い人 ③ 馬鹿 ④ 冷奴 ⑤ 空缶 ⑥ 気 ⑦ 痔 ⑧ 違い

Nützliches Manga-Wissen

① Scheiße ② Irrer ③ Doof
④ Kalter Tofu ⑤ Leere Dose ⑥ Luft
⑦ Hämorrhoiden ⑧ Fehler

04 Weitere Beispiele zu Händen und Armen

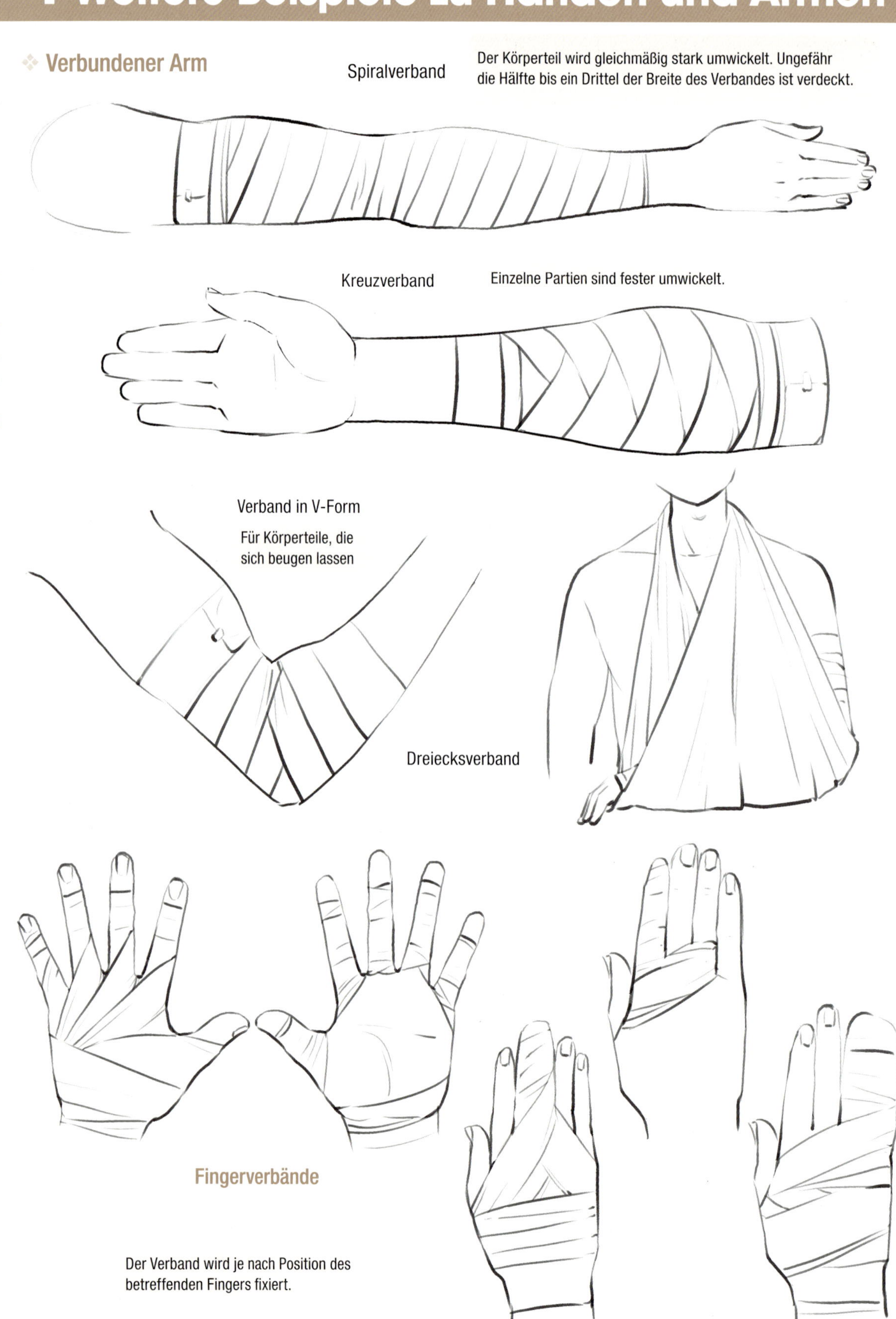

Arten von Gipsverbänden

Ein Verband aus eingeweichten Gipsrollen – derzeit wird allerdings hauptsächlich hydraulisches Harz (Glasfasern) verwendet – wird um die vorher fixierte Wundstelle gebunden und verhärtet dann.

Einen Gipsverband anlegen

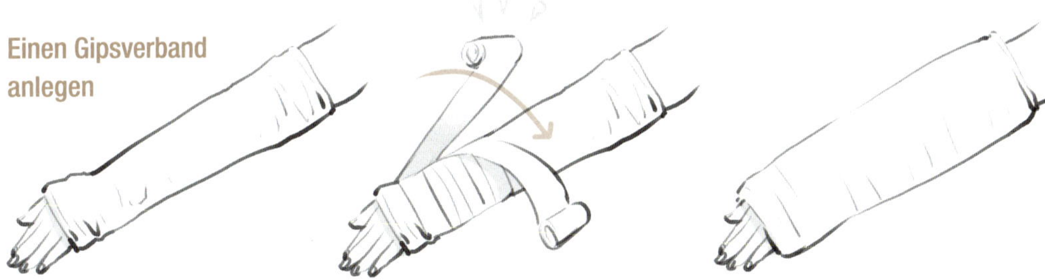

Den Unterzug anlegen

Den Gips in Wasser tauchen und um die Wundstelle wickeln

Bei völliger Ruhigstellung der betroffenen Körperpartie trocknen lassen. Gips benötigt 48 Stunden, Glasfasern 30 Minuten zum Trocknen.

Gipsverband an der Hand

Abnahme des Gipsverbandes

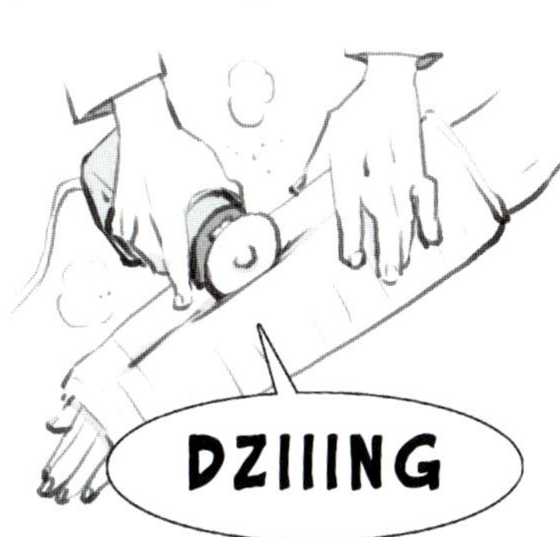

Ein Gipsverband wird mit Hilfe eines Gipsschneiders oder Gipsmessers entfernt. Dadurch dass die Klinge vibriert, verhindert man, dass die Haut verletzt wird. Glasfasern werden mit Hilfe von Ultraschallwellen zerschnitten.

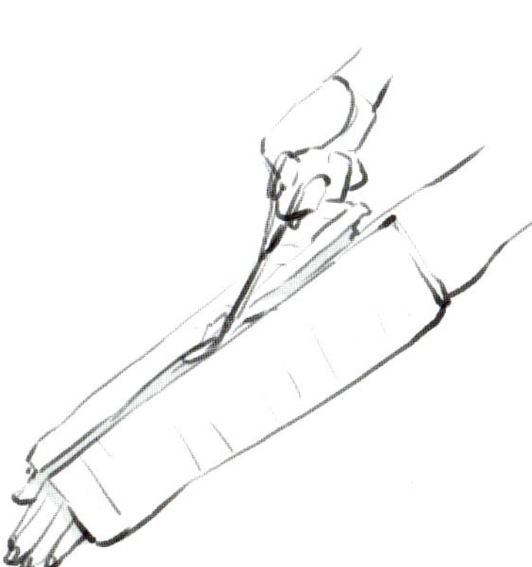

Der Unterzug wird mit einer Schere aufgeschnitten.

Nützliches Manga-Wissen

Je nachdem, wie lange der Verband getragen wurde, ist die Haut darunter sehr hell. Da sie zudem lange nicht gewaschen wurde, können Schmutzablagerungen und Geruch unangenehm sein.

❖ Schnittzeichnung des Arms

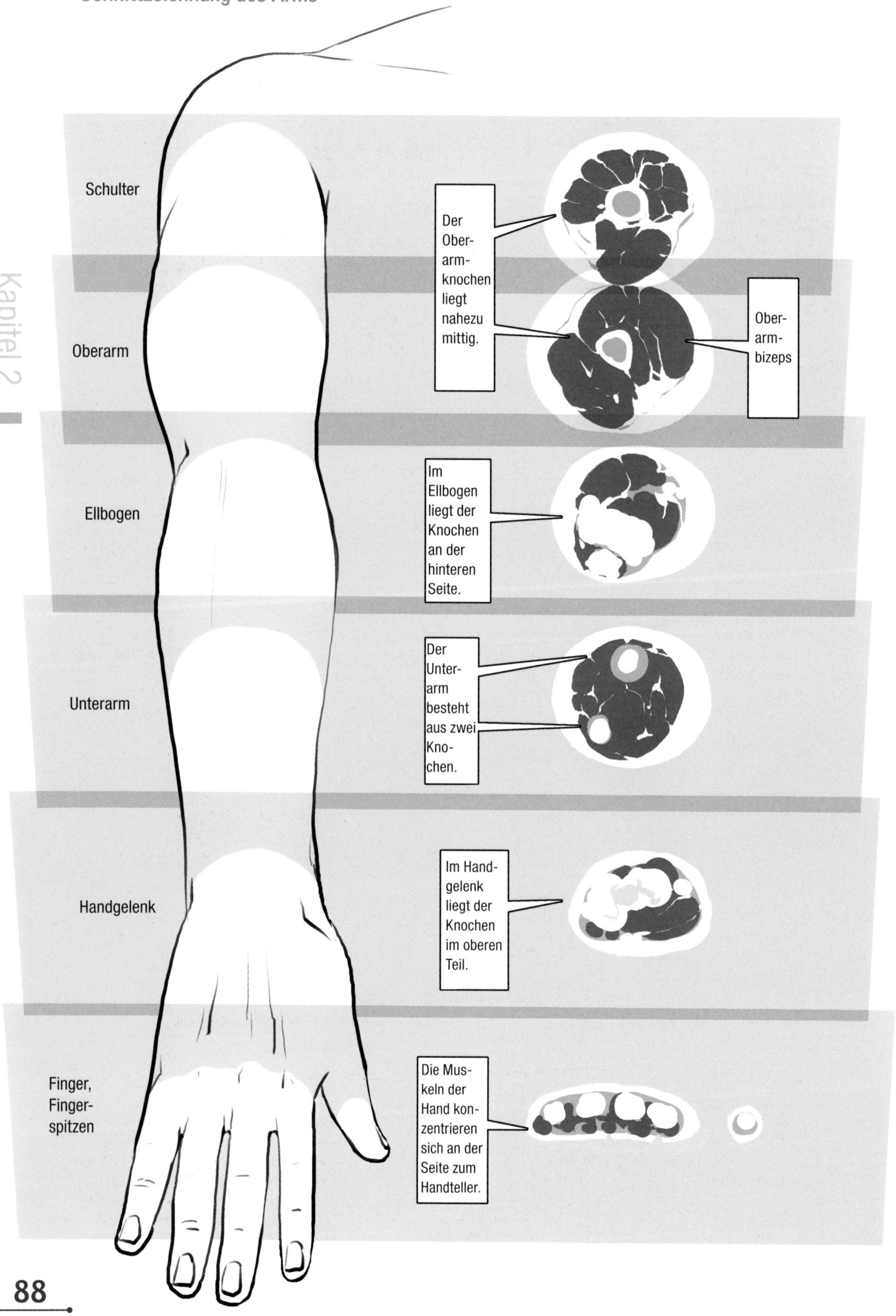

Wie man Finger mit abgetrennten Gliedern darstellt

Wenn die Handlung von Büchern im Zusammenhang mit Gruppen aus dem Untergrund steht, tauchen oft Figuren auf, die sich selbst einen Finger abgetrennt haben, um auf diese Art um Entschuldigung zu bitten, Verantwortung für ihr Handeln zu übernehmen oder ihre Aufrichtigkeit zu beweisen. Doch mittlerweile scheint diese Sitte in der Hintergrund gerückt und nicht mehr angesagt zu sein.

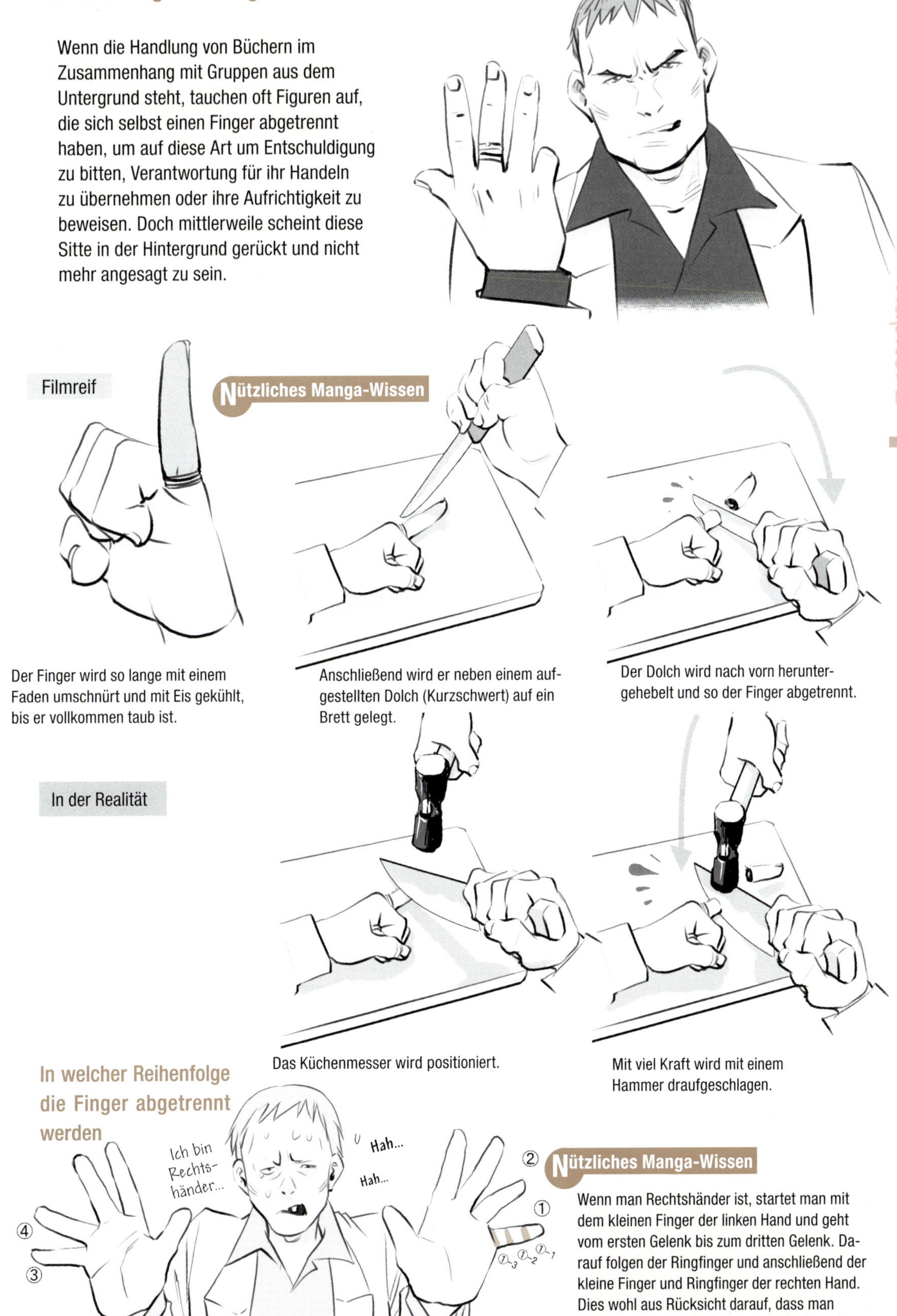

Filmreif

Nützliches Manga-Wissen

Der Finger wird so lange mit einem Faden umschnürt und mit Eis gekühlt, bis er vollkommen taub ist.

Anschließend wird er neben einem aufgestellten Dolch (Kurzschwert) auf ein Brett gelegt.

Der Dolch wird nach vorn heruntergehebelt und so der Finger abgetrennt.

In der Realität

Das Küchenmesser wird positioniert.

Mit viel Kraft wird mit einem Hammer draufgeschlagen.

In welcher Reihenfolge die Finger abgetrennt werden

Nützliches Manga-Wissen

Wenn man Rechtshänder ist, startet man mit dem kleinen Finger der linken Hand und geht vom ersten Gelenk bis zum dritten Gelenk. Darauf folgen der Ringfinger und anschließend der kleine Finger und Ringfinger der rechten Hand. Dies wohl aus Rücksicht darauf, dass man immer noch mit Stäbchen essen können soll.

❖ Armprothese

Nützliches Manga-Wissen

Die Geschichte der Armprothesen reicht weit zurück. In der vorchristlichen Zeit existierten Prothesen aus Holz. Im Mittelalter trugen Ritter Prothesen aus Metall.

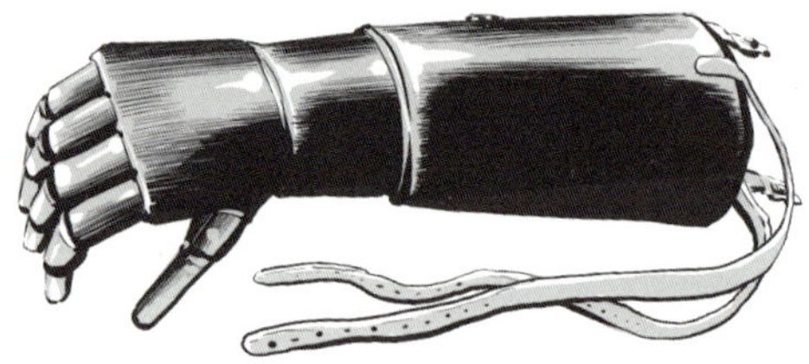

Art der Armprothese

Passive Armprothese	Aktive Armprothese	Arbeitsarmprothese
Sie ist dem Arm äußerlich nachempfunden und wird dem Körper der betroffenen Person angepasst.	Sie wird mit einem Kabelgeschirr am Körper fixiert und gibt Bewegungen wieder. Durch Bedienung der Kabel, die an der Schulter angebracht sind, kann man den Ellbogen beugen und strecken sowie die Haken der Hand öffnen und schließen.	Sie wird vorrangig zum Verrichten bestimmter Arbeiten verwendet und ist äußerlich nicht unbedingt einem realen Arm nachempfunden.
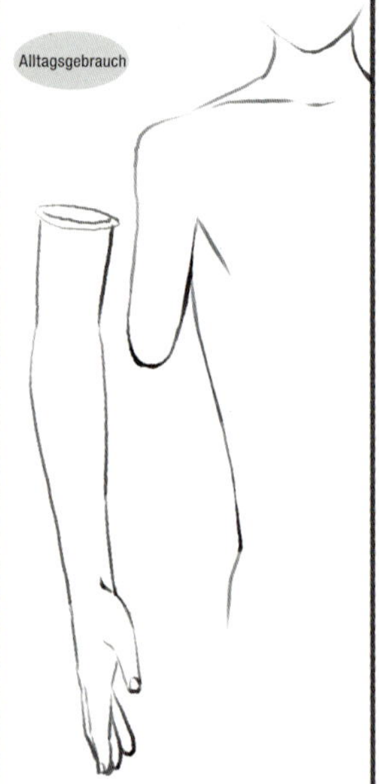 Alltagsgebrauch	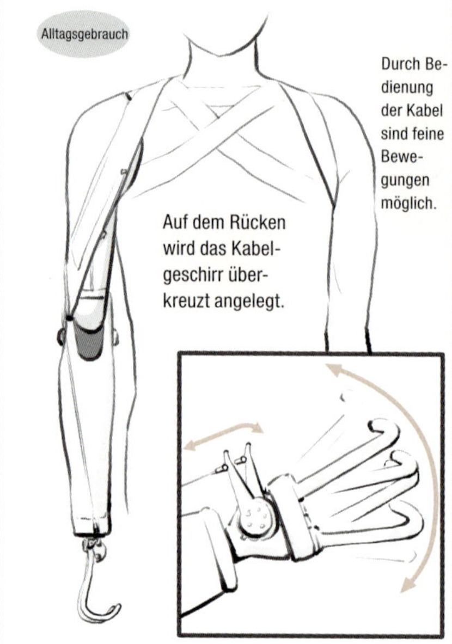 Alltagsgebrauch Durch Bedienung der Kabel sind feine Bewegungen möglich. Auf dem Rücken wird das Kabelgeschirr überkreuzt angelegt.	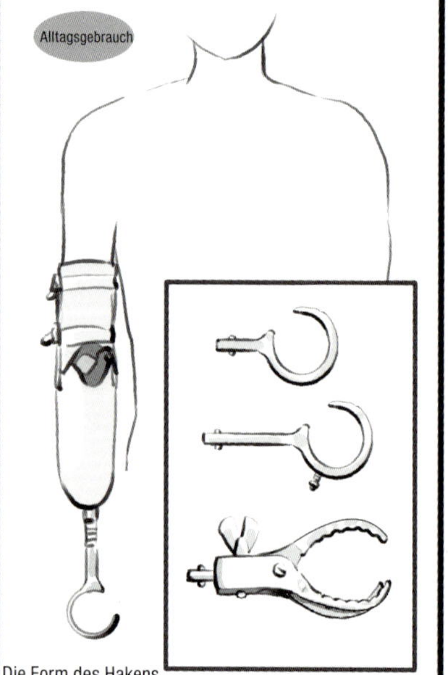 Alltagsgebrauch Die Form des Hakens richtet sich nach der zu verrichtenden Tätigkeit.
Lässt sich nicht bewegen	Mit den Haken lassen sich Gegenstände ergreifen.	

EMG-Armprothese (Elektromyogramm)

Dieser Präzisionsmaschine nimmt vom Gehirn gesendete schwache Signale wahr. Darauf können mit Hilfe eines implantierten Motors Ellbogen, Handgelenk oder Finger getrennt voneinander bewegt werden. Da sie sowohl sehr schwer als auch ziemlich kostspielig sind, werden Prothesen dieser Art bisher noch nicht häufig verwendet.

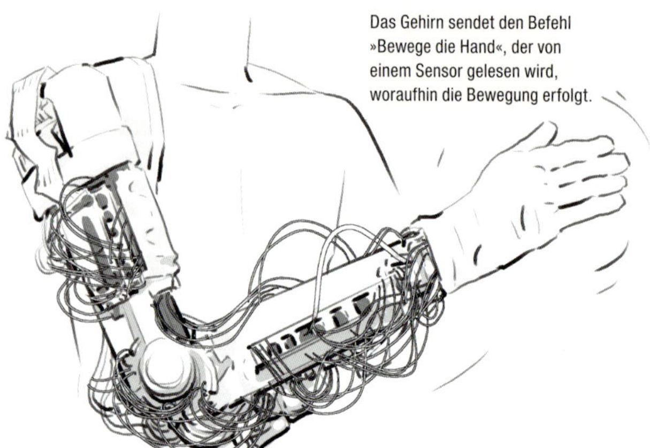

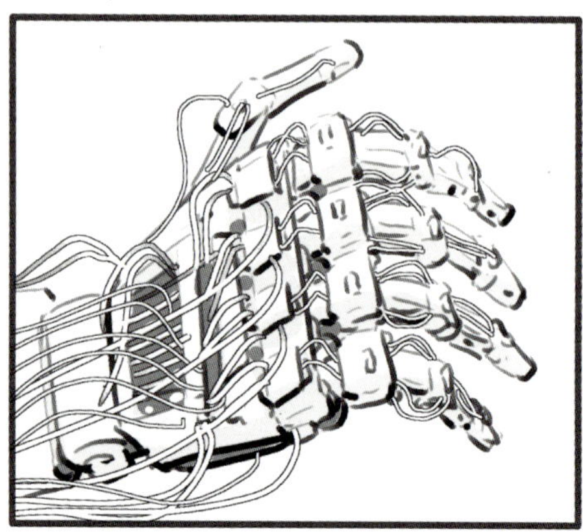

Science-Fiction-Armprothese

Seit der vorchristlichen Zeit wurden verschiedene Formen von Armprothesen entwickelt. Es handelt sich dabei z. B. um Armprothesen, die den Verlust des Arms äußerlich verbergen, Armprothesen, die einfache Bewegungen ausführen können, bis hin zu solchen, die elektrische Informationen verarbeiten können und den Arm mit Hilfe eines Motors bewegen.

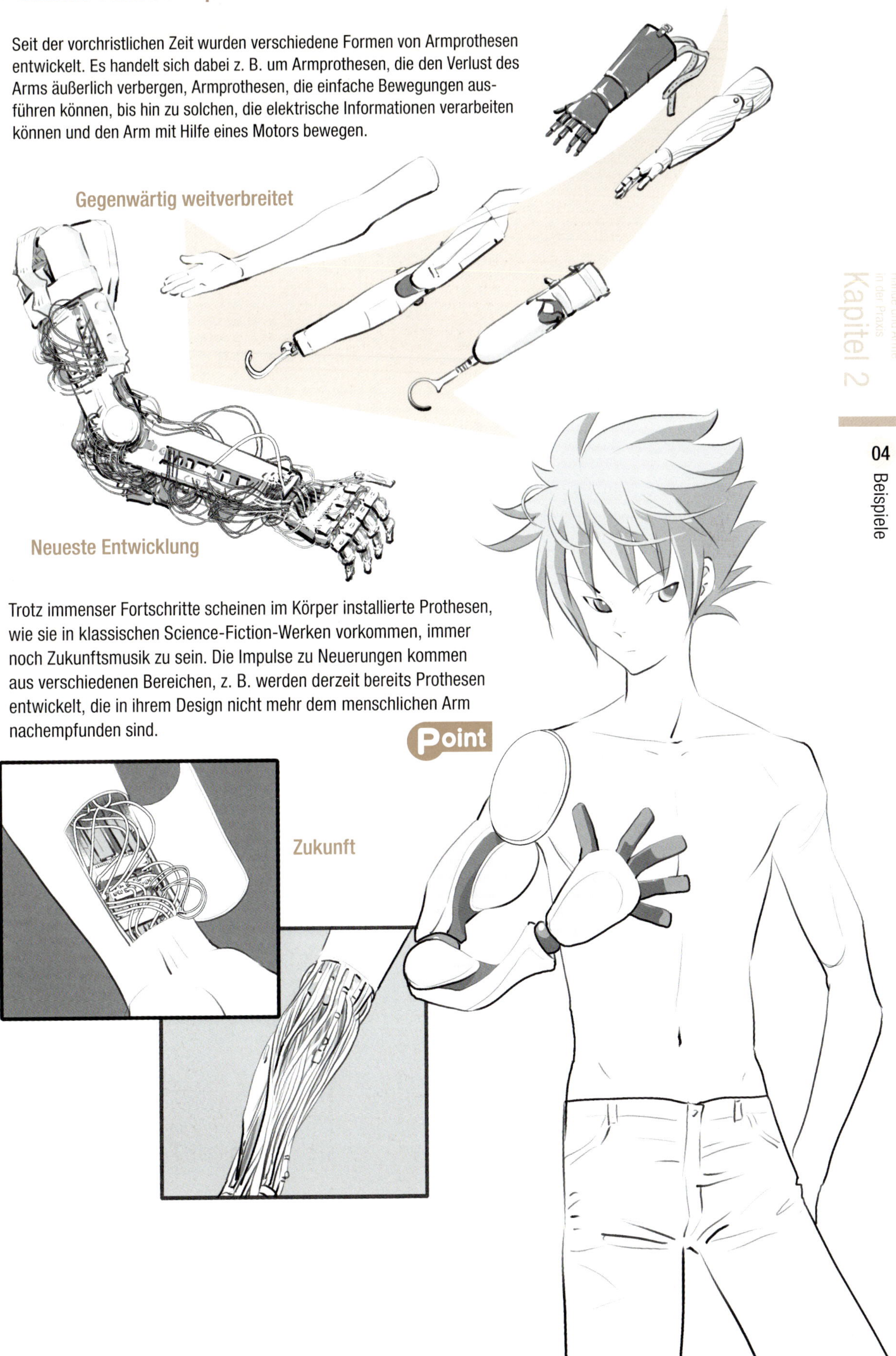

Trotz immenser Fortschritte scheinen im Körper installierte Prothesen, wie sie in klassischen Science-Fiction-Werken vorkommen, immer noch Zukunftsmusik zu sein. Die Impulse zu Neuerungen kommen aus verschiedenen Bereichen, z. B. werden derzeit bereits Prothesen entwickelt, die in ihrem Design nicht mehr dem menschlichen Arm nachempfunden sind.

05 Fehlerfallen

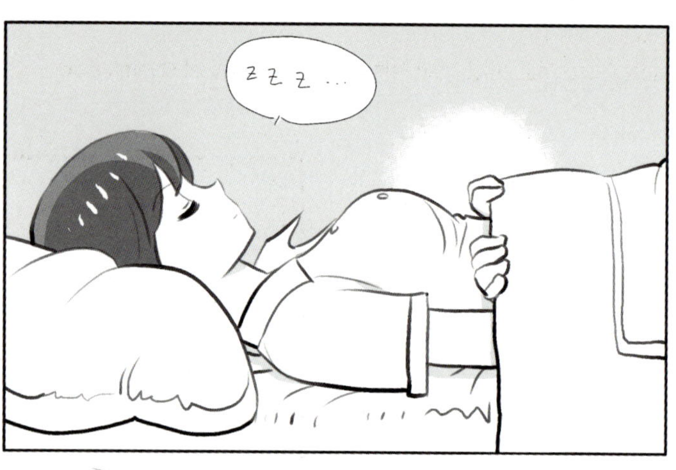

❖ Lage der Hände, wenn sie unter der Decke hervorschauen

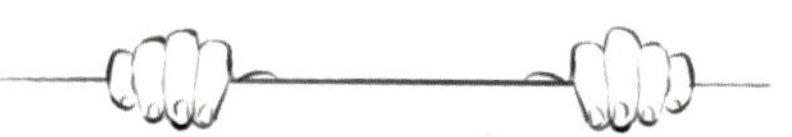

Wie sind diese Arme wohl gebeugt? Wenn die Fingerspitzen auf diese Art und Weise unter der Decke hervorschauen, müssen die Unterarme bis zum Ellbogen an der Decke anliegen.

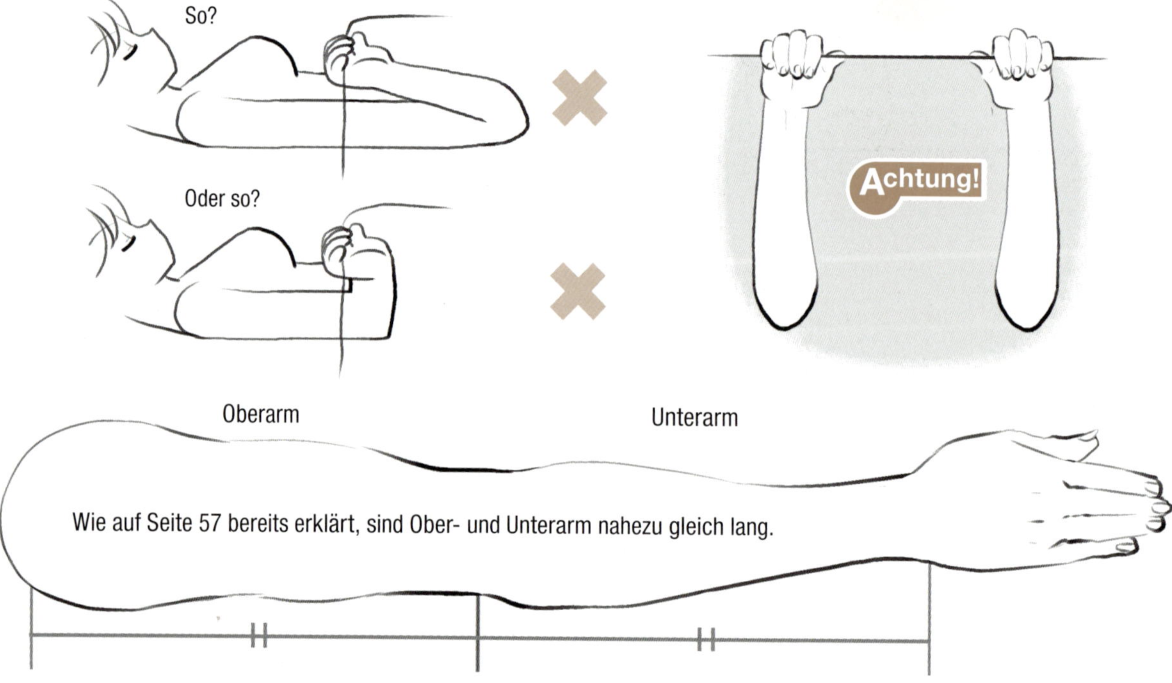

Korrektur

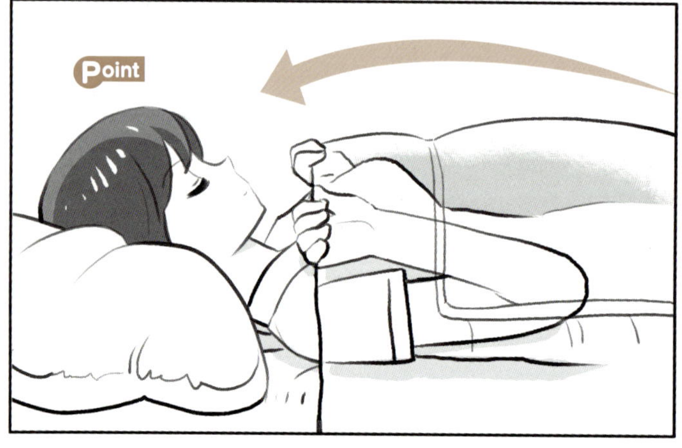

Wenn Ihr Wert darauf legt, dass die Hände Eurer Figur in dieser Art unter der Decke hervorschauen, dann muss die Decke bis zu den Schultern hochgezogen sein.

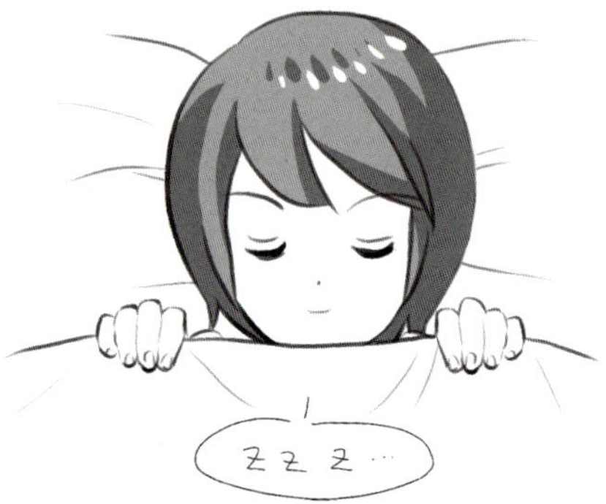

Arme ohne Schultern

Hat man das Gefühl, dass in der Zeichnung einer Person mit erhobenen Armen irgendetwas nicht stimmt, dann liegt es oft an den Schultern.

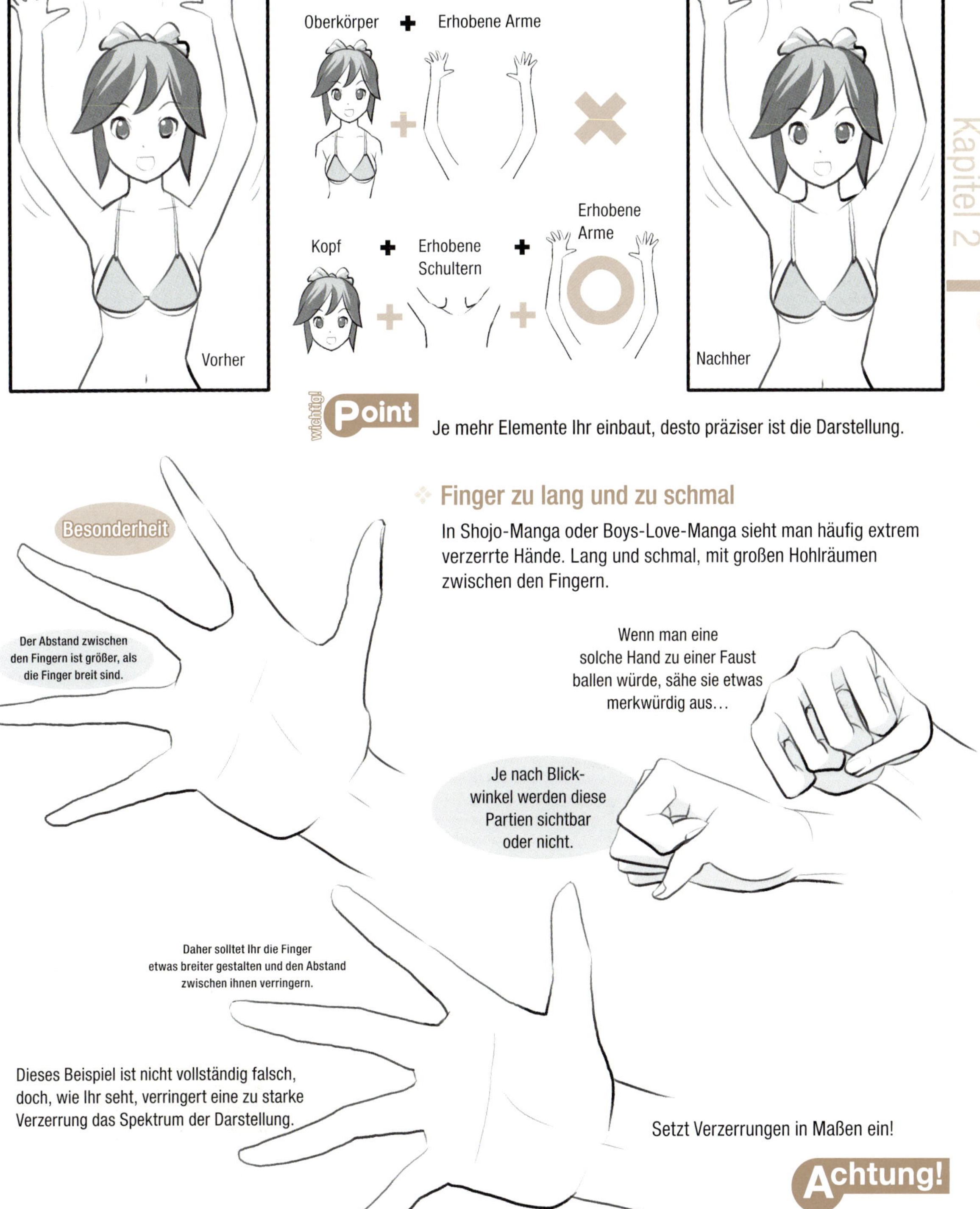

Finger zu lang und zu schmal

In Shojo-Manga oder Boys-Love-Manga sieht man häufig extrem verzerrte Hände. Lang und schmal, mit großen Hohlräumen zwischen den Fingern.

06 Ungewöhnliche Arme

In berühmten Werken aus der Vergangenheit tauchen häufig Figuren mit Armen von ungewöhnlicher Form auf, die sich großer Beliebtheit erfreuen.

Mit einer Waffe verschmolzener Arm

Die Kombination aus Waffe und Arm ist relativ bekannt. Eurer Fantasie sind keine Grenzen gesetzt! Arme lassen sich ganz nach Eurem Belieben mit jedem anderen Gegenstand verschmelzen.

Aber seht besser ab von Darstellungen, die unangenehm wirken könnten.

Flügel

Darstellungen von Figuren, denen Flügel aus dem Rücken wachsen, gibt es seit alters her. Aber nach Darwins Evolutionstheorie sollten die Flügel wohl besser an der Position der Arme sitzen, oder?

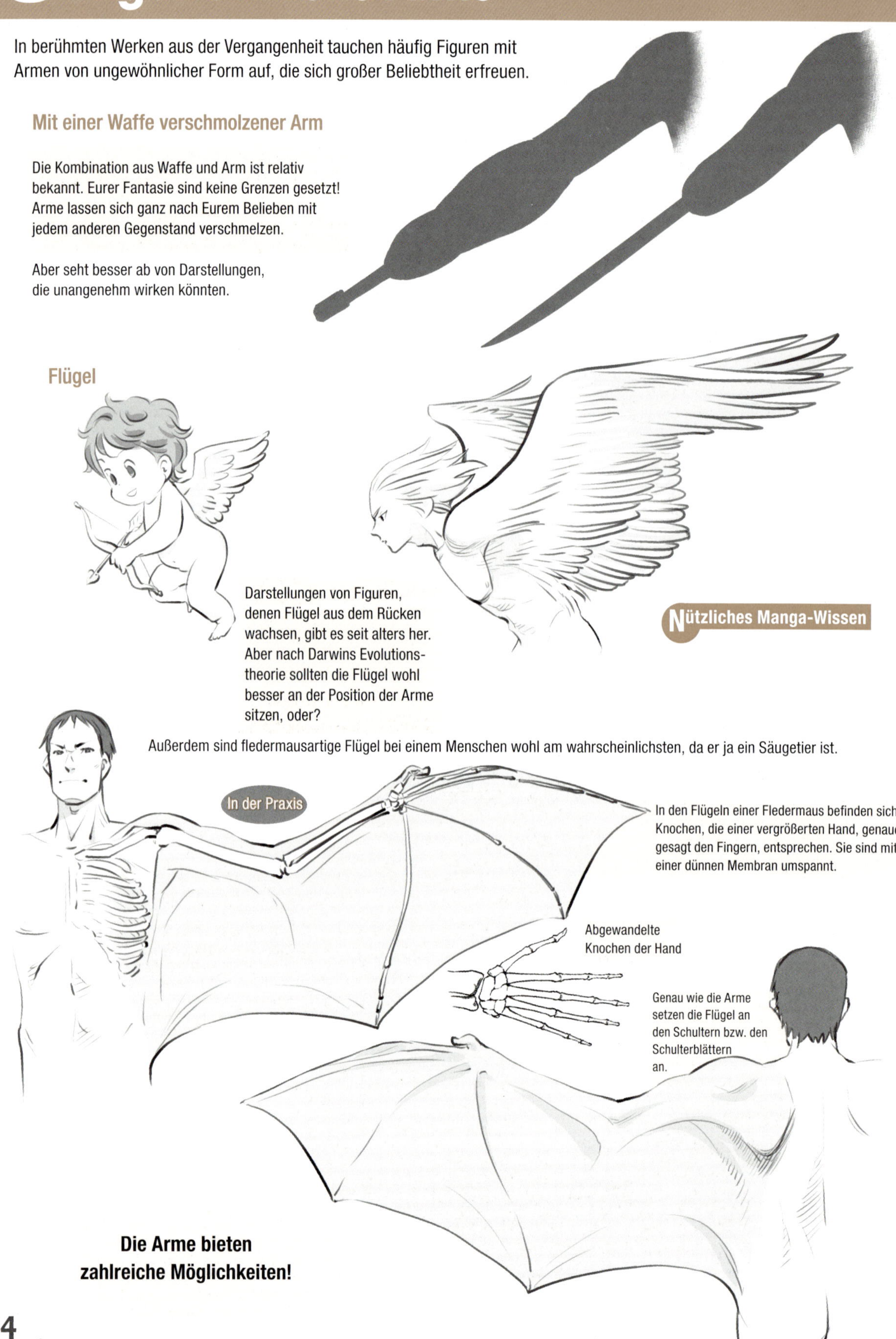

Außerdem sind fledermausartige Flügel bei einem Menschen wohl am wahrscheinlichsten, da er ja ein Säugetier ist.

In den Flügeln einer Fledermaus befinden sich Knochen, die einer vergrößerten Hand, genauer gesagt den Fingern, entsprechen. Sie sind mit einer dünnen Membran umspannt.

Abgewandelte Knochen der Hand

Genau wie die Arme setzen die Flügel an den Schultern bzw. den Schulterblättern an.

Die Arme bieten zahlreiche Möglichkeiten!

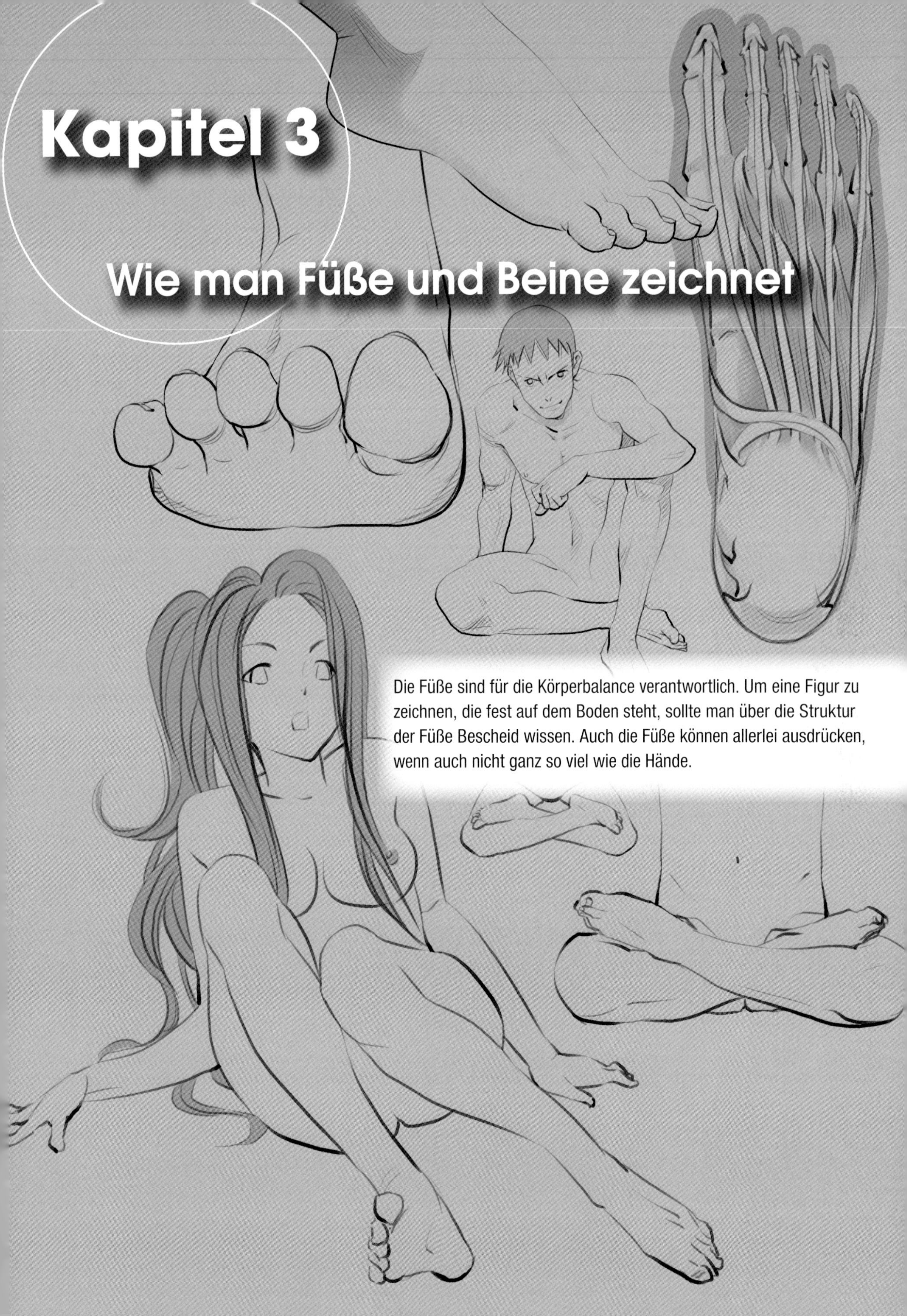

Kapitel 3

Wie man Füße und Beine zeichnet

Die Füße sind für die Körperbalance verantwortlich. Um eine Figur zu zeichnen, die fest auf dem Boden steht, sollte man über die Struktur der Füße Bescheid wissen. Auch die Füße können allerlei ausdrücken, wenn auch nicht ganz so viel wie die Hände.

01 Einen Fuß ohne vorherige Skizze zeichnen

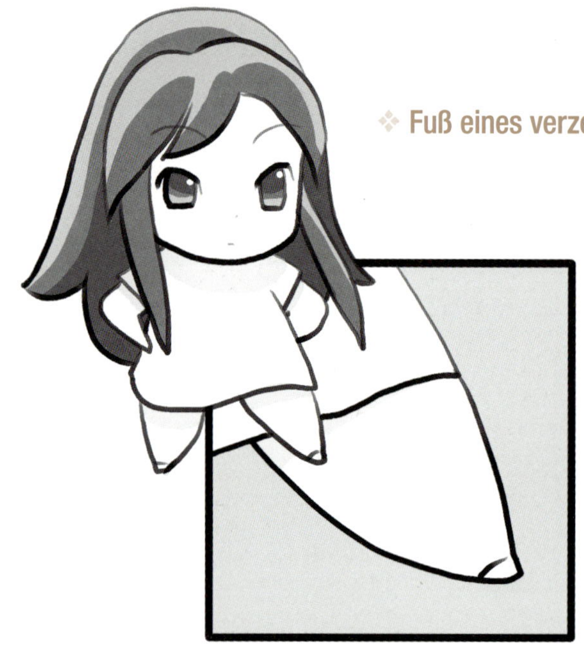

Fuß eines verzerrten Moe-Characters

Wie auch die Hand wird der Fuß zur Spitze hin schmaler.

Geeignete Proportion: 1:2 bis 1:3

Stark vereinfachte Darstellung der Beine – nichtsdestotrotz stecken sie fest in ihren Schühchen.

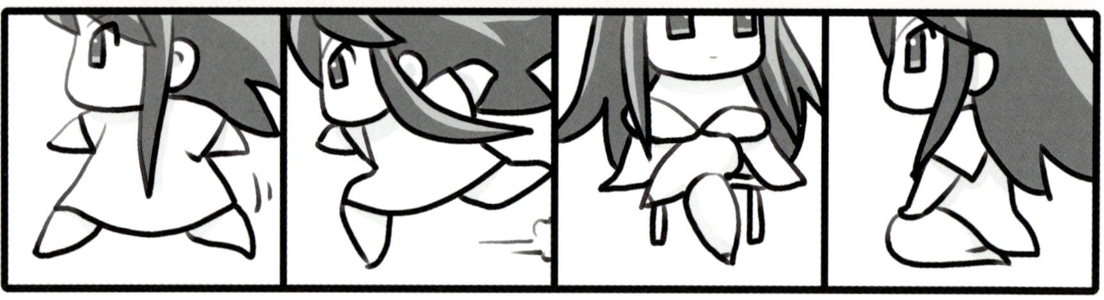

Gehen | Laufen | Beine übereinanderschlagen | Aufrecht knien

Füße und Beine eines Moe-Characters

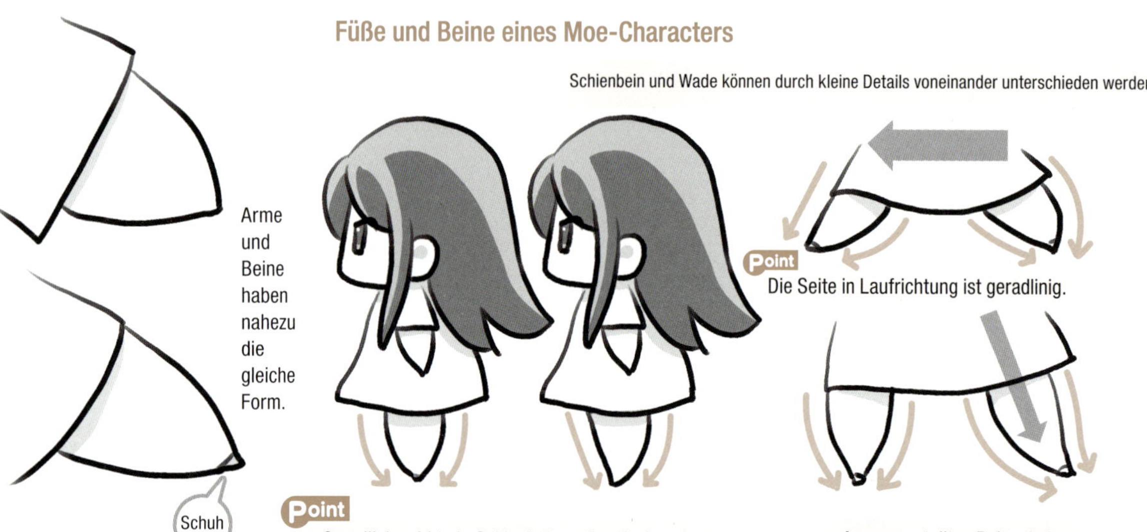

Arme und Beine haben nahezu die gleiche Form.

Schienbein und Wade können durch kleine Details voneinander unterschieden werden.

Die Seite in Laufrichtung ist geradlinig.

Geradlinig wirkt ein Schienbein authentisch.

Am vorgestellten Bein wird die Gehrichtung deutlich.

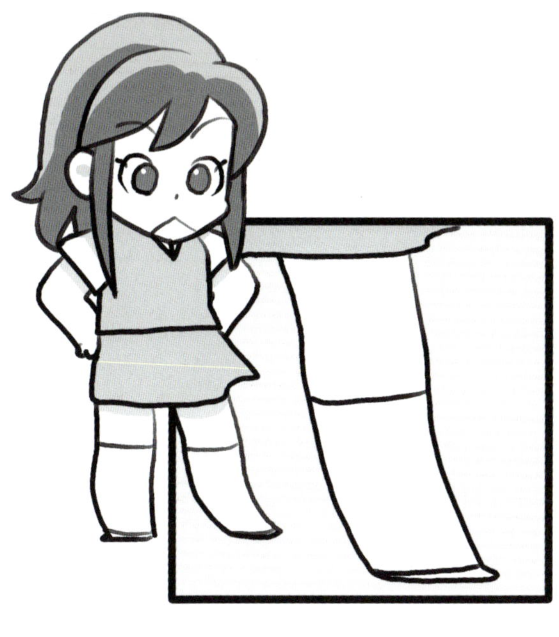

Fuß eines Yonkoma-Characters

Am unteren Ende des zylindrischen Beins werden Zehen und Ferse angefügt.

Geeignete Proportion: 1:2 bis 1:3

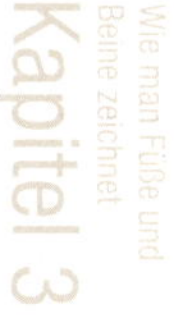

Da das Bein bis zum Fuß hin gleichmäßig dick ist, sind die Darstellungsmöglichkeiten begrenzt. Dennoch lassen sich bestimmte Bewegungen eindeutig darstellen.

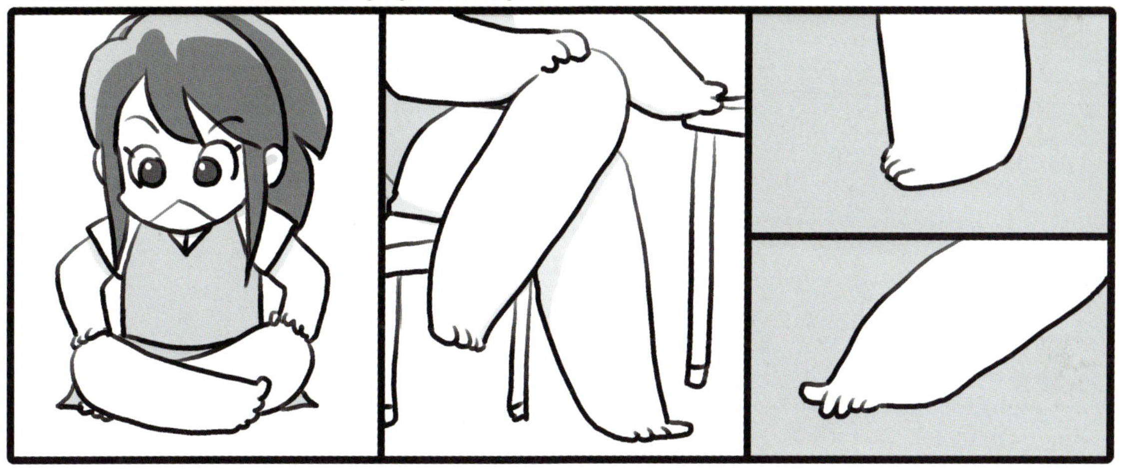

Schneidersitz

Beine übereinanderschlagen

Von der Seite gesehen

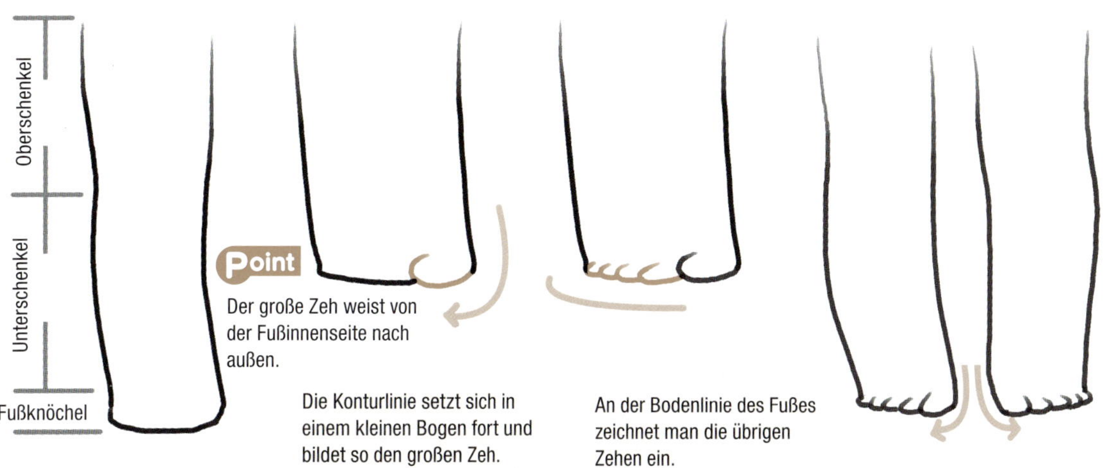

Der große Zeh weist von der Fußinnenseite nach außen.

Die Konturlinie setzt sich in einem kleinen Bogen fort und bildet so den großen Zeh.

An der Bodenlinie des Fußes zeichnet man die übrigen Zehen ein.

Fuß eines Manga-Characters

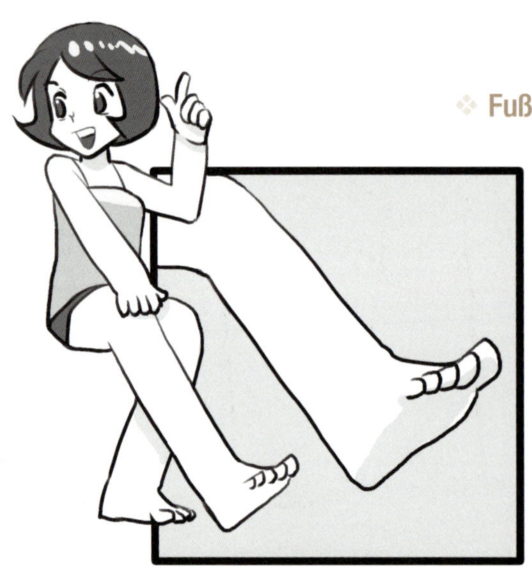

Beine mit nahezu allen nötigen Elementen

Falten, Gelenke, Adern sowie fleischige Partien werden weggelassen.

Geeignete Proportion: 1:2 bis 1:4

Nahezu alle Bewegungen sind möglich, solange sie nicht unrealistisch sind.

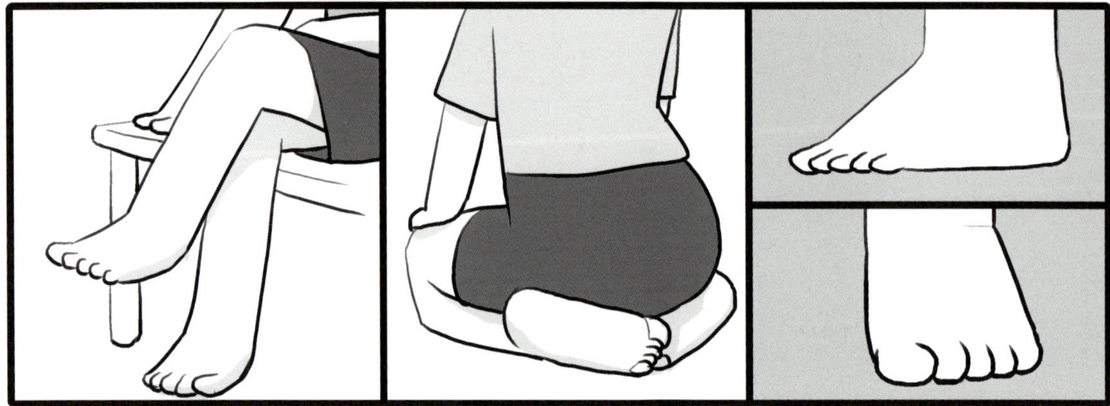

Beine übereinanderschlage — Aufrecht knien (von hinten gesehen) — Fuß von der Seite und von vorn

Bein (Ober- und Unterschenkel) Genau wie der Arm verläuft auch das Bein schnurgerade.

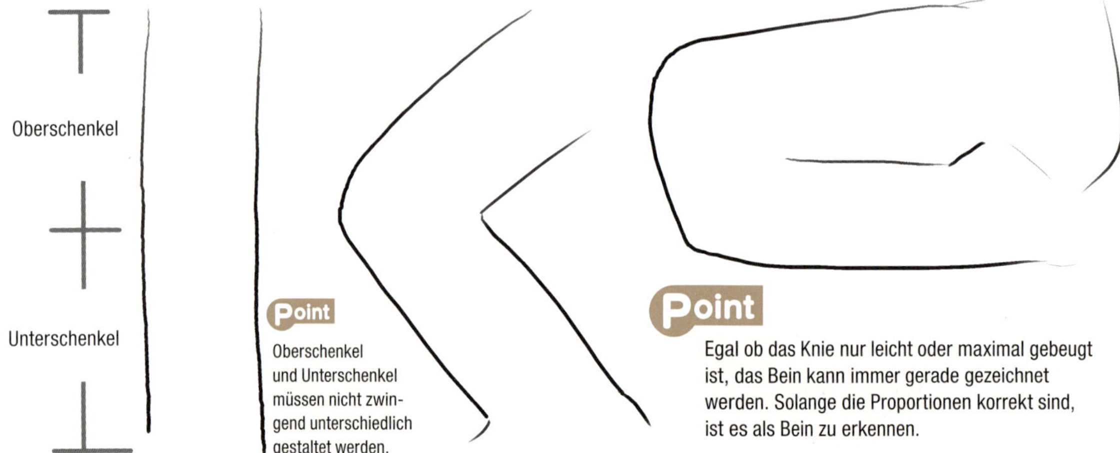

Point
Oberschenkel und Unterschenkel müssen nicht zwingend unterschiedlich gestaltet werden.

Point
Egal ob das Knie nur leicht oder maximal gebeugt ist, das Bein kann immer gerade gezeichnet werden. Solange die Proportionen korrekt sind, ist es als Bein zu erkennen.

Die Fußsohle

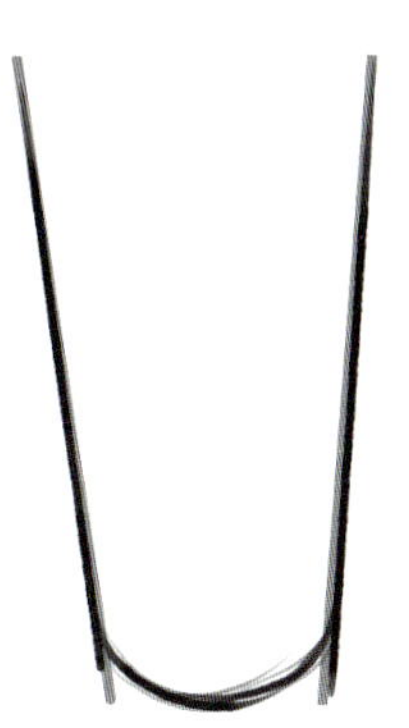

Ein nur leicht geöffnetes V wird unten abgerundet.

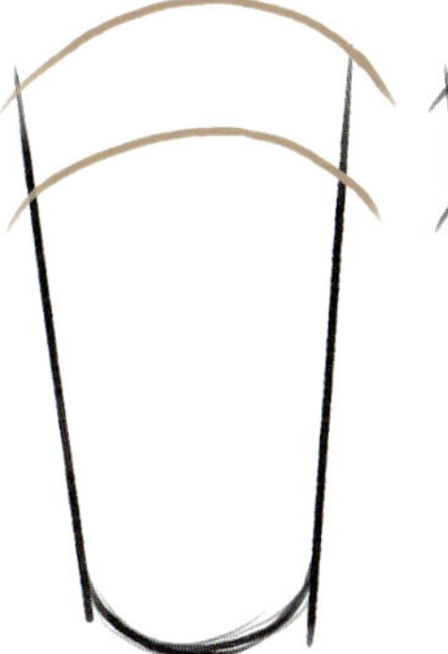

Oben zwei Bögen zeichnen

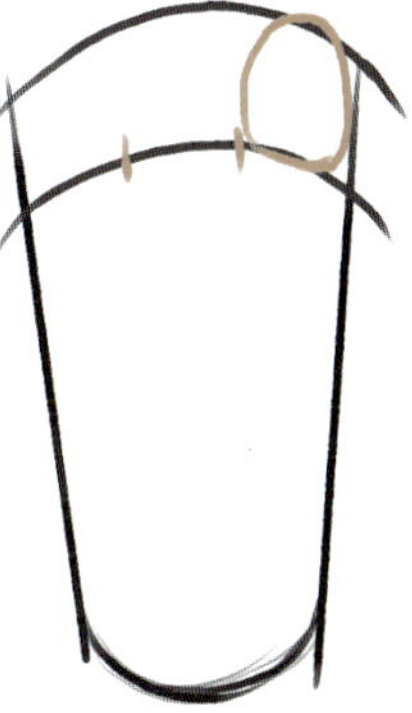

Der obere Teil wird gedrittelt, wobei ein Drittel dem großen Zeh gehört.

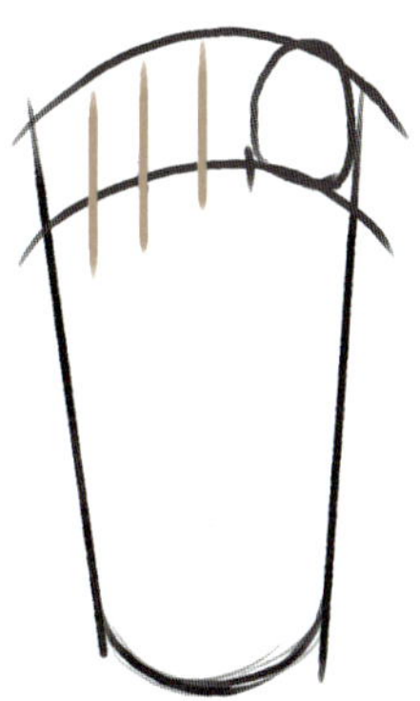

Der restliche Teil wird durch drei Linien gleichmäßig in Viertel unterteilt.

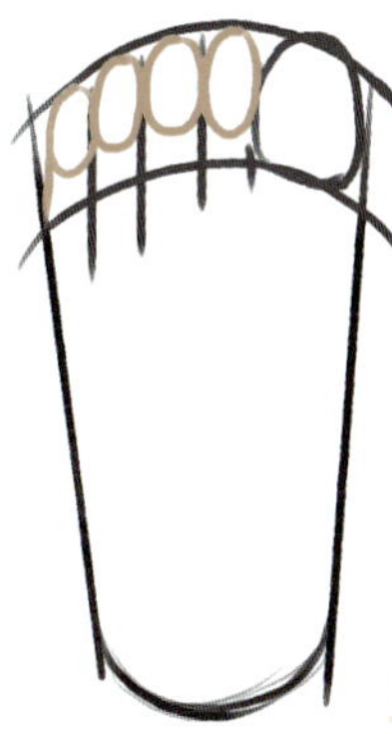

Die Linien werden oben abgerundet.

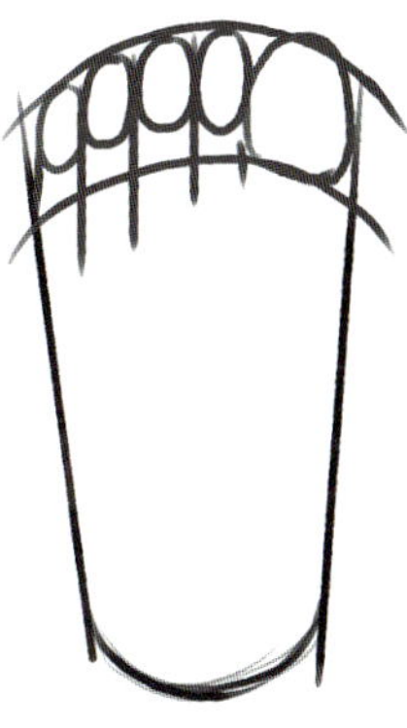

Überflüssige Linien entfernen

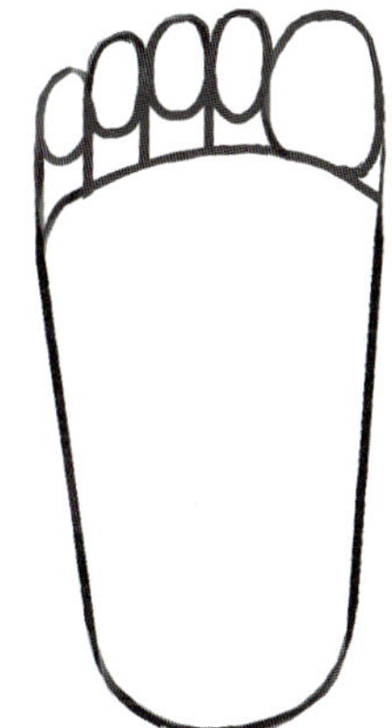

Schon haben wir die Fußsohle eines Manga-Characters!

Der Fußrücken

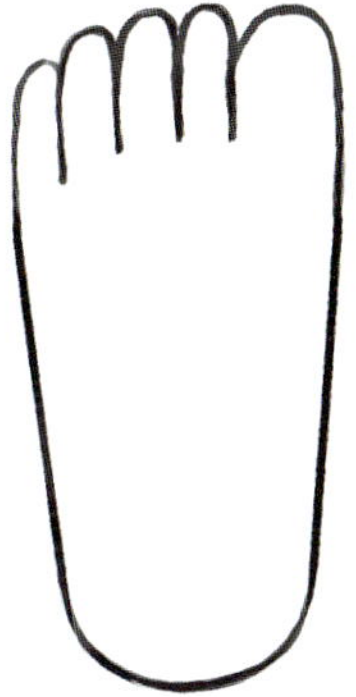

Aus der fertiggestellten Fußsohle entfernen wir die Linien innerhalb der Zehen.

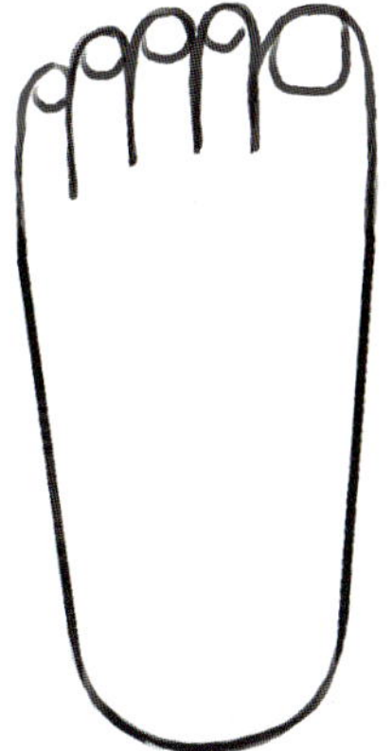

Nägel hinzuzeichnen, und fertig ist der Fußrücken.

So schnell geht der Fußrücken eines Manga-Charakters!

Der Fuß von vorn gesehen

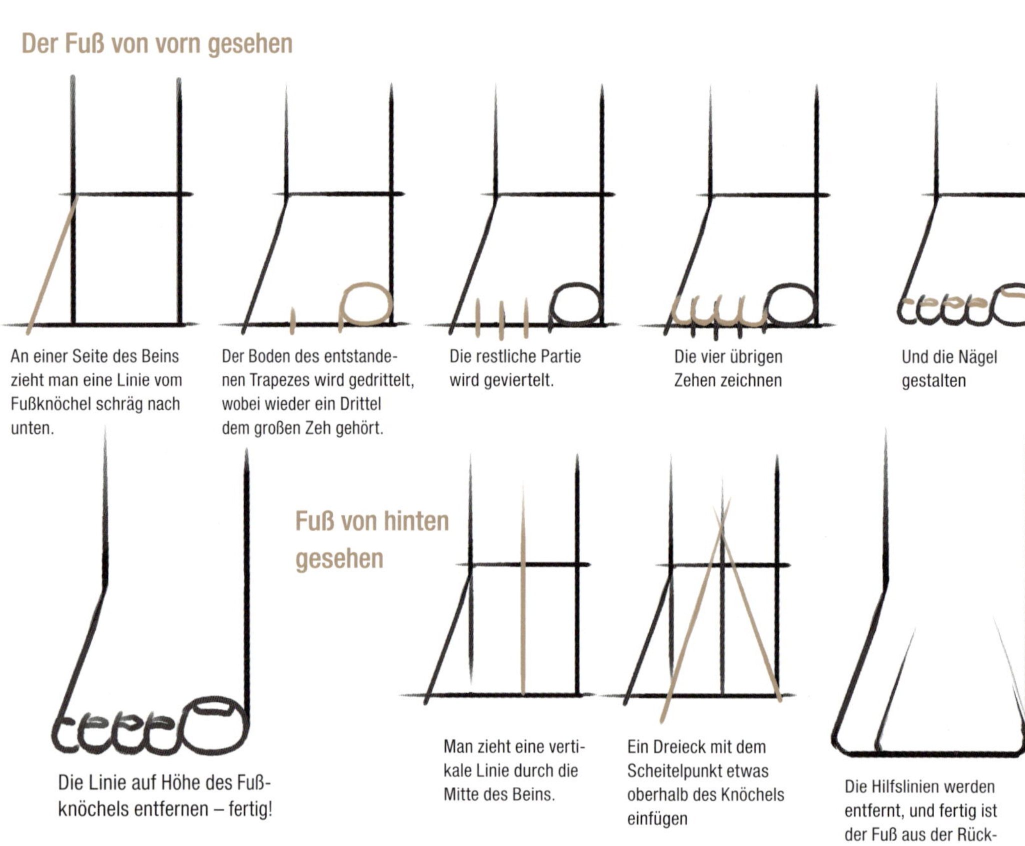

An einer Seite des Beins zieht man eine Linie vom Fußknöchel schräg nach unten.

Der Boden des entstandenen Trapezes wird gedrittelt, wobei wieder ein Drittel dem großen Zeh gehört.

Die restliche Partie wird geviertelt.

Die vier übrigen Zehen zeichnen

Und die Nägel gestalten

Die Linie auf Höhe des Fußknöchels entfernen – fertig!

Fuß von hinten gesehen

Man zieht eine vertikale Linie durch die Mitte des Beins.

Ein Dreieck mit dem Scheitelpunkt etwas oberhalb des Knöchels einfügen

Die Hilfslinien werden entfernt, und fertig ist der Fuß aus der Rückansicht.

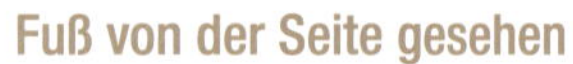

Fuß von der Seite gesehen

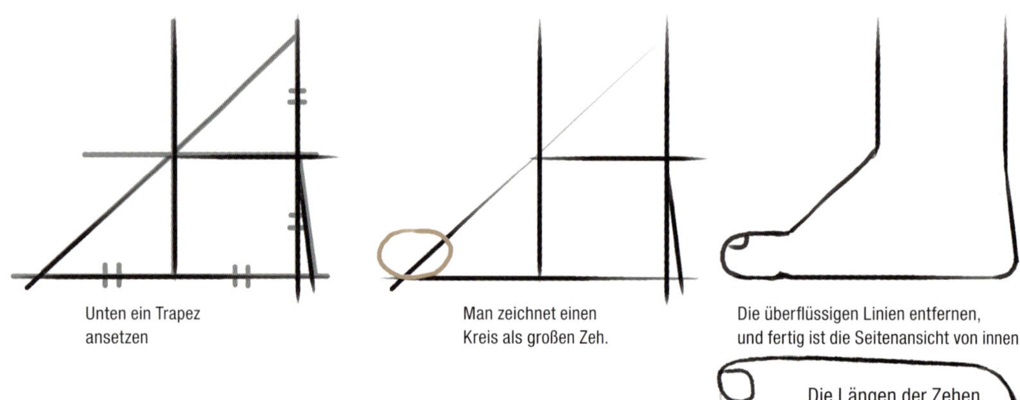

Unten ein Trapez ansetzen

Man zeichnet einen Kreis als großen Zeh.

Die überflüssigen Linien entfernen, und fertig ist die Seitenansicht von innen.

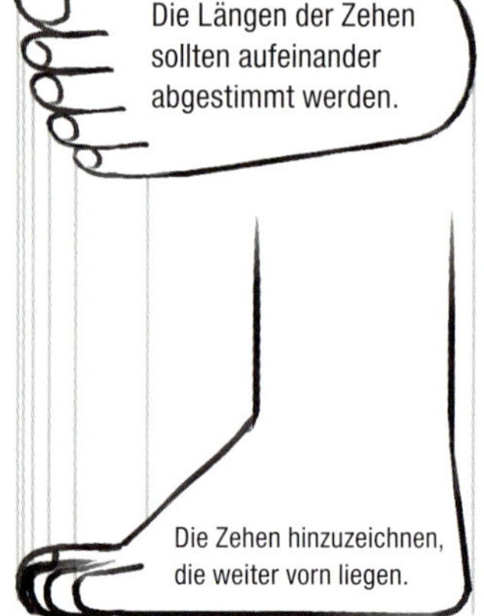

Die Längen der Zehen sollten aufeinander abgestimmt werden.

Die Zehen hinzuzeichnen, die weiter vorn liegen.

Nun haben wir einen Fuß in der Seitenansicht von außen.

Ab Seite 104 erklären wir, wie ein Fuß detailliert gezeichnet wird.

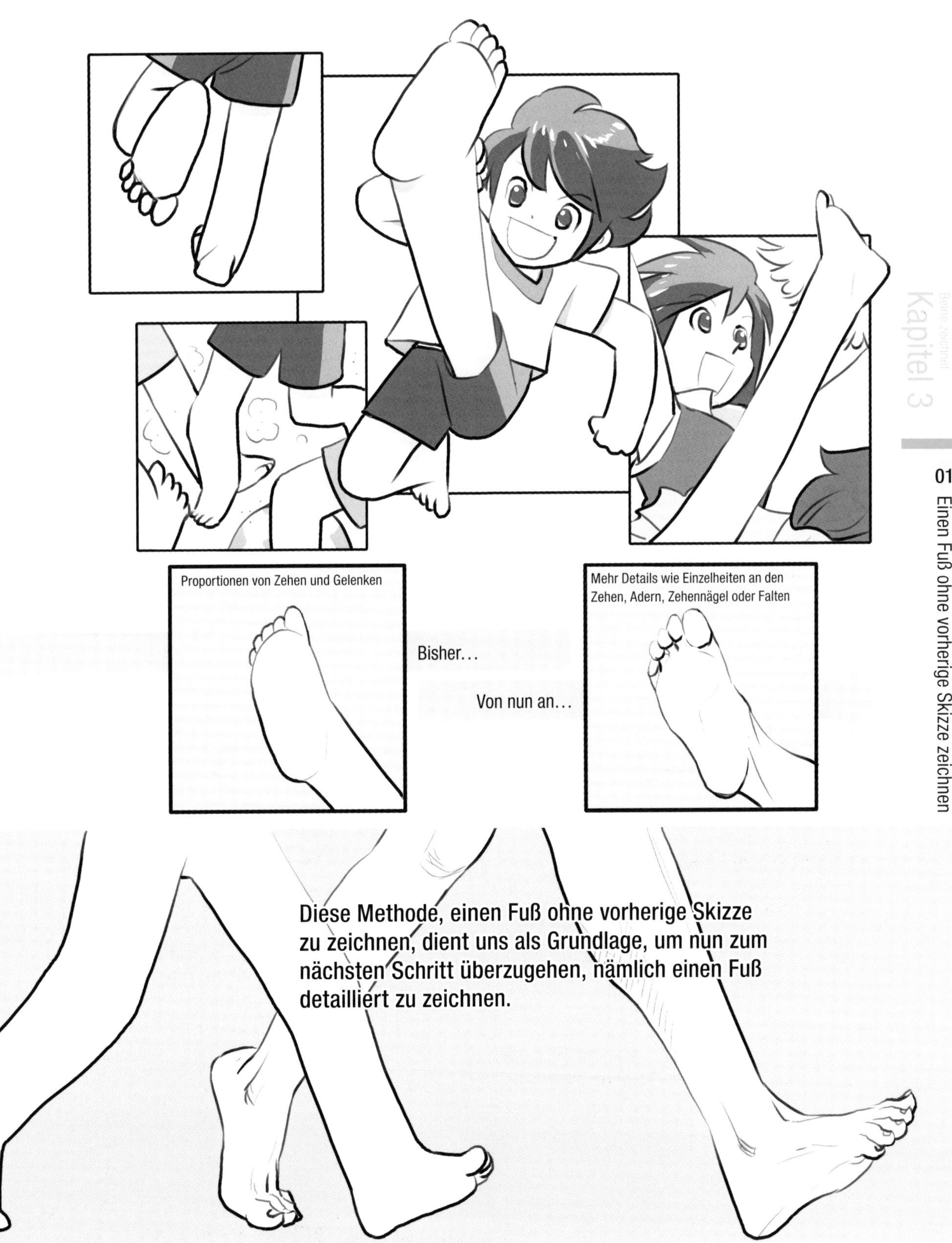

Diese Methode, einen Fuß ohne vorherige Skizze zu zeichnen, dient uns als Grundlage, um nun zum nächsten Schritt überzugehen, nämlich einen Fuß detailliert zu zeichnen.

02 Grundwissen zum Fuß

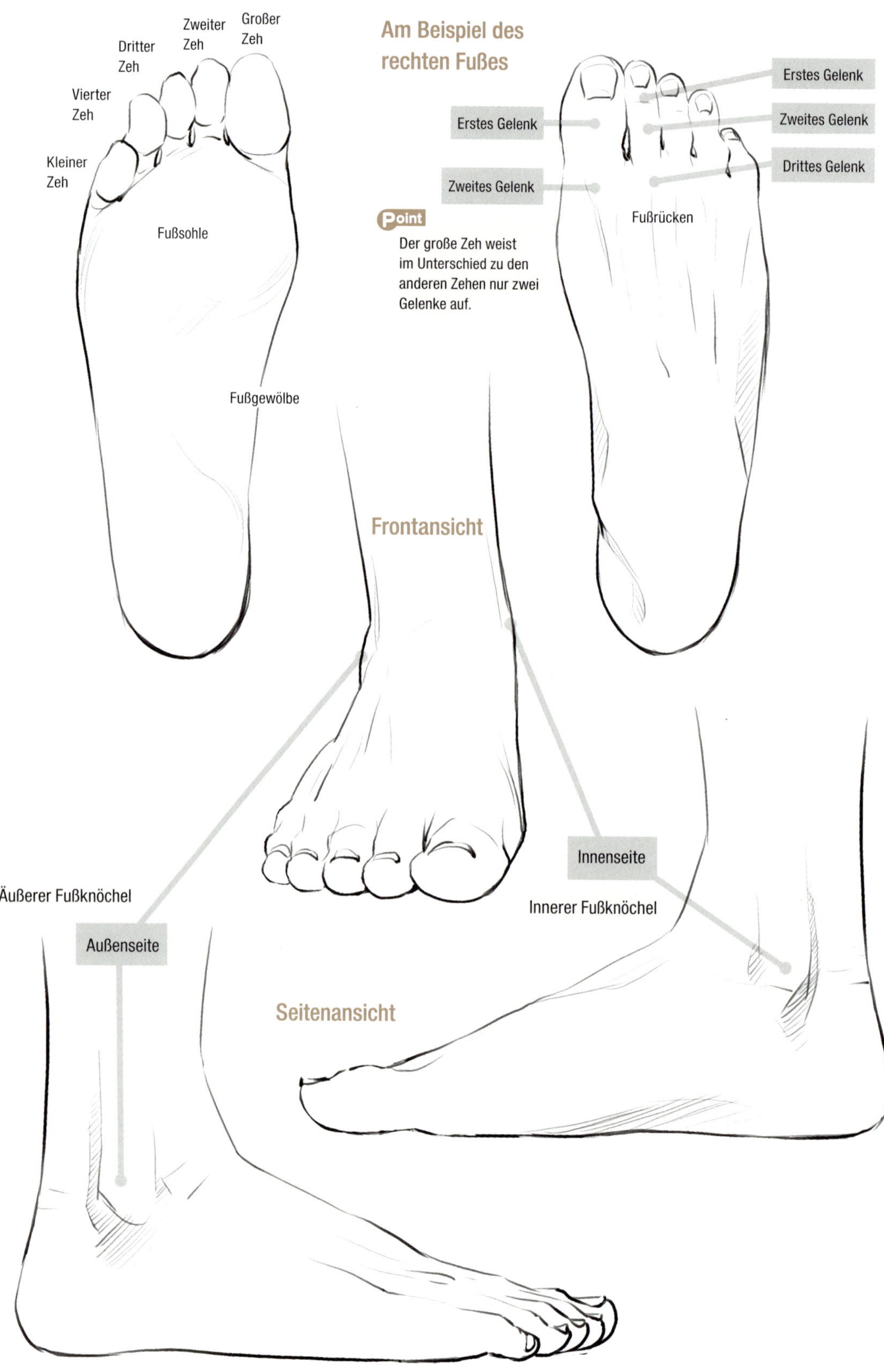

❖ Knochen und Sehnen, die auf der Hautoberfläche sichtbar sind

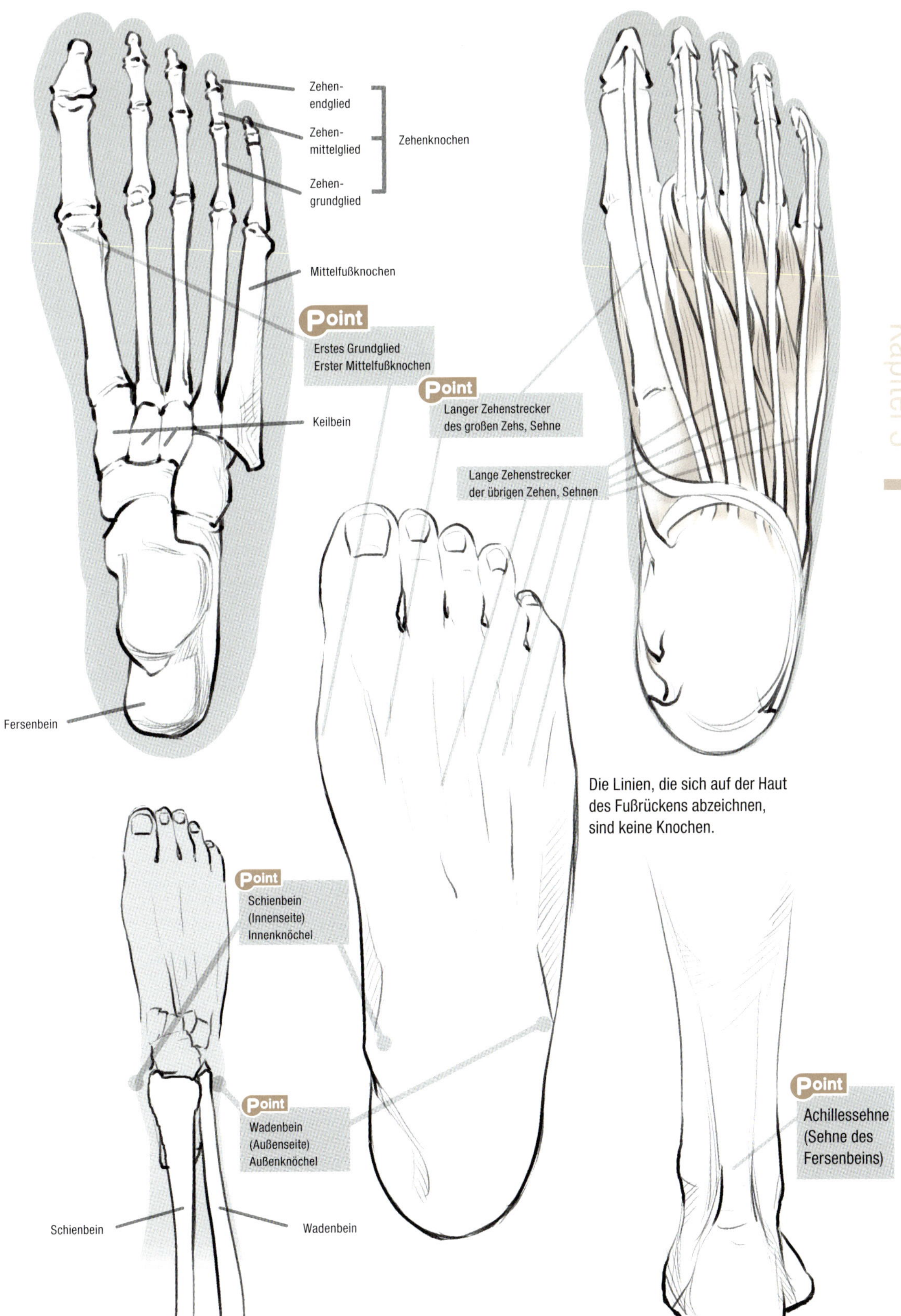

Die Linien, die sich auf der Haut des Fußrückens abzeichnen, sind keine Knochen.

03 Einen Fuß detailliert zeichnen

Wenn Ihr so weit seid, dass Ihr die Form eines Fußes im Großen und Ganzen erfasst habt, solltet Ihr üben, die Feinheiten korrekt zu gestalten. Mit Kenntnis der Struktur kann man bald einen Fuß in einem Rutsch zeichnen, ohne immer wieder innehalten zu müssen.

Wir üben die einzelnen Partien des Fußes getrennt voneinander.

Die Zehen üben

Point

Die Zehen werden hinsichtlich ihrer Form in drei Arten unterschieden.

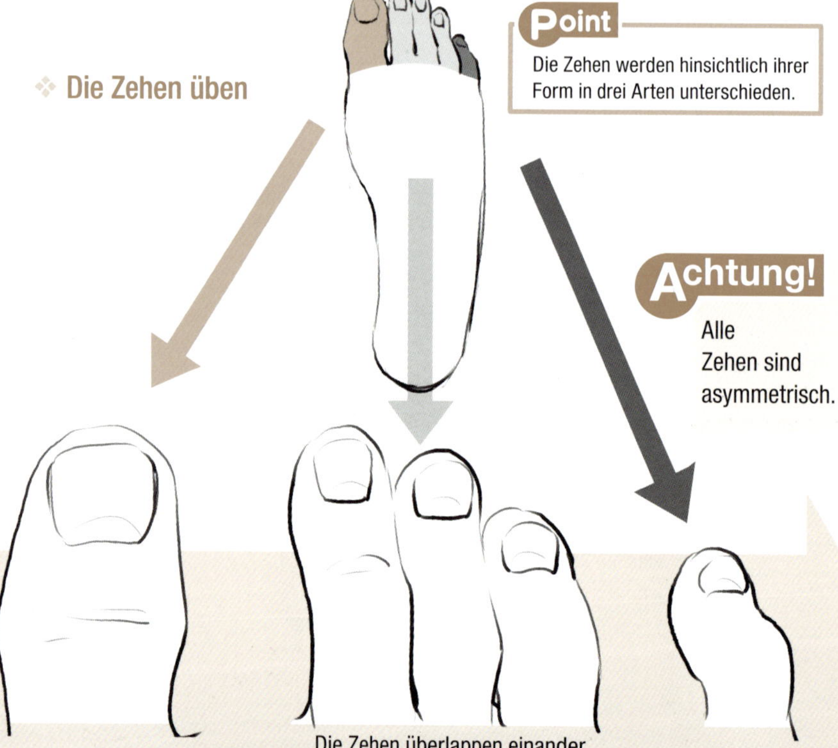

Achtung!

Alle Zehen sind asymmetrisch.

Die Zehen überlappen einander.

Nun werden wir uns mit den einzelnen Zehen aus verschiedenen Blickwinkeln beschäftigen. Wenn Ihr dies ausreichend geübt habt, solltet Ihr Euch weiter mit der Darstellung der Zehen in einer Reihe befassen. Denn die drei Arten von Zehen nebeneinander zeichnen zu können ist sehr wichtig.

Großer Zeh

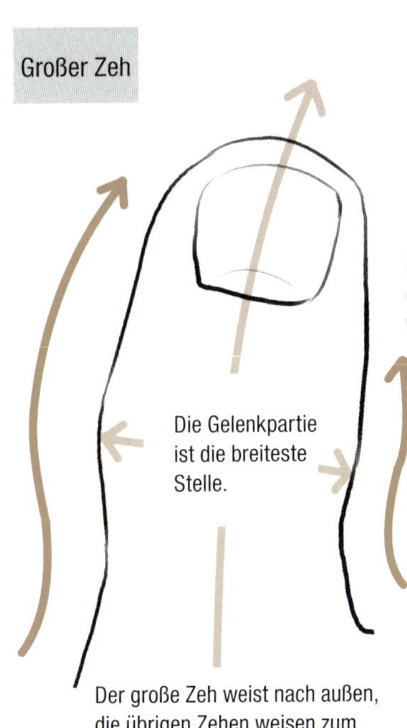

Der Nagel verläuft in die gleiche Richtung wie der Zeh.

Der große Zeh weist nach außen, die übrigen Zehen weisen zum großen Zeh.

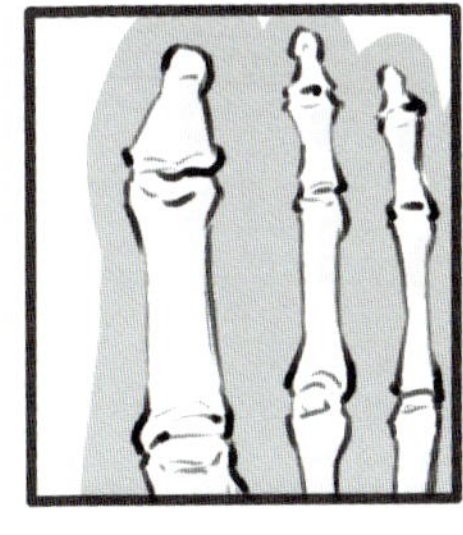

Nützliches Wissen

Wie auch bei den Fingern besitzt der große Zeh im Gegensatz zu den anderen Zehen nur zwei Knochen sowie zwei Gelenke. Da die Zehen kurz sind, fällt dies nicht so stark ins Auge.

Point

Im Profil

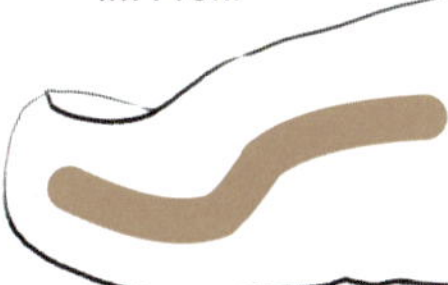

Die Frontansicht zeigt, dass der große Zeh zur Fußaußenseite weist.

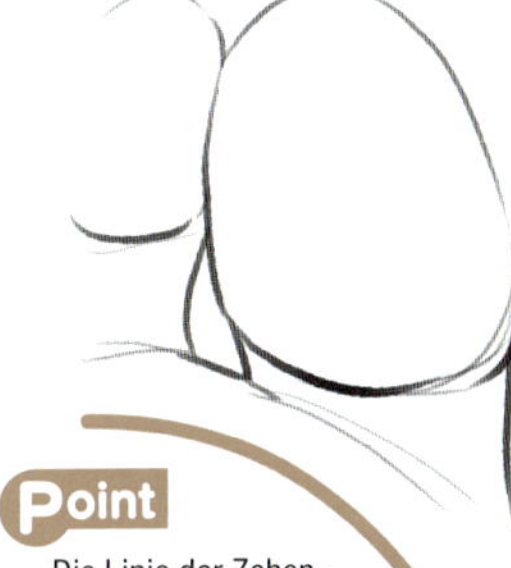

Point

Die Linie der Zehenwurzeln fällt auf Höhe des großen Zehs stark ab.

Zweiter Zeh, dritter Zeh, vierter Zeh

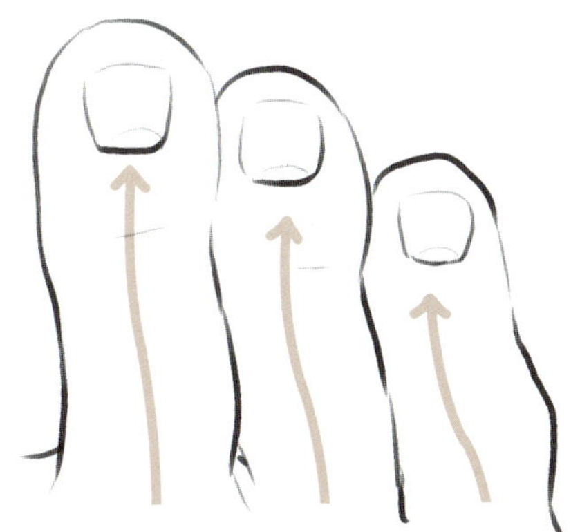

Dicht aneinandergedrängt verlaufen die Zehen zur Fußinnenseite (zum großen Zeh) weisend.

Im Profil

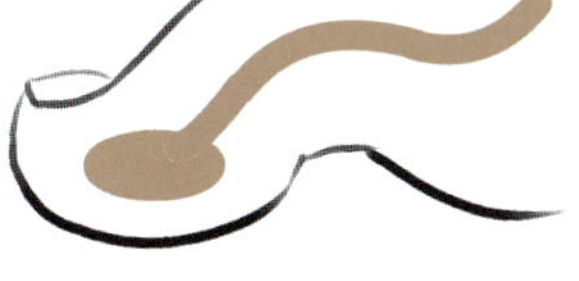

Die Frontansicht zeigt, dass die Zehen dicht aneinandergedrängt zur Fußinnenseite weisen.

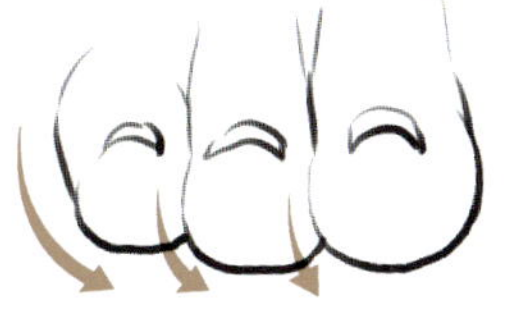

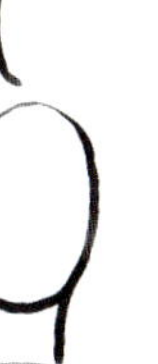

Point

Ovale Zehenspitze

Die Linie der Zehenwurzeln verläuft in einem Bogen mit dem höchsten Punkt am zweiten Zeh.

Kleiner Zeh

Der Nagel verläuft in die gleiche Richtung wie der Zeh.

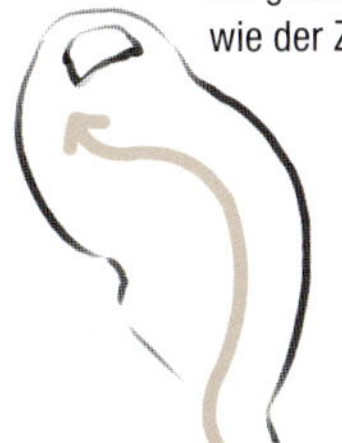

Die Gelenke sind nicht zu erkennen. Der kleine Zeh weist noch stärker zur Fußinnenseite bzw. zum großen Zeh als die Nachbarzehen.

Im Profil

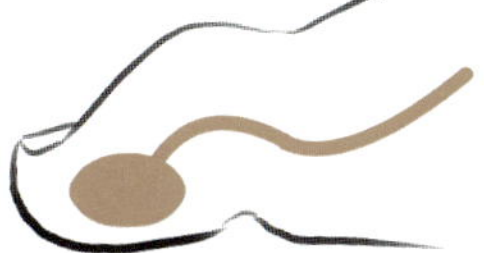

Die Frontansicht zeigt, dass der kleine Zeh zum großen Zeh an der Fußinnenseite weist.

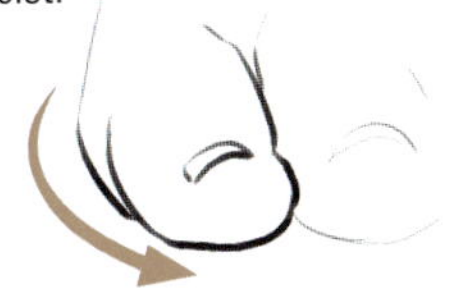

Point

Ein geneigtes Oval

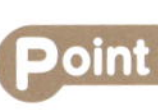

Point

Genau wie auf der Seite des großen Zehs fällt die Linie der Zehenwurzeln auf Höhe des kleinen Zehs stark ab.

Das Nebeneinander der Zehen

Anders als die Finger sind die Zehen fast ständig in Bewegung und berühren dabei den jeweiligen Nachbarzeh.
Daher gehen wir beim Üben mit einer anderen Methode als bei den Fingern vor.

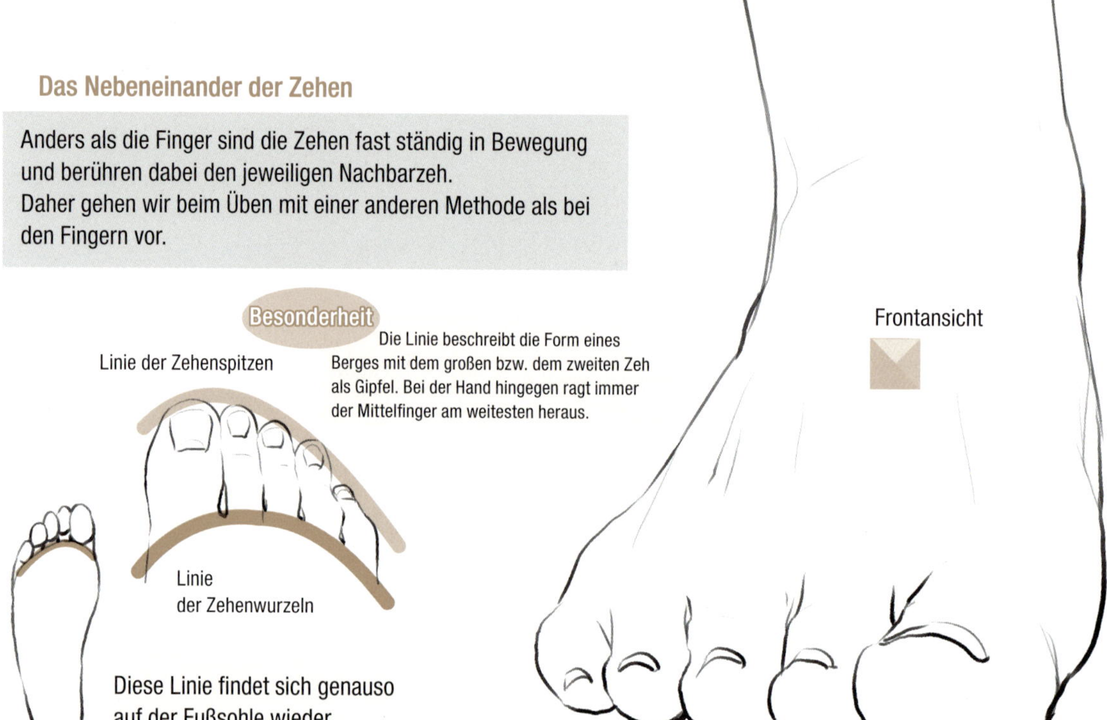

Direktes Profil (Fußinnenseite)

Schrägansicht (Fußinnenseite)

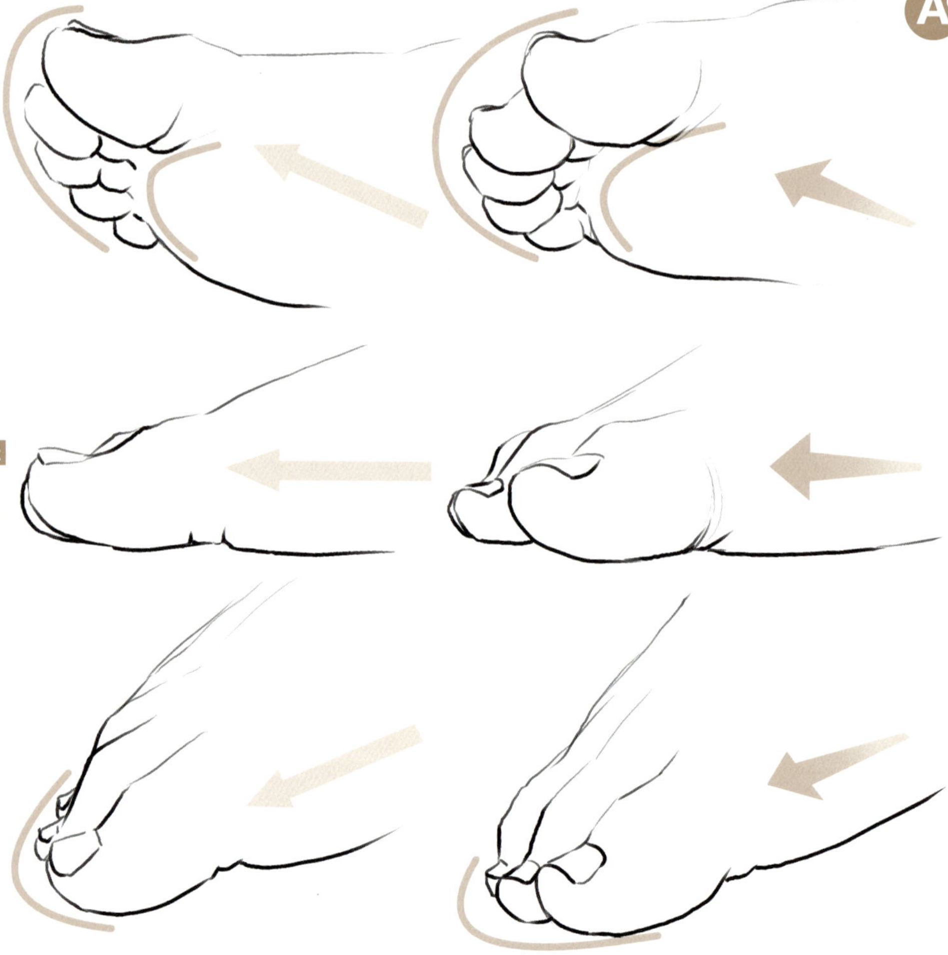

Achtung!

Die gebogene Linie bleibt erhalten. Zieht dafür eine Hilfslinie.

Point

Die Zehen hinter dem großen Zeh bzw. dem zweiten Zeh, der am längsten ist, sind nicht zu sehen.

Nützliches Wissen Individuell unterschiedliche Zehen:
Bei manchen Menschen weisen genau wie der große Zeh auch die übrigen vier Zehen zur Fußaußenseite.

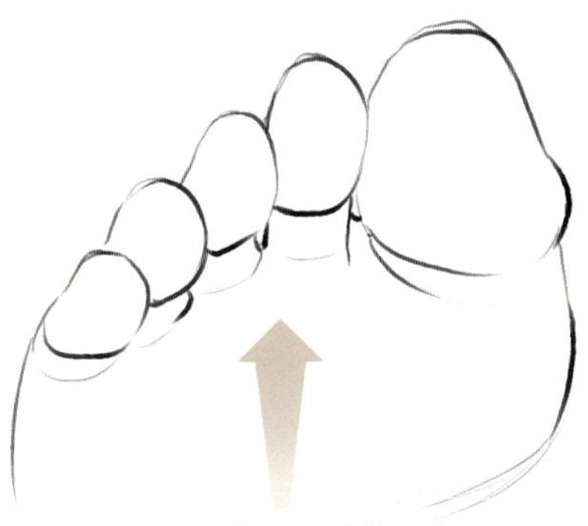

Ansicht von schräg unten

Point

Von unten gesehen wird noch mal deutlich, dass der große Zeh zur Fußaußenseite (zu den übrigen vier Zehen) und die übrigen Zehen zur Fußinnenseite (zum großen Zeh) weisen.

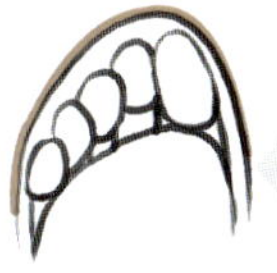

Eine Hilfslinie für die Fußspitzen kann unverändert als Linie für den Verlauf der Schuhspitze verwendet werden.

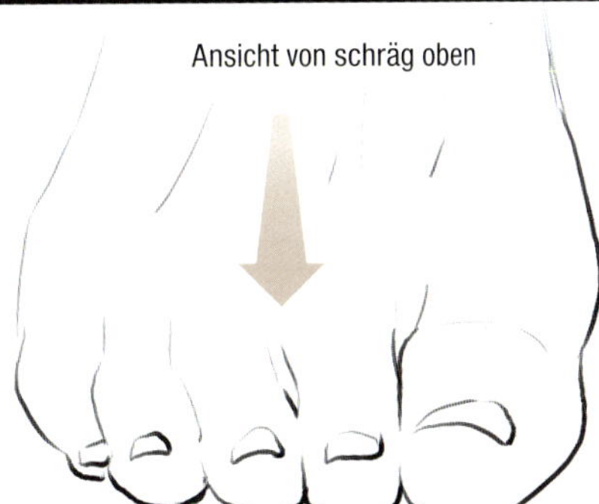

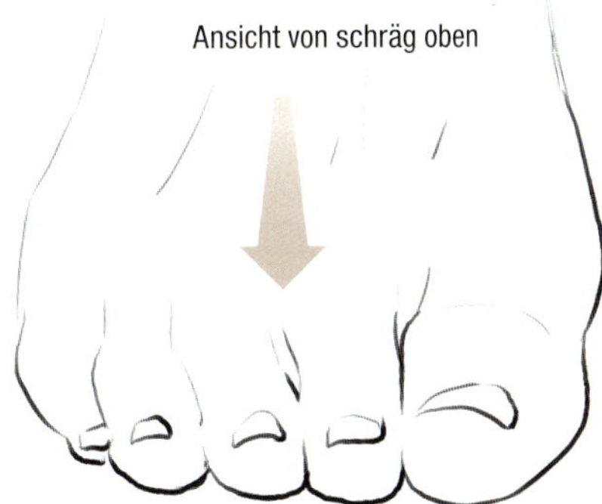

Ansicht von schräg oben

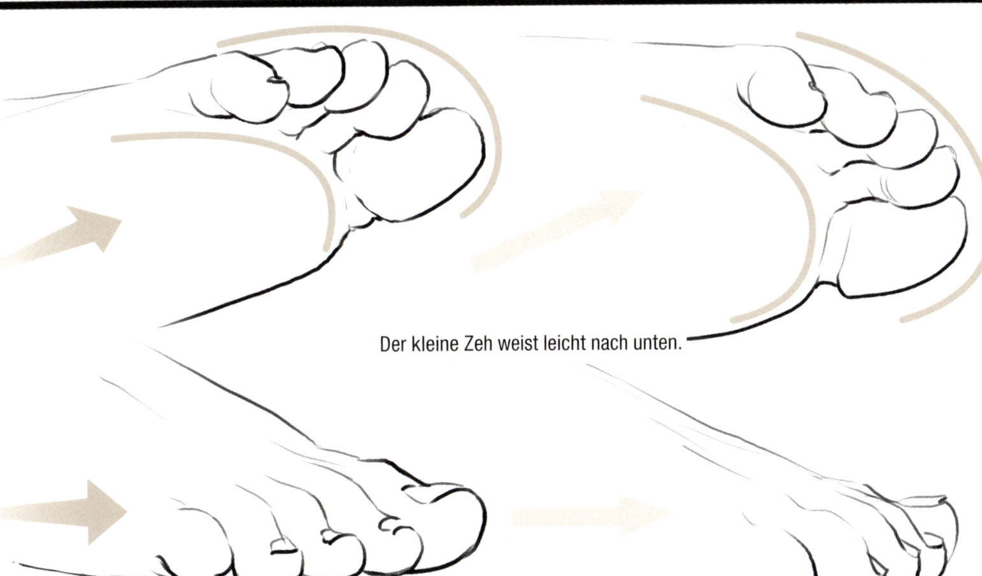

Der kleine Zeh weist leicht nach unten.

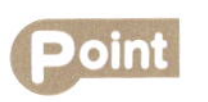

Point

Auch aus einem Blickwinkel, aus dem der große Zeh nur schwer zu sehen ist, zeigt sich, dass er nach oben weist.

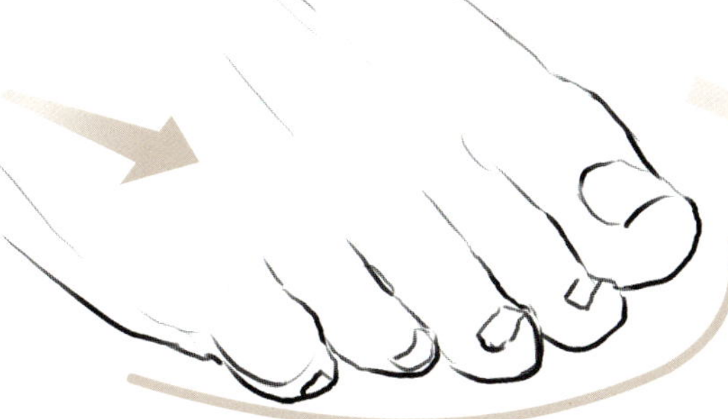

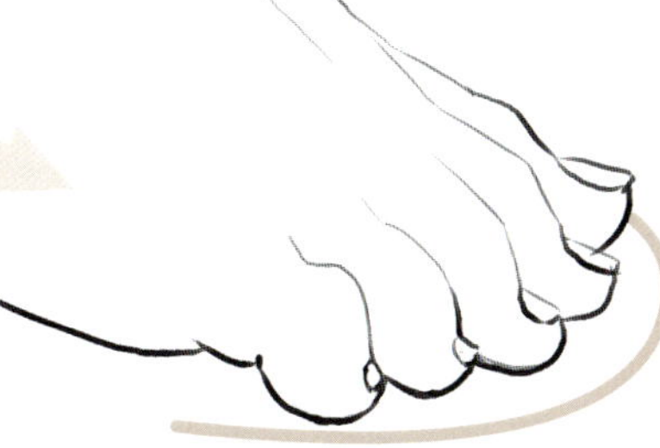

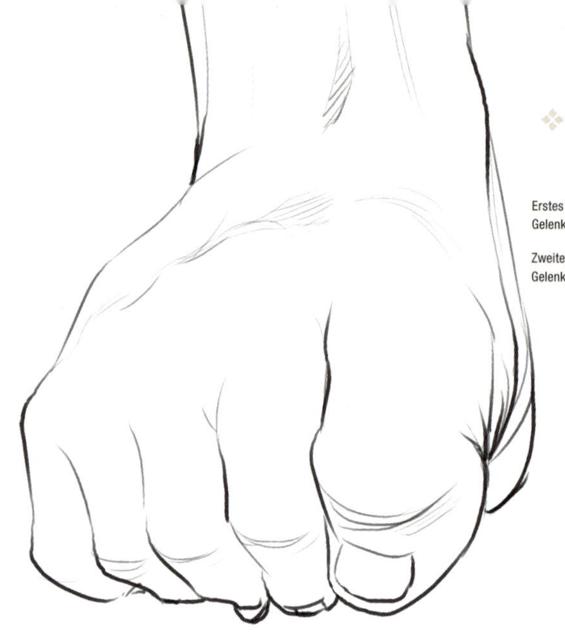

❖ Die Zehen krümmen

Erstes Gelenk

Zweites Gelenk

Erstes Gelenk

Zweites Gelenk

Drittes Gelenk

Von hier an krümmen sich die Zehen.

Achtung!

Die Füße werden nicht von den Zehenwurzeln an gekrümmt, sondern ab dem dritten (beim großen Zeh ab dem zweiten) Gelenk. Wegen des Blickwinkels lässt sich dies jedoch nur schwer am eigenen Fuß überprüfen, zudem gibt es kaum jemanden, der dieses Gelenk richtig gut beugen kann.

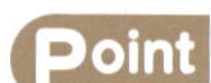

Fuß mit biegsamen dritten (beim großen Zeh zweiten) Gelenken

Deutlich gekrümmt

Fuß mit steifen dritten (beim großen Zeh zweiten) Gelenken

Die dritten Gelenke sind nicht zu erkennen.

Point

Linie der einzelnen Gelenke im gekrümmten Zustand. Zeichnet einen schönen Bogen!

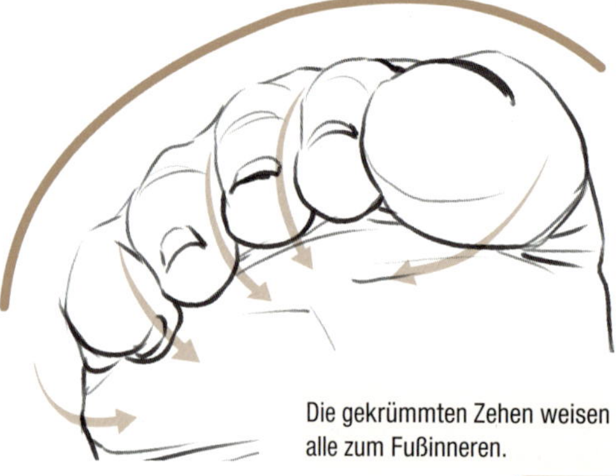

Die gekrümmten Zehen weisen alle zum Fußinneren.

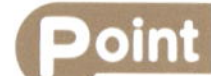

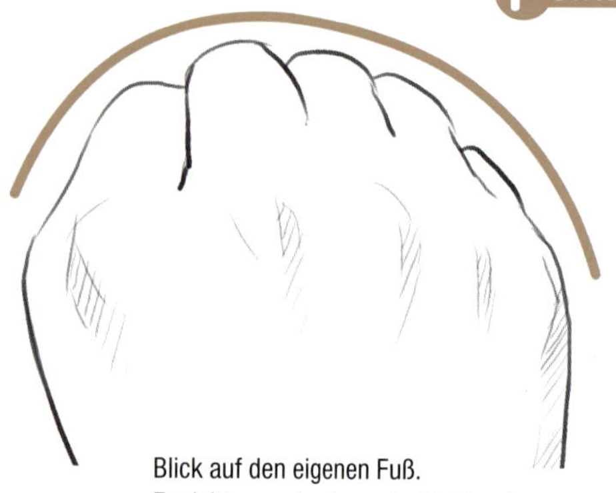

Blick auf den eigenen Fuß.
Er sieht aus wie eine geballte Faust.

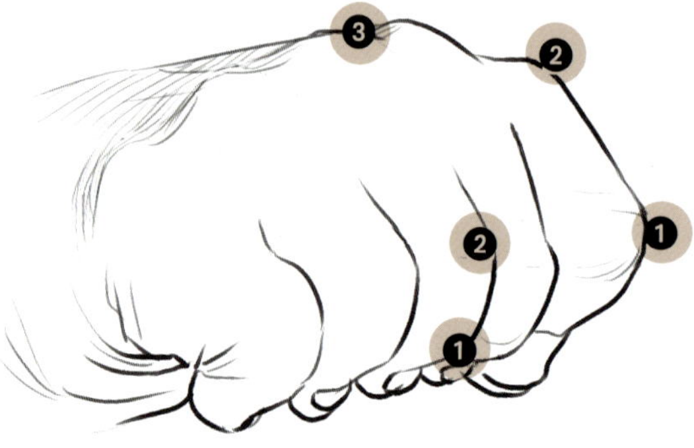

Nützliches Wissen

Die Gelenke krümmen sich genauso wie bei der Hand:
- Beim großen Zeh am zweiten Gelenk
- Bei den übrigen vier Zehen am dritten Gelenk

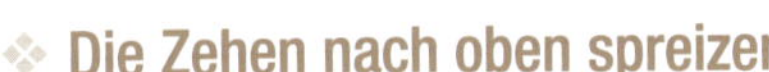

Die Zehen nach oben spreizen

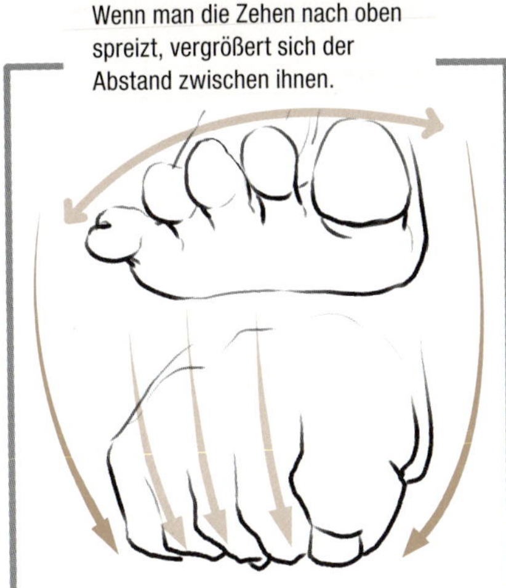

Wenn man die Zehen nach oben spreizt, vergrößert sich der Abstand zwischen ihnen.

Wenn man sie krümmt, verschwindet der Abstand zwischen ihnen.

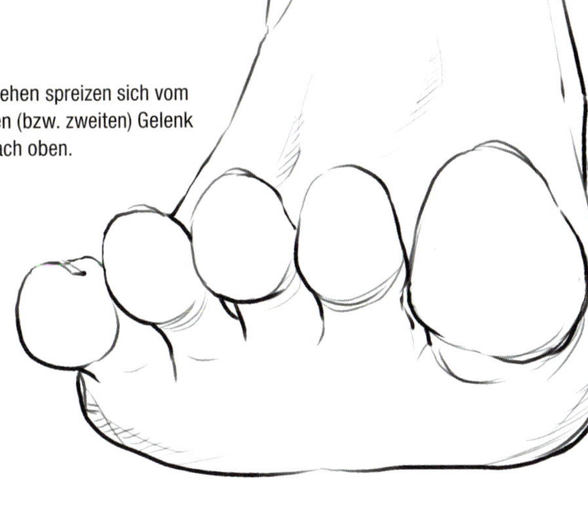

Die Zehen spreizen sich vom dritten (bzw. zweiten) Gelenk an nach oben.

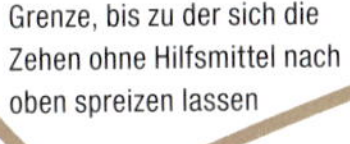

Grenze, bis zu der sich die Zehen ohne Hilfsmittel nach oben spreizen lassen

Rechter Fuß (Fußinnenseite)

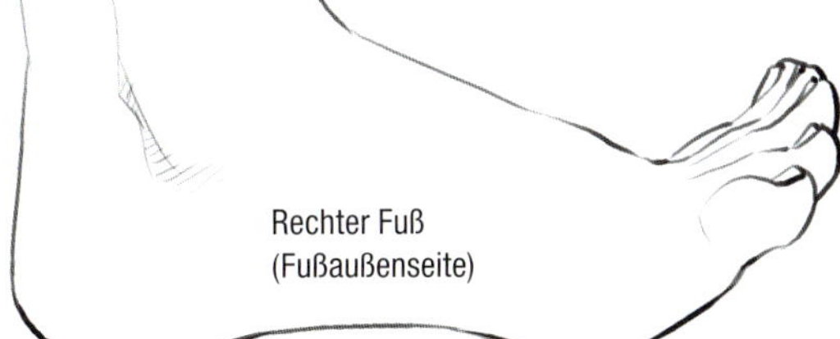

Rechter Fuß (Fußaußenseite)

Da sich die Zehen ohne Hilfsmittel nur in einem sanften Winkel nach oben spreizen lassen, sind sie von unten immer noch sichtbar.

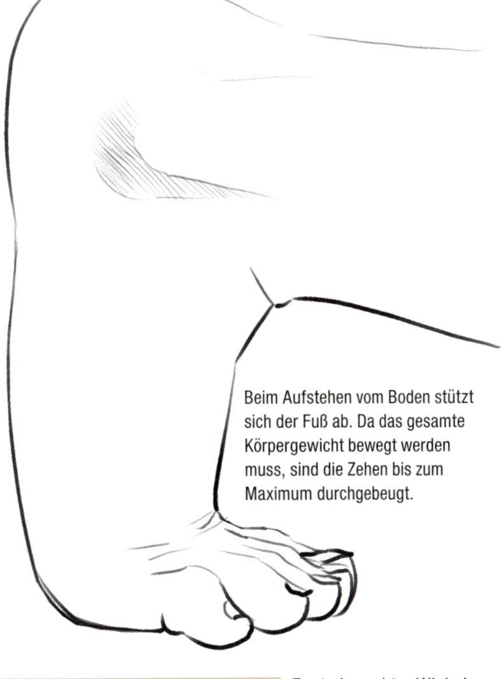

Beim Aufstehen vom Boden stützt sich der Fuß ab. Da das gesamte Körpergewicht bewegt werden muss, sind die Zehen bis zum Maximum durchgebeugt.

Fast ein rechter Winkel

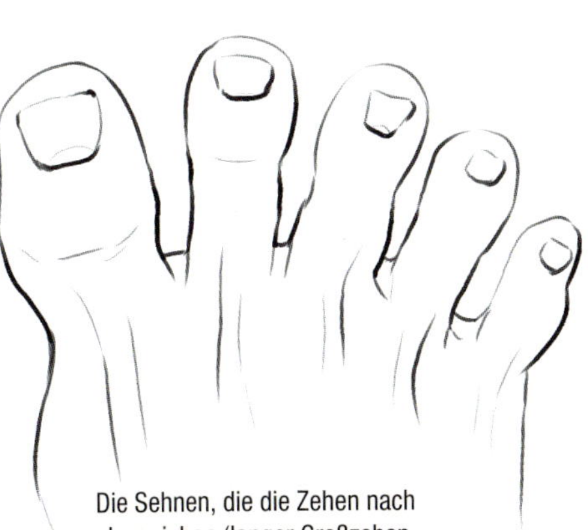

Die Sehnen, die die Zehen nach oben ziehen (langer Großzehenstrecker bzw. lange Zehenstrecker), treten am Fußrücken hervor.

04 Den gesamten Fuß zeichnen

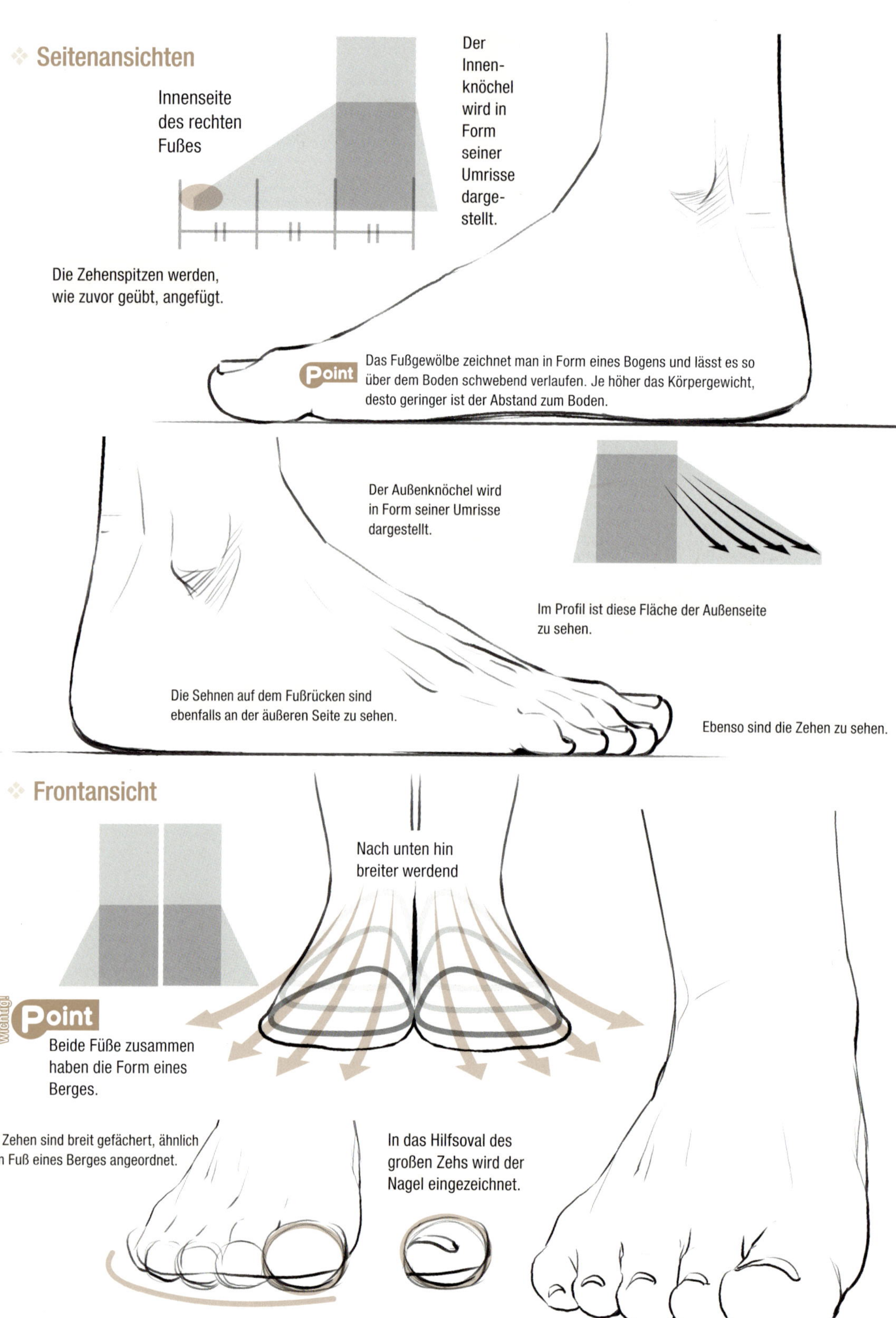

Rückansicht

Die Silhouette entspricht der Frontansicht. Die Linien der Fersen bilden einen Zylinder.

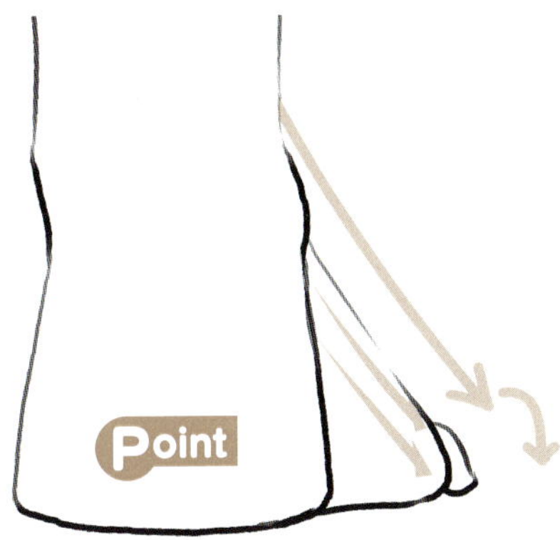

Hinter der Ferse sind die Linie des Fußrückens und die Fußinnenseite zu sehen.

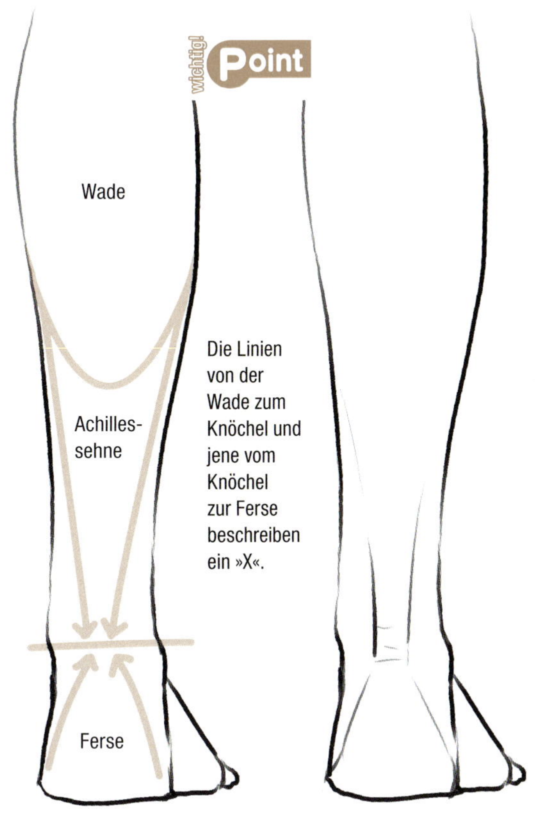

Die Linien von der Wade zum Knöchel und jene vom Knöchel zur Ferse beschreiben ein »X«.

Fußsohle

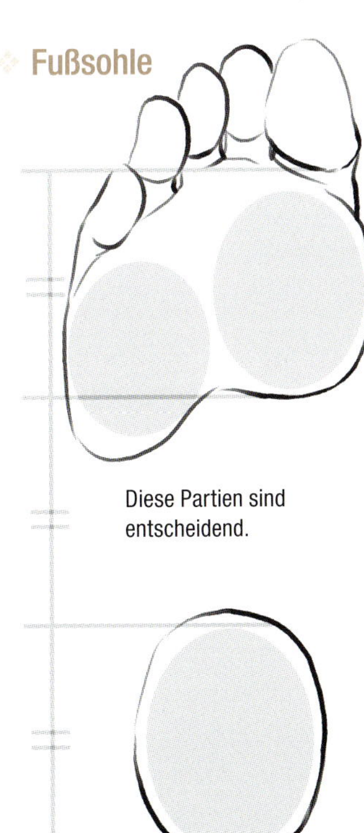

Diese Partien sind entscheidend.

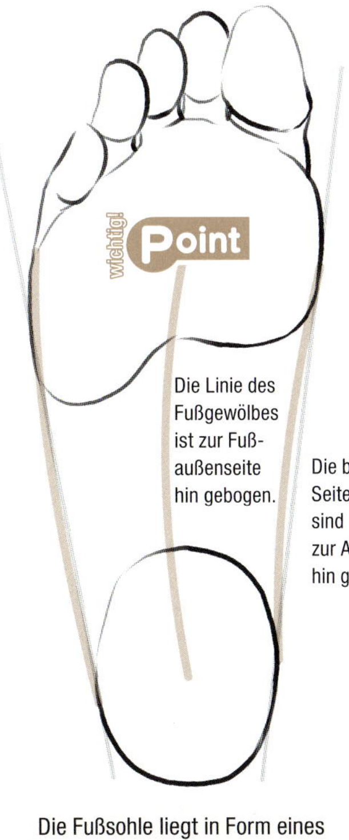

Die Linie des Fußgewölbes ist zur Fußaußenseite hin gebogen.

Die beiden Seitenlinien sind ebenfalls zur Außenseite hin gebogen.

Die Fußsohle liegt in Form eines »V« am Boden auf.

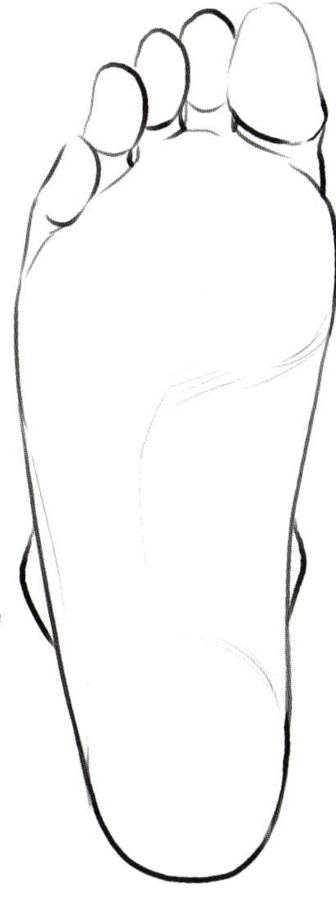

Auch die Innen- und Außenknöchel sind von unten zu sehen.

❖ Bringen wir die Füße in Bewegung

Die Bewegung des Fußes ist quasi gleichzusetzen mit der Bewegung der Zehen. Der Fuß bietet weniger Variationen als die Hand, also wagt Euch an diese Herausforderung!

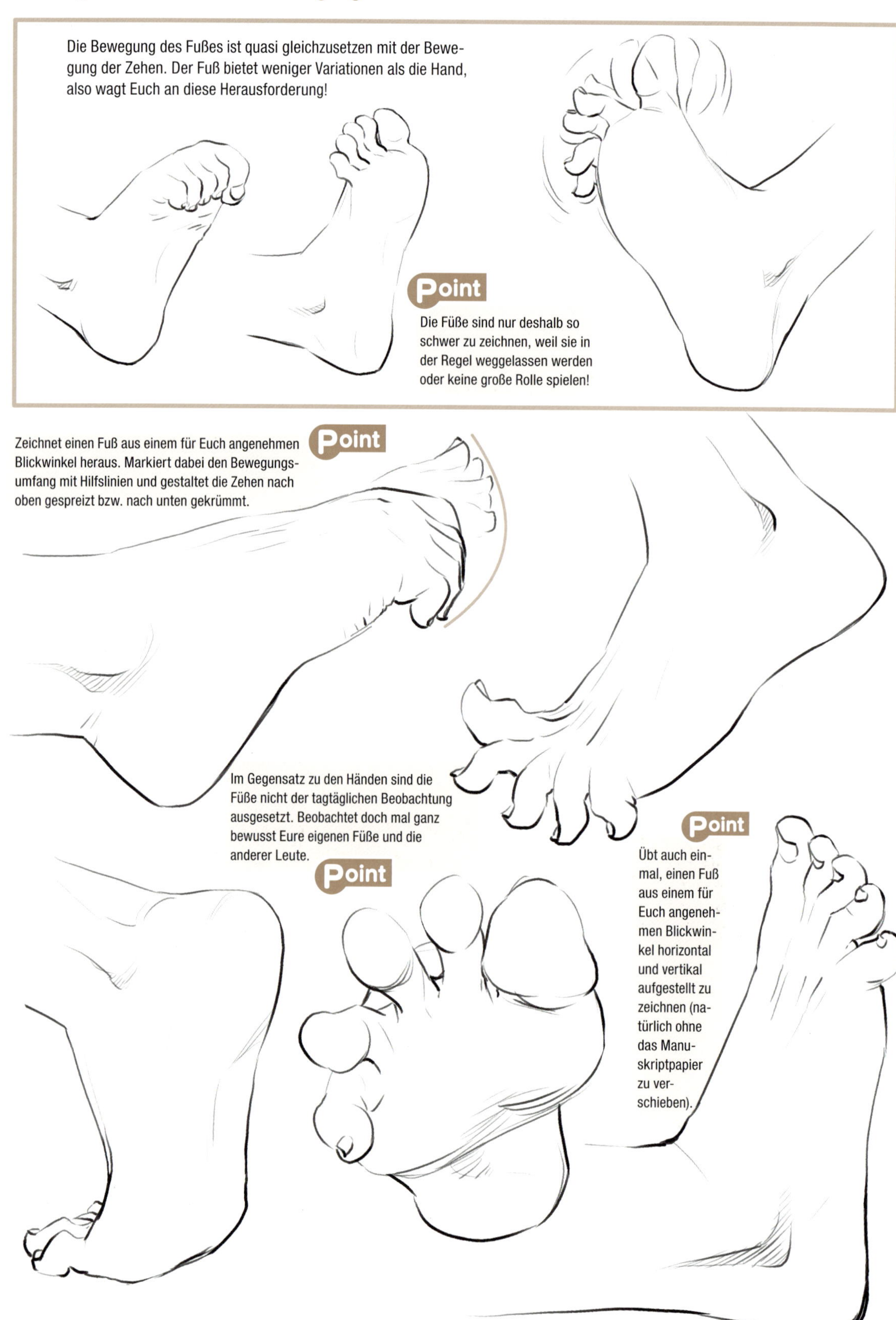

Point

Die Füße sind nur deshalb so schwer zu zeichnen, weil sie in der Regel weggelassen werden oder keine große Rolle spielen!

Point

Zeichnet einen Fuß aus einem für Euch angenehmen Blickwinkel heraus. Markiert dabei den Bewegungsumfang mit Hilfslinien und gestaltet die Zehen nach oben gespreizt bzw. nach unten gekrümmt.

Point

Im Gegensatz zu den Händen sind die Füße nicht der tagtäglichen Beobachtung ausgesetzt. Beobachtet doch mal ganz bewusst Eure eigenen Füße und die anderer Leute.

Point

Übt auch einmal, einen Fuß aus einem für Euch angenehmen Blickwinkel horizontal und vertikal aufgestellt zu zeichnen (natürlich ohne das Manuskriptpapier zu verschieben).

❖ Fußspuren

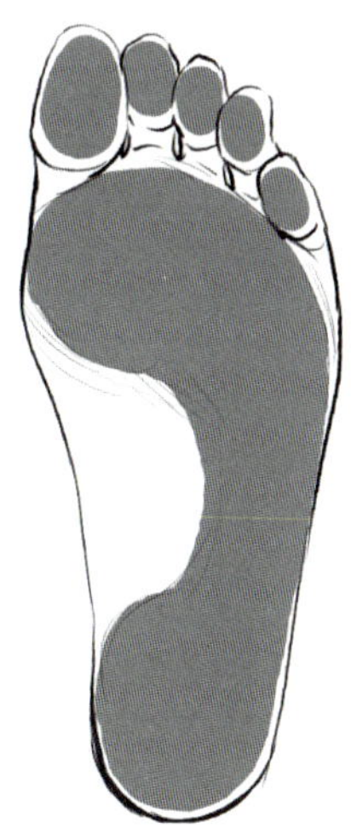

Außer im Bereich des Fußgewölbes setzt der gesamte Fuß auf dem Boden auf.

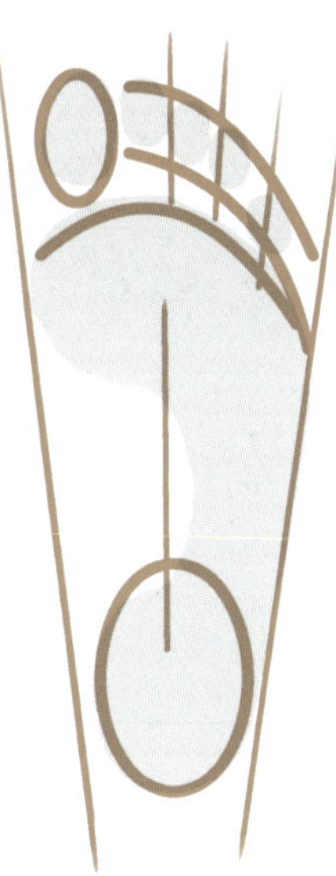

Schematisch dargestellt

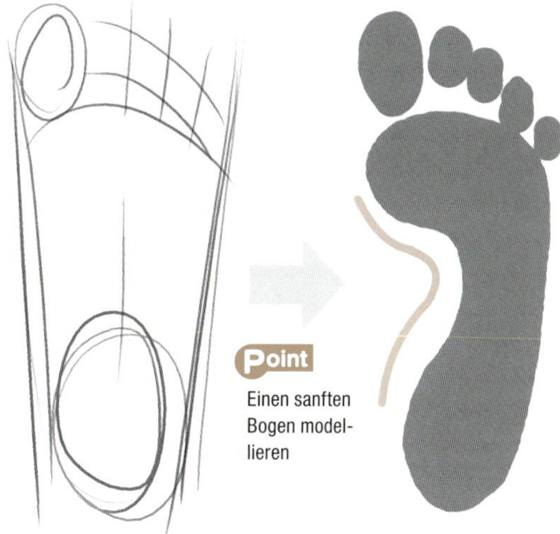

Die Fußsohle muss nicht exakt erfasst werden. Zeichnet gerne frei Hand!

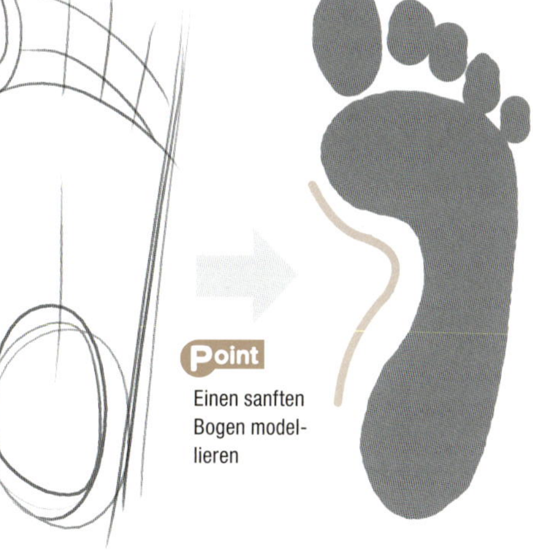

Point Einen sanften Bogen modellieren

Aus den frei Hand gezeichneten Hilfslinien könnt Ihr die Fußspur entwickeln.

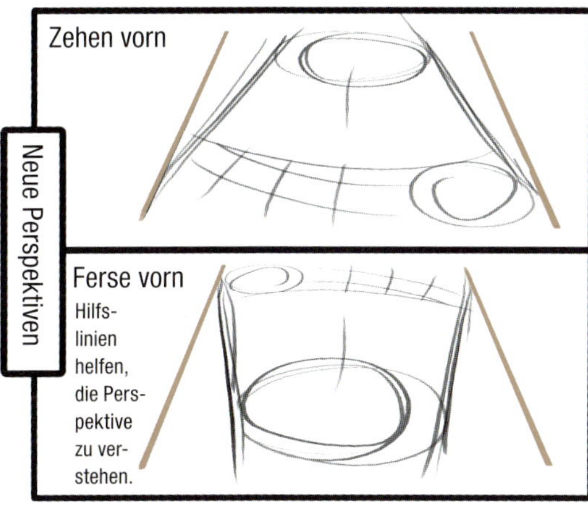

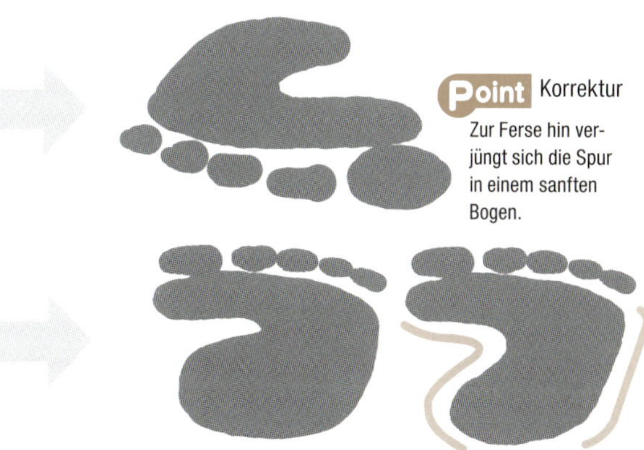

Point Korrektur

Zur Ferse hin verjüngt sich die Spur in einem sanften Bogen.

Wie man einen Fuß von der Fußspur ausgehend zeichnet

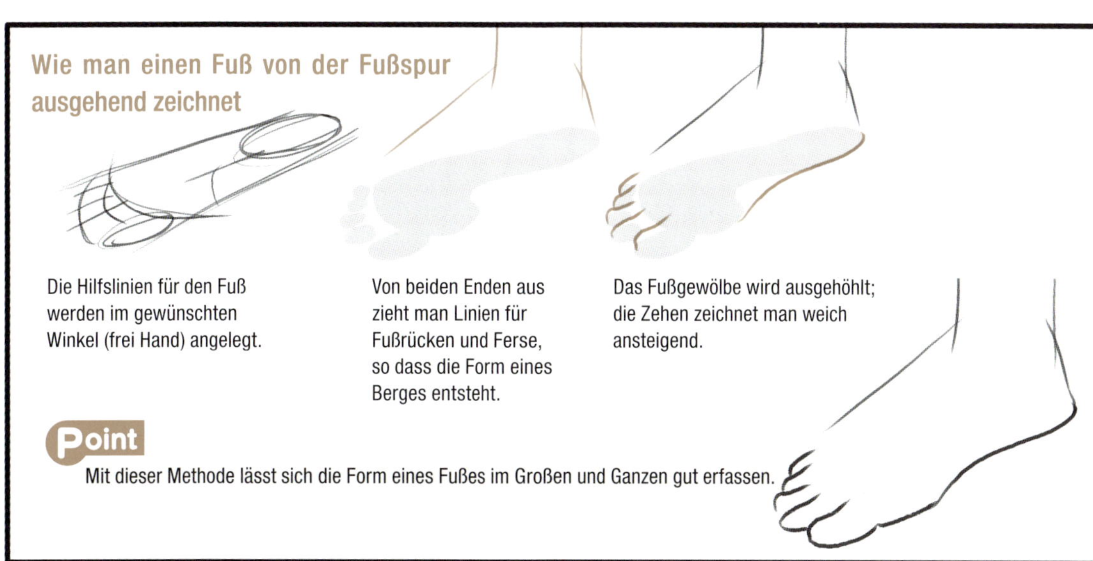

Die Hilfslinien für den Fuß werden im gewünschten Winkel (frei Hand) angelegt.

Von beiden Enden aus zieht man Linien für Fußrücken und Ferse, so dass die Form eines Berges entsteht.

Das Fußgewölbe wird ausgehöhlt; die Zehen zeichnet man weich ansteigend.

Point

Mit dieser Methode lässt sich die Form eines Fußes im Großen und Ganzen gut erfassen.

05 Oberschenkel und Unterschenkel zeichnen

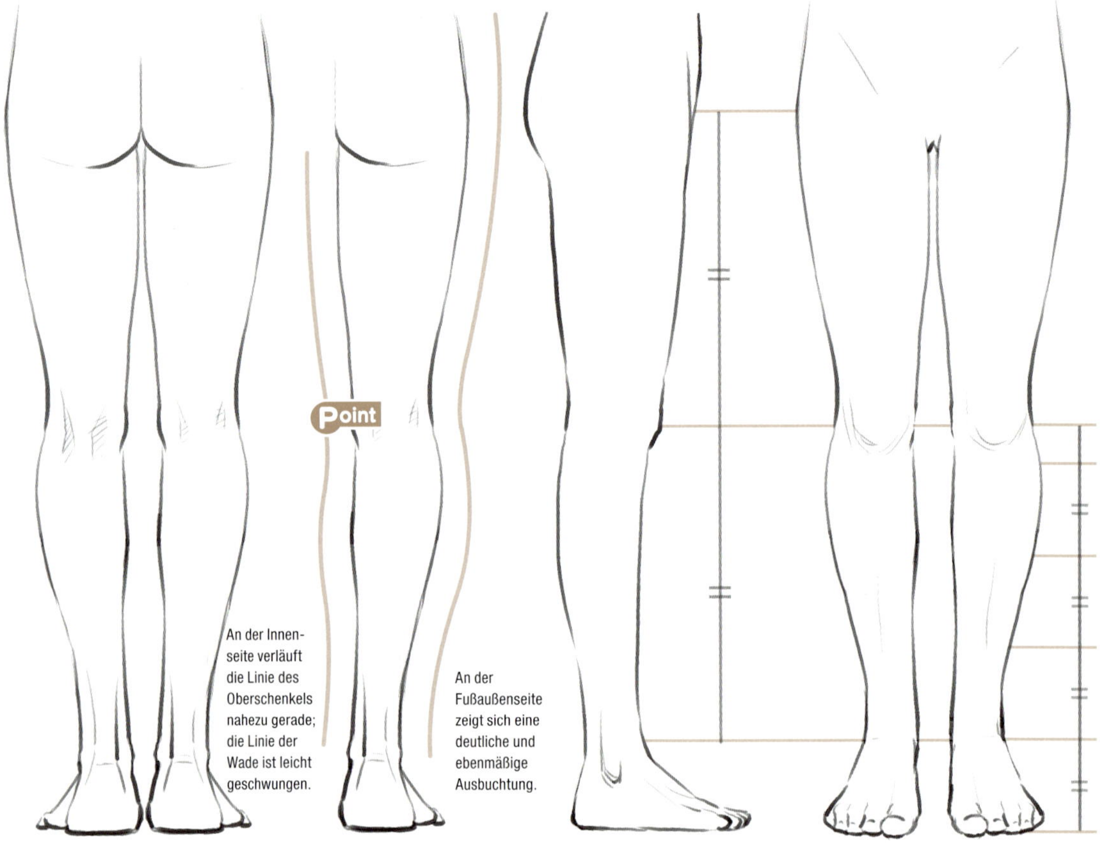

Point

An der Innenseite verläuft die Linie des Oberschenkels nahezu gerade; die Linie der Wade ist leicht geschwungen.

An der Fußaußenseite zeigt sich eine deutliche und ebenmäßige Ausbuchtung.

Die Fußspitzen miteinander verbinden

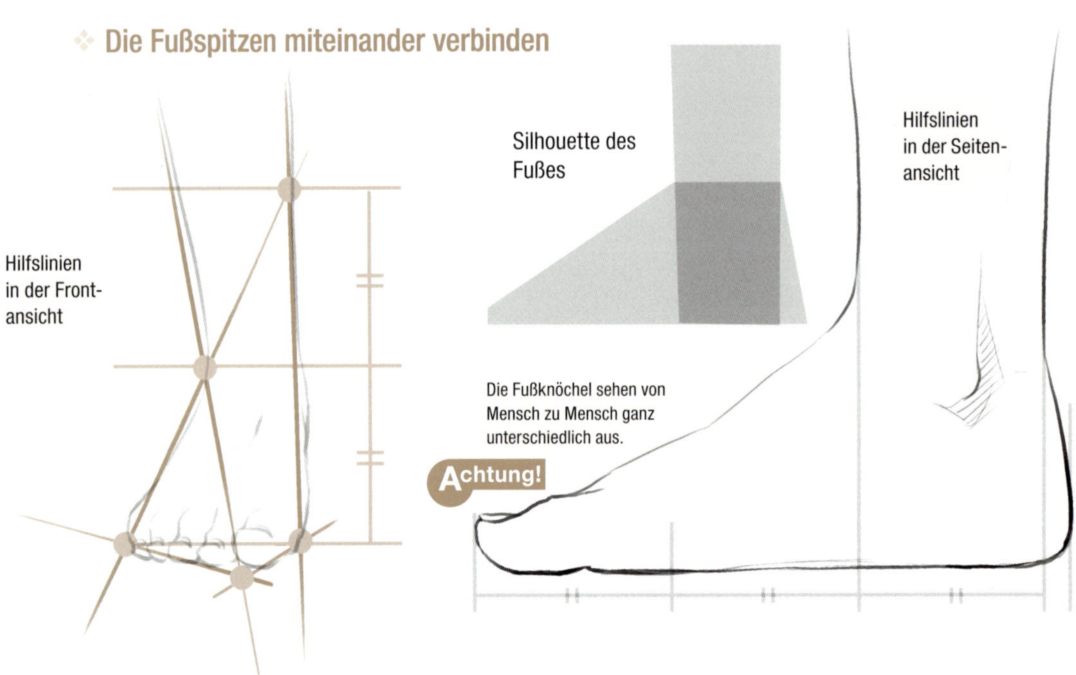

06 Grundwissen zum Bein

Oberschenkel

In seiner Form entspricht der Oberschenkel der Muskelstruktur. (Der Oberschenkelknochen ist in kräftige Muskel eingebettet.)

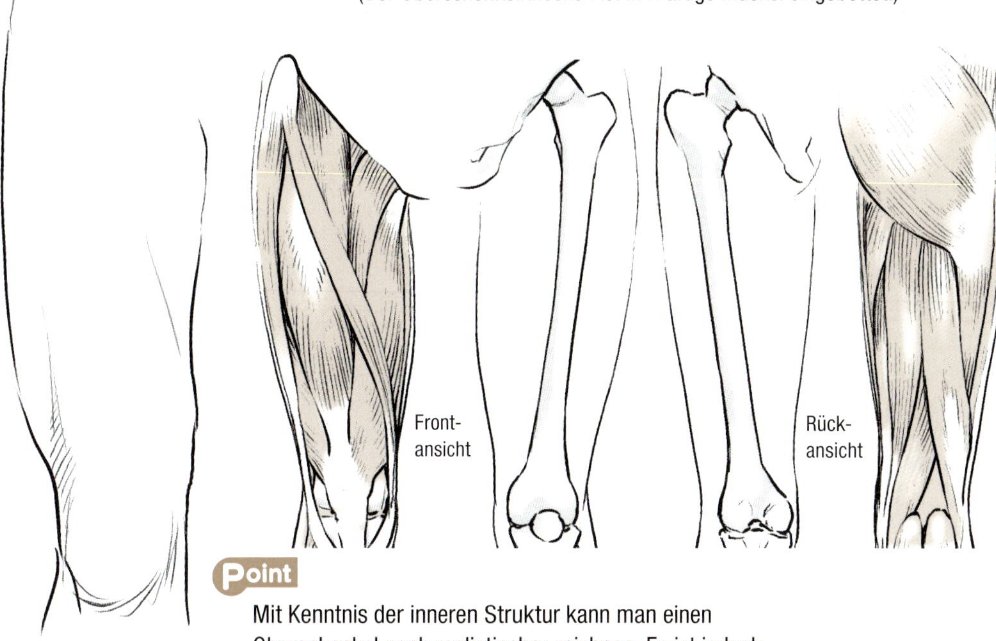

Point

Mit Kenntnis der inneren Struktur kann man einen Oberschenkel noch realistischer zeichnen. Es ist jedoch möglich eine genaue Vorstellung zu vermitteln, ohne sämtliche Details zu erfassen. Probiert das mal!

Unterschenkel

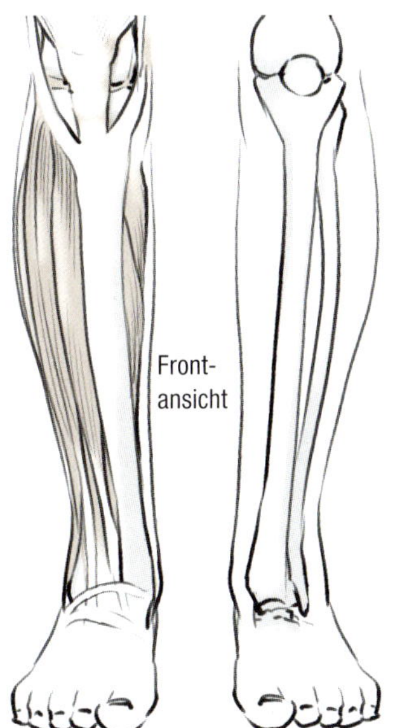

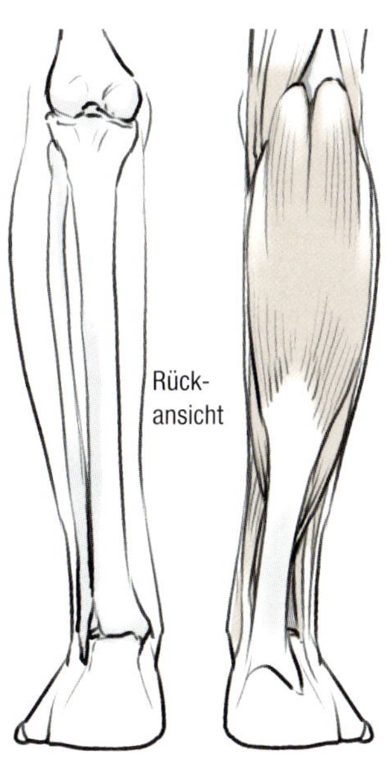

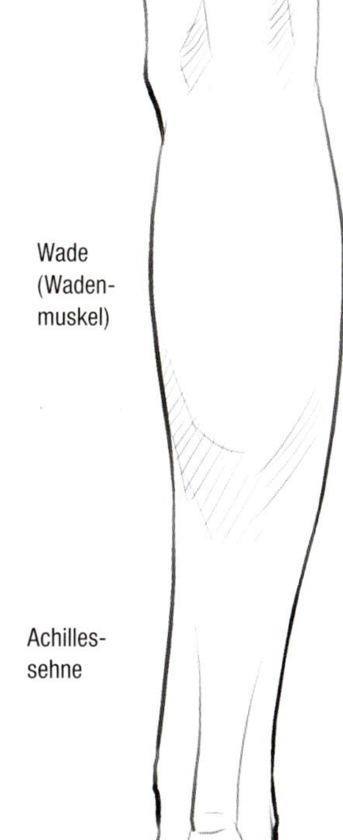

Die Form der Wade setzt sich aus den Muskeln, Knochen und Sehnen zusammen. Schaut mal, was in welcher Partie wie hervortritt.

Beine zeichnen

Wenn man die Silhouette beider Beine nebeneinanderzeichnet, werden die Besonderheiten deutlich.

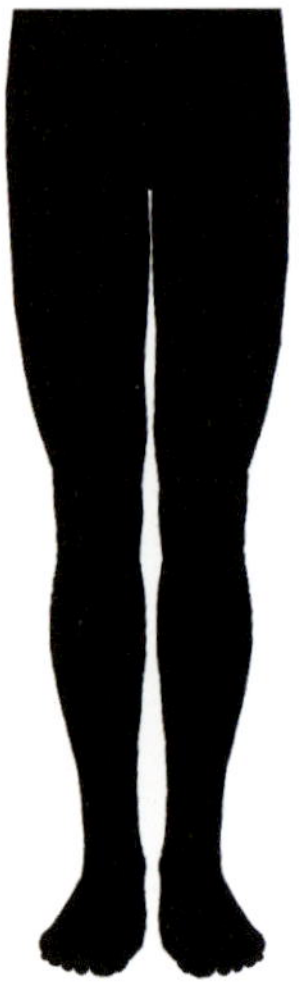

Die Linien der Außenseiten verlaufen zum Knie (nach vorn).

Oberschenkel

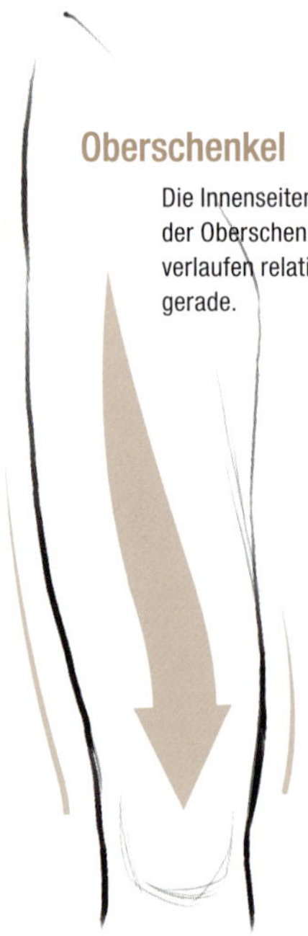

Die Innenseiten der Oberschenkel verlaufen relativ gerade.

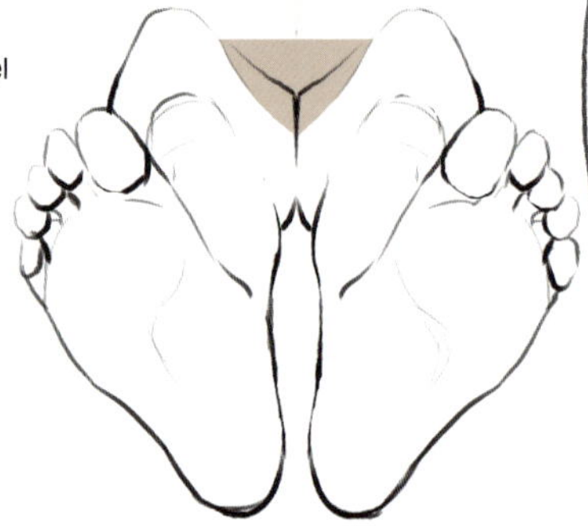

Oberhalb der Ausbuchtung liegen die Geschlechtsteile.

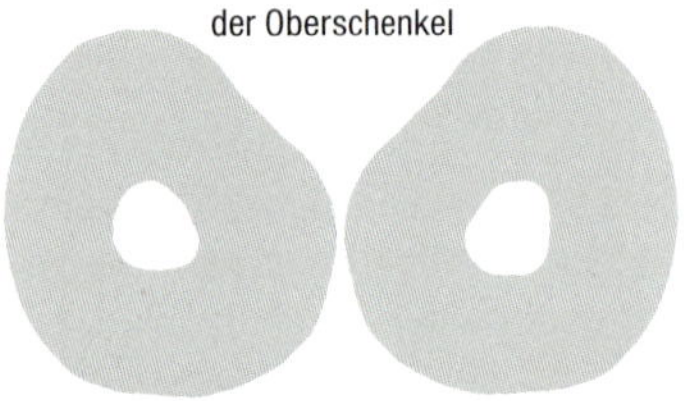

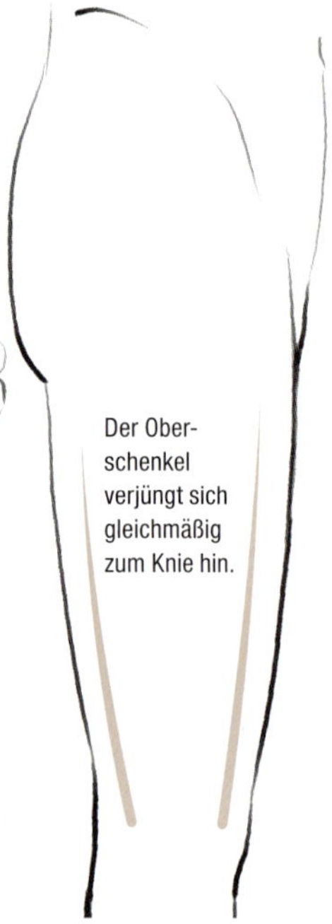

Der Oberschenkel verjüngt sich gleichmäßig zum Knie hin.

Schnittzeichnung der Oberschenkel

Wie man die Knie zeichnet

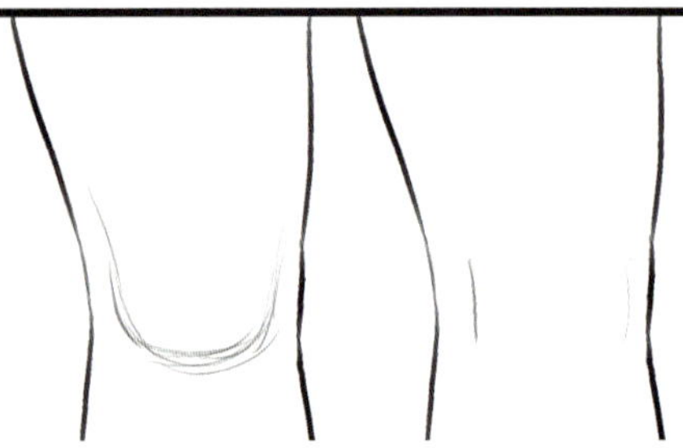

Ihr könnt entweder Linien für die Schatten werfenden Stellen oder wenige vertikale feine Linien einfügen.

Wie man die Rückseite der Knie zeichnet

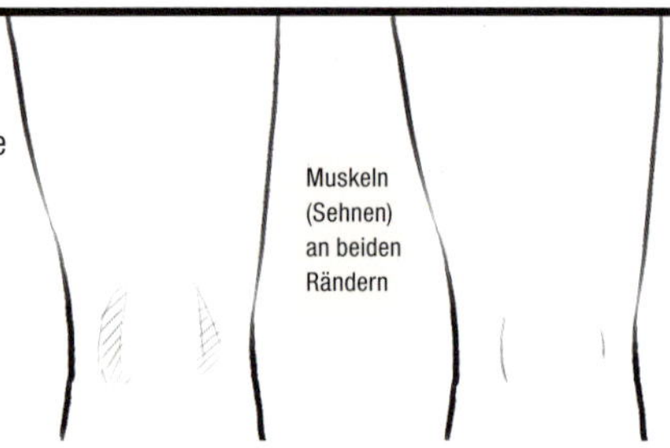

Muskeln (Sehnen) an beiden Rändern

Zeichnet die Schatten der Muskeln (Sehnen) oder aber ebenfalls wenige vertikale feine Linien.

Unterschenkel

Unter dem Knie zeigen sich auf gleicher Höhe Ausbuchtungen.

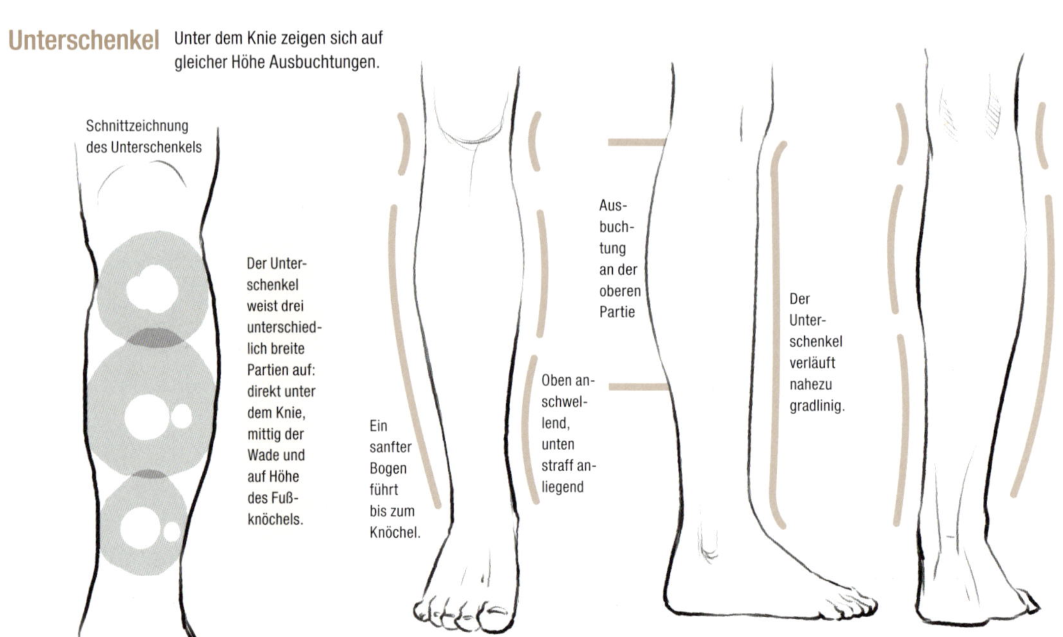

Bewegungsumfang

Wenn man ein Bein bis zum Maximum hochschwingt (egal in welche Richtung), bewegt sich der Oberkörper in die entgegengesetzte Richtung vor, zurück oder zur Seite, um so die Balance aufrechtzuerhalten.
Je nach Person und Training fällt der Bewegungsumfang recht unterschiedlich aus. Wenn man die Kraft vom Rückstoß hinzunimmt, lässt sich der Bewegungsumfang erweitern.

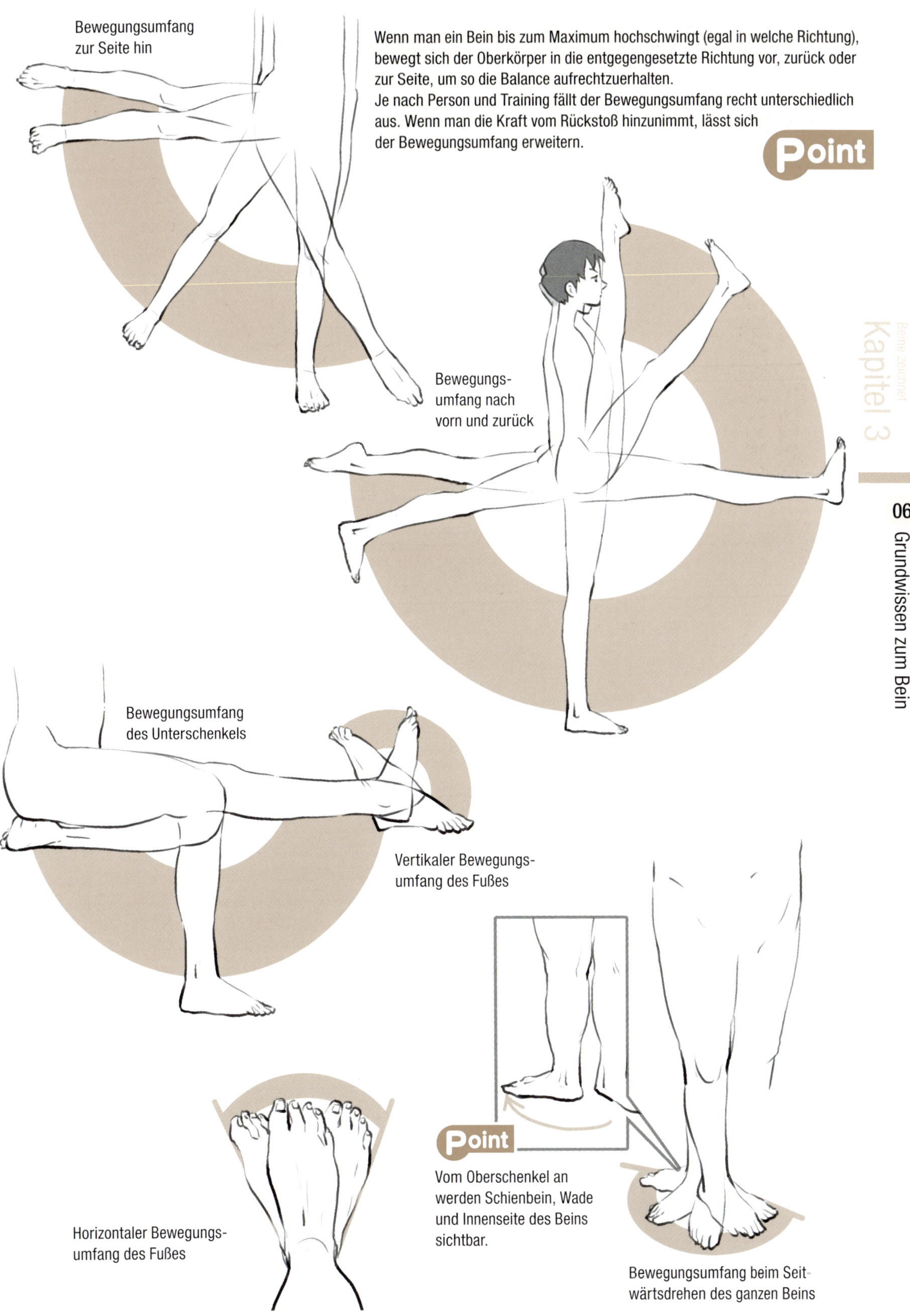

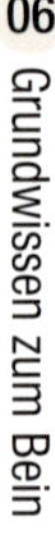

Gebeugte Knie

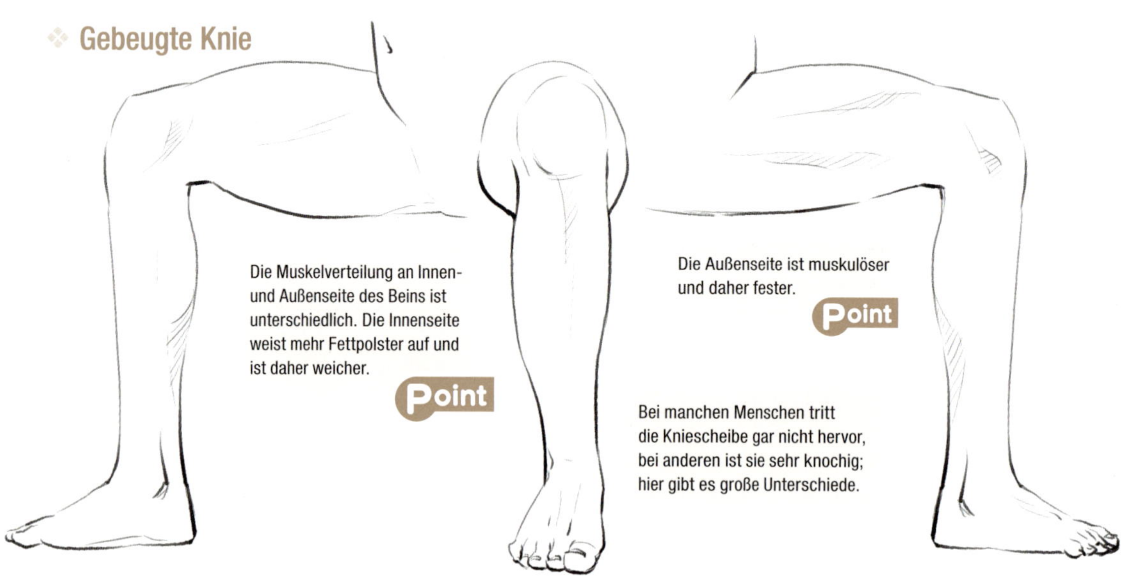

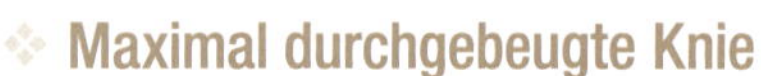

Maximal durchgebeugte Knie

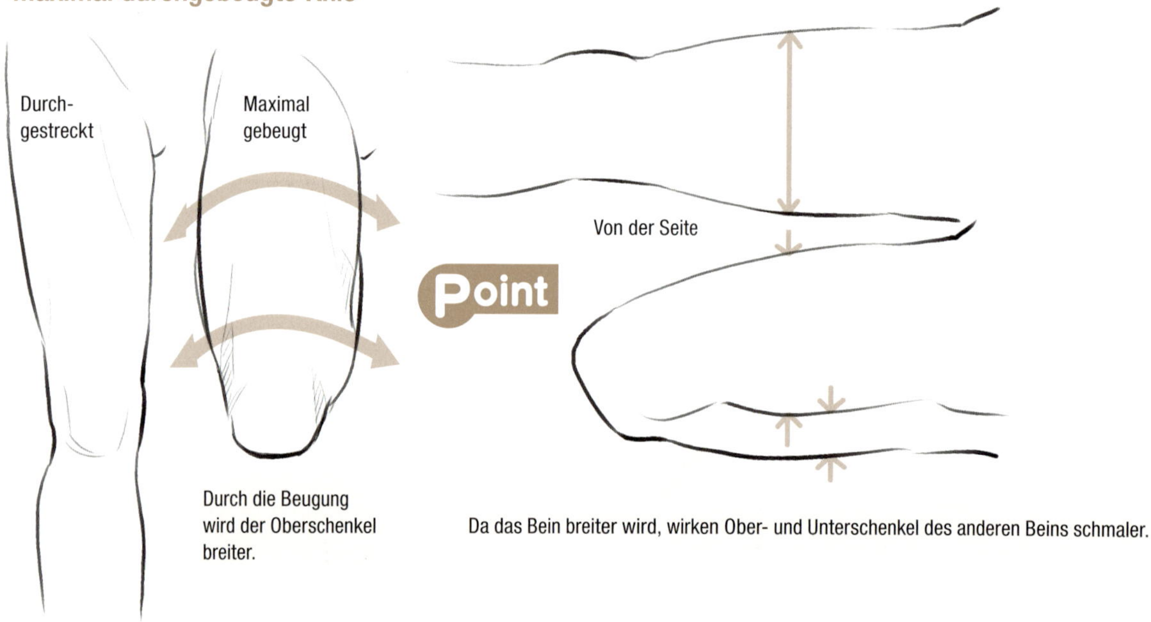

Durch-gestreckt

Maximal gebeugt

Point

Von der Seite

Durch die Beugung wird der Oberschenkel breiter.

Da das Bein breiter wird, wirken Ober- und Unterschenkel des anderen Beins schmaler.

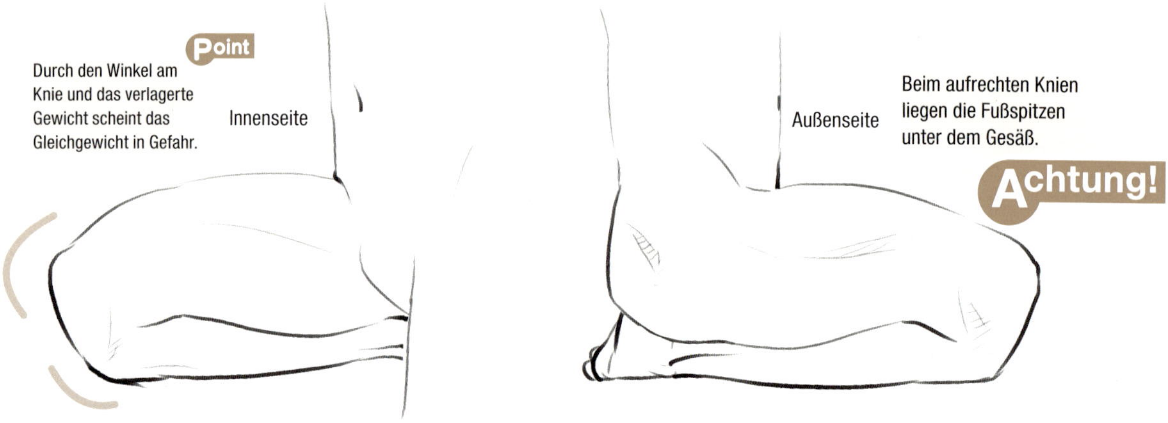

Point

Durch den Winkel am Knie und das verlagerte Gewicht scheint das Gleichgewicht in Gefahr.

Innenseite

Außenseite

Beim aufrechten Knien liegen die Fußspitzen unter dem Gesäß.

Achtung!

Die Ferse beugen

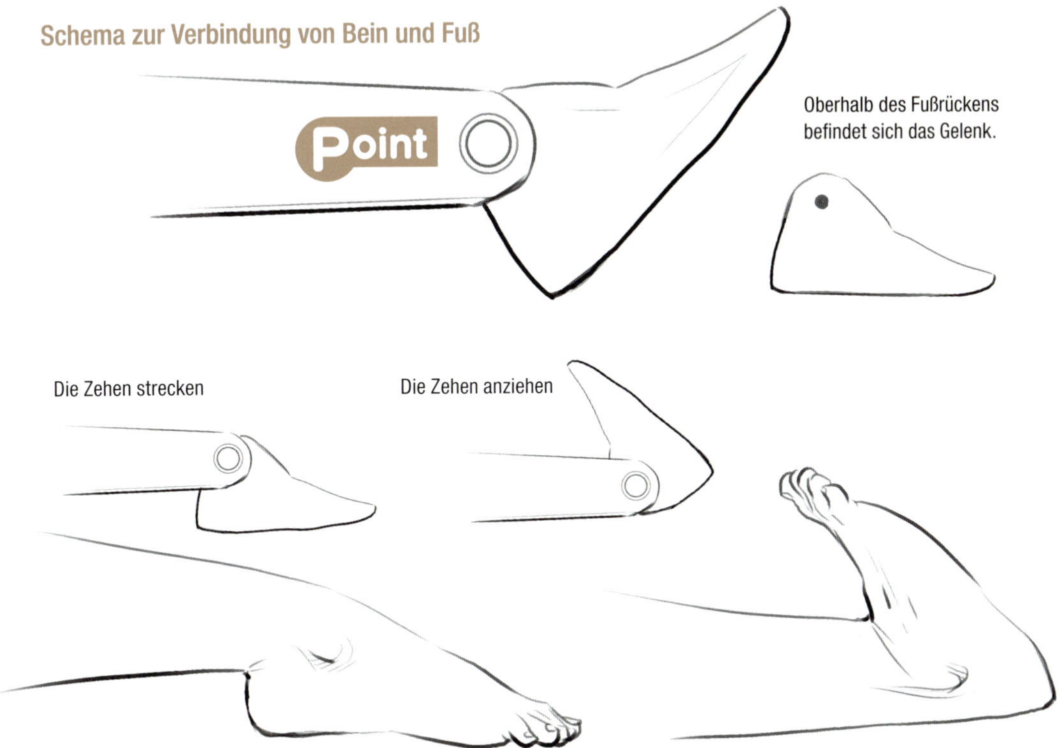

Wenn die Fußspitze vor- und zurückbewegt wird, behält sie ihre ursprüngliche Form (ohne Drehung oder Verzerrung).

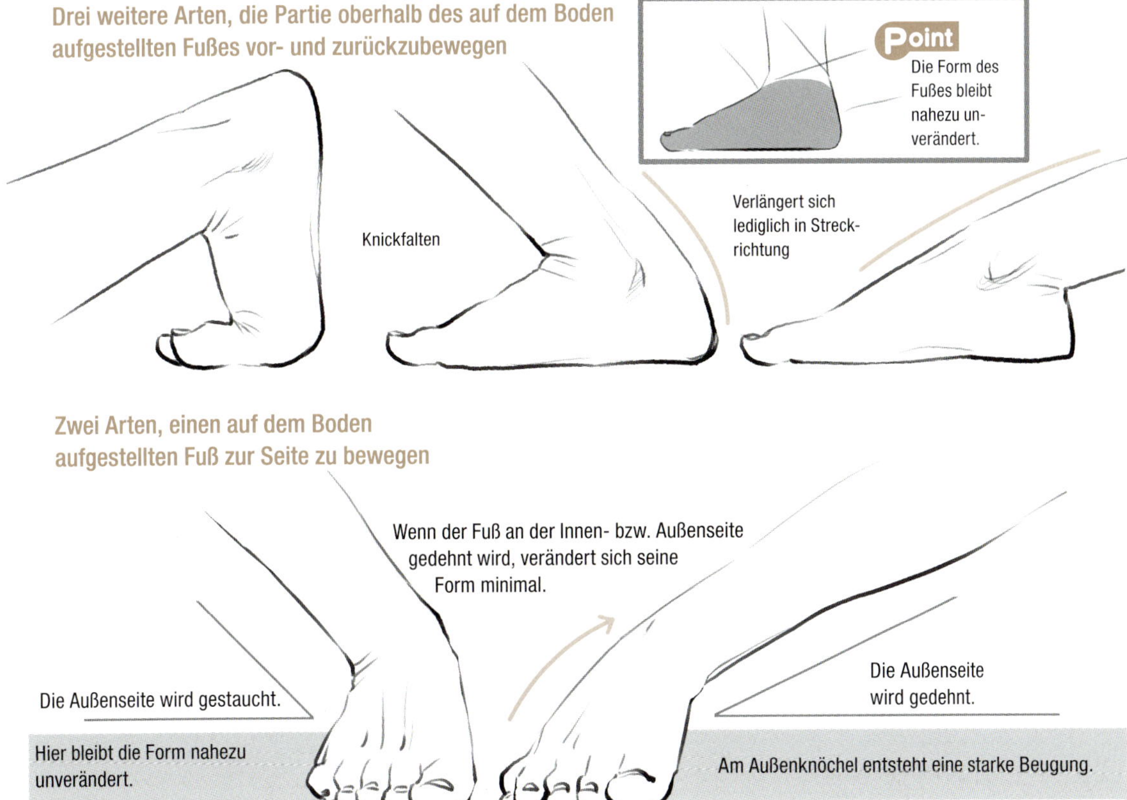

Die Knie beugen

Aufrecht knien

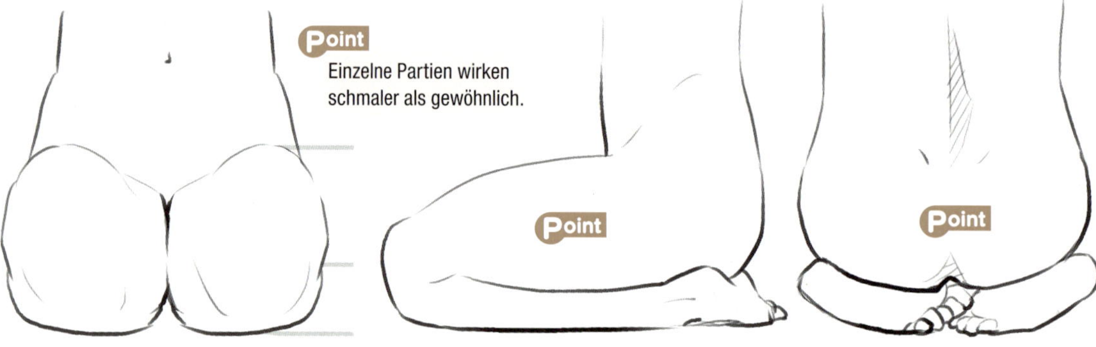

Dass Ober- und Unterschenkel aufeinander liegen, wirkt sich nur geringfügig auf die Höhe aus.

Die Linie, die markiert, wo beide Schenkel aufeinander liegen, besitzt die Form des Oberschenkels.

Da das Gesäß auf den Beinen liegt, wird die Form von der Gesäßlinie bestimmt.

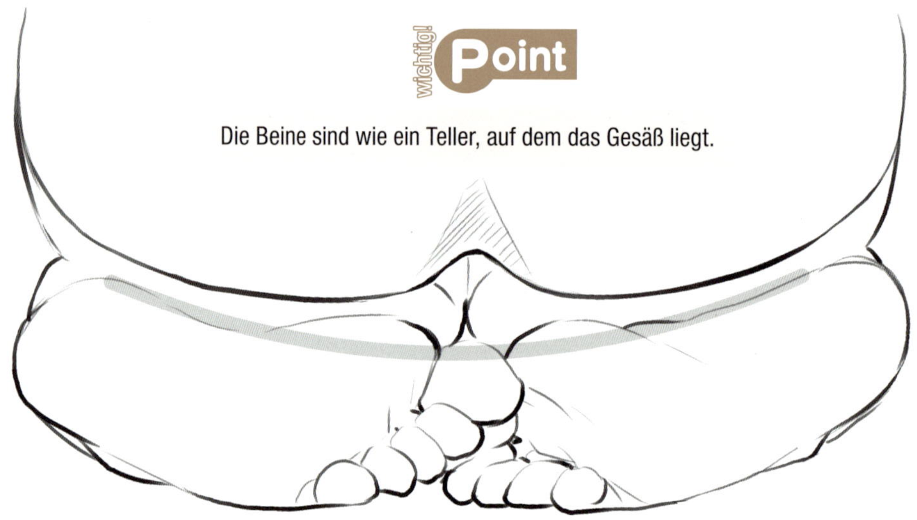

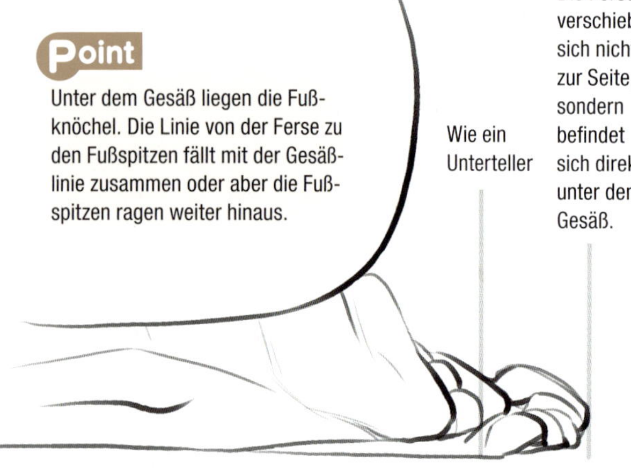

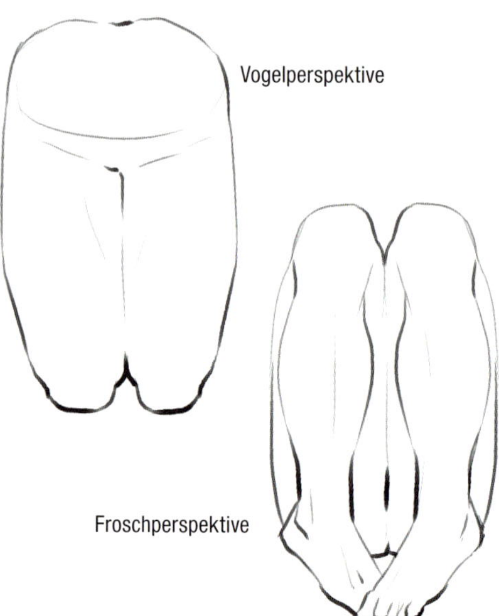

Die Beine kreuzen

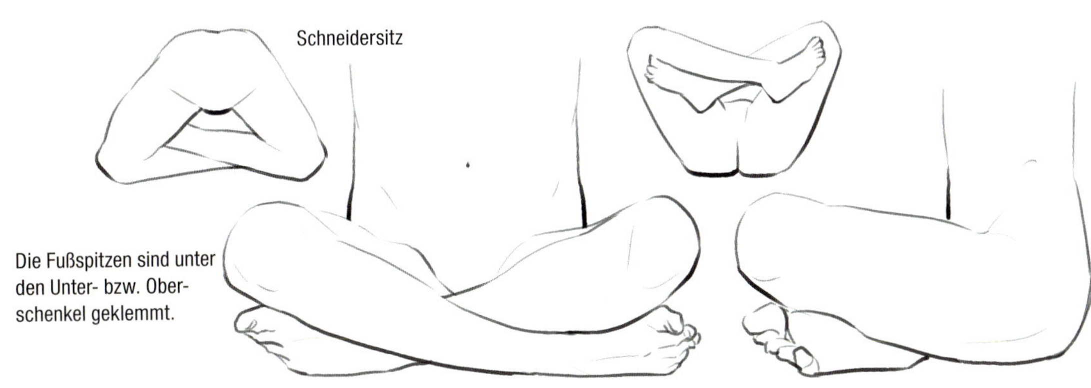

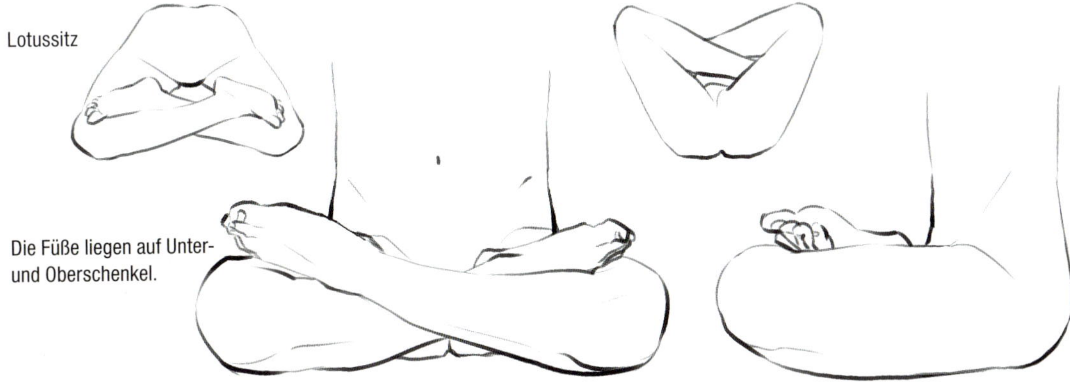

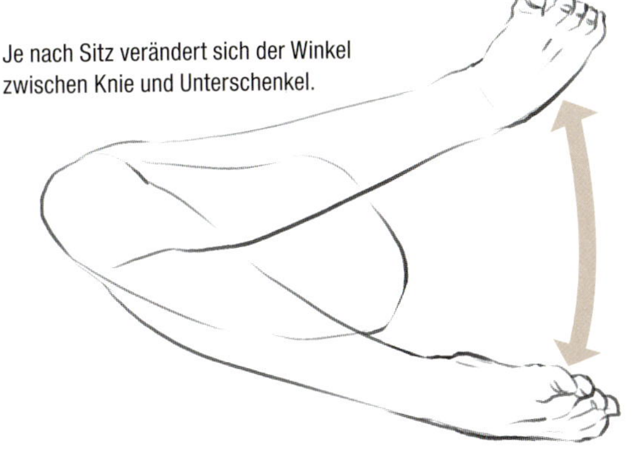

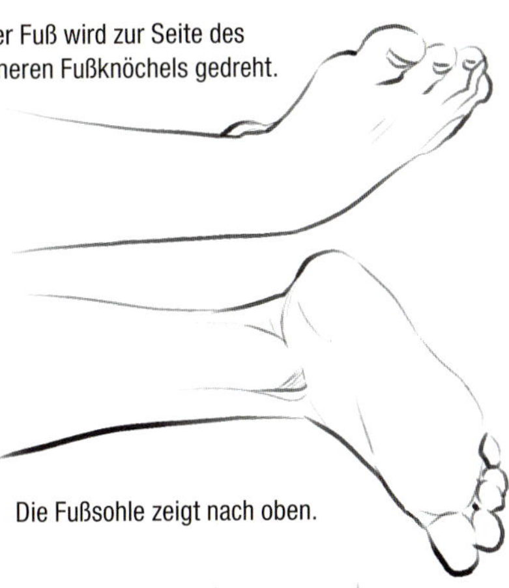

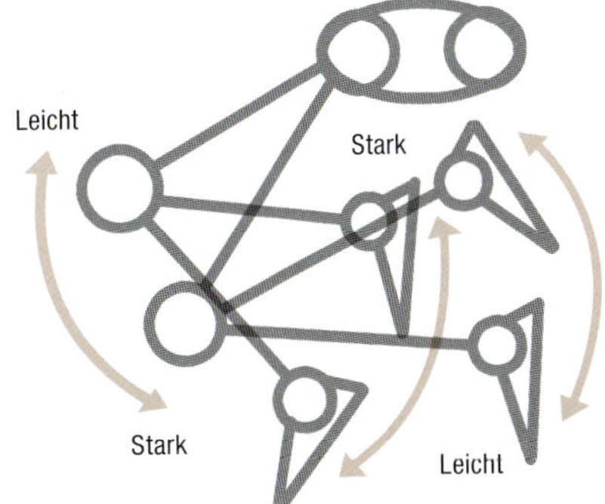

Point

Leicht = Steif
Stark = Biegsam

Je stärker die Beine gespreizt werden, desto länger erscheinen sie

Wenn man sich mit der Struktur der Beine auskennt, lassen sich die einzelnen Gelenke besser zuordnen.

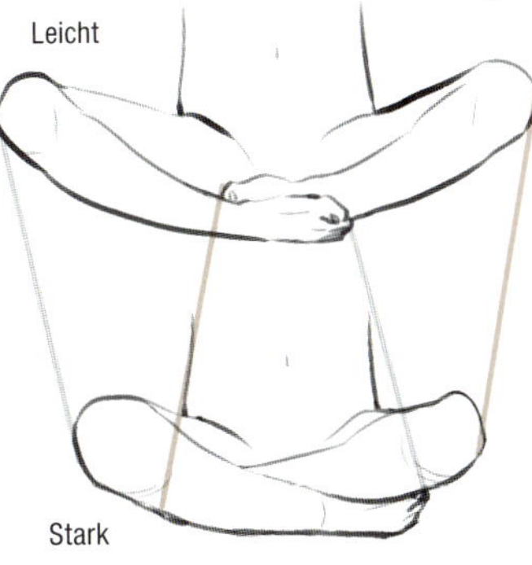

07 Unterschiede zwischen Mann und Frau

❖ Bein eines Mannes

Die Hilfslinien, die Muskeln und Sehnen veranschaulichen, können, je nachdem wie kräftig und muskulös das Bein erscheinen soll, in der Reinzeichnung verarbeitet oder weggelassen werden.

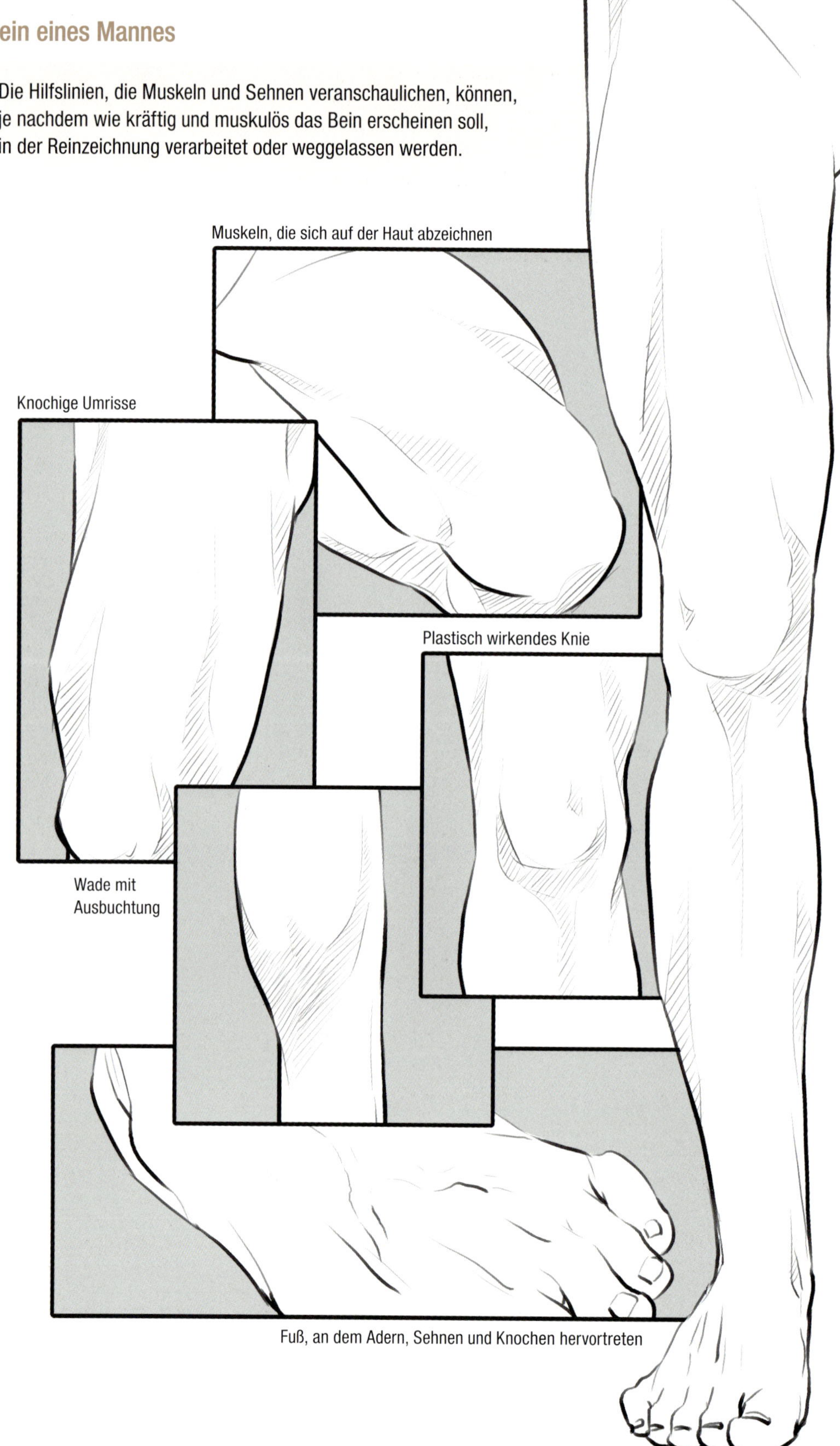

Bein einer Frau

Point

Hier können die Hilfslinien, die in der Skizze erfasst wurden, in der Reinzeichnung entfernt werden.
Die »Informationen« zu Muskeln und Sehnen dienen dazu, sich ihren Verlauf und Einfluss auf das Äußere des Beins klarzumachen.
So entsteht eine gelungene Zeichnung.

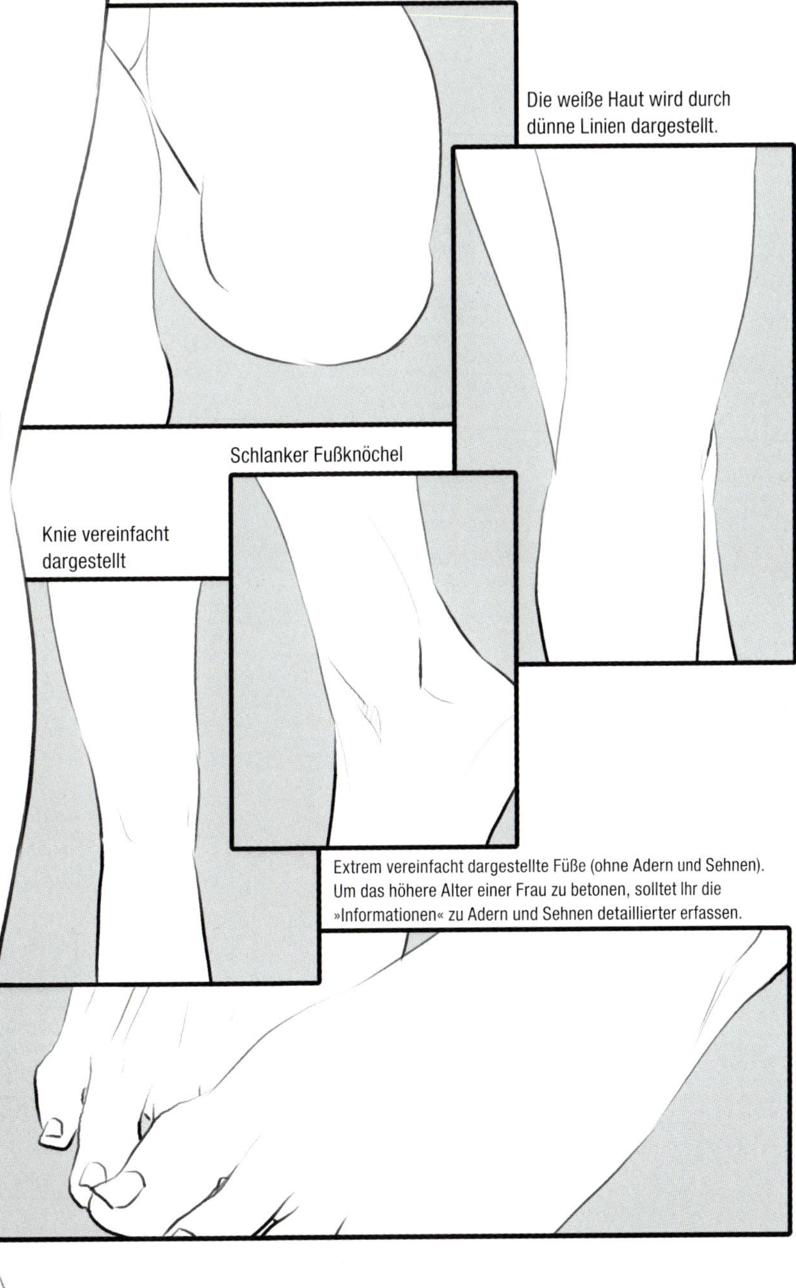

Das Bein eines Mannes genauer betrachtet

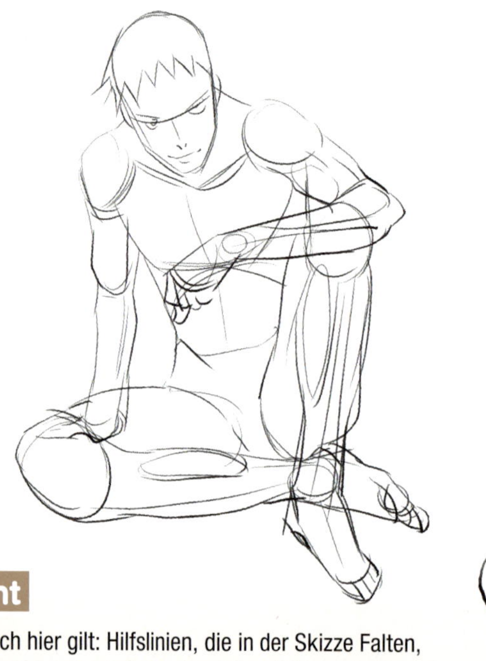

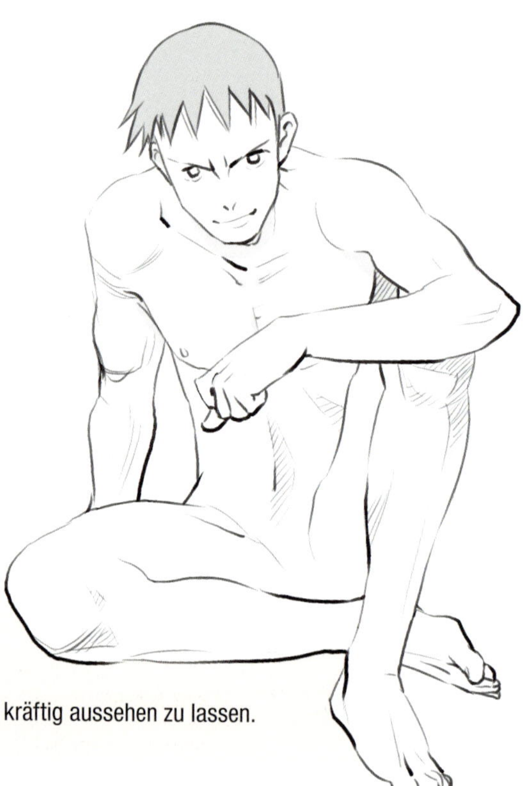

Point

Auch hier gilt: Hilfslinien, die in der Skizze Falten, Muskeln oder Sehnen darstellen, können in der Reinzeichnung genutzt werden, um das Bein muskulös und kräftig aussehen zu lassen.

Skizze des Ober- und Unterschenkels (die muskulösen Körperteile) sowie des Fußknöchels

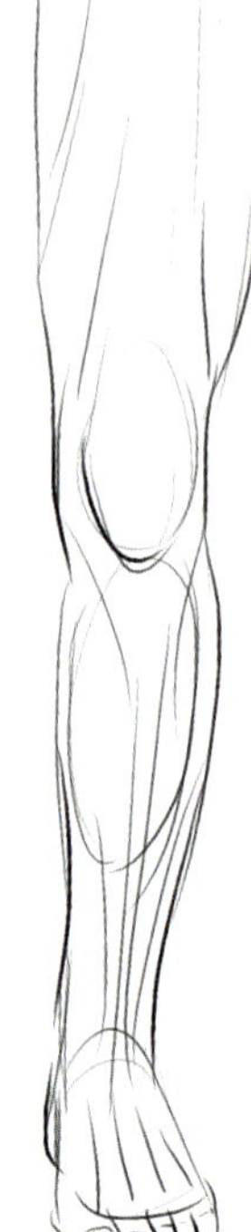

Die Muskeln werden nur durch Linien dargestellt.

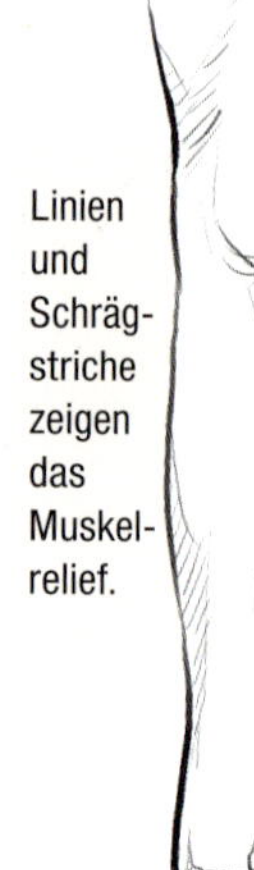

Linien und Schrägstriche zeigen das Muskelrelief.

Muskeln und Adern werden durch Linien und Schrägstriche dargestellt.

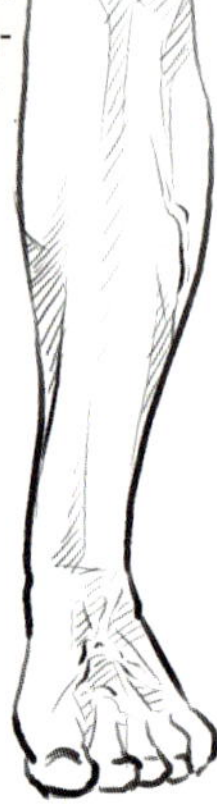

Körperbehaarung

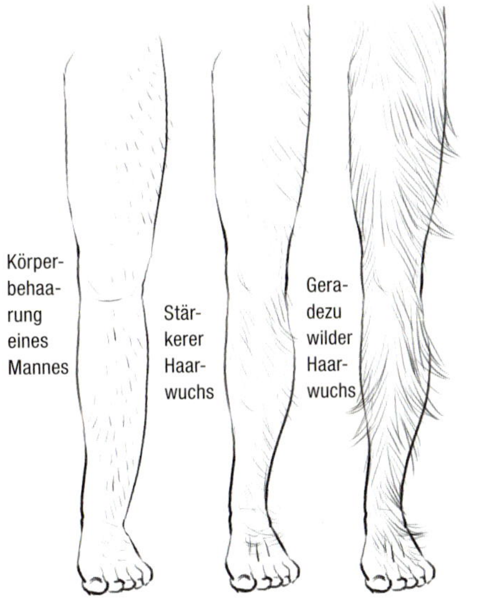

Point

Typisch männlich

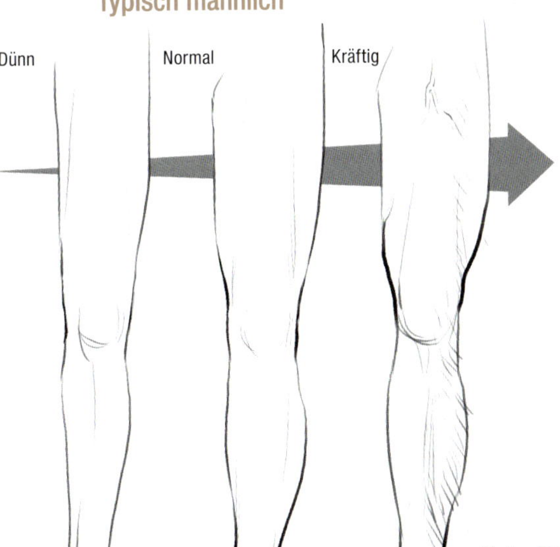

- Feine Muskellinien
- Sehnig
- Die Knochen treten hervor.
- Gleichmäßige Struktur

- Starkes Muskelrelief
- An Knie und Fußknöcheln verengt
- Die Adern treten hervor.
- Deutlicher Haarwuchs

Nach außen gerichtete Beine (O-Beine)

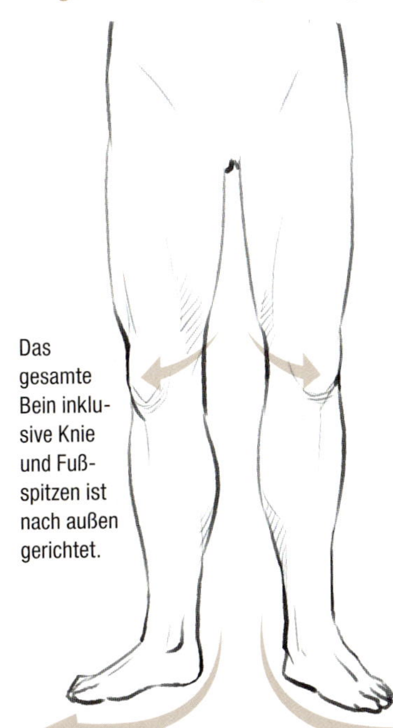

Das gesamte Bein inklusive Knie und Fußspitzen ist nach außen gerichtet.

Point

Als »typisch männlich« gelten Beine, die beim Gehen leicht auswärts gerichtet sind, sogenannte O-Beine.

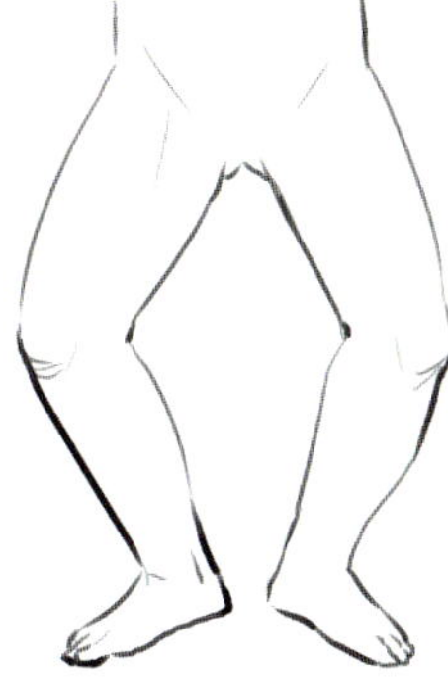

Extrem o-beinig

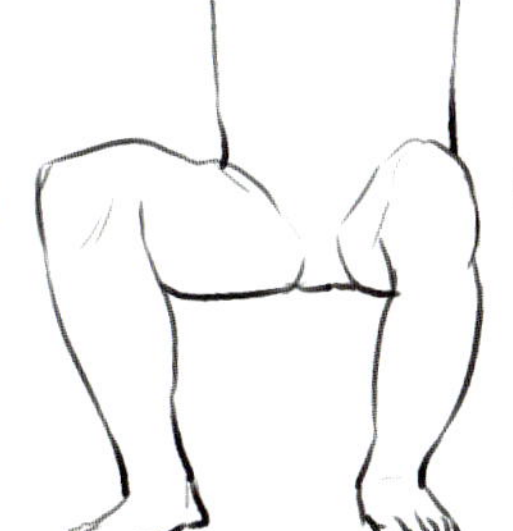

Breitbeinig sitzen

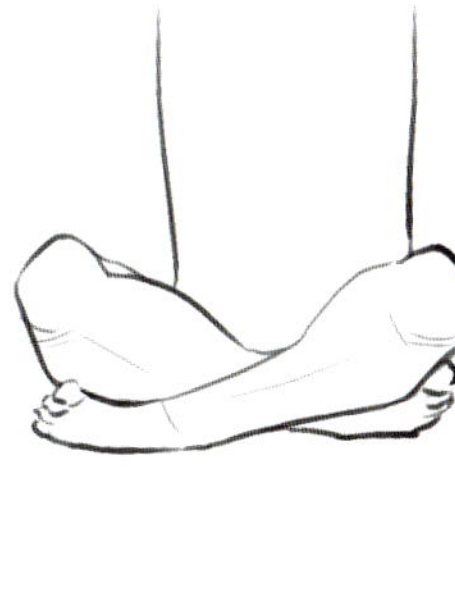

Schneidersitz

Nützliches Manga-Wissen

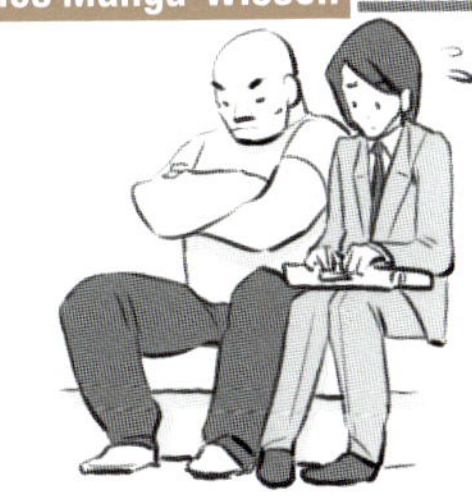

»Typisch männlich« beschreibt etwas, das viele männliche Figuren, die im Manga auftauchen, gar nicht sind. Diese Figuren sind z. B. androgyn, körperlich eher schwach, vielleicht auch psychisch labil oder melancholisch, vielleicht sind sie auch nicht gerade mutig oder haben kein Selbstvertrauen… Eine »typisch männliche« Darstellung wäre hier fehl am Platz. Andererseits lässt sich durch die Betonung des »typisch Männlichen« auch effektvoll verdeutlichen, dass sich eine Person nur aufplustert und in Wirklichkeit etwas ganz anderes hinter der Fassade steckt.

✧ Das Bein einer Frau genauer betrachtet

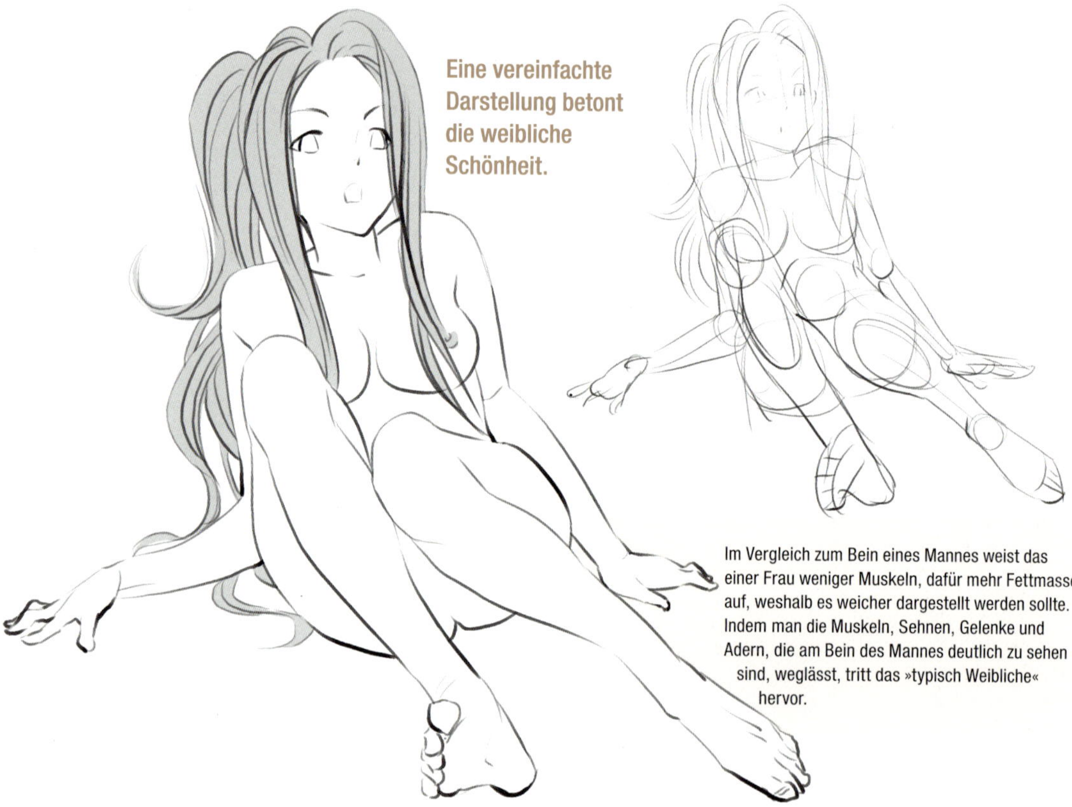

Eine vereinfachte Darstellung betont die weibliche Schönheit.

Im Vergleich zum Bein eines Mannes weist das einer Frau weniger Muskeln, dafür mehr Fettmasse auf, weshalb es weicher dargestellt werden sollte. Indem man die Muskeln, Sehnen, Gelenke und Adern, die am Bein des Mannes deutlich zu sehen sind, weglässt, tritt das »typisch Weibliche« hervor.

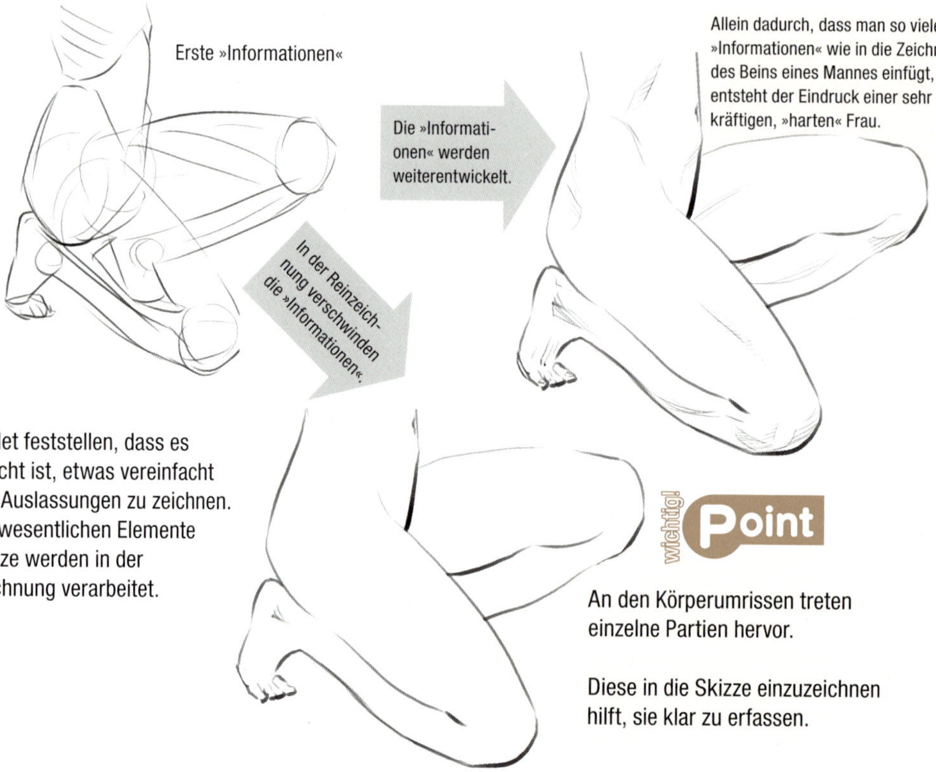

Erste »Informationen«

Die »Informationen« werden weiterentwickelt.

Allein dadurch, dass man so viele »Informationen« wie in die Zeichnung des Beins eines Mannes einfügt, entsteht der Eindruck einer sehr kräftigen, »harten« Frau.

In der Reinzeichnung verschwinden die »Informationen«.

Point

Ihr werdet feststellen, dass es nicht leicht ist, etwas vereinfacht und mit Auslassungen zu zeichnen. Nur die wesentlichen Elemente der Skizze werden in der Reinzeichnung verarbeitet.

wichtig! **Point**

An den Körperumrissen treten einzelne Partien hervor.

Diese in die Skizze einzuzeichnen hilft, sie klar zu erfassen.

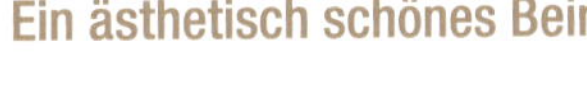

Ein ästhetisch schönes Bein

Je nach aktuellen Trends, gesellschaftlichem Zeitgeschmack und persönlichen Vorlieben lässt sich ein ästhetisch schönes Bein ganz unterschiedlich definieren.

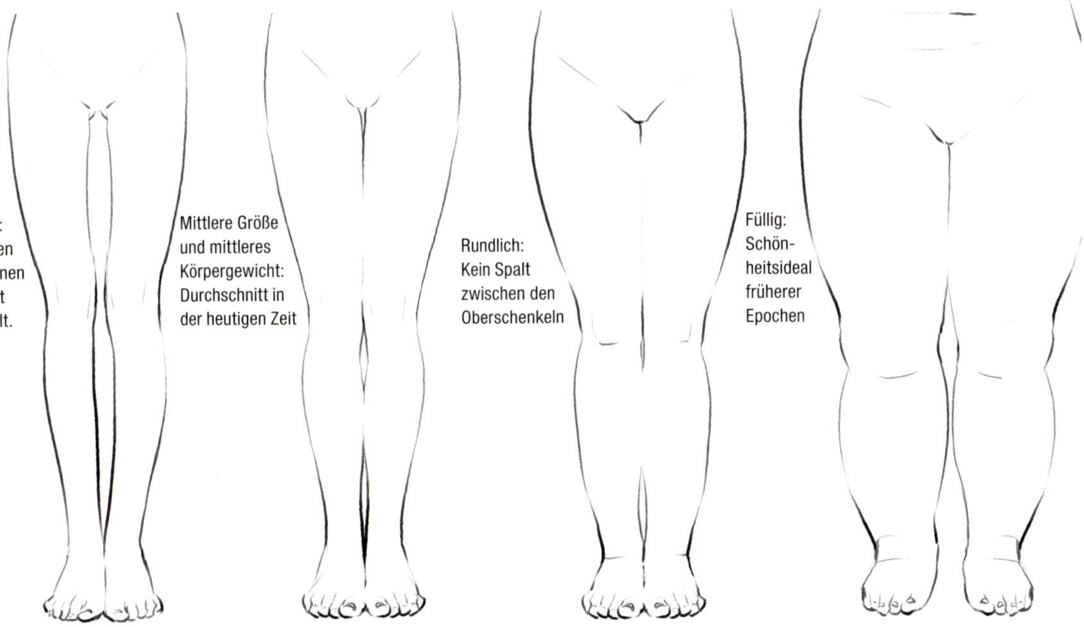

Schmal: Zwischen den Beinen entsteht ein Spalt.

Mittlere Größe und mittleres Körpergewicht: Durchschnitt in der heutigen Zeit

Rundlich: Kein Spalt zwischen den Oberschenkeln

Füllig: Schönheitsideal früherer Epochen

Point

Einwärtsgerichtete Beine, sogenannte X-Beine, gelten als mädchenhaft.

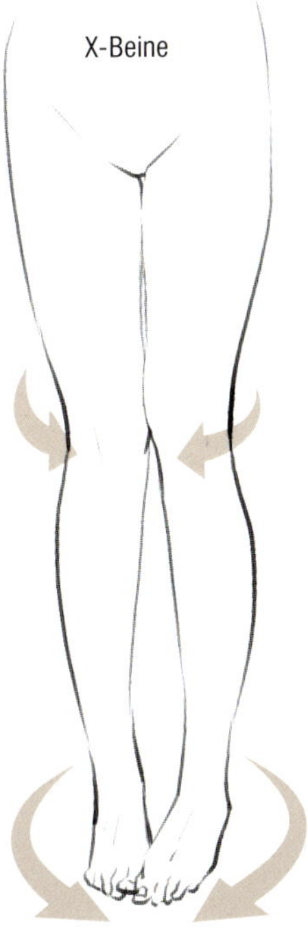

X-Beine

Das gesamte Bein inklusive Knie und Zehenspitzen ist nach innen gerichtet.

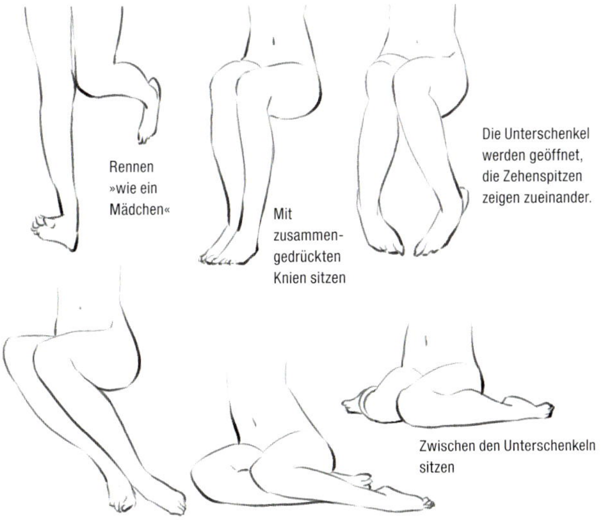

Rennen »wie ein Mädchen«

Mit zusammengedrückten Knien sitzen

Die Unterschenkel werden geöffnet, die Zehenspitzen zeigen zueinander.

Model-Sitz

Seitlich auf dem Boden sitzen

Zwischen den Unterschenkeln sitzen

Erläuterungen gibt's auf der nächsten Seite.

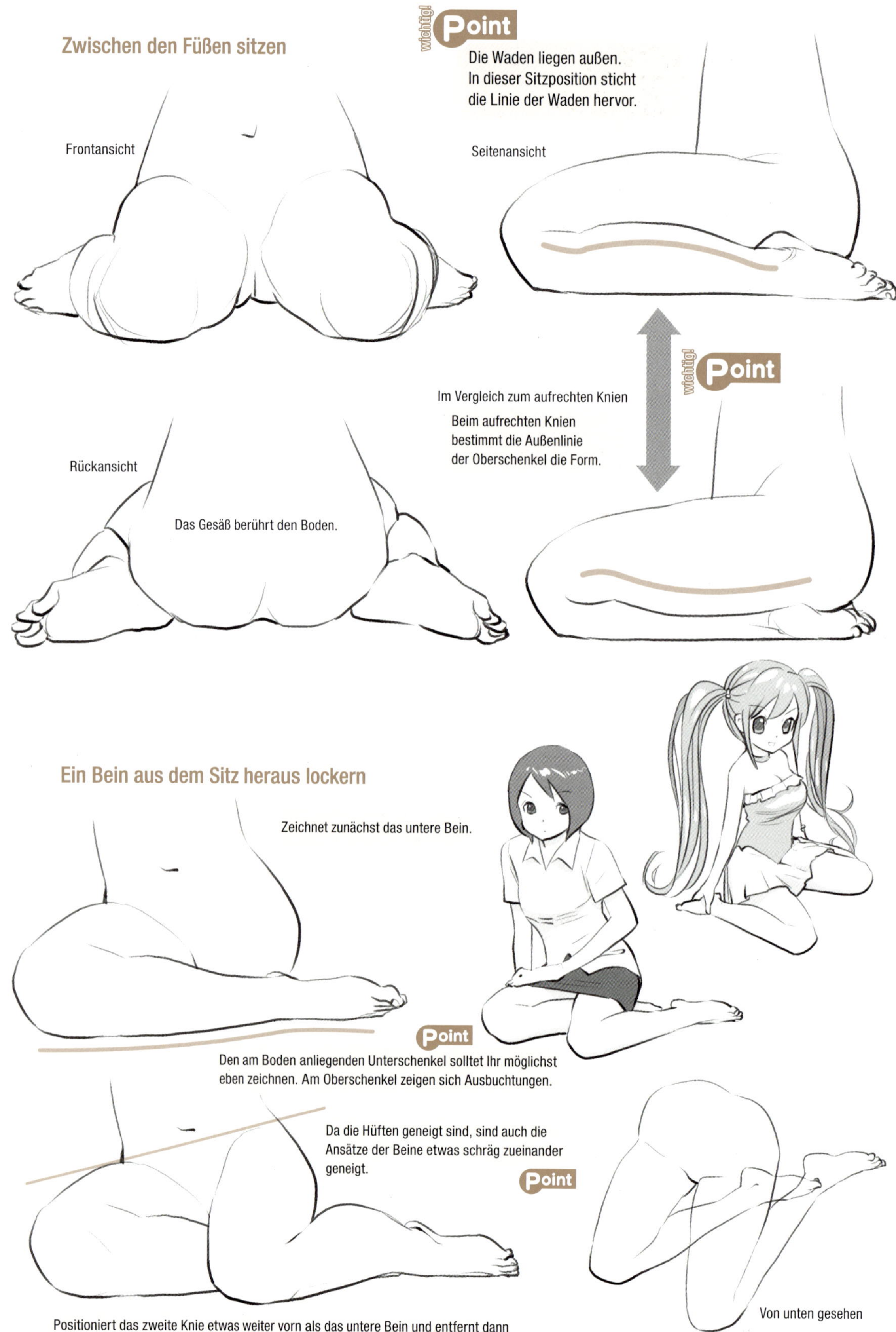
Zwischen den Füßen sitzen
wichtig! Point
Die Waden liegen außen.
In dieser Sitzposition sticht
die Linie der Waden hervor.
Frontansicht
Seitenansicht
wichtig! Point
Im Vergleich zum aufrechten Knien
Beim aufrechten Knien
bestimmt die Außenlinie
der Oberschenkel die Form.
Rückansicht
Das Gesäß berührt den Boden.
Ein Bein aus dem Sitz heraus lockern
Zeichnet zunächst das untere Bein.
Point
Den am Boden anliegenden Unterschenkel solltet Ihr möglichst
eben zeichnen. Am Oberschenkel zeigen sich Ausbuchtungen.
Da die Hüften geneigt sind, sind auch die
Ansätze der Beine etwas schräg zueinander
geneigt.
Point
Positioniert das zweite Knie etwas weiter vorn als das untere Bein und entfernt dann
die Linien der nicht sichtbaren Partien.
Von unten gesehen

Mädchenhafter Sitz

Die Unterschenkel sind nach außen gerichtet. Die Unterschenkellinie überlappt die des Oberschenkels.

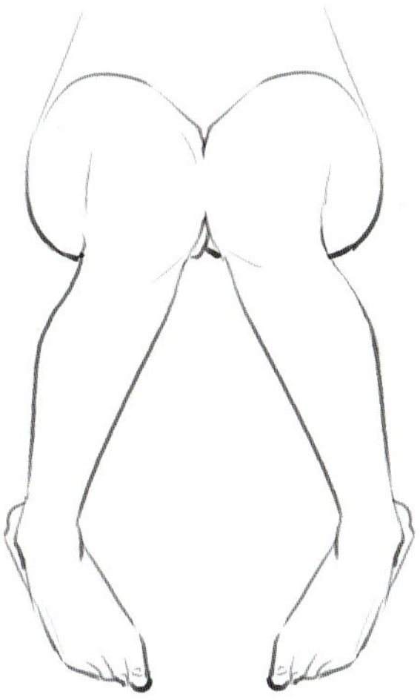

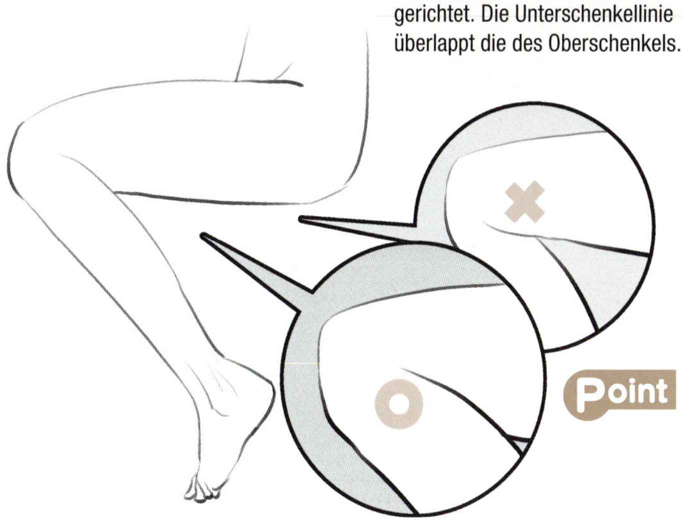

Point

Model-Sitz

Da die Fußspitzen seitlich positioniert und die Unterschenkel geneigt sind, liegen auch die Knie nicht mittig.

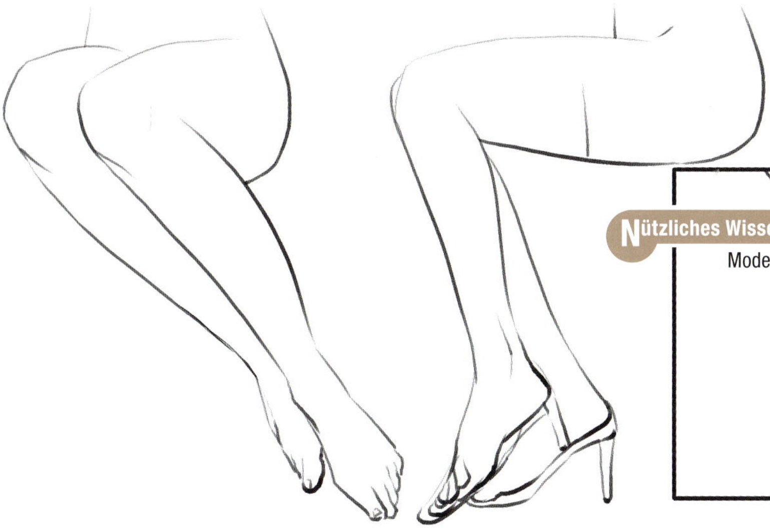

Nützliches Wissen

Model-Sitz

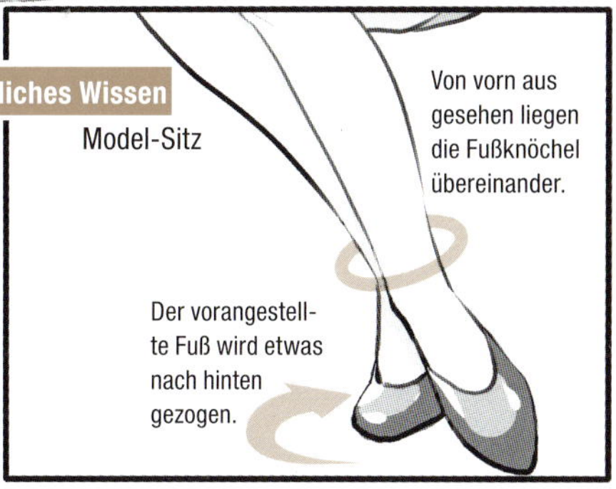

Von vorn aus gesehen liegen die Fußknöchel übereinander.

Der vorangestellte Fuß wird etwas nach hinten gezogen.

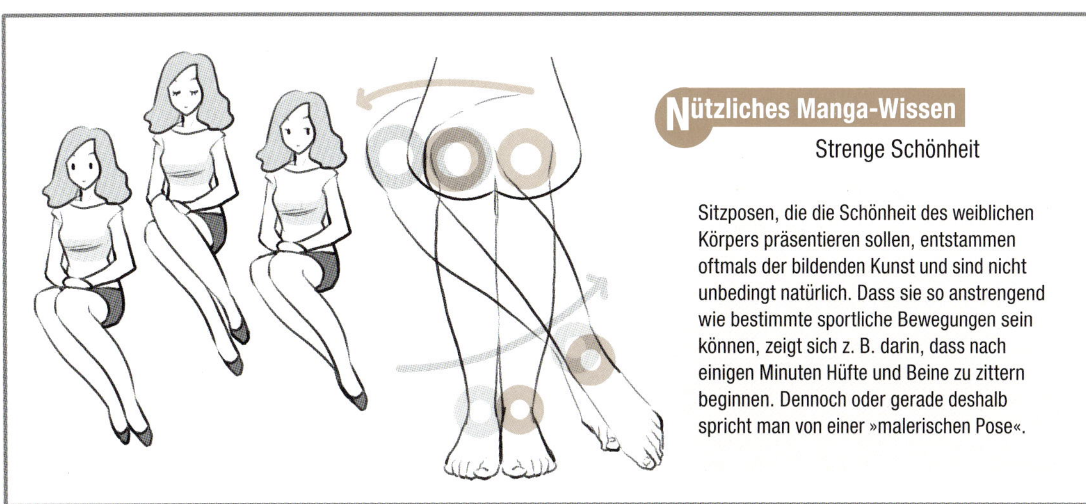

Nützliches Manga-Wissen

Strenge Schönheit

Sitzposen, die die Schönheit des weiblichen Körpers präsentieren sollen, entstammen oftmals der bildenden Kunst und sind nicht unbedingt natürlich. Dass sie so anstrengend wie bestimmte sportliche Bewegungen sein können, zeigt sich z. B. darin, dass nach einigen Minuten Hüfte und Beine zu zittern beginnen. Dennoch oder gerade deshalb spricht man von einer »malerischen Pose«.

Übereinandergeschlagene Beine

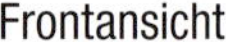

Frontansicht

Zeichnet die Hüfte im Sitzen.

Die Kreise, die die Beinansätze wiedergeben, liegen nebeneinander.

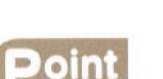

Point

Zeichnet das Knie des einen Beins mittig in den Kreis des anderen Beins. Der Oberschenkel verläuft also seitwärts.

Positioniert den Fußknöchel…

… und zeichnet das Bein entlang der Hilfskreise.

Point

Das Knie des übergeschlagenen Beins befindet sich über dem zuerst gezeichneten Bein. (Beachtet dabei die Breite des übergeschlagenen Beins.)

Bringt den Knöchel entsprechend der Ausrichtung des übergeschlagenen Beins in Position. (Im vorliegenden Fall liegt es am anderen Bein an.)

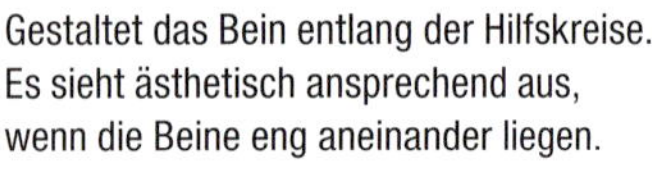

Gestaltet das Bein entlang der Hilfskreise. Es sieht ästhetisch ansprechend aus, wenn die Beine eng aneinander liegen.

Achtung!

Der große Zeh zeigt entweder nach unten oder nach vorn.

Achtung!

Und auch hier gilt es, auf die Richtung des großen Zehs zu achten.

Seitenansicht

Zeichnet die Hüfte und das erste Bein.

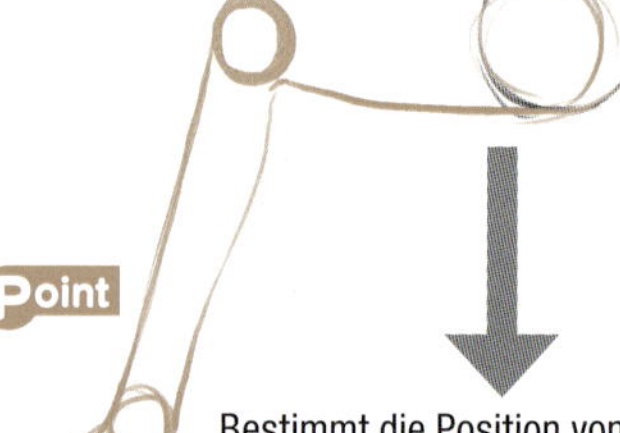

Point

Bestimmt die Position von Knie und Fußknöchel und behaltet dabei die Breite des übergeschlagenen Beins im Auge. Gestaltet das Bein entlang der Hilfskreise.

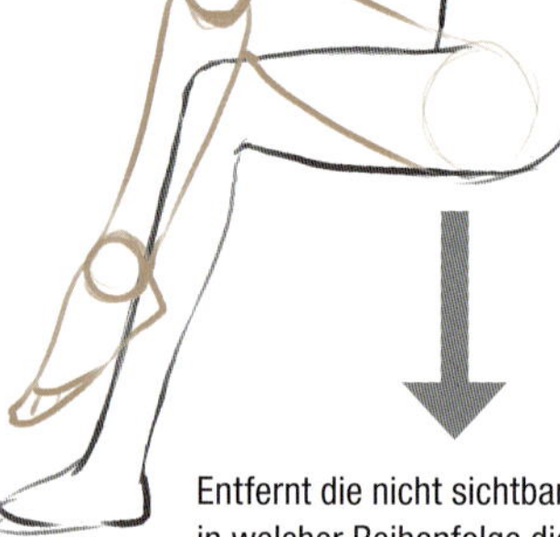

Entfernt die nicht sichtbaren Partien. Achtet darauf, in welcher Reihenfolge die Beine übereinandergeschlagen sind.

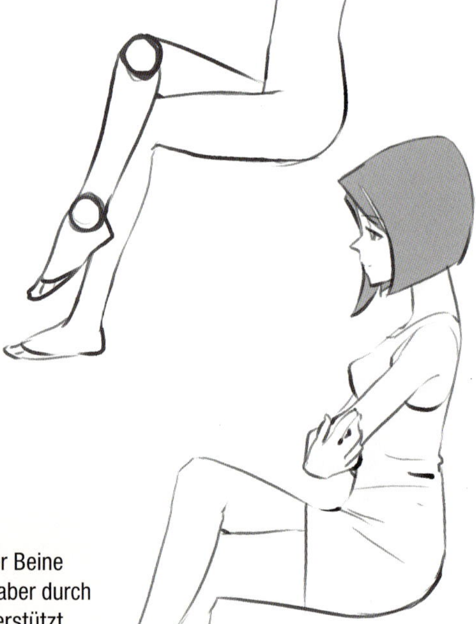

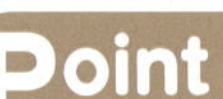

Point

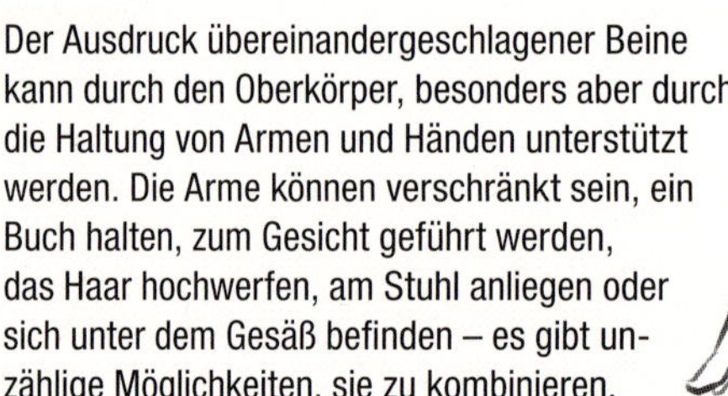

Der Ausdruck übereinandergeschlagener Beine kann durch den Oberkörper, besonders aber durch die Haltung von Armen und Händen unterstützt werden. Die Arme können verschränkt sein, ein Buch halten, zum Gesicht geführt werden, das Haar hochwerfen, am Stuhl anliegen oder sich unter dem Gesäß befinden – es gibt unzählige Möglichkeiten, sie zu kombinieren.

Weiche Partien am Bein einer Frau

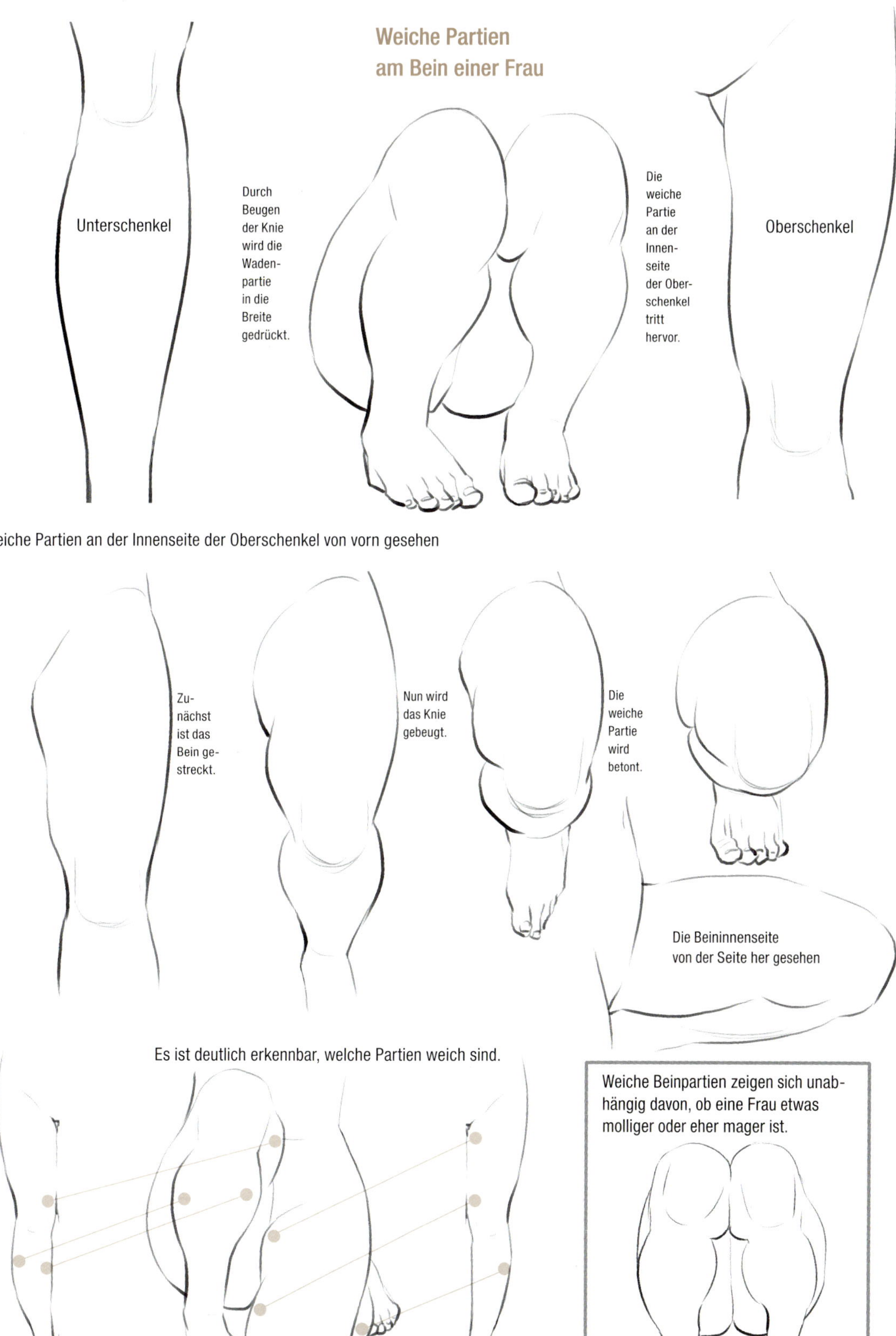

Schiefzehe (Hallux valgus)

Hallux valgus, oder Schiefzehe, ist die allgemeine Bezeichnung für deformierte Fußspitzen, wie sie häufig bei Frauen vorkommen, die oft und lange hochhackige Schuhe tragen. Dadurch dass der Hacken erhöht wird, liegt das gesamte Körpergewicht auf den Fußspitzen.

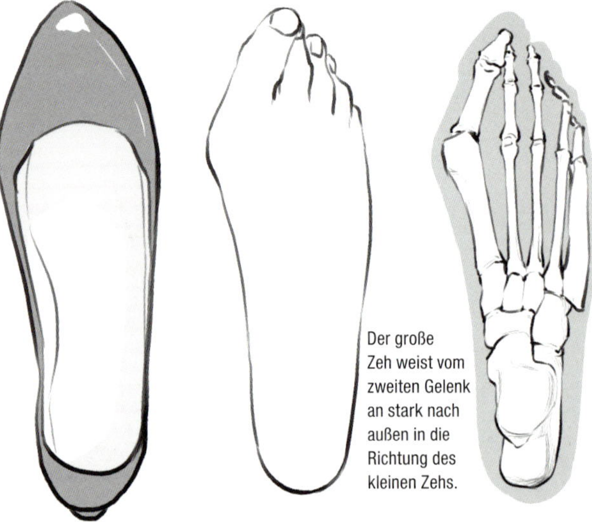

Der große Zeh weist vom zweiten Gelenk an stark nach außen in die Richtung des kleinen Zehs.

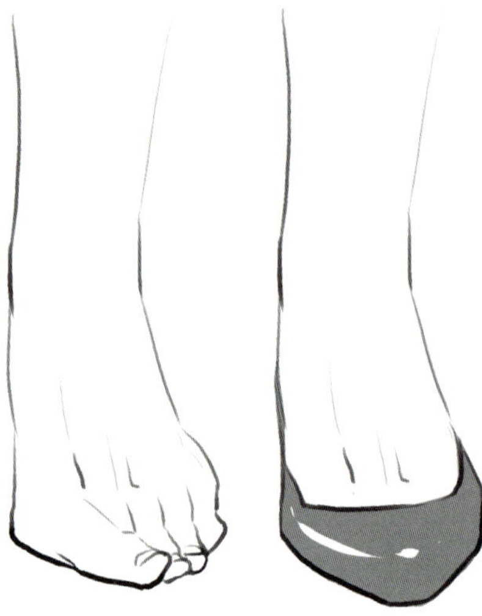

O-Beine

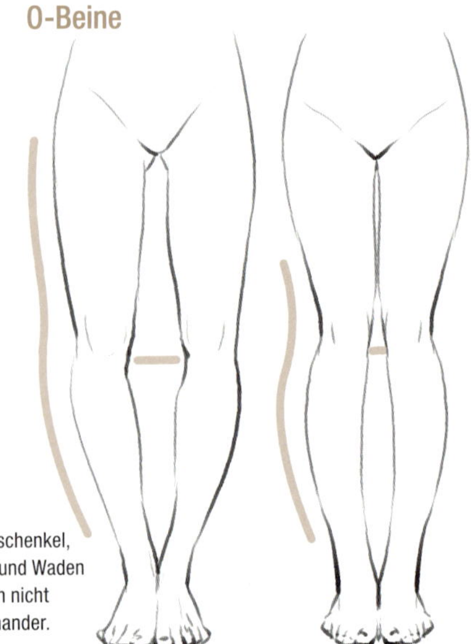

Oberschenkel, Knie und Waden liegen nicht aneinander.

Nützliches Manga-Wissen

Wenn die Fersen aneinander liegen, Oberschenkel, Knie und Waden jedoch nicht, spricht man von O-Beinen. Die Form der Beine ist dadurch verändert, dass die Gelenke der Oberschenkel nach innen gedreht sind.
Die Ursache hierfür liegt z. B. in den zuvor vorgestellten »typisch weiblichen« Sitzpositionen. (auf dem Boden oder mit zusammengepressten Knien bzw. übereinandergeschlagenen Beinen). Es handelt sich dabei also zumeist um eine nach der Geburt entwickelte Fehlstellung.

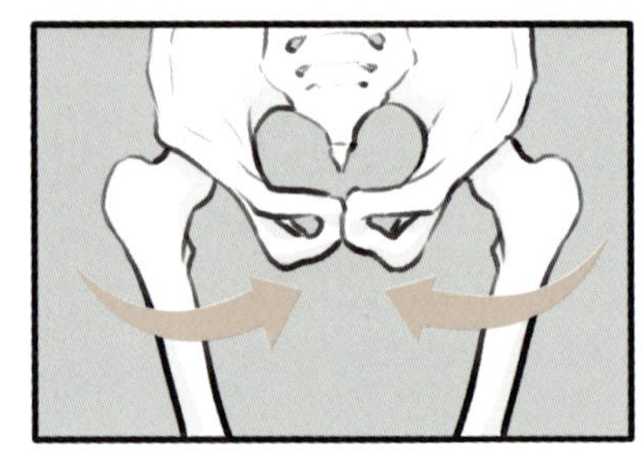

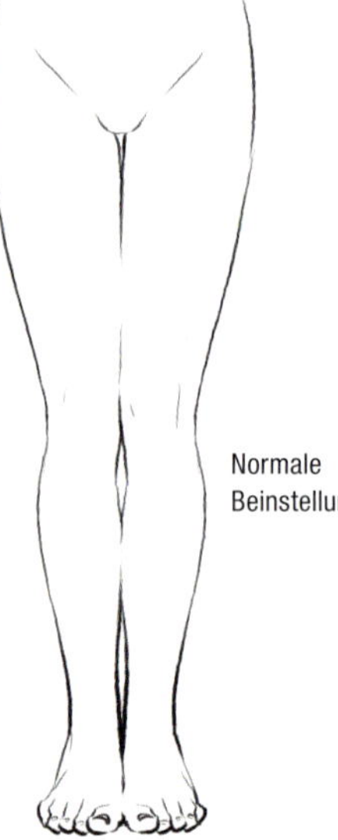

Normale Beinstellung

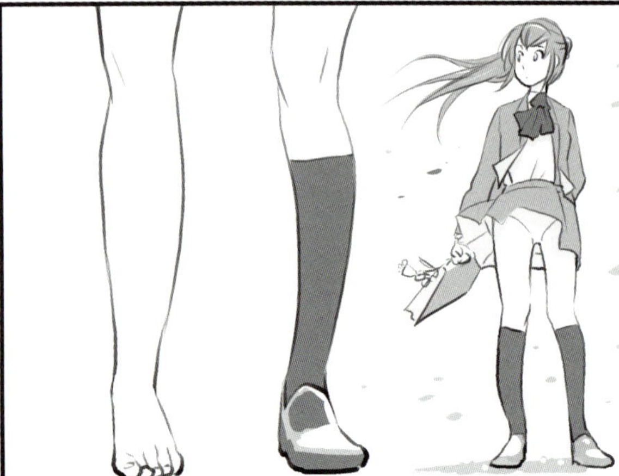

Nützliches Manga-Wissen

Mangatypisch verzerrte Beine eines Mädchens

Die Beine von Mädchenfiguren in Manga wirken nahezu immer o-beinig. Der Grund dafür, dass die Zeichner ihre Figuren so häufig stark verzerren, liegt wahrscheinlich darin, dass sie geschlechtsspezifische Merkmale besonders betonen und den Unterschied zwischen Mann und Frau auf den ersten Blick erkennbar machen wollen. Versucht einmal, verschiedene Beine für die gleiche Figur zu entwickeln, und beobachtet dabei, wie sich dies auf ihren Ausdruck und auf ihr »Inneres« auswirkt.

Gezeichnet nach dem Vorbild einer im Laufe des Lebens entwickelten Fehlstellung

08 Beispiele

Muskulöses Bein

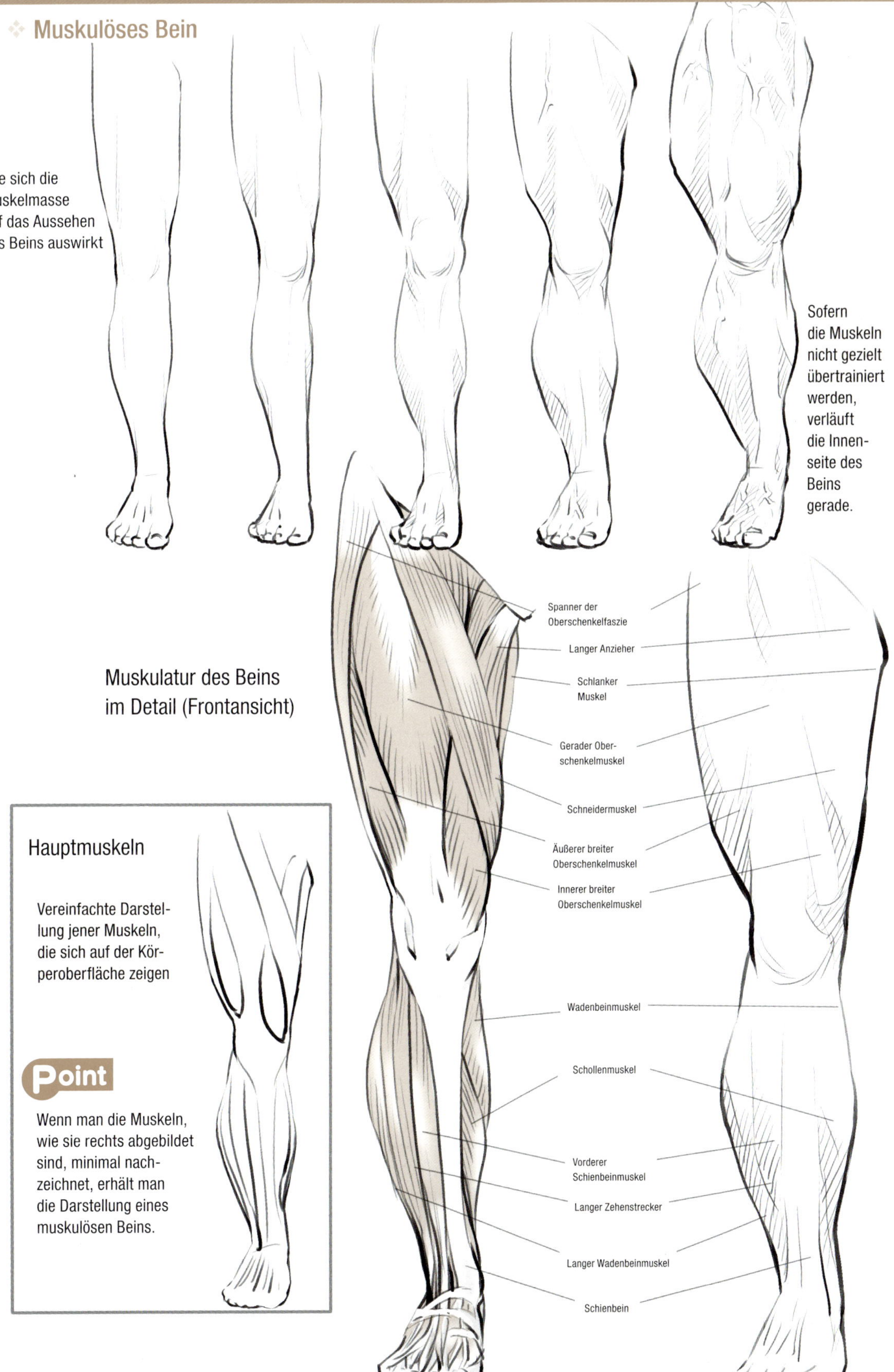

Wie sich die Muskelmasse auf das Aussehen des Beins auswirkt

Sofern die Muskeln nicht gezielt übertrainiert werden, verläuft die Innenseite des Beins gerade.

Muskulatur des Beins im Detail (Frontansicht)

Hauptmuskeln

Vereinfachte Darstellung jener Muskeln, die sich auf der Körperoberfläche zeigen

Point

Wenn man die Muskeln, wie sie rechts abgebildet sind, minimal nachzeichnet, erhält man die Darstellung eines muskulösen Beins.

Muskeln des Beins
im Detail (Rückansicht)

Point

Hauptmuskeln

Wenn man die Muskeln, wie sie unten abgebildet sind, minimal nachzeichnet, erhält man die Darstellung eines muskulösen Beins.

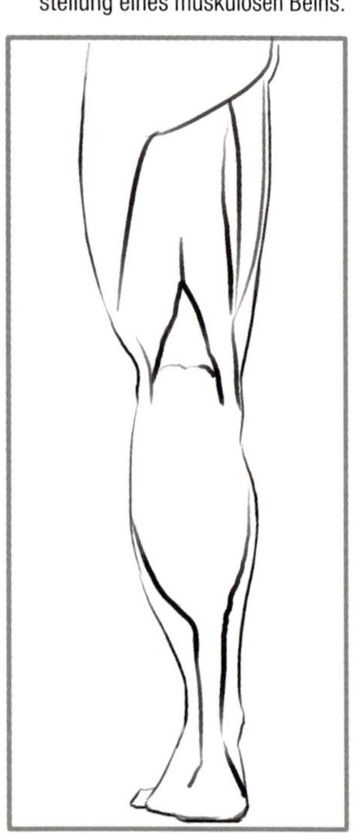

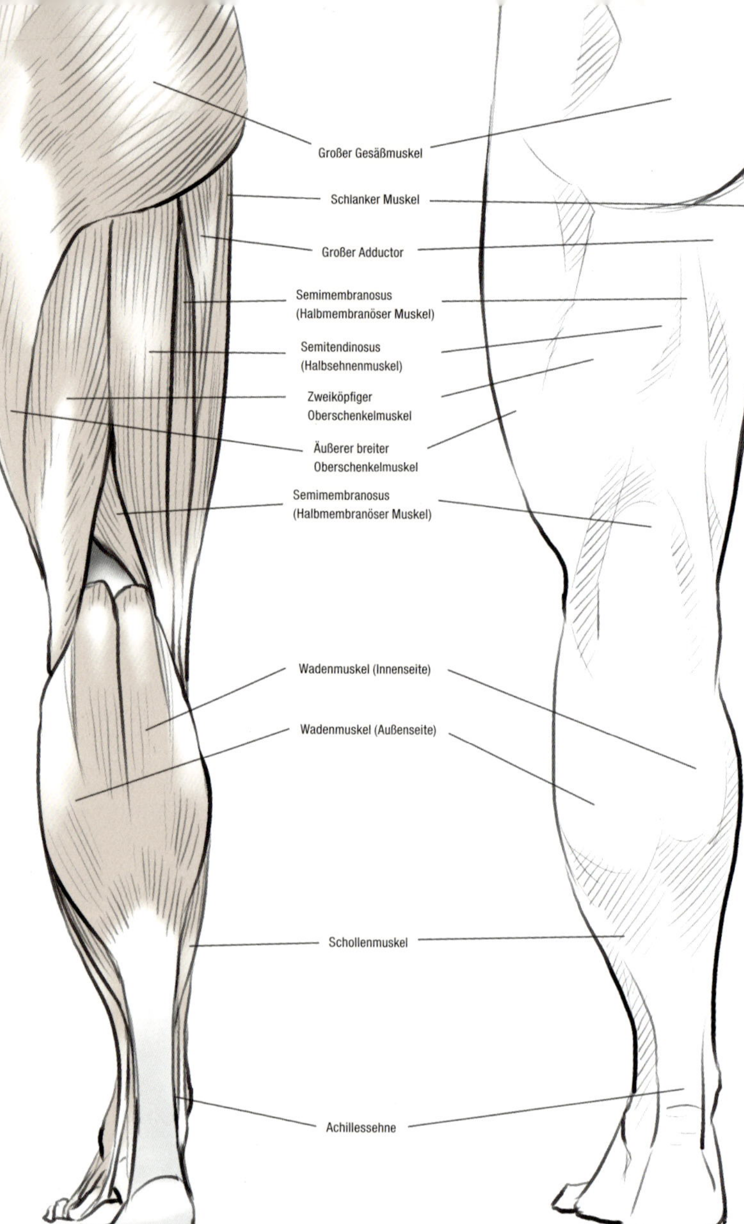

Point

Übertrainierte Beine von Mann und Frau

Werden die Beine von Männern und Frauen übermäßig trainiert, lassen sie sich kaum noch unterscheiden. Es lassen sich jedoch von Natur aus deutliche Unterschiede in der Anlage der Muskulatur von Männern und Frauen feststellen.

❖ Abgemagertes Bein

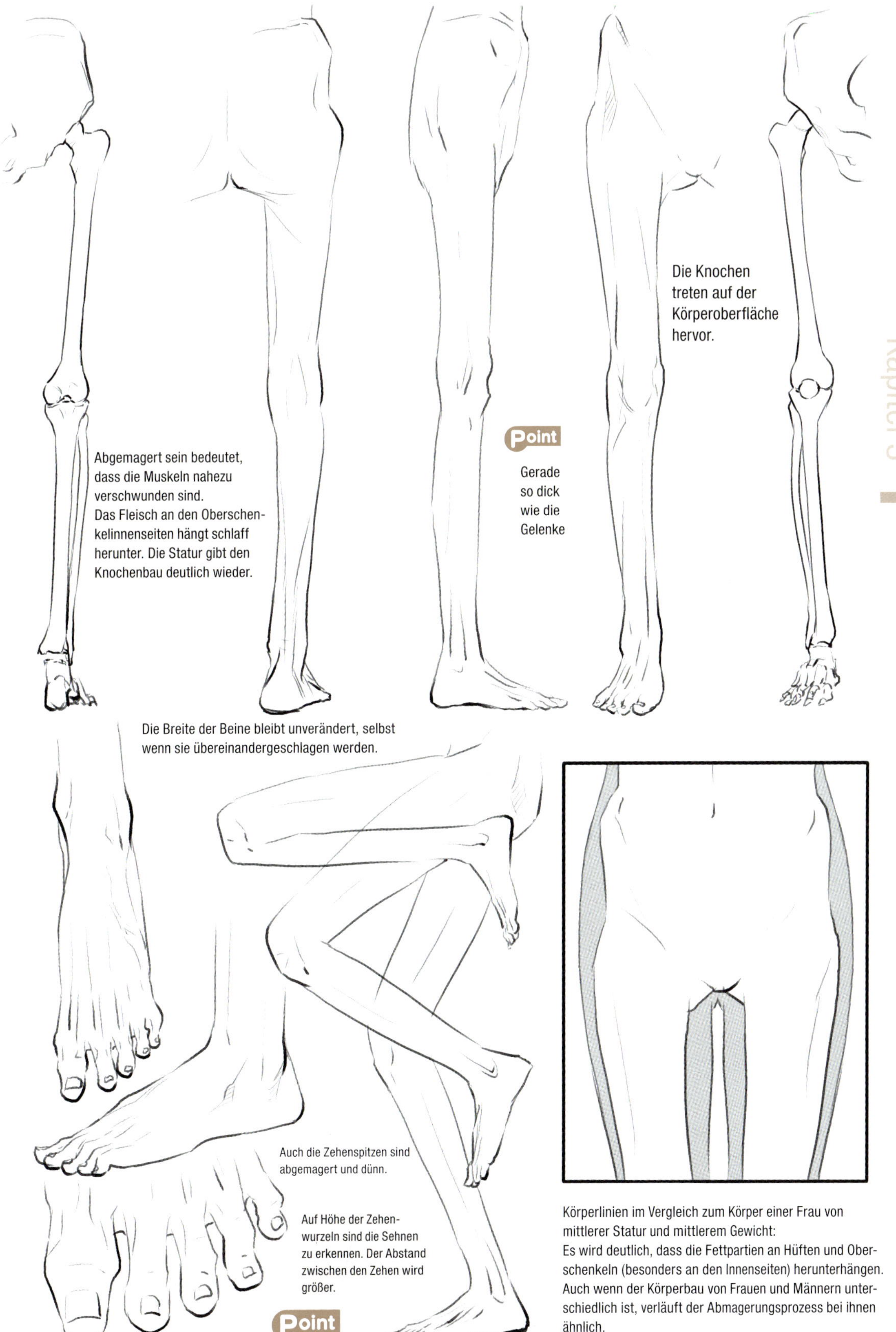

Körperlinien im Vergleich zum Körper einer Frau von mittlerer Statur und mittlerem Gewicht:
Es wird deutlich, dass die Fettpartien an Hüften und Oberschenkeln (besonders an den Innenseiten) herunterhängen. Auch wenn der Körperbau von Frauen und Männern unterschiedlich ist, verläuft der Abmagerungsprozess bei ihnen ähnlich.

❖ Fülliges Bein

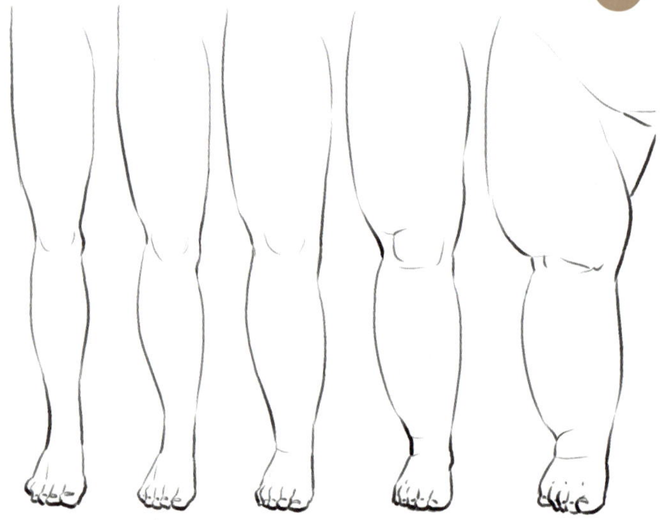

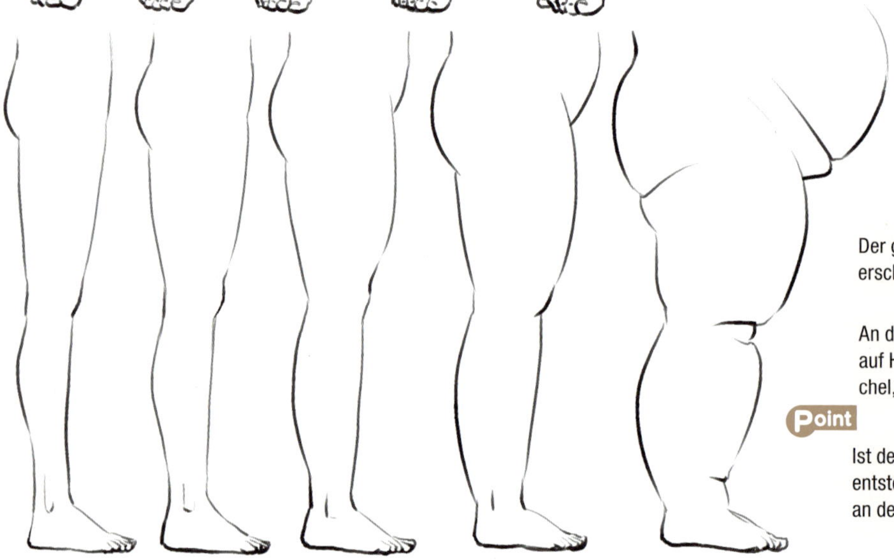

Nützliches Manga-Wissen

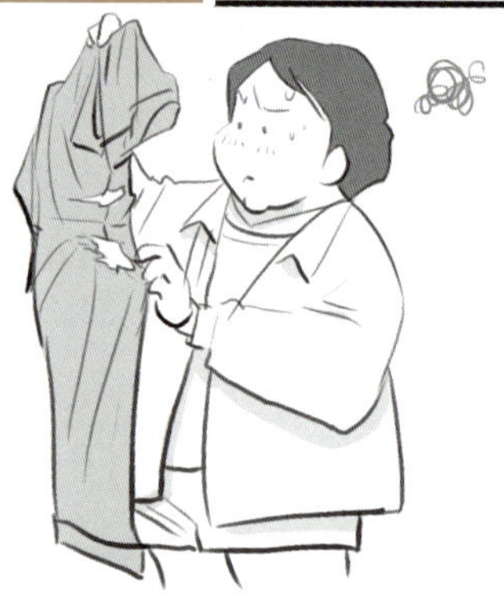

Hosen von fülligen Menschen gehen häufig an den Oberschenkelinnenseiten kaputt. Manchmal treten in diesem Bereich auch Abschürfungen auf, da die Oberschenkel beim Laufen ständig aneinander reiben.

Der gesamte Körper erscheint rundlich.

An den Gelenken, z. B. auf Höhe der Fußknöchel, liegt das Fett auf.

Point

Ist der Mensch sehr korpulent, entstehen Verengungen wie an den Beinen eines Babys.

Nützliches Manga-Wissen

Ein pyknischer Mensch, dessen Körperbau gedrungen ist und der zu einem Fettansatz neigt, ist auf andere Weise füllig als ein Sumoringer.

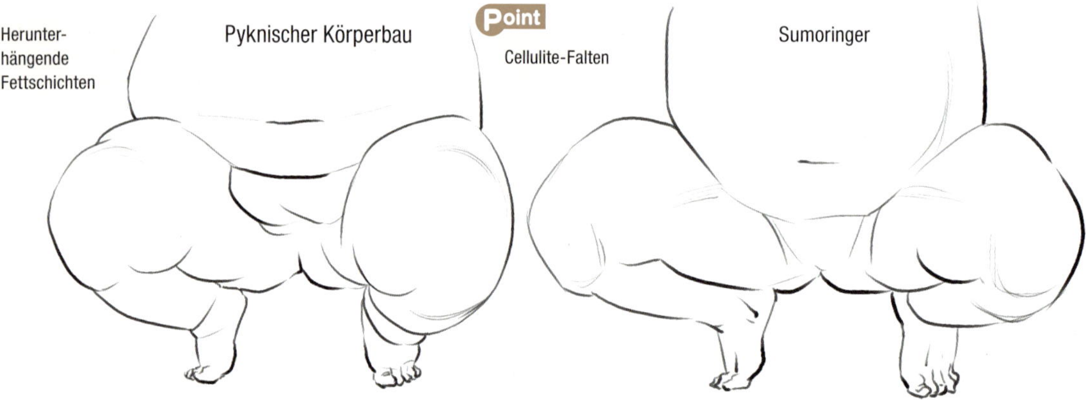

Da wenig Muskelmasse und ein großer Fettanteil vorhanden sind, fühlt sich der Körper weich an.

Es ist viel Muskelmasse vorhanden, diese Muskeln stützen das Fett, wodurch sich der Körper fest anfühlt.

Bein eines Kindes

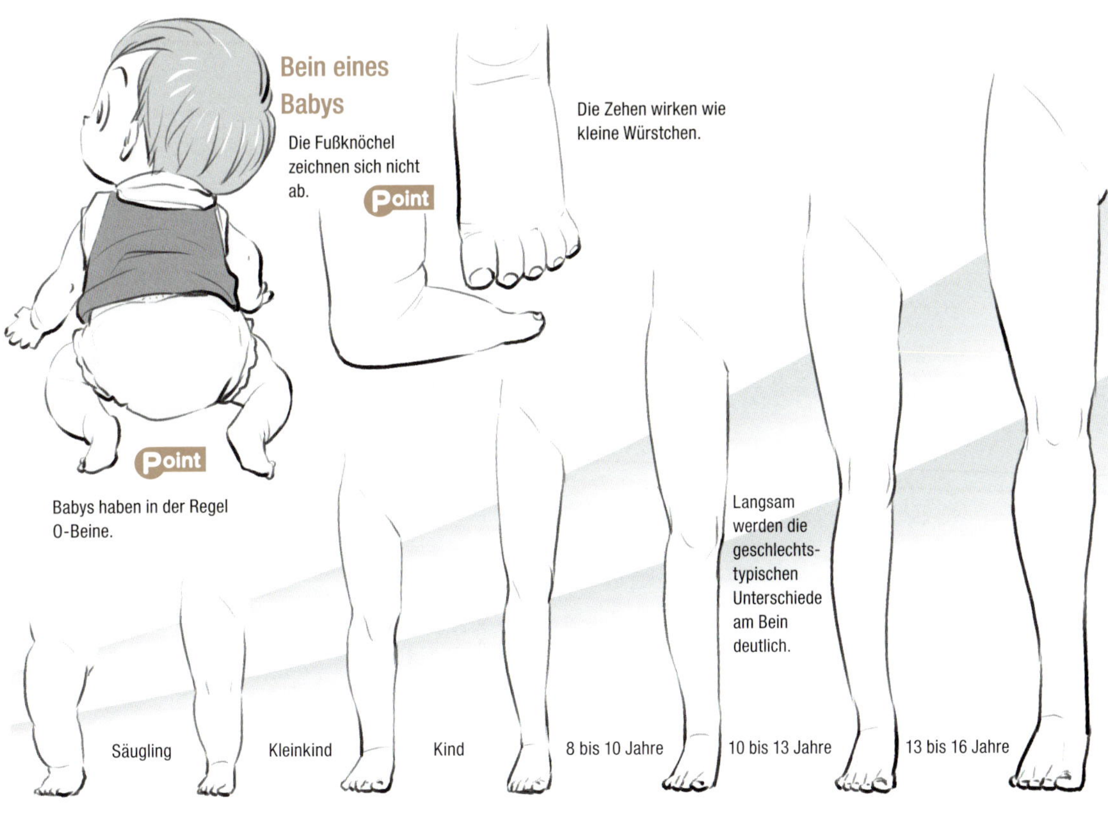

Bein eines Kindes

Bis zu einem Alter von etwa zehn Jahren sind in der Entwicklung des Beins keine geschlechtstypischen Unterschiede zu erkennen. Sie zeigen sich eher in der Art der Bewegungen – und damit in den spezifischen Winkeln der einzelnen Gelenke.

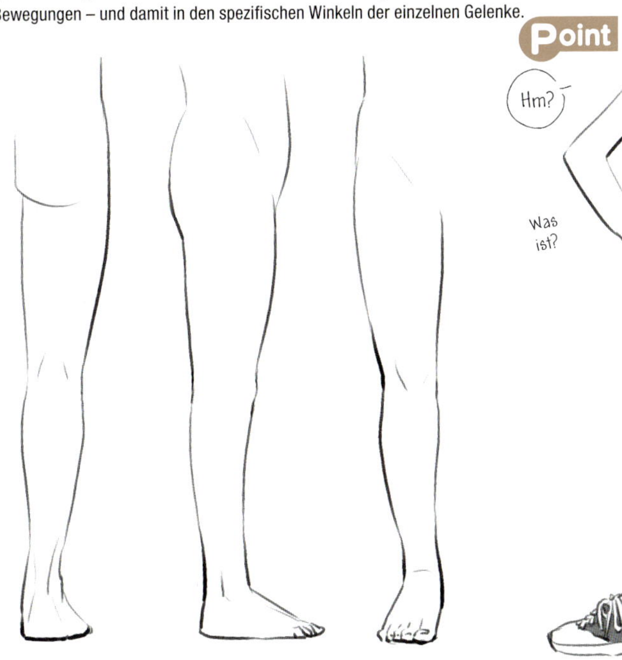

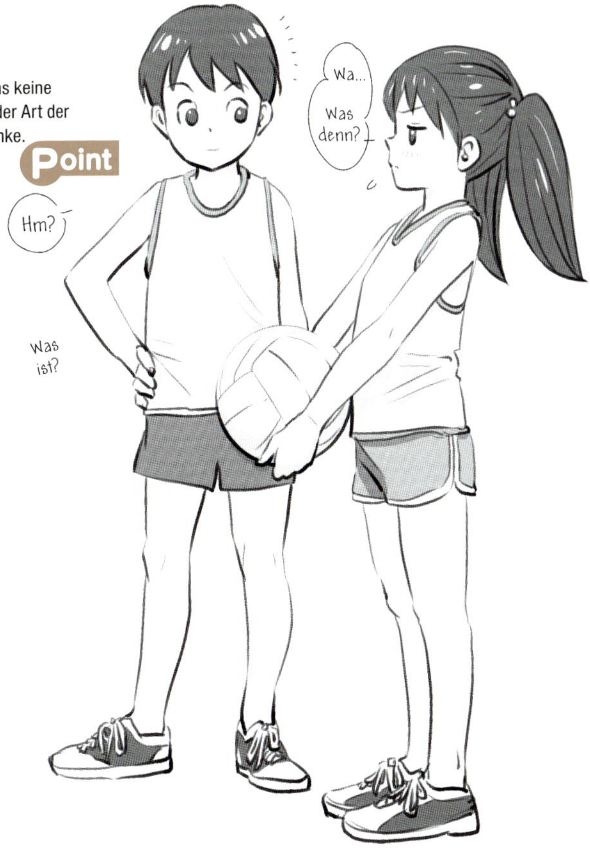

Bein einer älteren Person

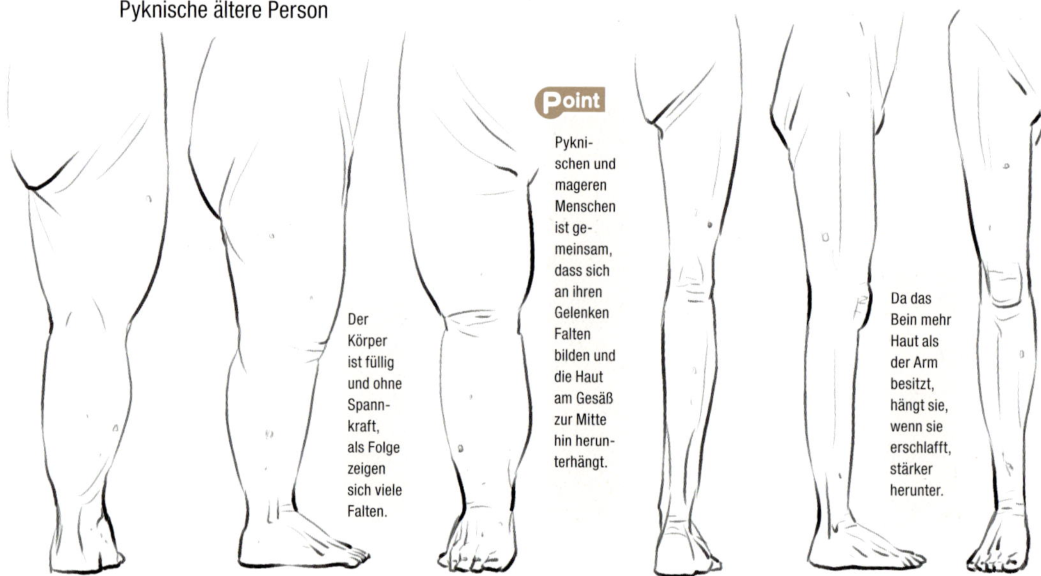

Winkel am Bein einer älteren Person

Charakteristisch für das Bein eines älteren Menschen ist, dass es gebeugter ist, also mehr Winkel aufweist. Aber nicht nur die Beine, sondern die gesamte Körperhaltung verändert sich.

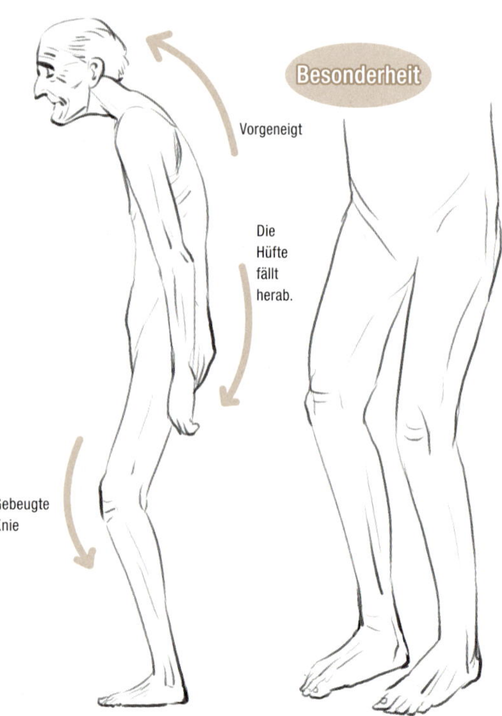

Wie man Falten und schlaffe Partien zeichnet

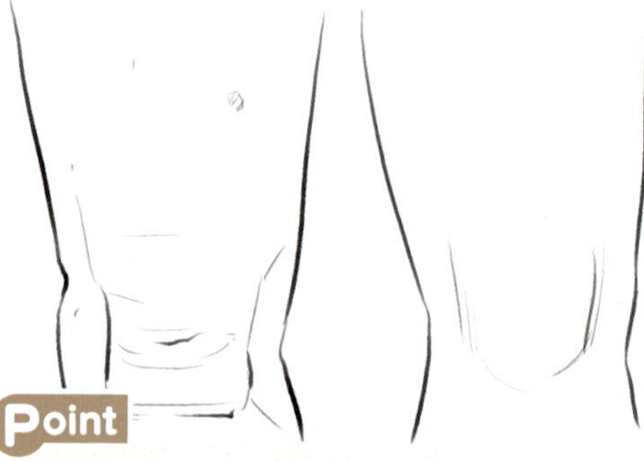

Point

Zeichnet zahlreiche feine Querlinien in den Kreis der Kniescheibe. Durch Beugen und Strecken fällt die Haut schlaff und es entstehen Falten.

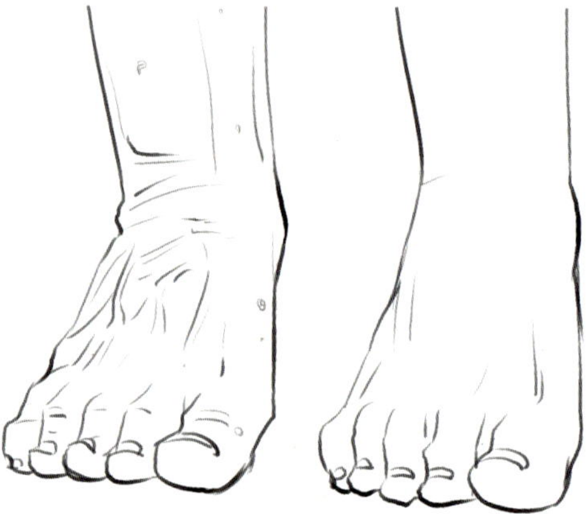

Auch auf Höhe der Fußknöchel bilden sich Falten, die Ihr durch Querlinien darstellen könnt. Zusammen mit Adern und Sehnen, die auf dem Fußrücken hervortreten, zeichnet sich so ein bewegtes Leben ab.

Kapitel 4

Füße und Beine in der Praxis

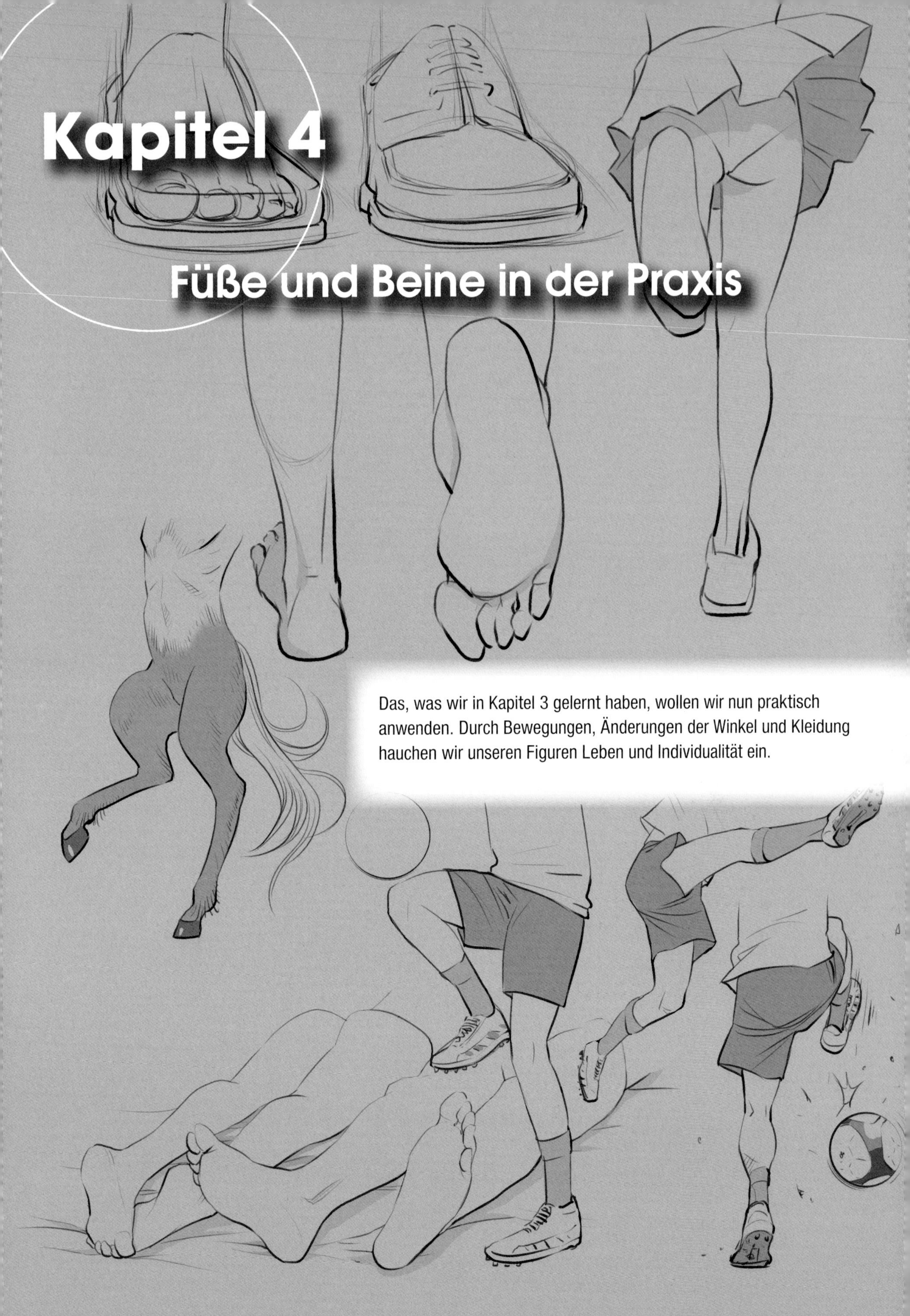

Das, was wir in Kapitel 3 gelernt haben, wollen wir nun praktisch anwenden. Durch Bewegungen, Änderungen der Winkel und Kleidung hauchen wir unseren Figuren Leben und Individualität ein.

01 Grundbewegungen des Beins

❖ Gehen

Fortbewegung, bei der immer ein Bein den Boden berührt

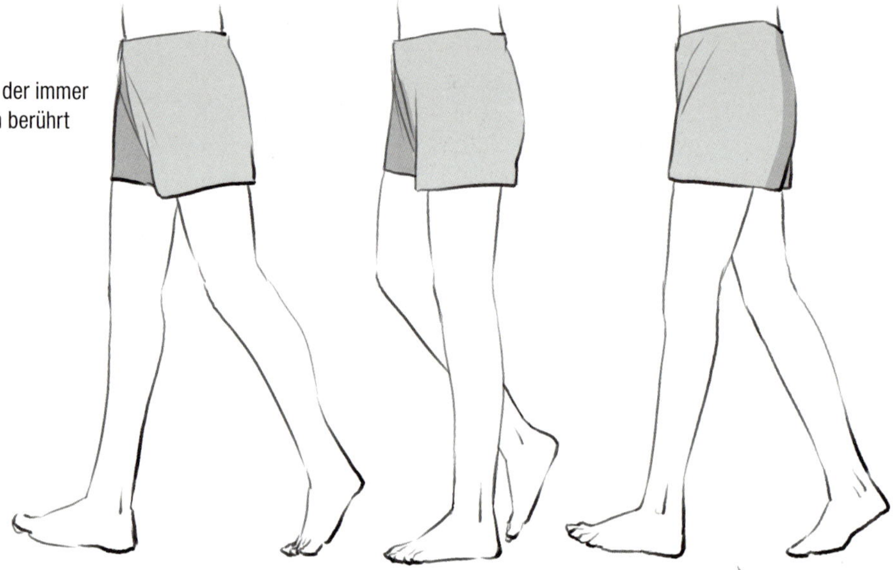

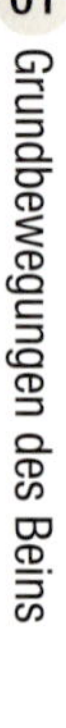

Die Ferse kommt auf dem Boden auf.

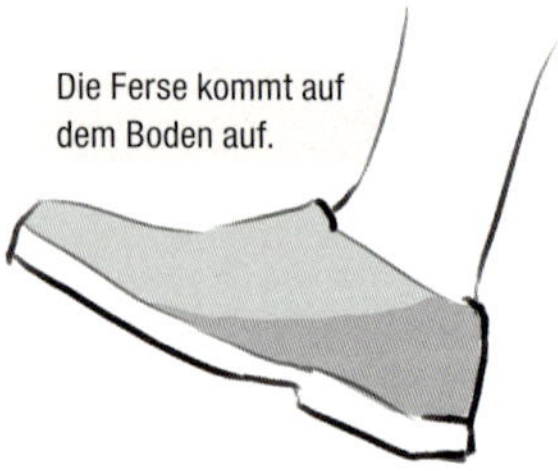

Wenn die gesamte Fußsohle fest auf dem Boden aufsetzt, wird das Körpergewicht verlagert.

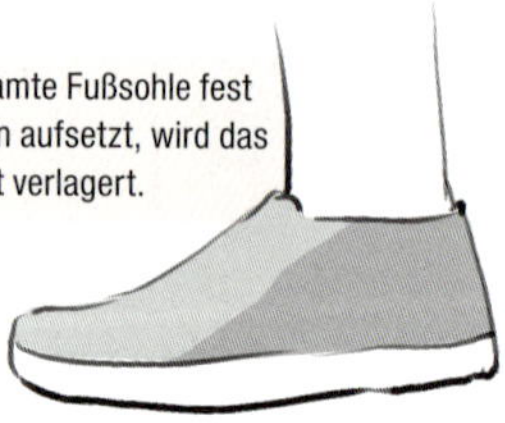

Mit den Zehenspitzen wird der gesamte Körper nach vorn gedrückt.

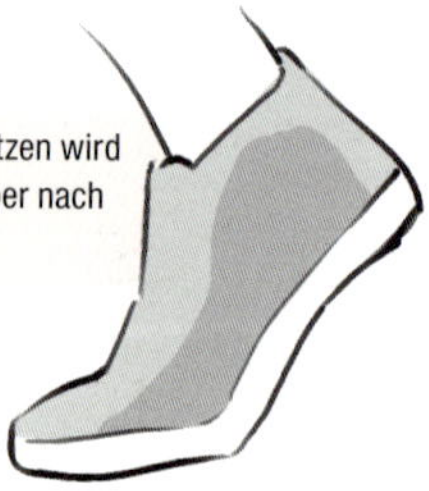

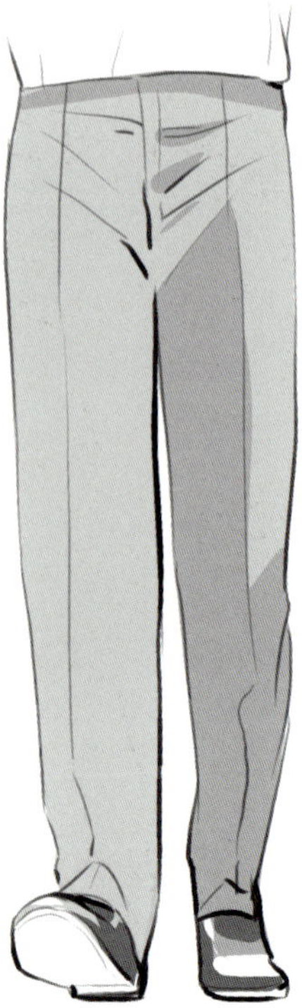

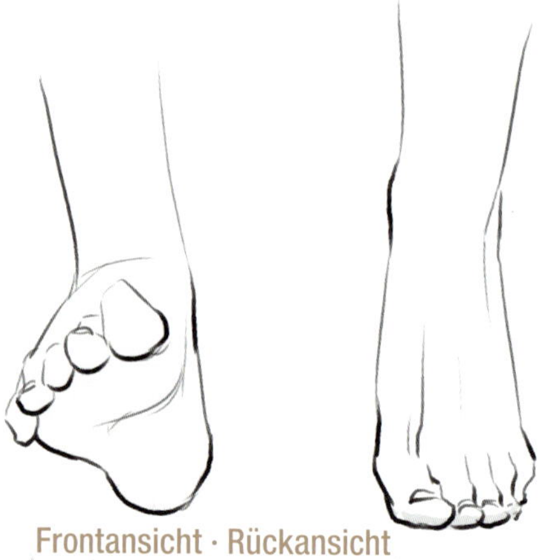

Frontansicht · Rückansicht

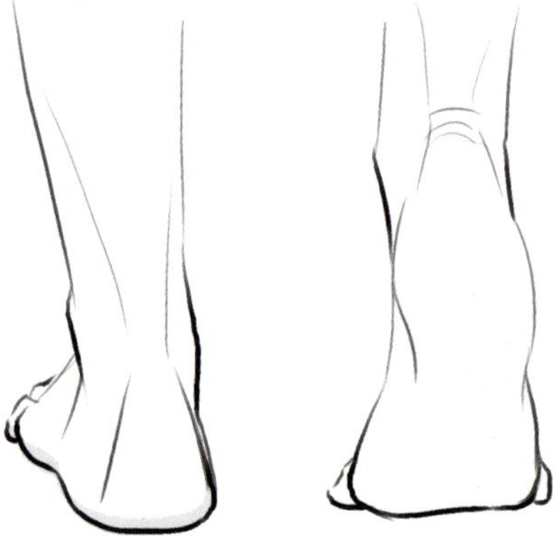

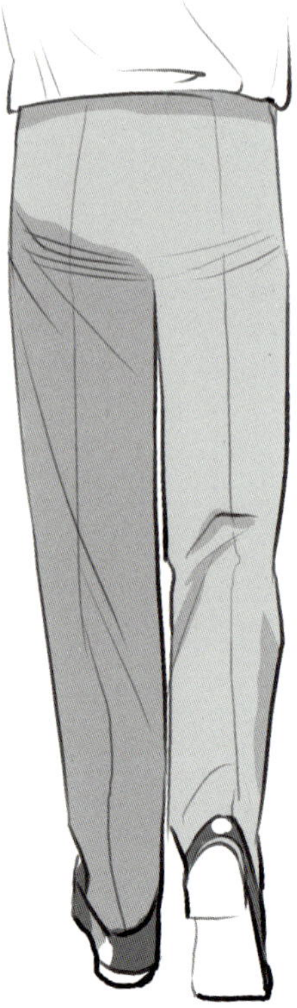

❖ Rennen

Fortbewegung, bei der es einen Moment gibt, in dem keines der Beine den Boden berührt.

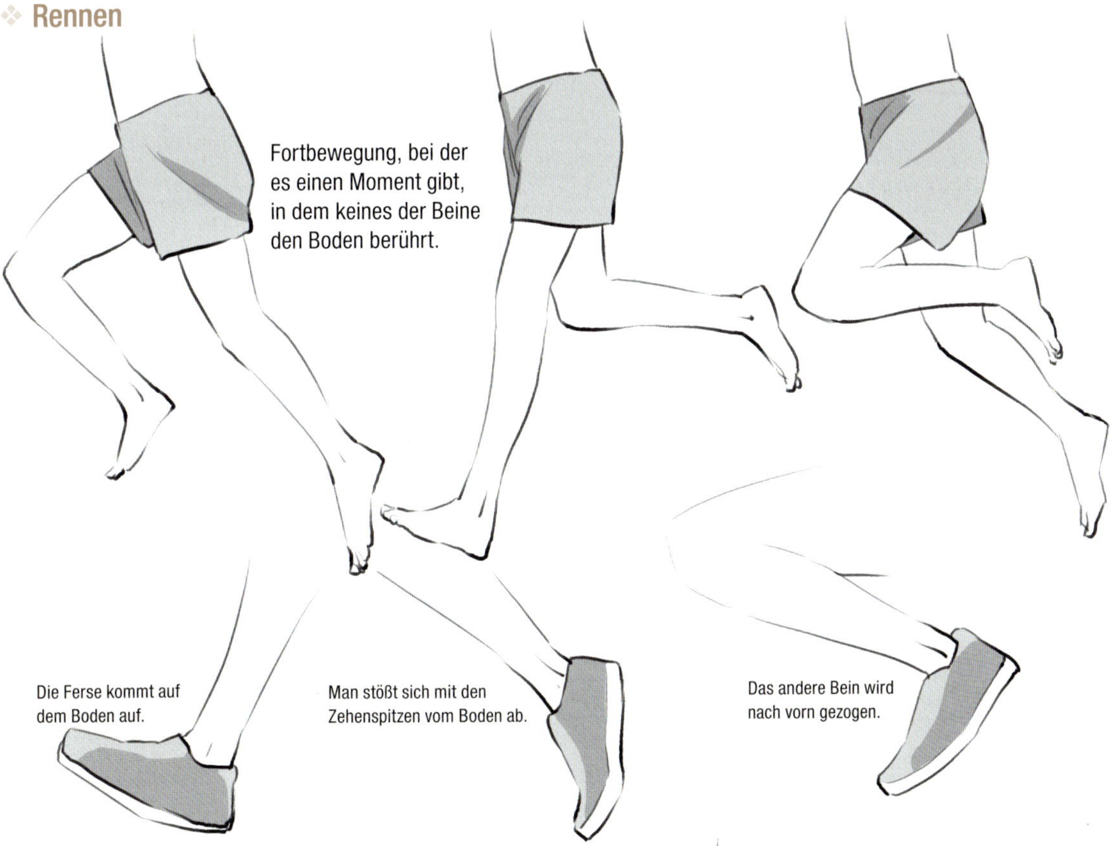

Die Ferse kommt auf dem Boden auf.

Man stößt sich mit den Zehenspitzen vom Boden ab.

Das andere Bein wird nach vorn gezogen.

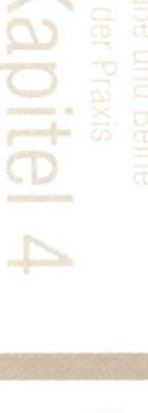

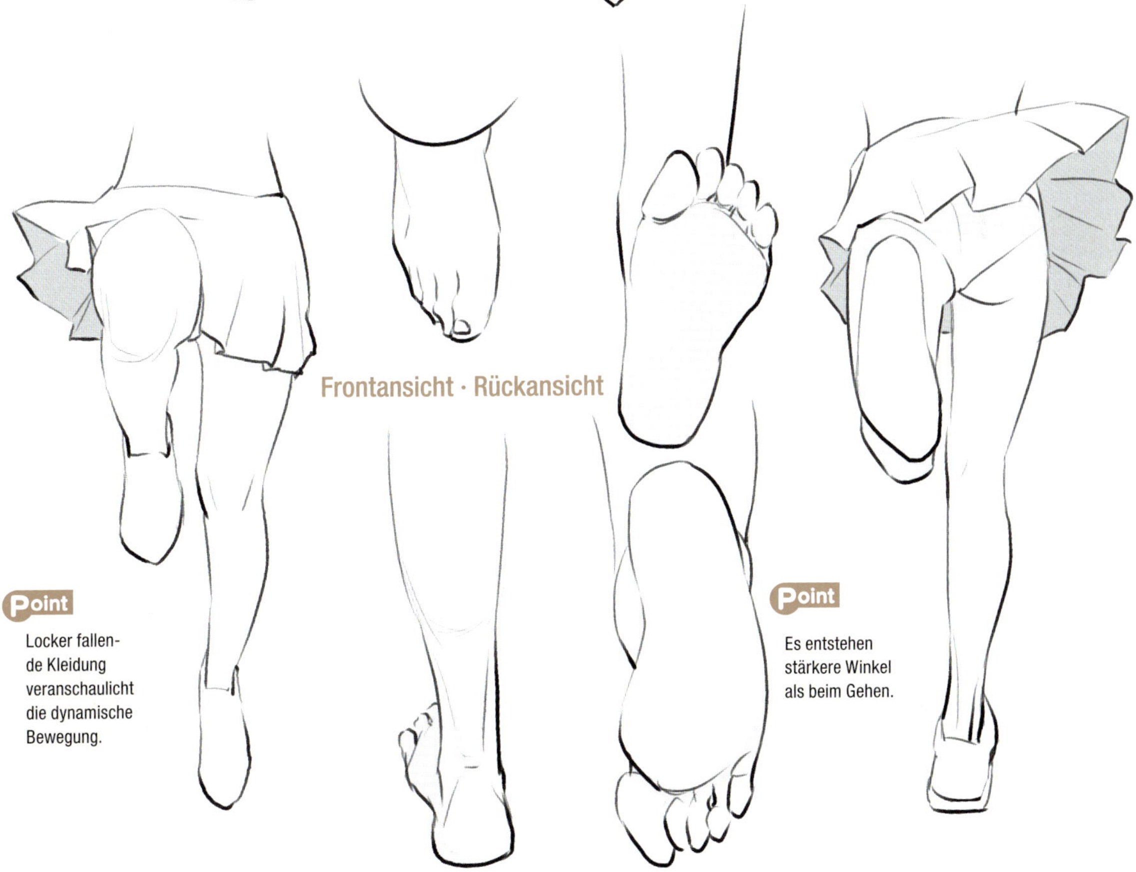

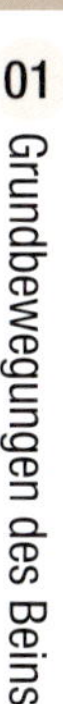

Frontansicht · Rückansicht

Point

Locker fallende Kleidung veranschaulicht die dynamische Bewegung.

Point

Es entstehen stärkere Winkel als beim Gehen.

Springen

Bewegung, bei der man sich durch Abstoßen vom Boden entfernt.

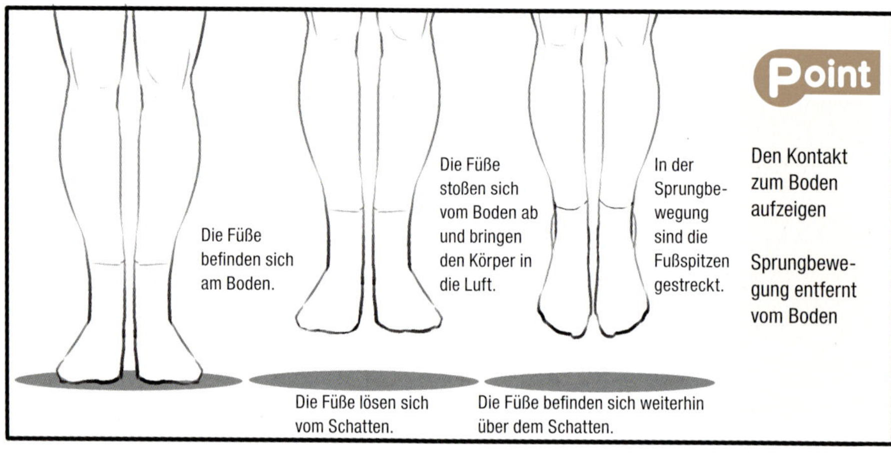

Am Winkel des hinteren Beins wird deutlich, was übersprungen wird.

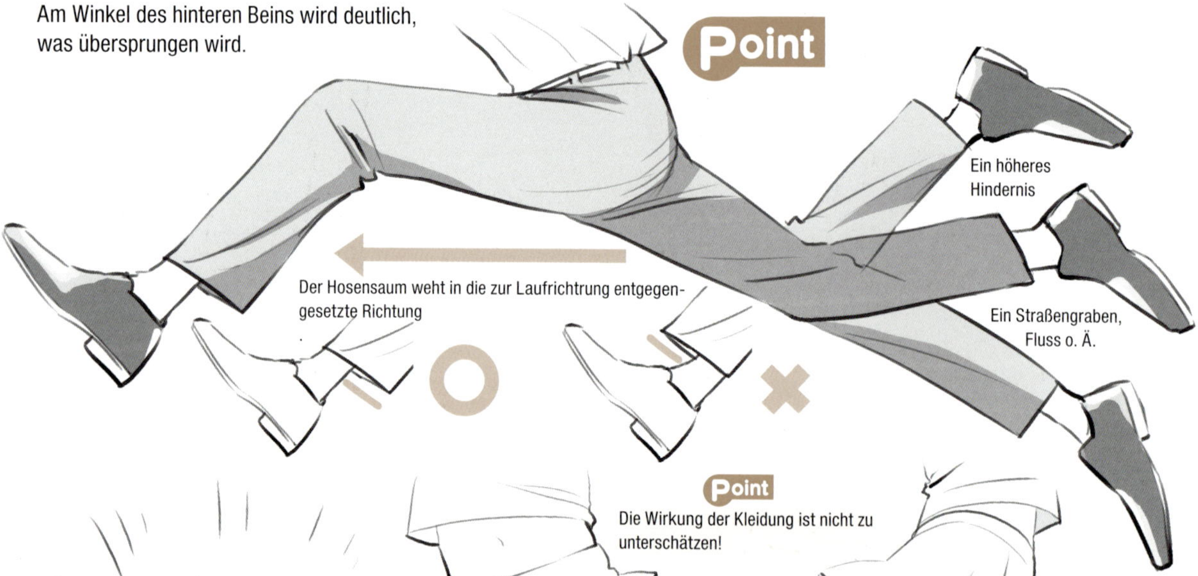

Point

Ein höheres Hindernis

Ein Straßengraben, Fluss o. Ä.

Der Hosensaum weht in die zur Laufrichtrung entgegengesetzte Richtung

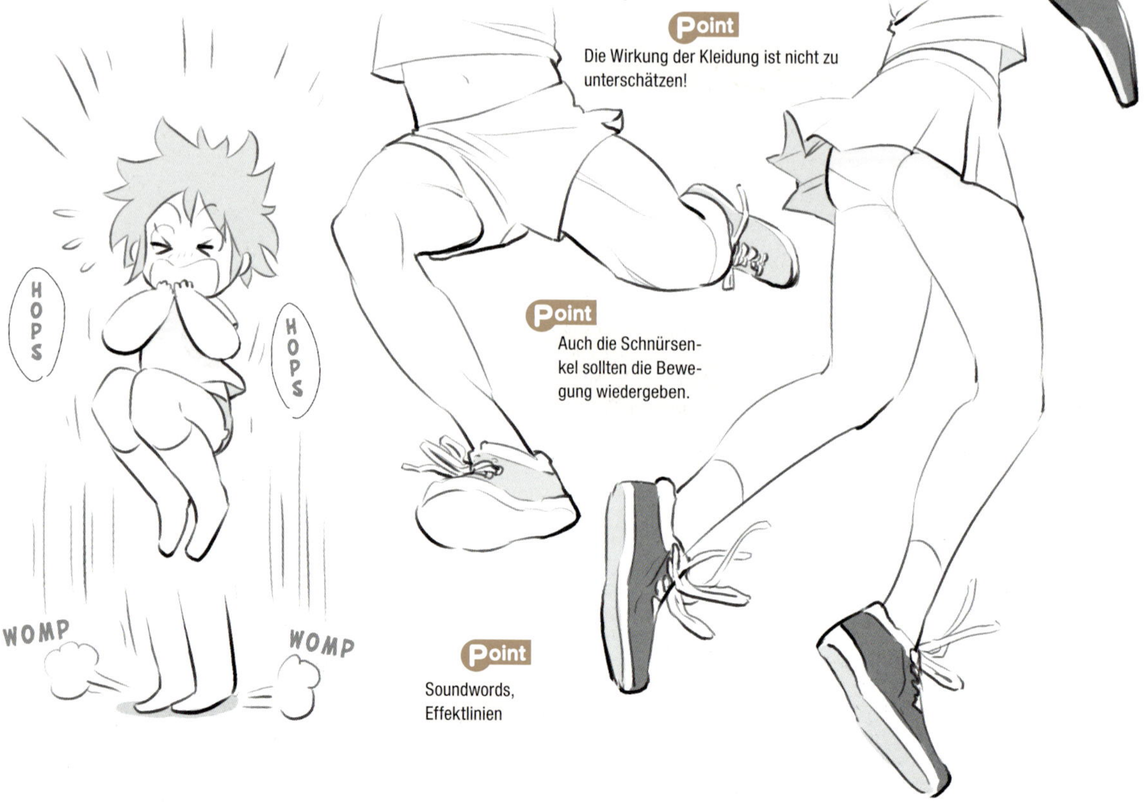

Point

Die Wirkung der Kleidung ist nicht zu unterschätzen!

Point

Auch die Schnürsenkel sollten die Bewegung wiedergeben.

HOPS

HOPS

WOMP

WOMP

Point

Soundwords, Effektlinien

✦ Kicken

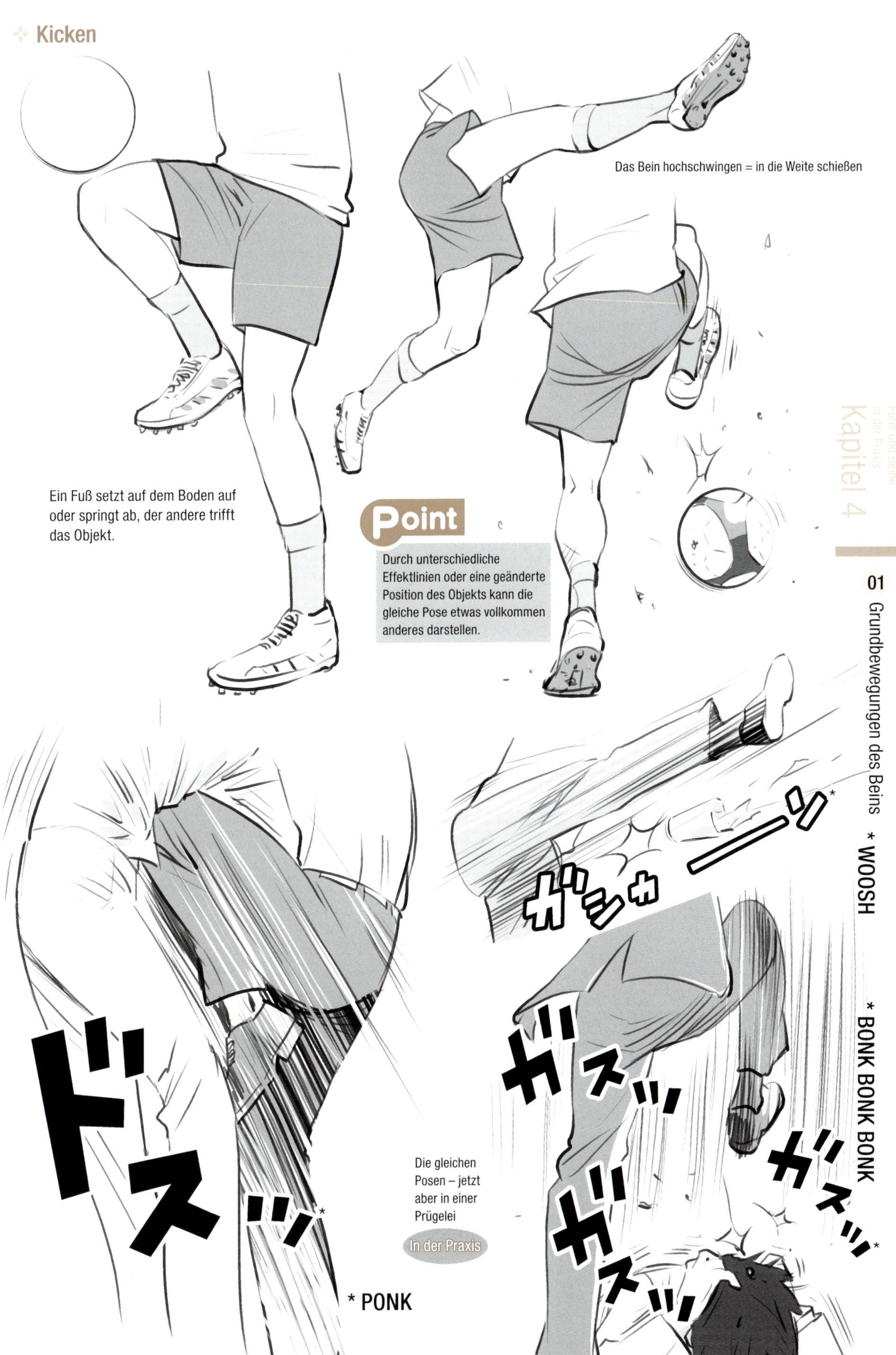

Ein Fuß setzt auf dem Boden auf oder springt ab, der andere trifft das Objekt.

Das Bein hochschwingen = in die Weite schießen

Point

Durch unterschiedliche Effektlinien oder eine geänderte Position des Objekts kann die gleiche Pose etwas vollkommen anderes darstellen.

In der Praxis

Die gleichen Posen – jetzt aber in einer Prügelei

* PONK

* WOOSH

* BONK BONK BONK

Liegen

Auf dem Boden liegen

Da Beine mehr Volumen als Arme haben, werden sie durch die Schwerkraft stärker beeinflusst. Dadurch verändert sich im Liegen ihre Form.

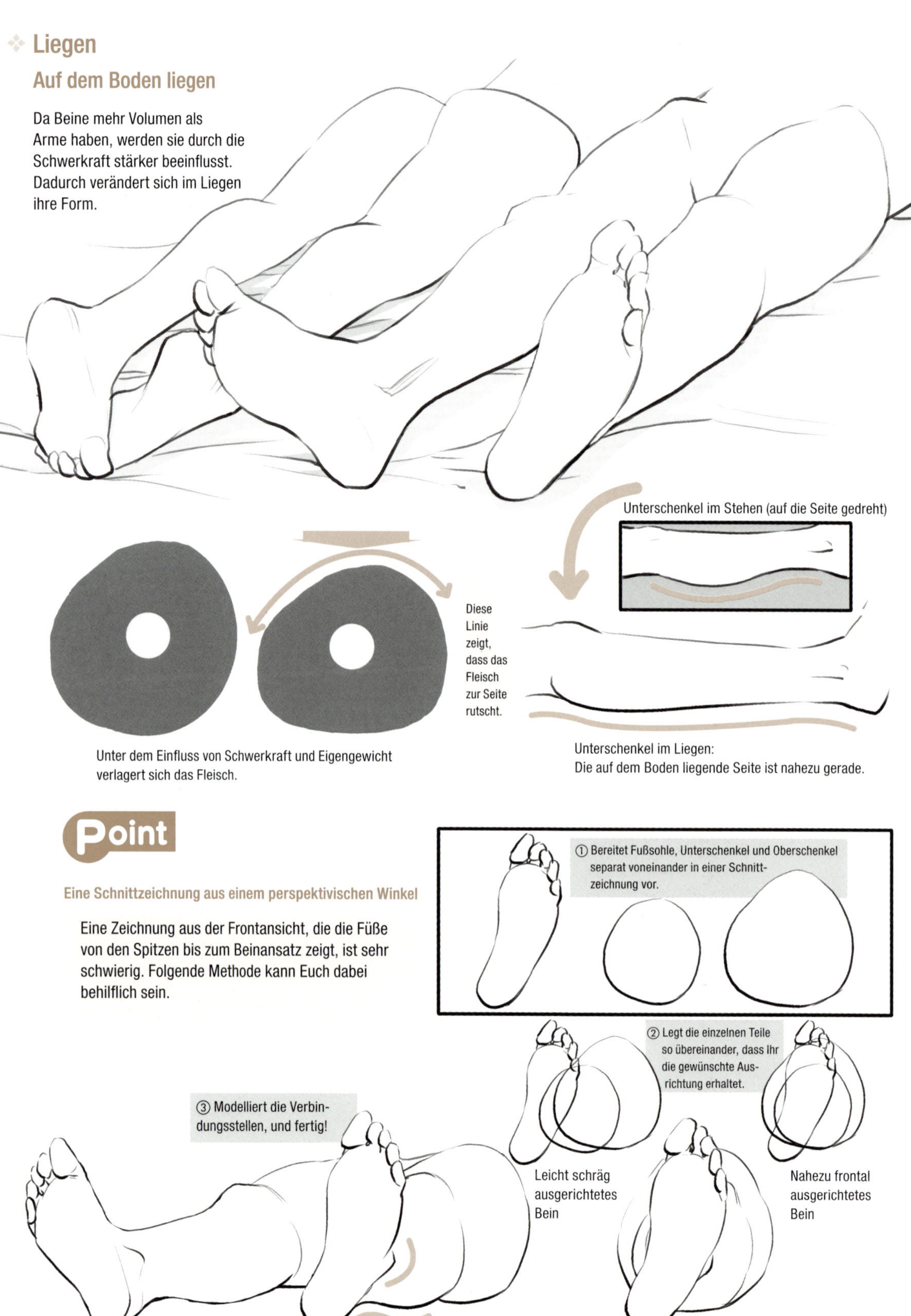

Eine Schnittzeichnung aus einem perspektivischen Winkel

Eine Zeichnung aus der Frontansicht, die die Füße von den Spitzen bis zum Beinansatz zeigt, ist sehr schwierig. Folgende Methode kann Euch dabei behilflich sein.

Fügt den Fußknöchel hinzu und korrigiert sorgfältig die Verbindungsstellen.

Offene Beinhaltungen

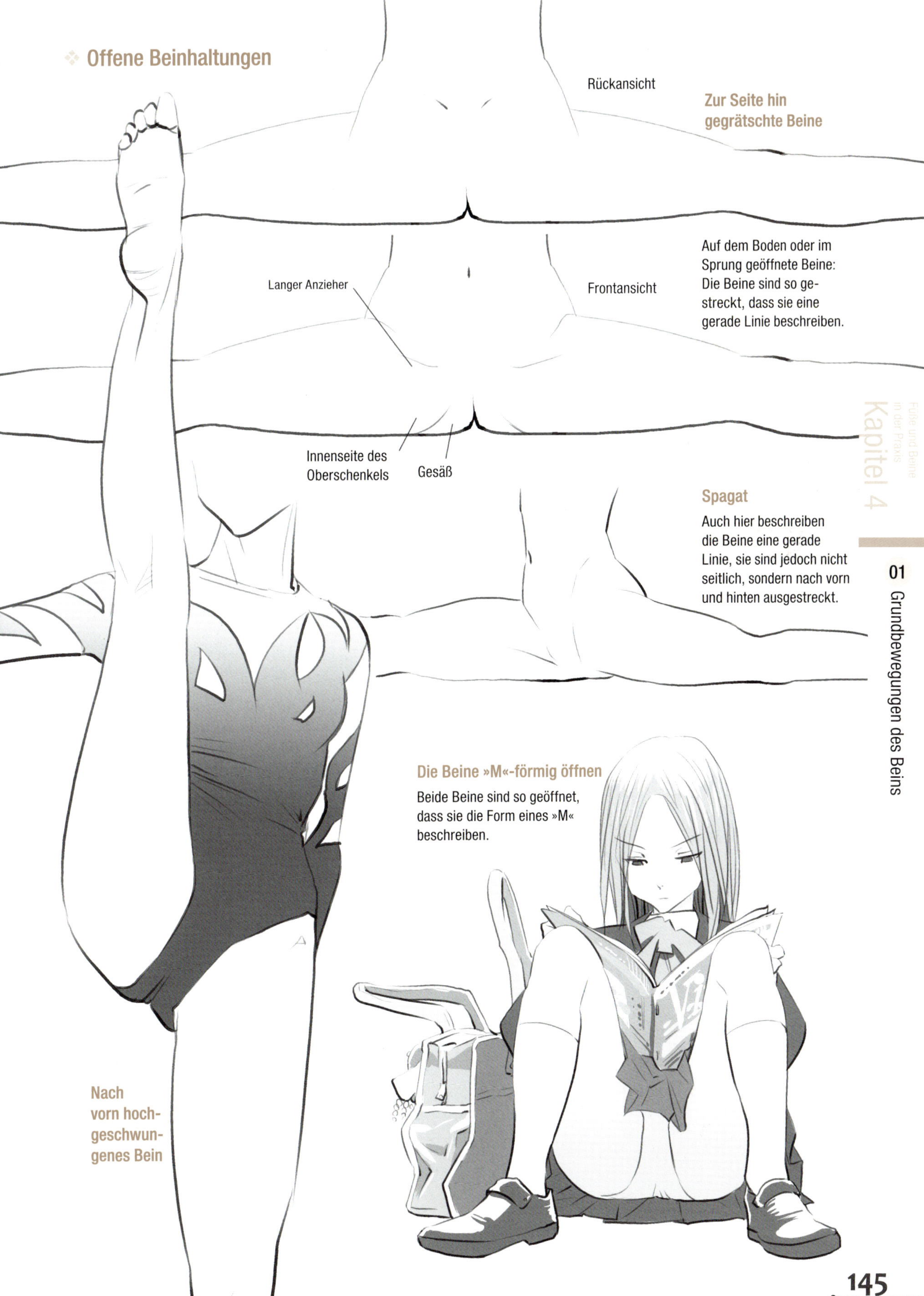

Zur Seite hin gegrätschte Beine

Auf dem Boden oder im Sprung geöffnete Beine: Die Beine sind so gestreckt, dass sie eine gerade Linie beschreiben.

Spagat

Auch hier beschreiben die Beine eine gerade Linie, sie sind jedoch nicht seitlich, sondern nach vorn und hinten ausgestreckt.

Die Beine »M«-förmig öffnen

Beide Beine sind so geöffnet, dass sie die Form eines »M« beschreiben.

Nach vorn hochgeschwungenes Bein

02 Bekleidete Beine

Unterwäsche

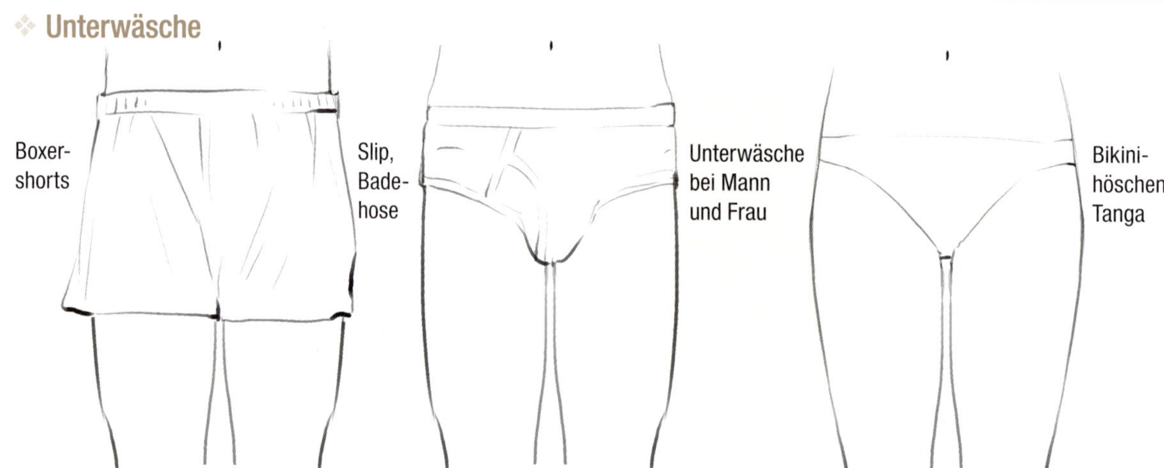

Shorts · Hotpants

Stoffhosen, die die Unterwäsche knapp bedecken

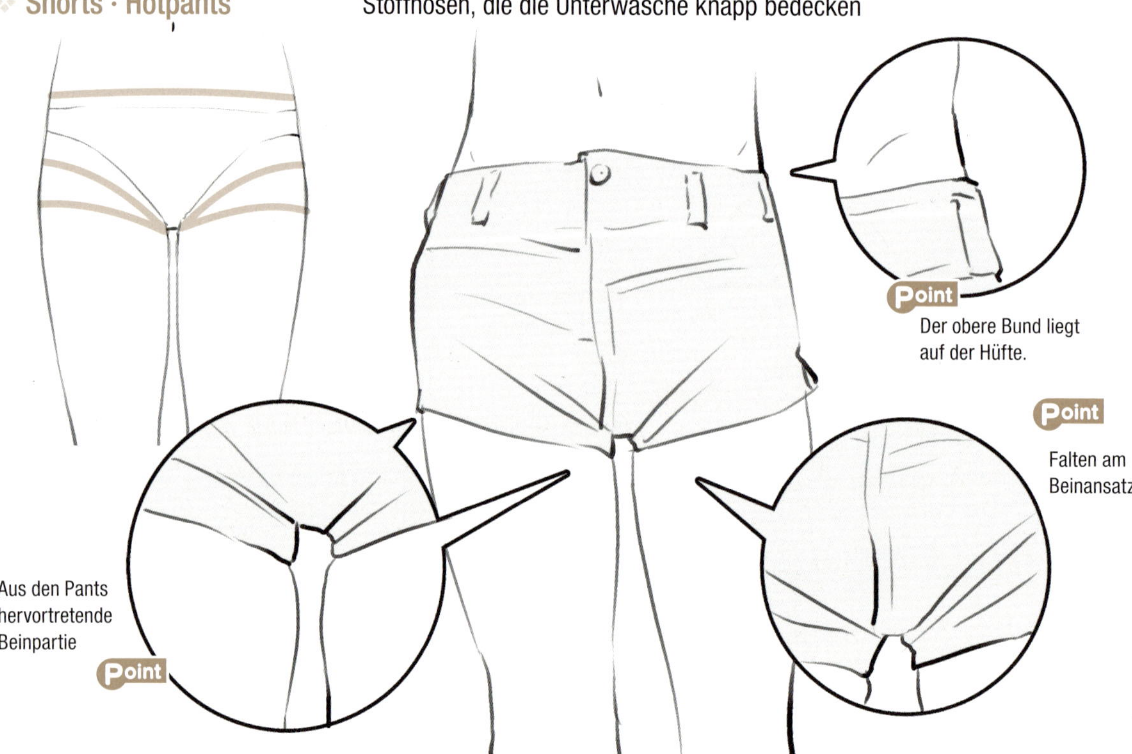

Aus der Rückansicht

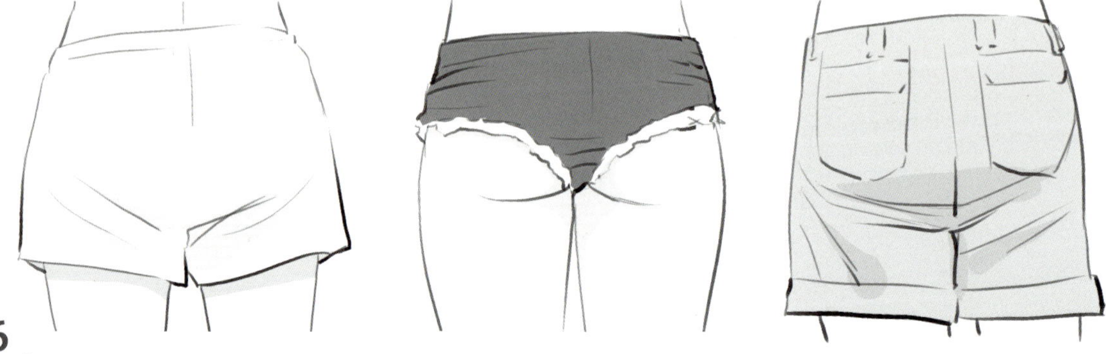

Trikothose · Sporthose

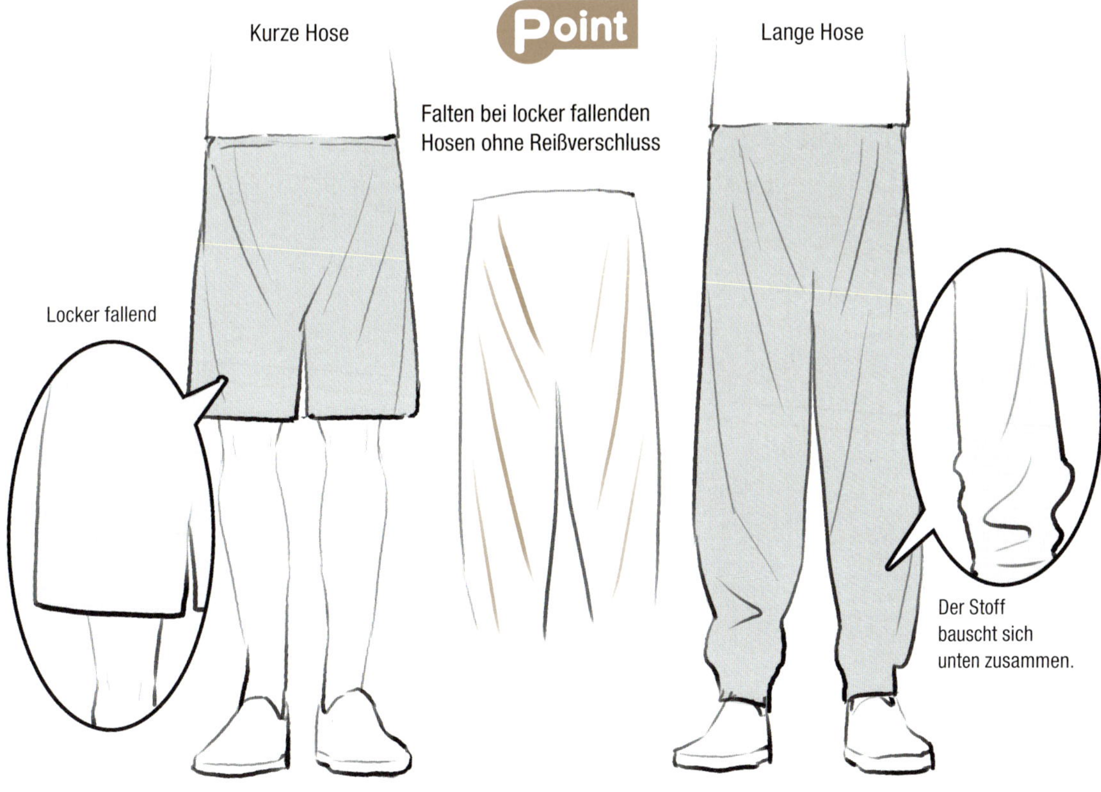

Von der Seite gesehen ähnelt eine kurze Hose einem Rock, daher liegt die hintere Linie am Gesäß an.

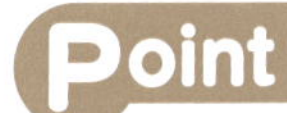

Es gibt einen Unterschied zwischen Freizeit- und langer Sporthose.

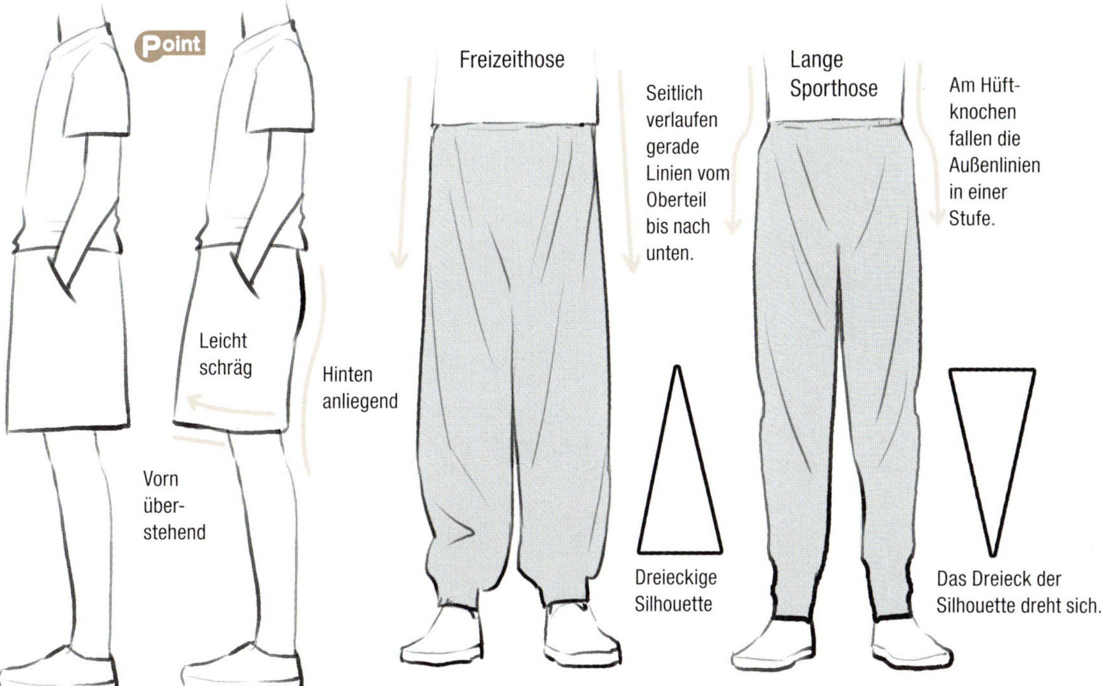

Anzughose

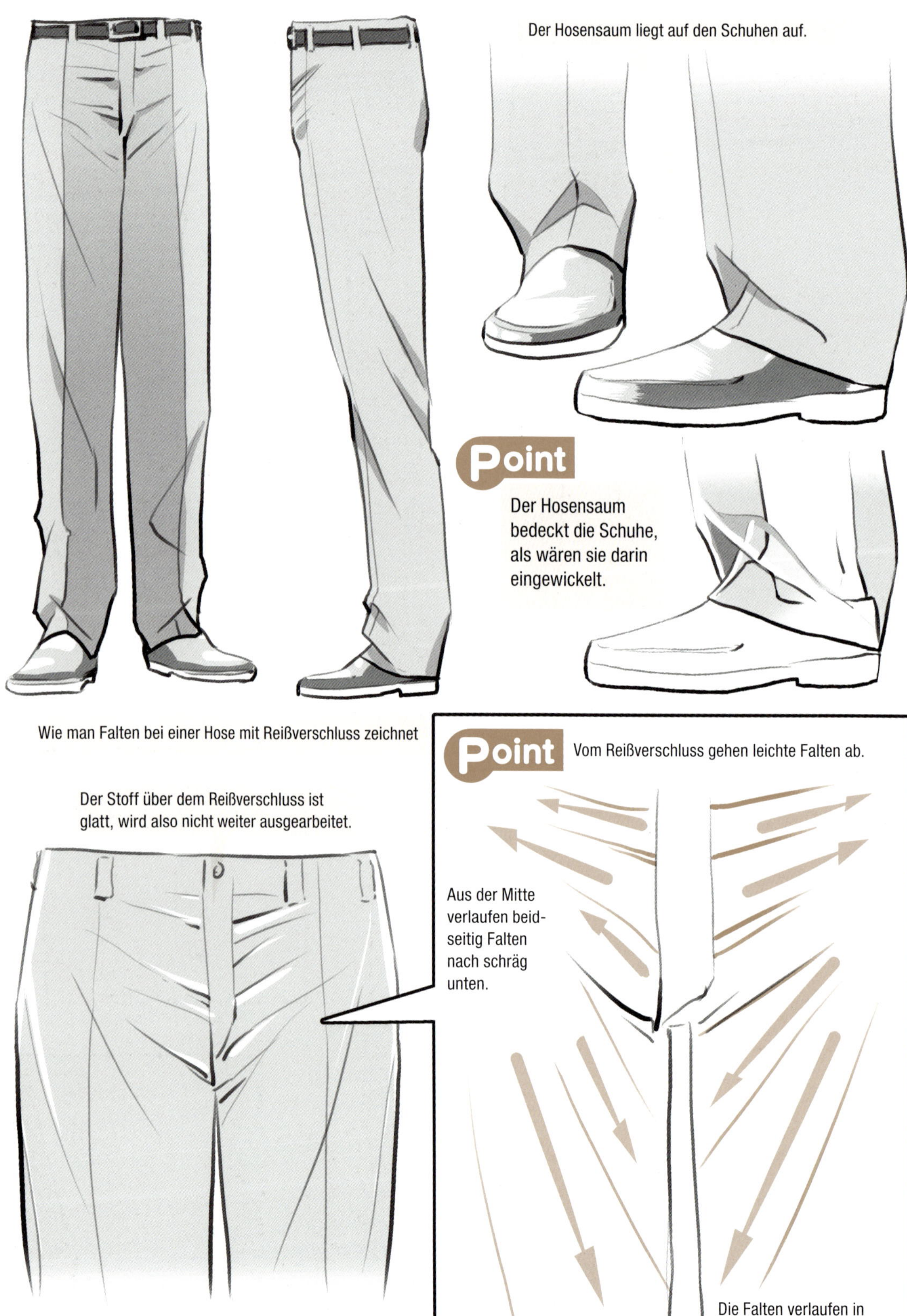

Der Hosensaum liegt auf den Schuhen auf.
Point
Der Hosensaum bedeckt die Schuhe, als wären sie darin eingewickelt.
Wie man Falten bei einer Hose mit Reißverschluss zeichnet
Der Stoff über dem Reißverschluss ist glatt, wird also nicht weiter ausgearbeitet.
Point
Vom Reißverschluss gehen leichte Falten ab.
Aus der Mitte verlaufen beid-seitig Falten nach schräg unten.
Die Falten verlaufen in unregelmäßigen Abständen.

Jeans

Point

Das Material Jeans vermittelt ein ganz eigenes Gefühl und besitzt auch in der Darstellung seine Besonderheiten.

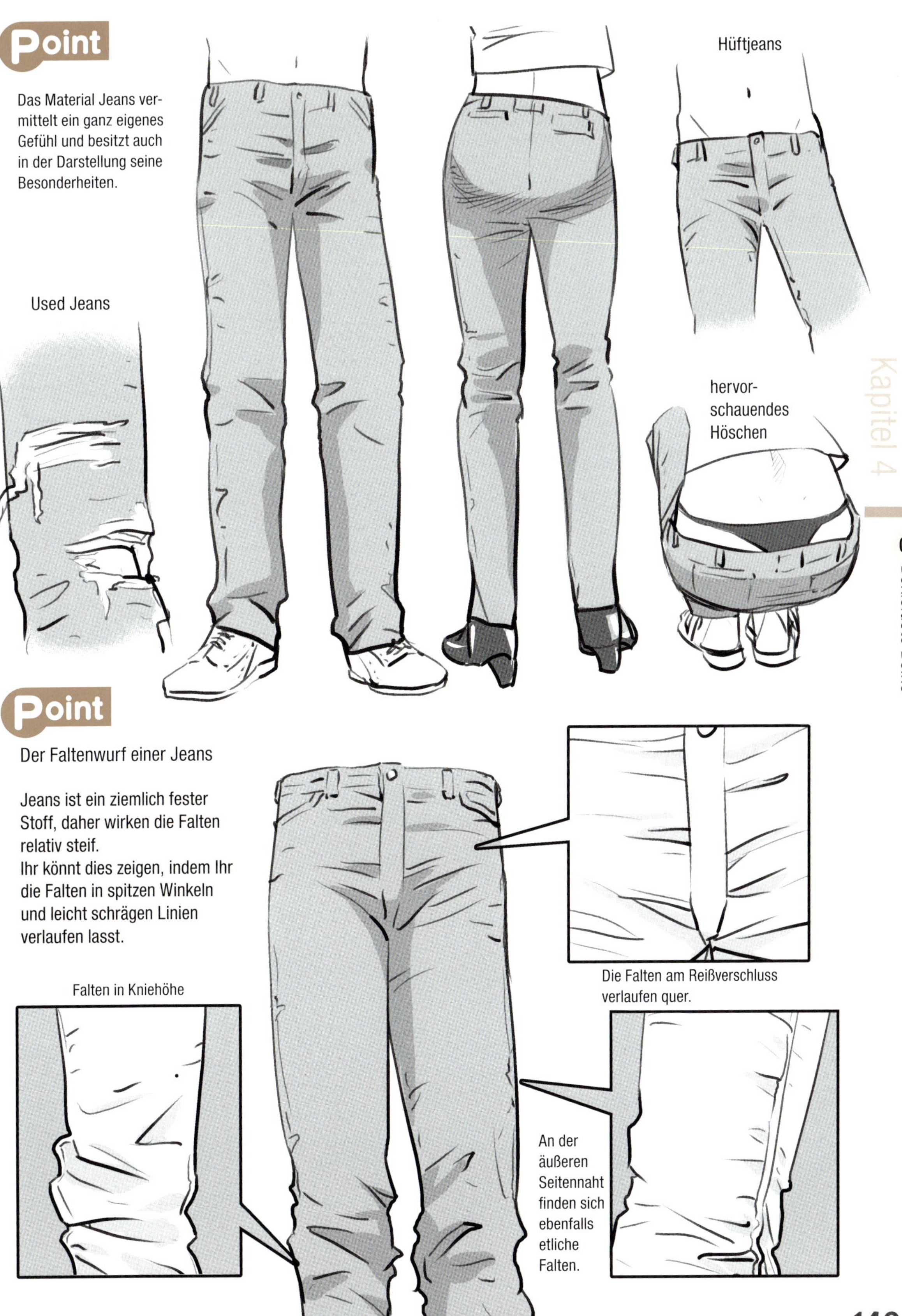

Point

Der Faltenwurf einer Jeans

Jeans ist ein ziemlich fester Stoff, daher wirken die Falten relativ steif.
Ihr könnt dies zeigen, indem Ihr die Falten in spitzen Winkeln und leicht schrägen Linien verlaufen lasst.

❖ Rock

Minirock

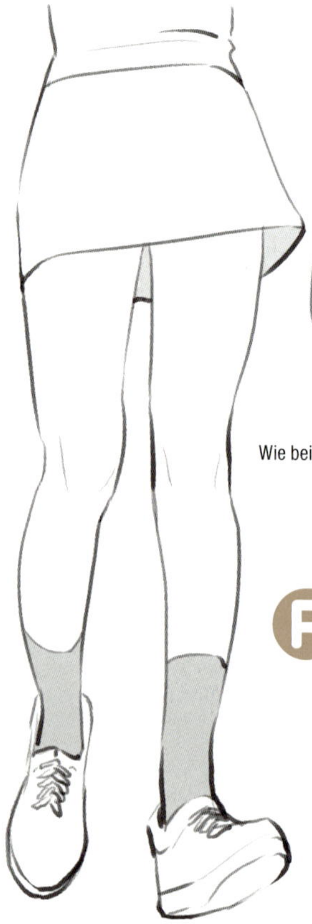

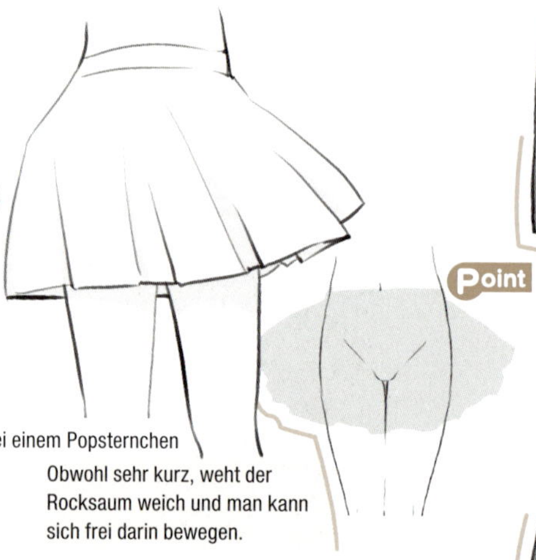

Wie bei einem Popsternchen

Obwohl sehr kurz, weht der Rocksaum weich und man kann sich frei darin bewegen.

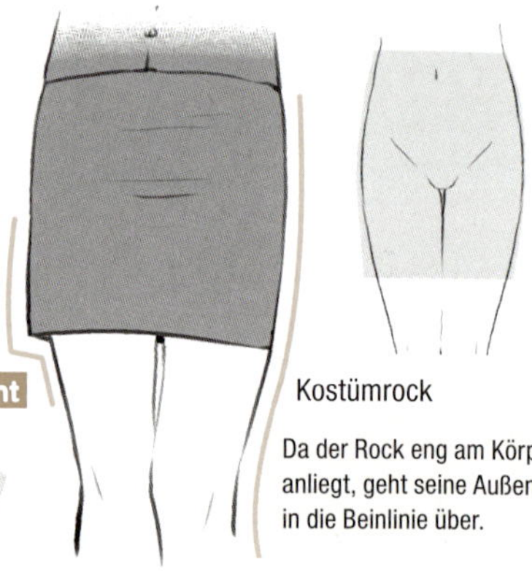

Point

Wie die Falten am Rock liegen

Bei einem eng anliegenden Rock können an der Außenseite kaum Falten entstehen. Sie sind dann an der Partie zwischen den Beinen zu finden.

Nicht eng anliegende Partie

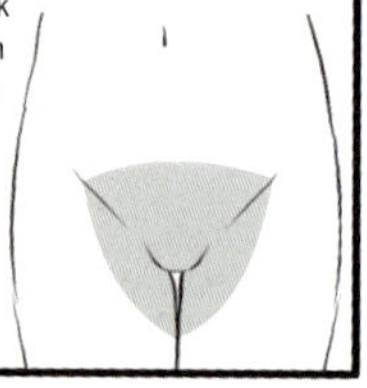

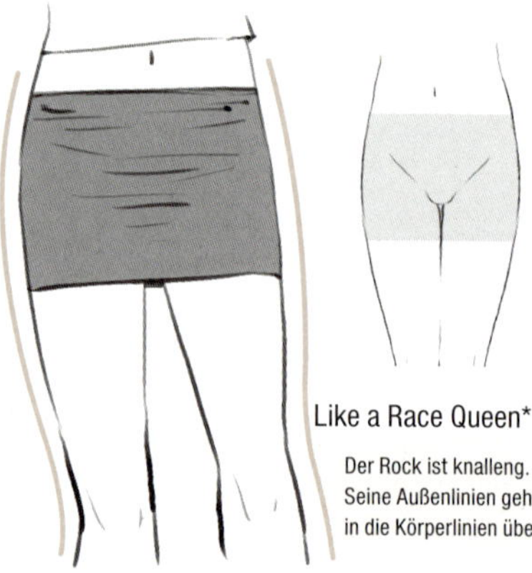

Point

Kostümrock

Da der Rock eng am Körper anliegt, geht seine Außenlinie in die Beinlinie über.

Like a Race Queen*

Der Rock ist knalleng. Seine Außenlinien gehen in die Körperlinien über.

* Bezeichnung für ein Model, das Werbung für Produkte, meist Autos, macht

Langer Rock

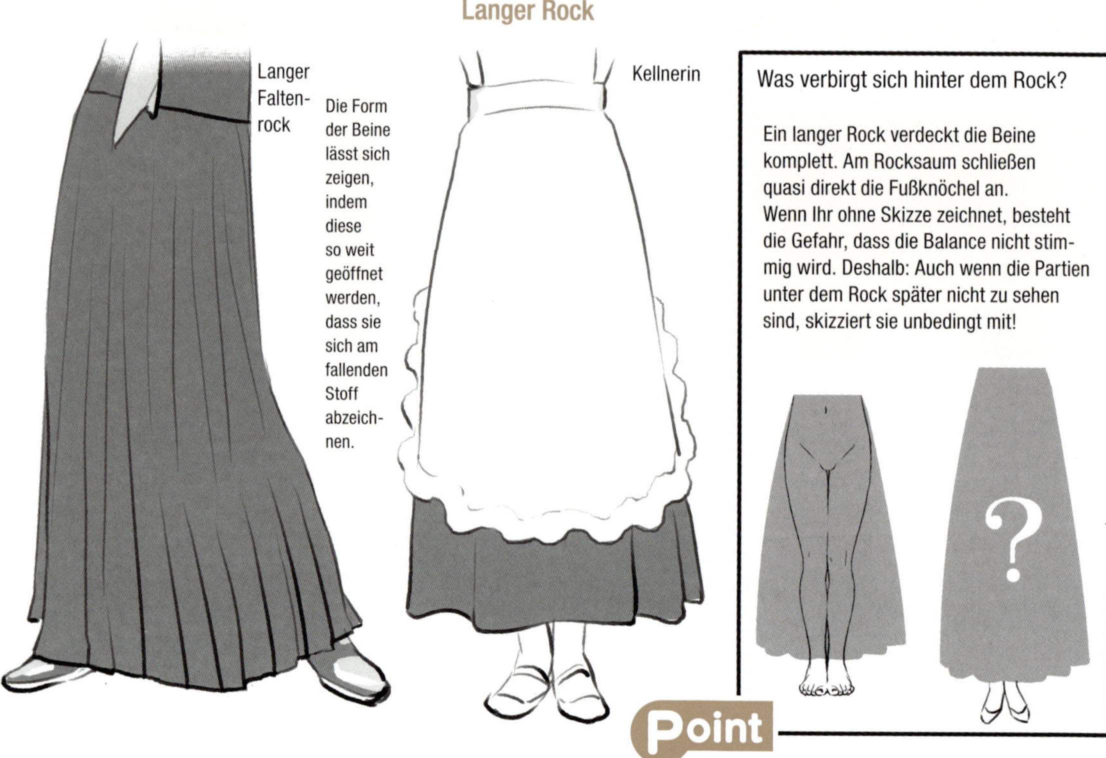

Was verbirgt sich hinter dem Rock?

Ein langer Rock verdeckt die Beine komplett. Am Rocksaum schließen quasi direkt die Fußknöchel an.
Wenn Ihr ohne Skizze zeichnet, besteht die Gefahr, dass die Balance nicht stimmig wird. Deshalb: Auch wenn die Partien unter dem Rock später nicht zu sehen sind, skizziert sie unbedingt mit!

Socken und Strümpfe

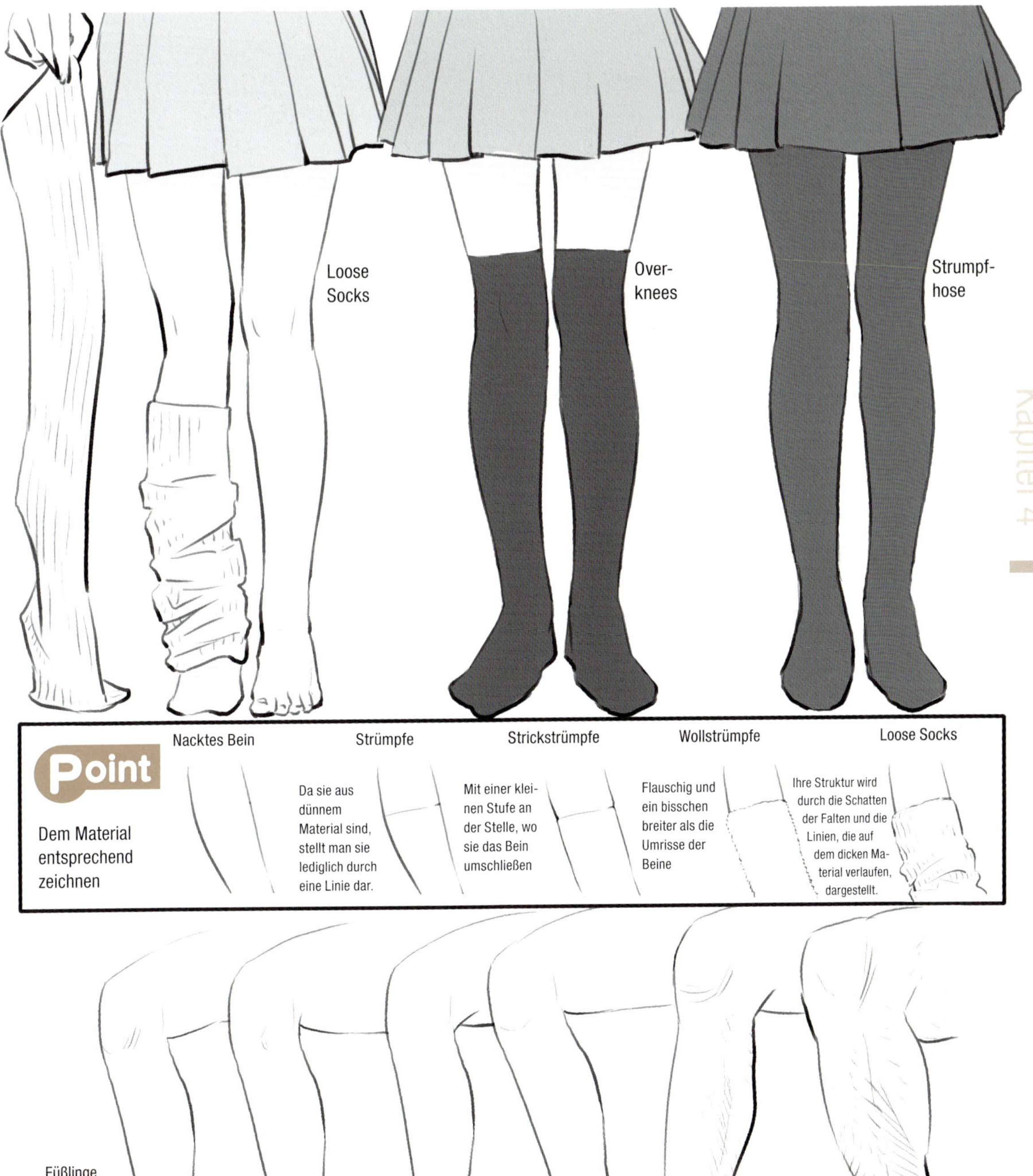

Point

Dem Material entsprechend zeichnen

- **Nacktes Bein**
- **Strümpfe**: Da sie aus dünnem Material sind, stellt man sie lediglich durch eine Linie dar.
- **Strickstrümpfe**: Mit einer kleinen Stufe an der Stelle, wo sie das Bein umschließen
- **Wollstrümpfe**: Flauschig und ein bisschen breiter als die Umrisse der Beine
- **Loose Socks**: Ihre Struktur wird durch die Schatten der Falten und die Linien, die auf dem dicken Material verlaufen, dargestellt.

Strumpfhosen

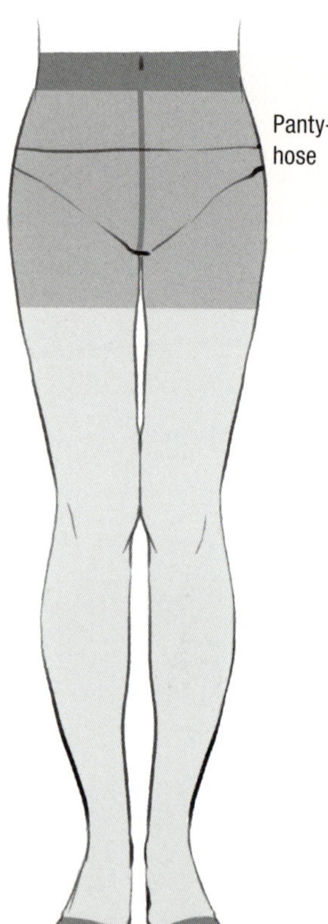

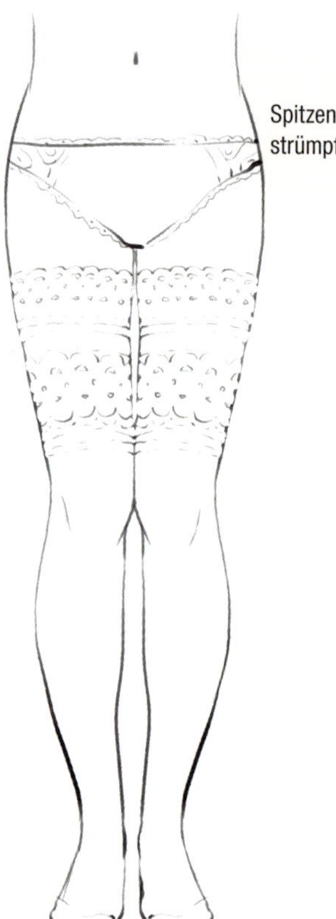

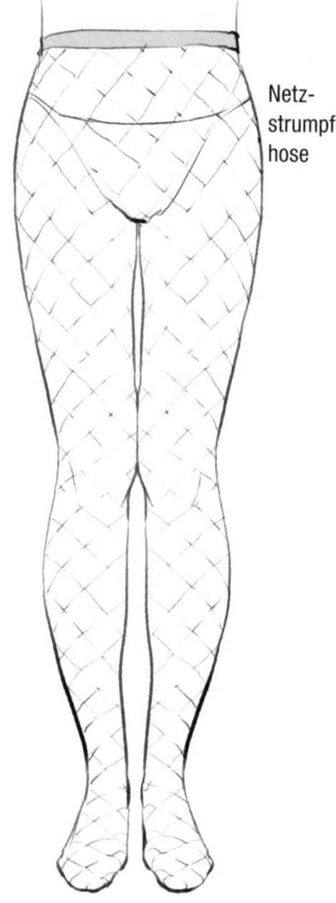

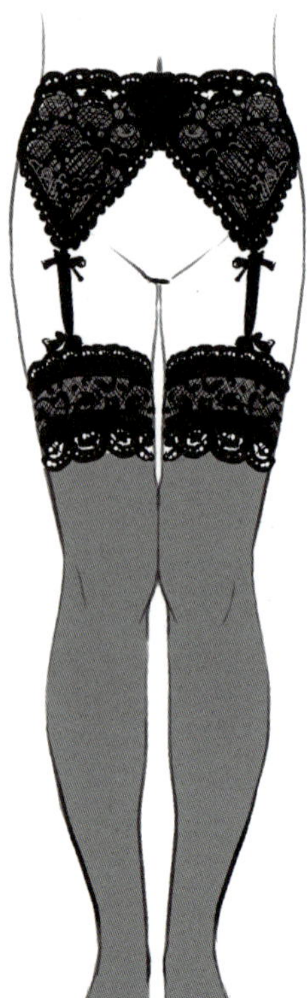

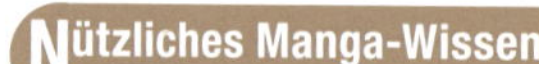

Strapse

Ihr solltet Eurer Figur zunächst die Strapse und erst dann das Höschen »anziehen«. Sonst kann es für sie auf der Toilette problematisch werden.

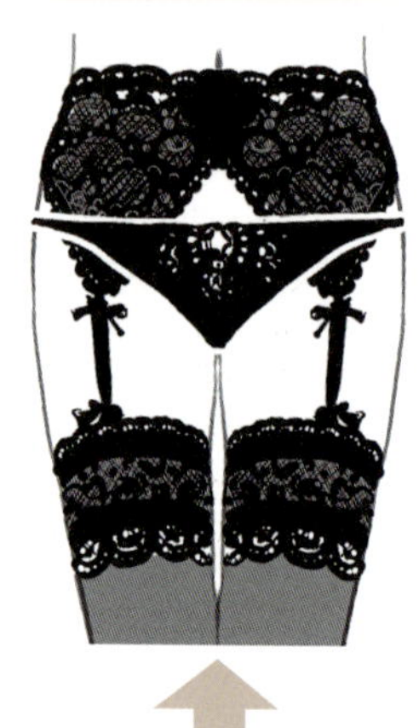

Point: Wie man eine Netzstrumpfhose zeichnet

Entlang der Rundung des Beins werden Hilfslinien gezogen, die zur Außenlinie hin abfallen.

In der gleichen Art werden entlang der Rundung kreuzende Hilfslinien gezogen.

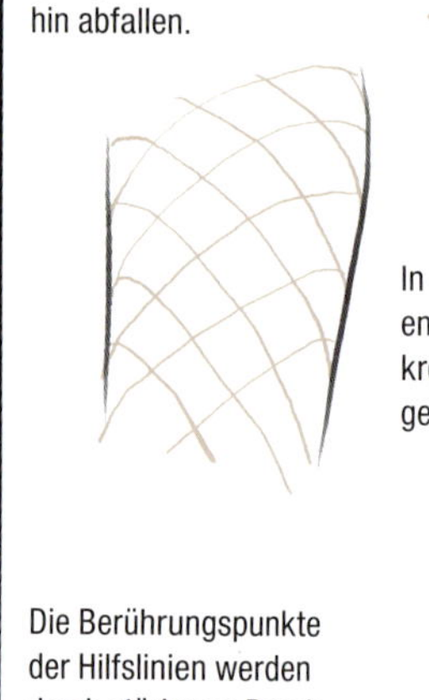

Die Berührungspunkte der Hilfslinien werden durch stärkeren Druck dicker gezeichnet.

Aber Vorsicht: Ein Mindestmaß an Kraft reicht aus!

03 Accessoires für die Füße

Nägel

Genauso wie die Hände lassen sich auch die Füße schmücken. Sicher habt Ihr schon mal etwas von Pediküre, Gelnägeln oder aufgeklebten Nails gehört.

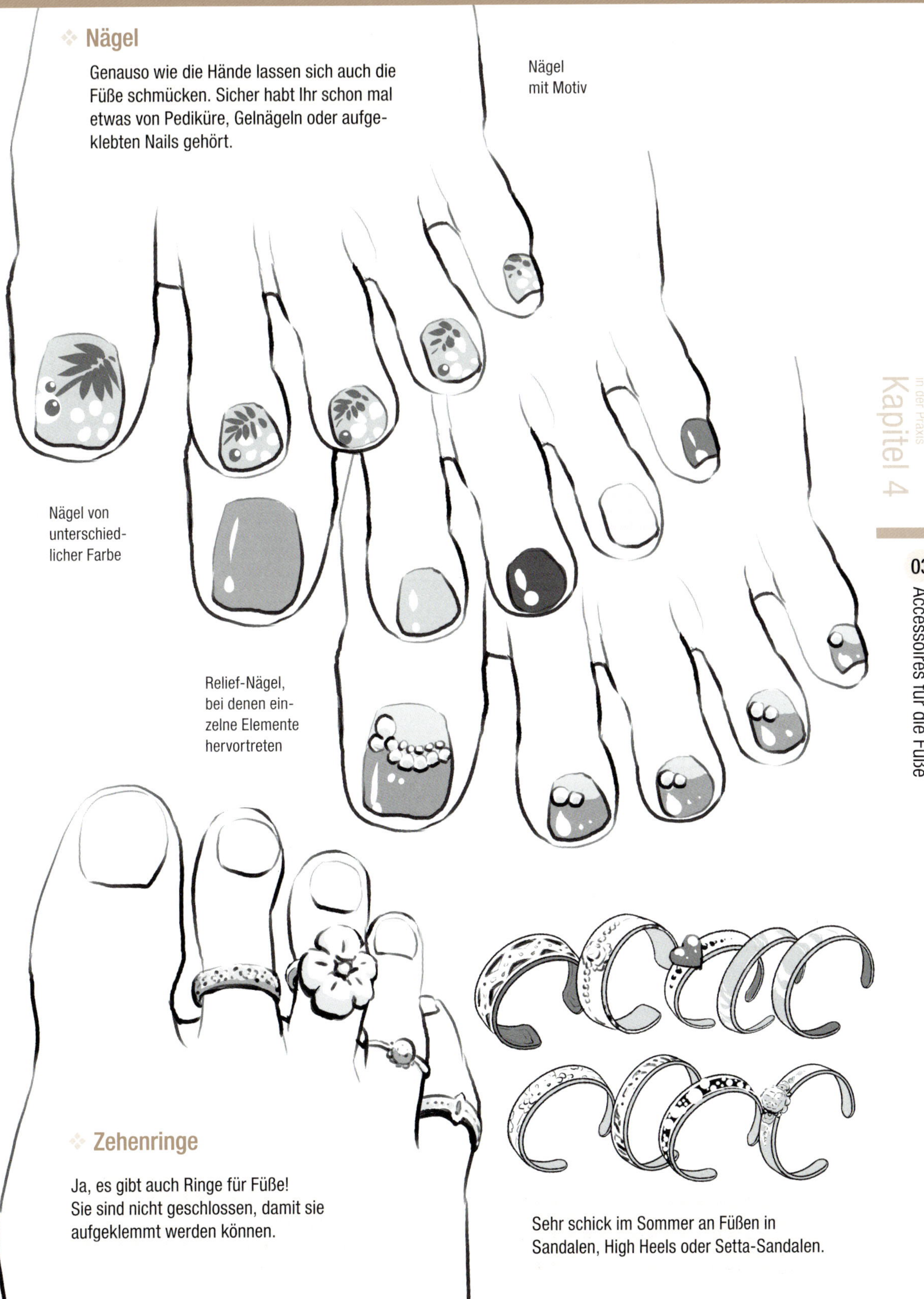

Nägel mit Motiv

Nägel von unterschiedlicher Farbe

Relief-Nägel, bei denen einzelne Elemente hervortreten

Zehenringe

Ja, es gibt auch Ringe für Füße! Sie sind nicht geschlossen, damit sie aufgeklemmt werden können.

Sehr schick im Sommer an Füßen in Sandalen, High Heels oder Setta-Sandalen.

Businessschuhe Herren

Schuhe, die den Fuß so wie er ist umhüllen, entsprechen in ihrer Form dem Fuß.

Solche Schuhe zu zeichnen ist eigentlich recht einfach, man muss nur die Zehen weglassen.

Im Manga kommen ganz verschiedene Arten von Schuhen vor. In den meisten Fällen könnt Ihr Euch an dieser Form orientieren. Diese »schwarzen« Businessschuhe glänzen und spiegeln so das auftreffende »Licht«. Diese Reflexe einzufügen ist nicht ganz einfach. Deshalb wollen wir ein wenig detaillierter auf »schwarze Schuhe« eingehen.

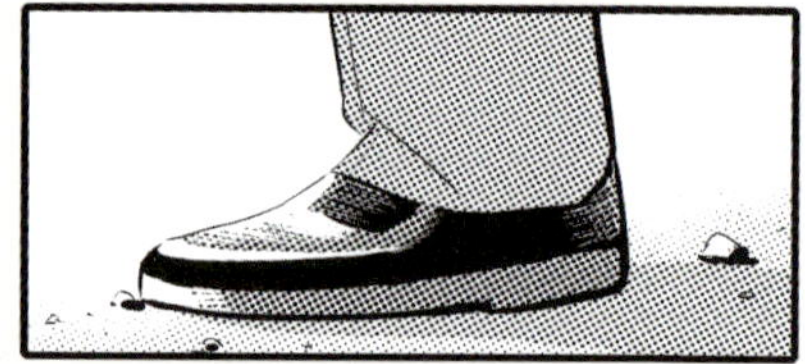

Zunächst einmal unterteilen wir den Schuh in drei Flächen.

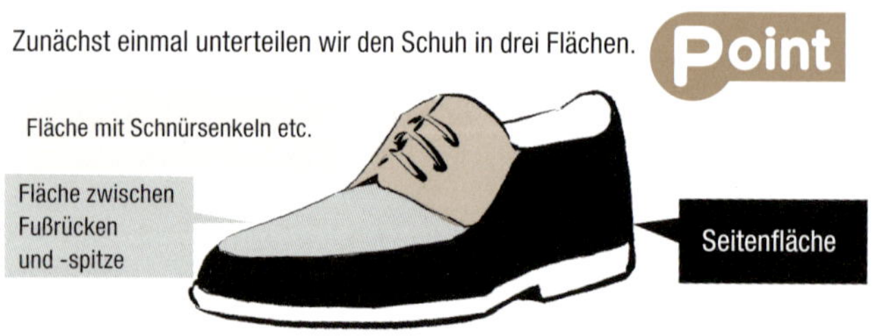

- Die Seitenfläche wird nahezu komplett ausgetuscht.
- Die Fläche mit Schnürsenkeln wird ausgetuscht und mit Schräglinien gestaltet.
- Die Fläche zwischen Fußrücken und -spitze wird mit einem Raster gestaltet.
- Am Rand der Seitenfläche wird Licht eingefügt.

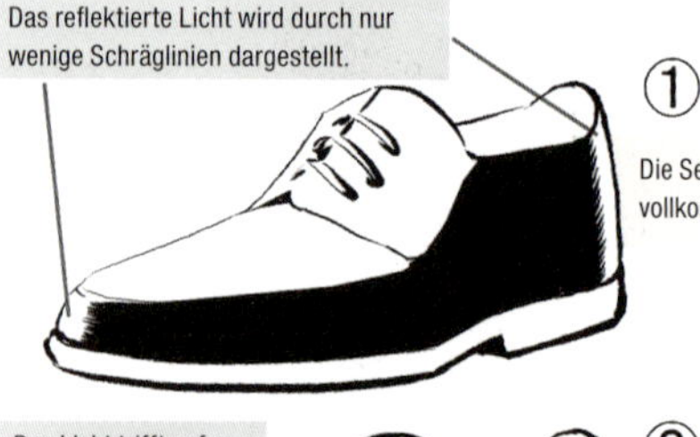

① Die Seitenfläche wird nahezu vollkommen ausgetuscht.

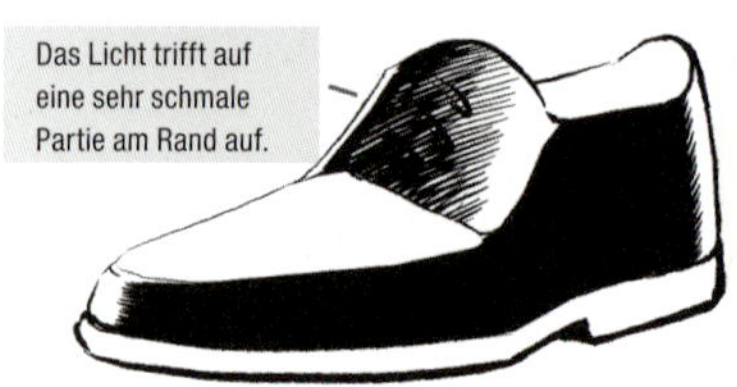

② Die Fläche mit den Schnürsenkeln wird mit Schrägstrichen gestaltet und nach hinten hin dunkler.

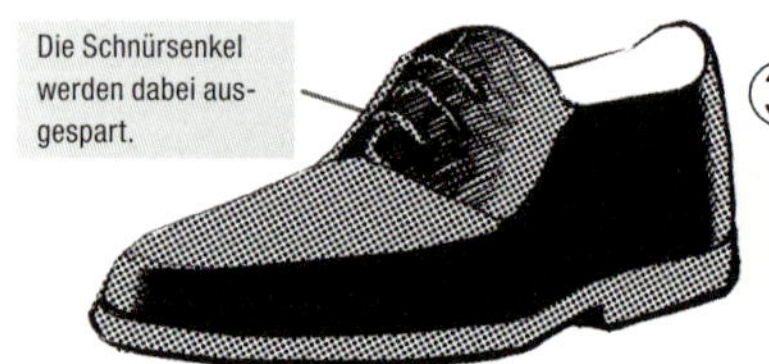

③ Die gesamte Fläche wird mit einem kräftigen Raster gestaltet.

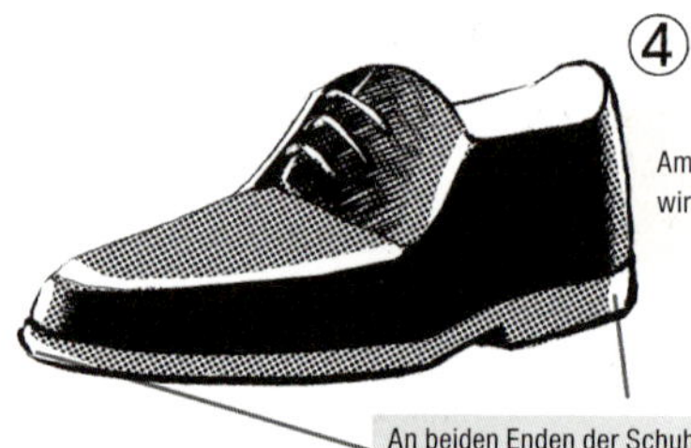

④ Am Rand der Seitenfläche wird Licht eingefügt.

An beiden Enden der Schuhsohle ebenfalls Licht einfügen

Nun ist der Schuh fertig, aber wir korrigieren noch mal.

⑤

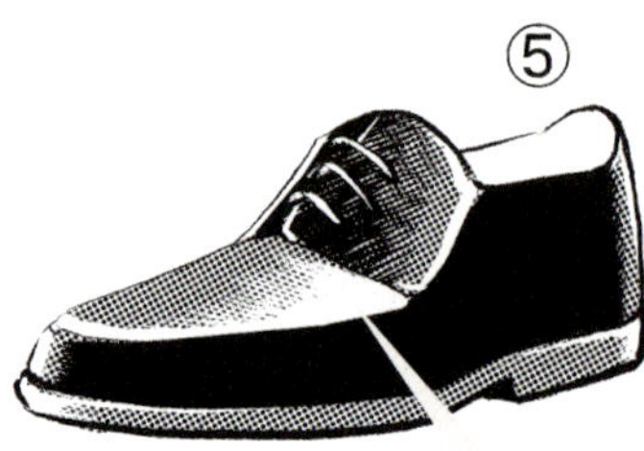

Auf dem Fußrücken wird von der Seitenfläche her noch ein wenig das Raster abgekratzt und so Licht gestaltet.

❖ Absatzschuhe

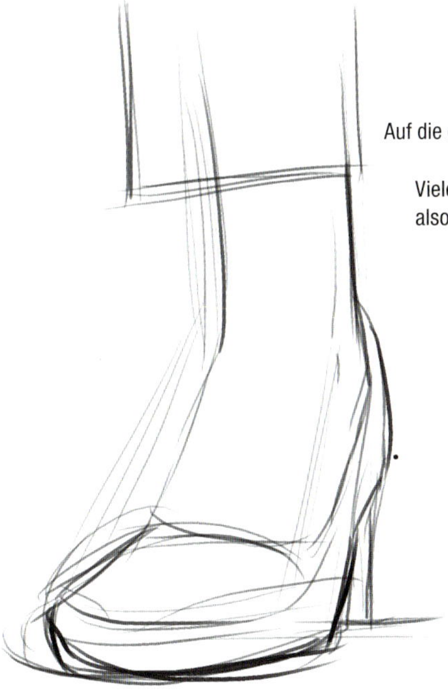

Auf die gleiche Art wollen wir nun mit Euch Absatzschuhe üben.

Viele Damenschuhe sind aus glänzendem Material, also prägt Euch gut ein, welche Partien glänzen!

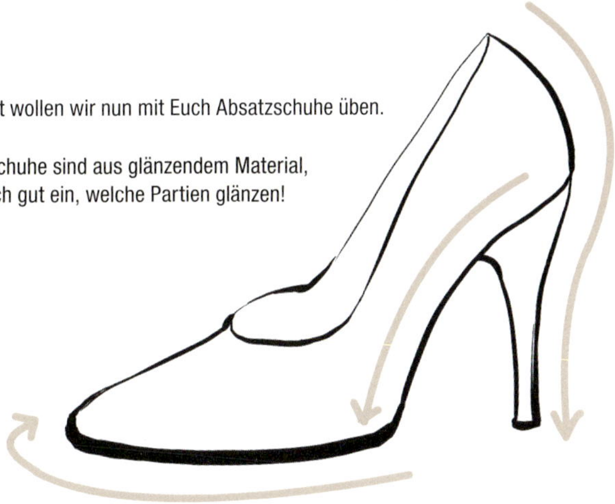

Point

Absatzschuhe sind nicht so komplex wie Herrenschuhe, wir unterscheiden daher zwei Flächen.

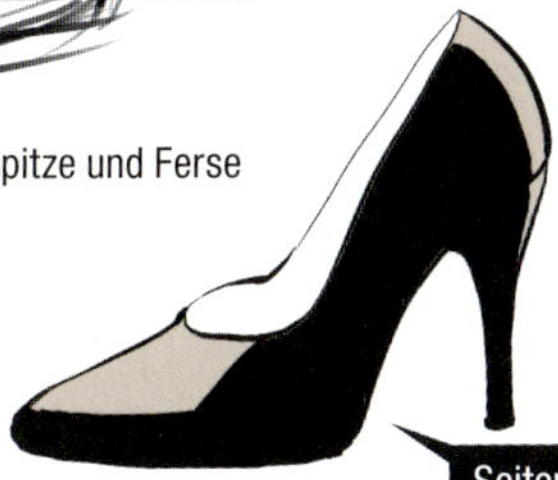

Fußspitze und Ferse

Seitenfläche

Das Licht kann mit nur wenigen Schräglinien gestaltet werden.

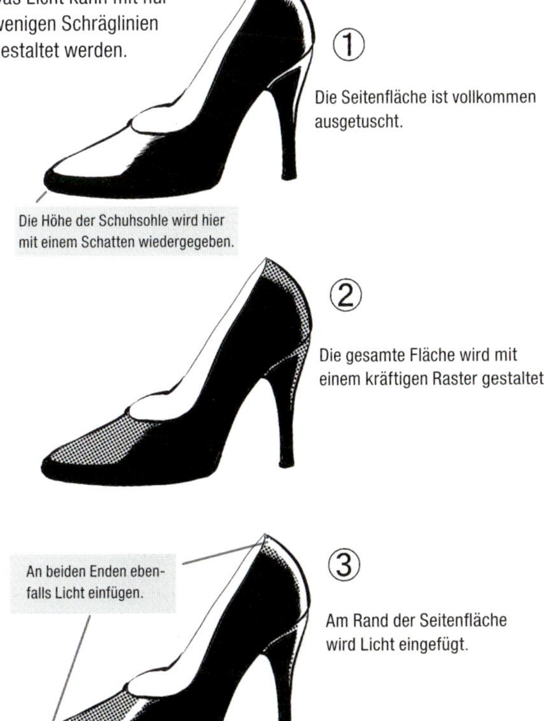

① Die Seitenfläche ist vollkommen ausgetuscht.

② Die gesamte Fläche wird mit einem kräftigen Raster gestaltet.

③ Am Rand der Seitenfläche wird Licht eingefügt.

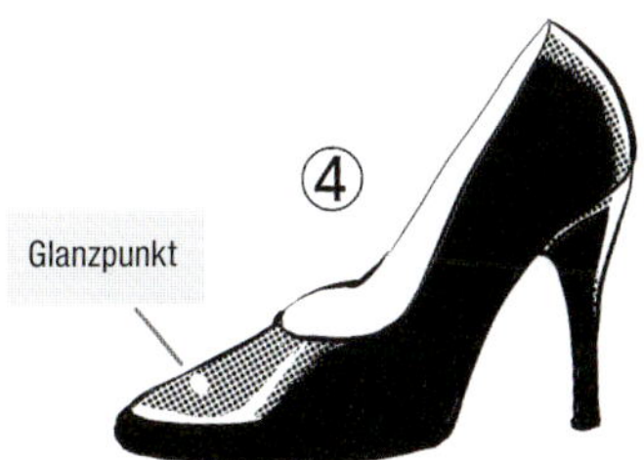

④ Anders als die Businessschuhe eines Mannes sollen Absatzschuhe spitz wirken.

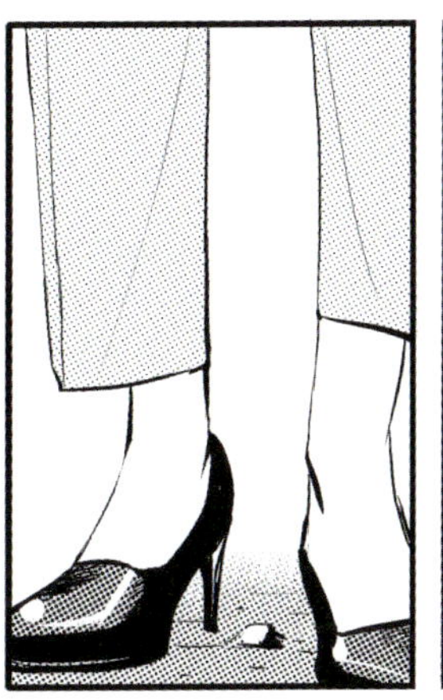

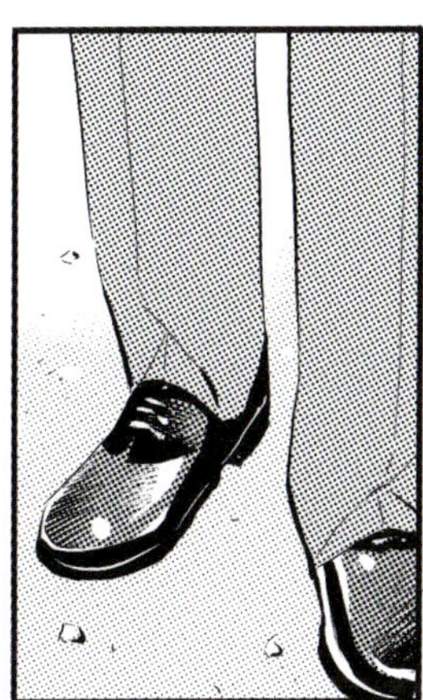

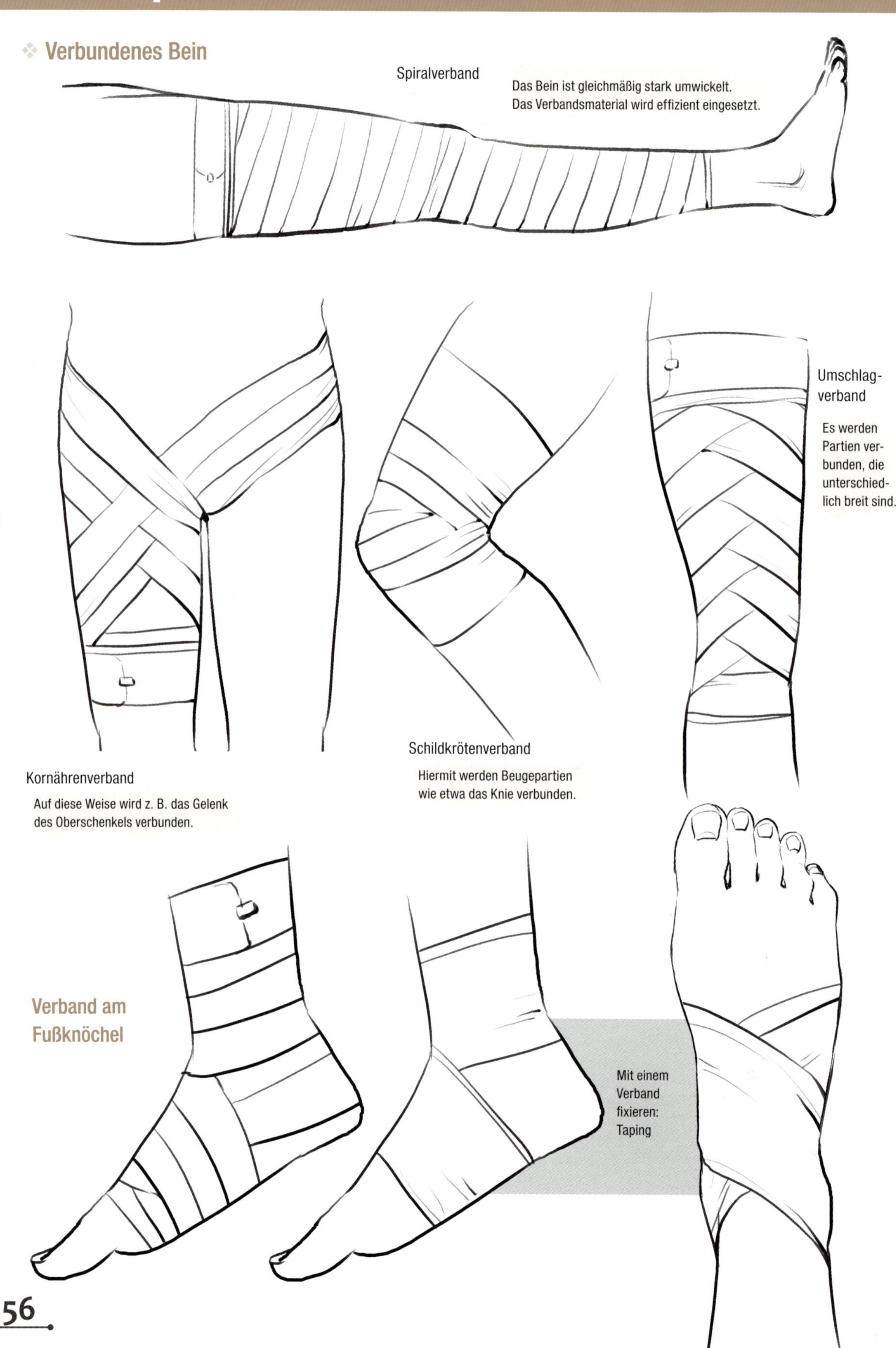
Verbundenes Bein
Spiralverband
Das Bein ist gleichmäßig stark umwickelt.
Das Verbandsmaterial wird effizient eingesetzt.
Umschlag-verband
Es werden Partien ver-bunden, die unterschied-lich breit sind.
Kornährenverband
Auf diese Weise wird z. B. das Gelenk des Oberschenkels verbunden.
Schildkrötenverband
Hiermit werden Beugepartien wie etwa das Knie verbunden.
Verband am Fußknöchel
Mit einem Verband fixieren: Taping

❖ Eingegipstes Bein

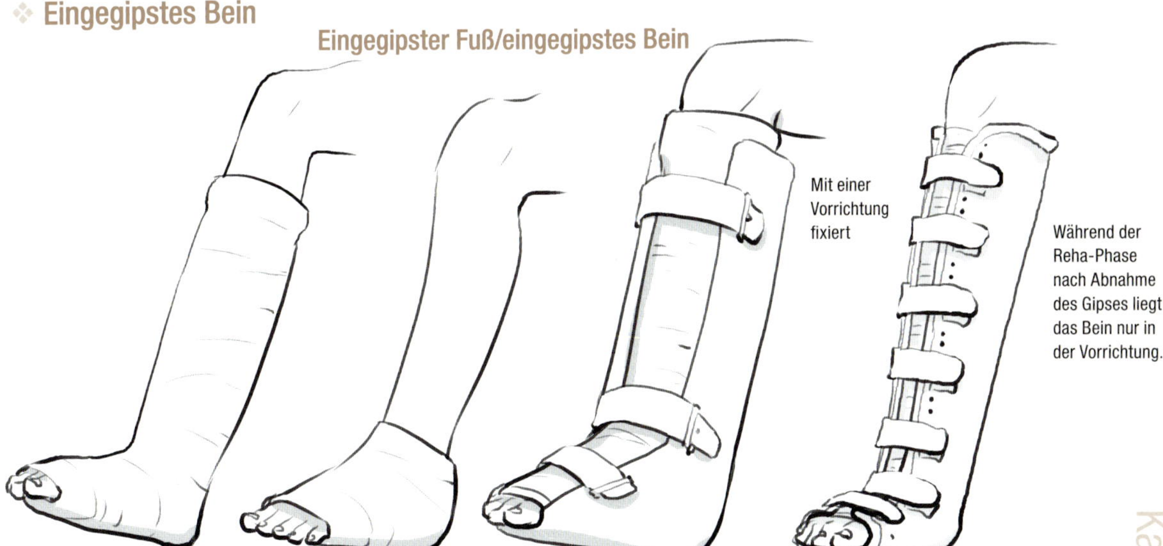

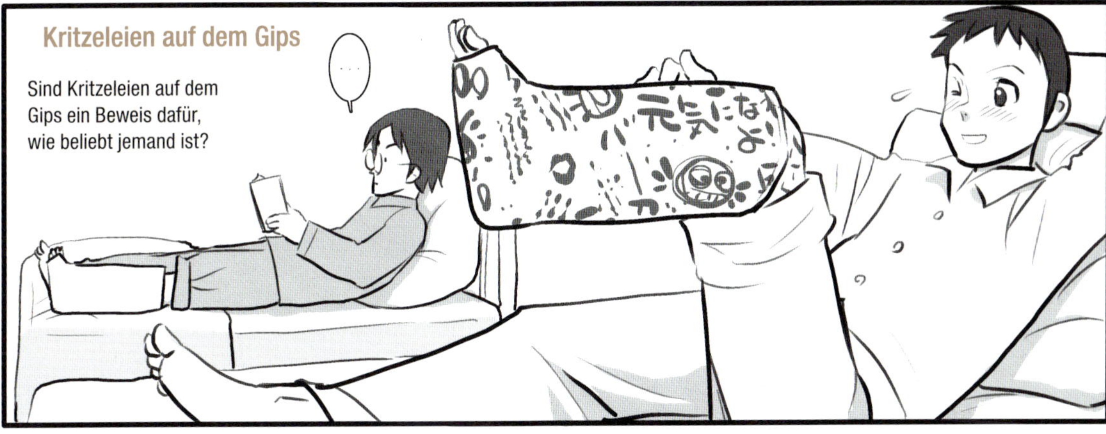

Krücken

Es ist nicht ganz falsch, wenn man eine Krücke als »drittes Bein« bezeichnet. Auch bei Krücken gibt es einen Trick, um gut mit ihnen zurechtzukommen.

Drei Möglichkeiten
- Körpergewicht auf die Hände legen
- Körpergewicht auf die Achseln legen
- Körpergewicht auf Hände und Achseln legen

Um die Beine vom Körpergewicht zu entlasten, wird es auf Hände bzw. Achseln verlagert. Dies kann insbesondere für die Achseln sehr schmerzhaft sein.

Nützliches Manga-Wissen

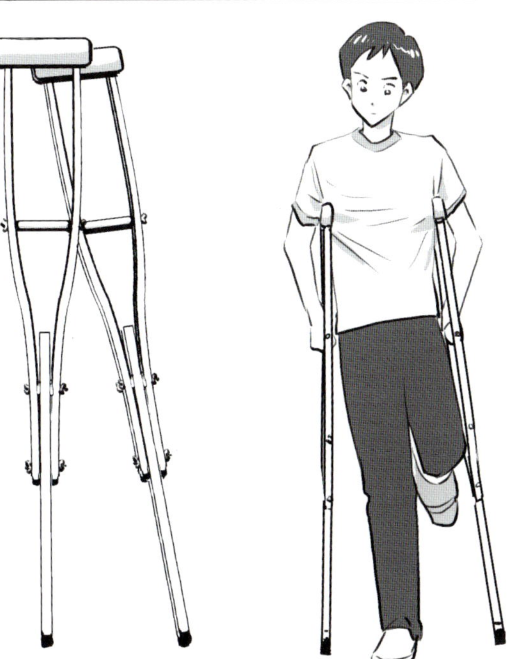

Schnittzeichnung des Beins

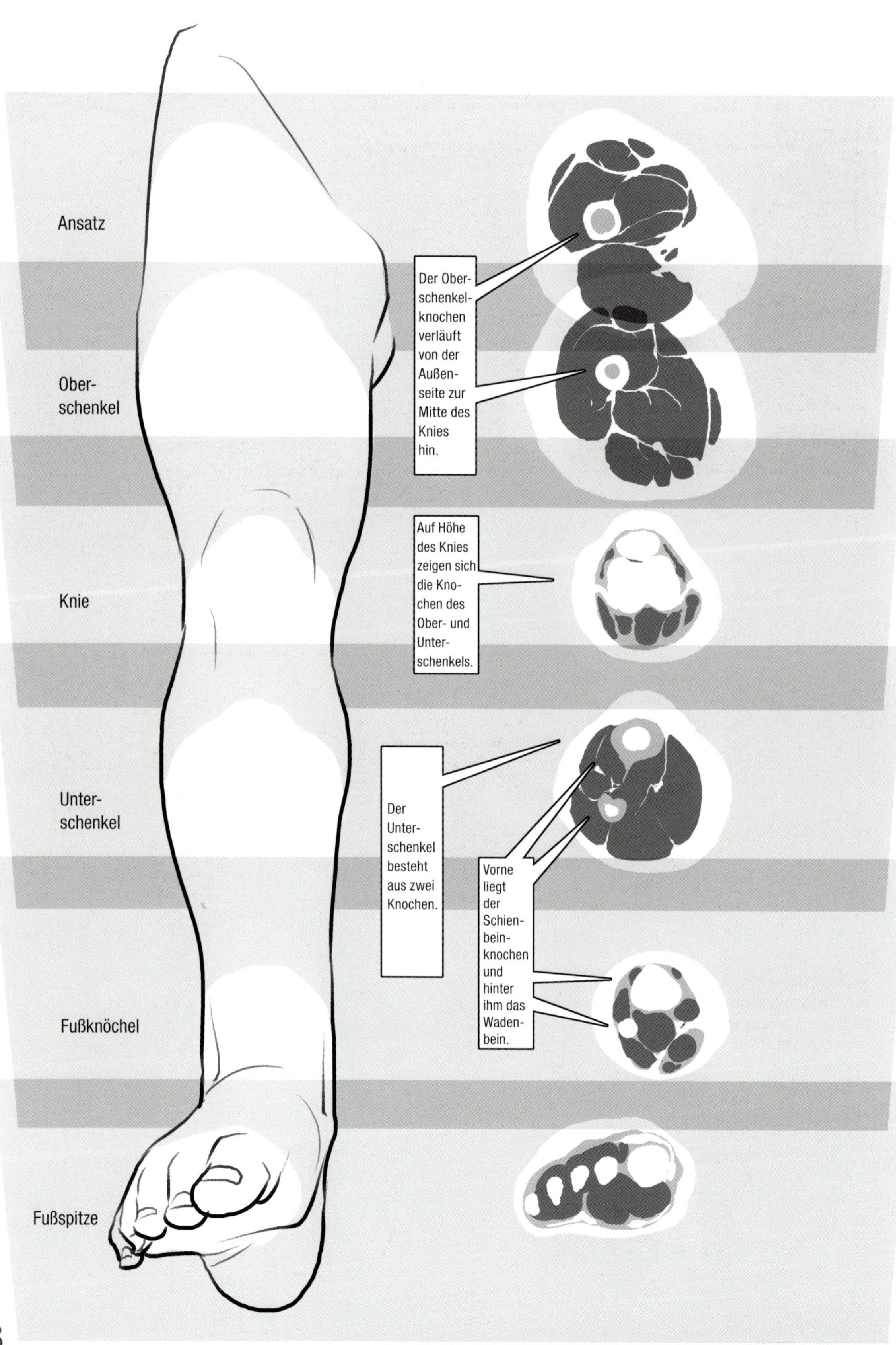

Abgetrennte Gliedmaßen

Wie man Gliedmaßen zeichnet, die in Kampfszenen mit einem Schwert oder Ähnlichem abgeschlagen werden

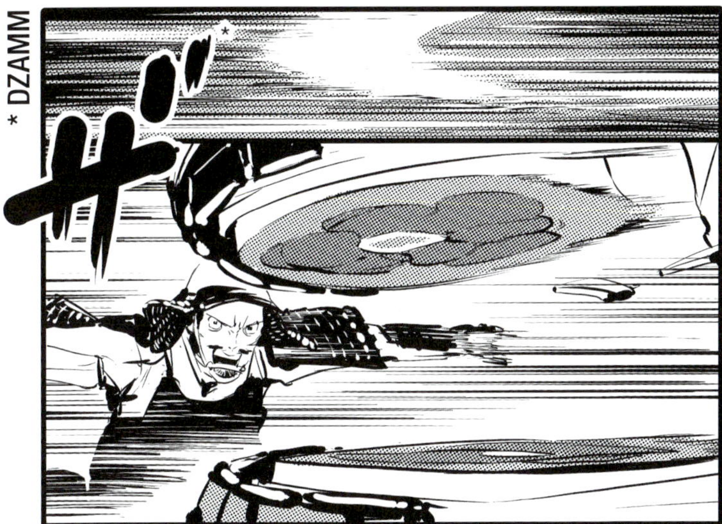

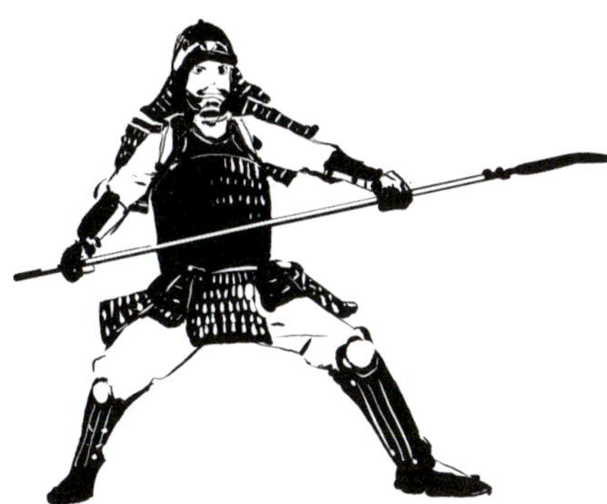

Wenn man die Schnittflächen so zeichnen würde, wie sie tatsächlich aussehen, ginge das Tempo der Erzählung verloren. Es wirkt, als wäre für einen Moment lang die Zeit stehengeblieben.

Wenn auch die Schnittflächen mit Effektlinien gestaltet werden, geht das Tempo nicht verloren.

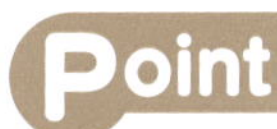

Indem man das Blut plötzlich kraftvoll herausspritzen lässt, nachdem die Schnittfläche deutlich gezeigt wurde, lässt sich der Schlag eines virtuosen Schwertmeisters inszenieren.

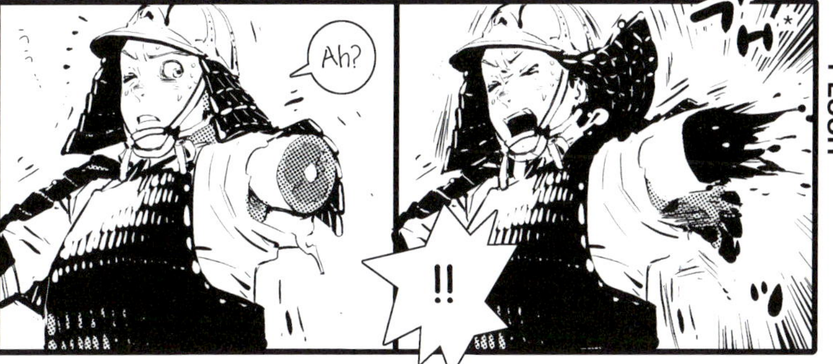

Narben

Früher waren nach der Heilung der Wunde immer noch die Narben der Nähte an den Stumpfspitzen zu erkennen. Heute ist dies kaum mehr der Fall.

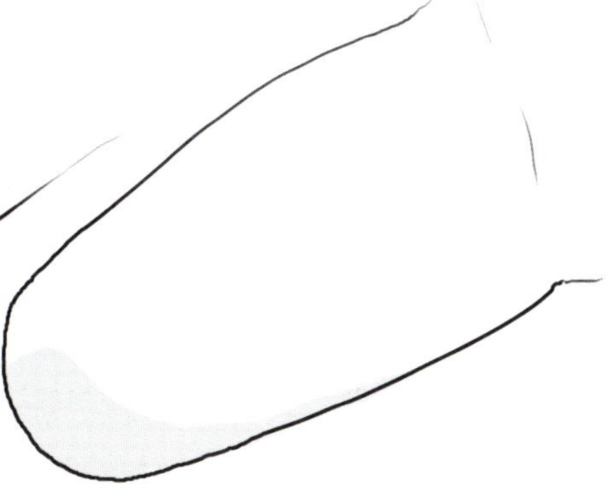

❖ Beinprothese

Wie bei Armprothesen haben auch Bein- bzw. Fußprothesen eine lange Geschichte. Dies zeigt sich z. B. darin, dass vor nicht allzu langer Zeit am Zeh einer ägyptischen Mumie eine Prothese aus Holz und Leder entdeckt wurde.
Im Mittelalter trugen Krieger Beinprothesen aus Holz und Metall.

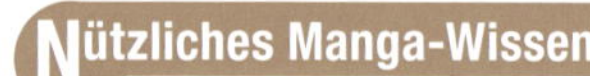

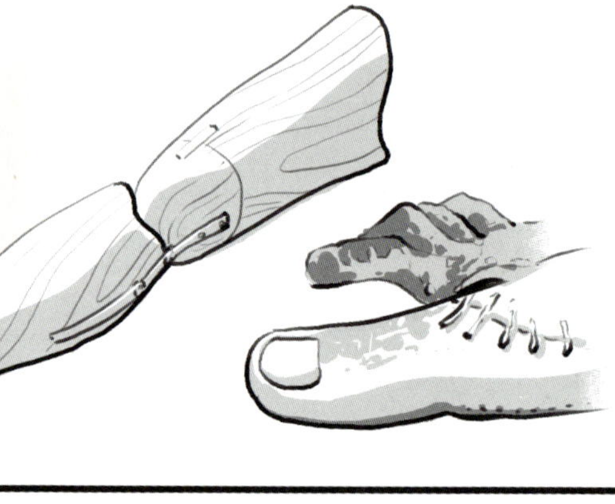

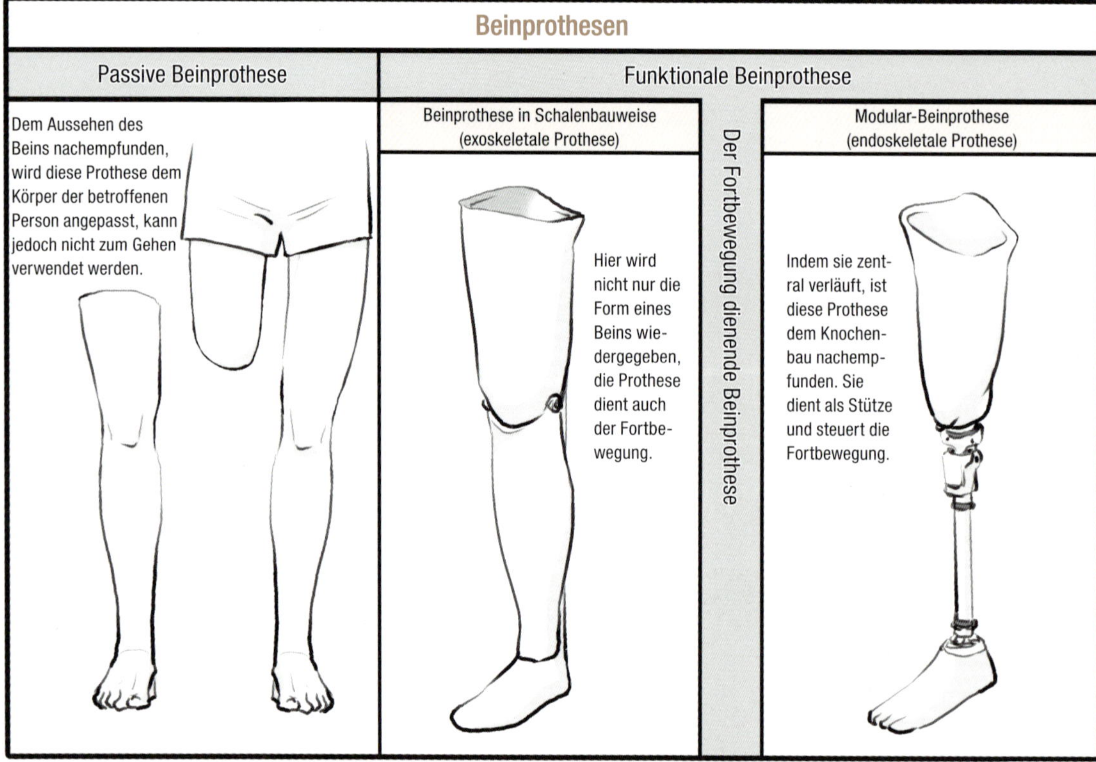

Beinprothesen für Wettkämpfe

Hierbei handelt es sich um aus Karbon gefertigte Prothesen, die den Stoß abschwächen und speziell zum Rennen (Gehen) entwickelt wurden. Sie sind bereits weitverbreitet, äußerlich jedoch nicht dem menschlichen Körper nachempfunden.

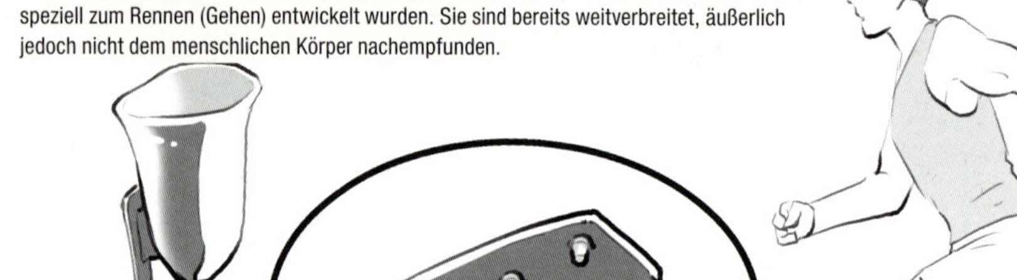

Die Unterseite ist mit Spikes versehen.

Science-Fiction-Beinprothese

Seit der vorchristlichen Zeit werden Beinprothesen entwickelt – passive Beinprothesen (um den Verlust des Beins äußerlich zu verbergen) oder der Fortbewegung dienende Beinprothesen. Aktuelle Neuerungen wurden z. B. aus den Bereichen Mode und Sport angeregt. Darüber hinaus gibt es Beinprothesen, die elektrische Informationen über die Körperoberfläche aufnehmen und an einen Motor weitergeben, über den die Fortbewegung erfolgt.

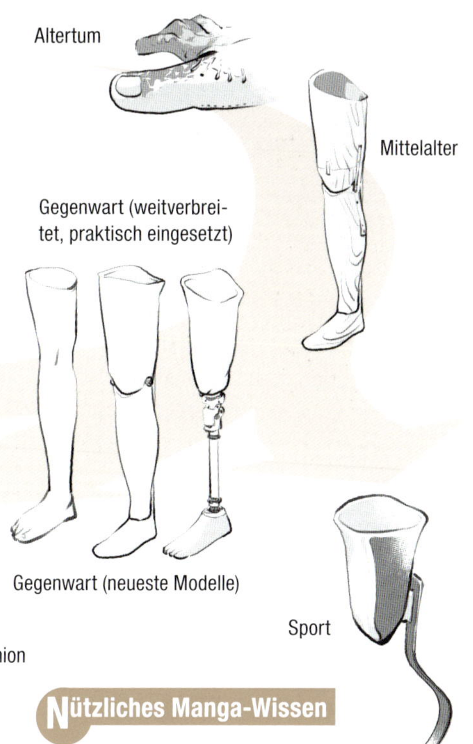

Nützliches Manga-Wissen

Die technische Entwicklung von Beinprothesen scheint schneller zu erfolgen als die von Armprothesen. Vielleicht offenbart uns die Verschmelzung von Mode, Sport und den neuesten Forschungsergebnissen schon in naher Zukunft künstliche Beine, wie man sie bisher nur aus Science-Fiction-Geschichten kennt.

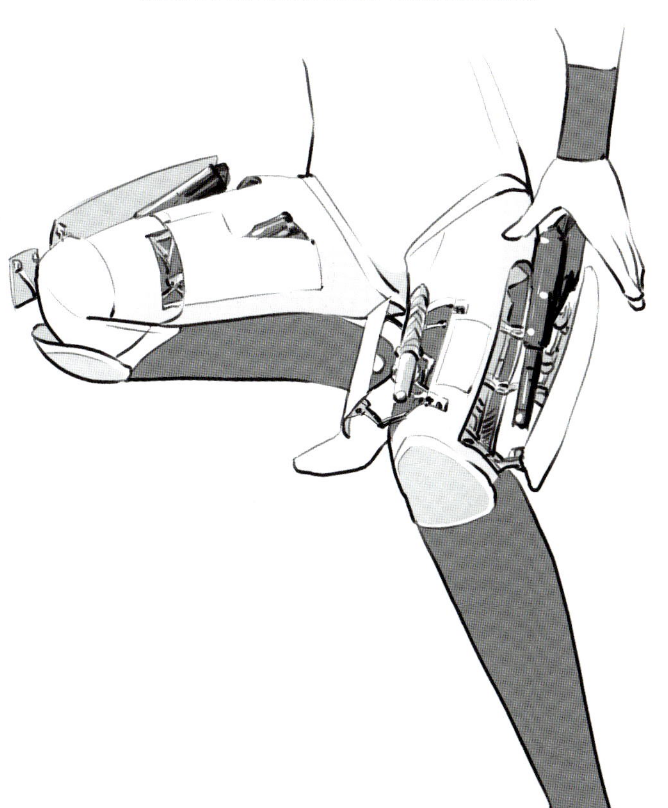

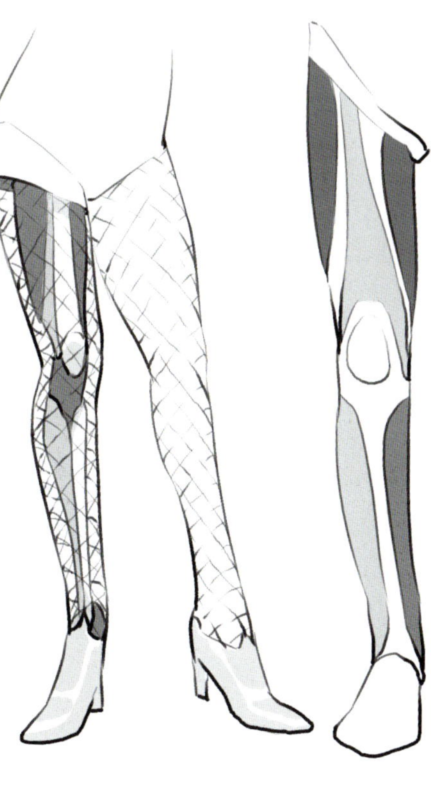

05 Fehlerfallen

Vorsicht vor der Verwechslung der Zehen

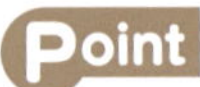

Es kommt erschreckend oft vor, dass in der Darstellung übereinandergeschlagener Beine oder eines stark nach hinten erhobenen Beins die Zehen von linkem und rechtem Fuß verwechselt werden. Liegt dies vielleicht daran, dass die Zehen nicht so häufig zu sehen sind wie die Finger?

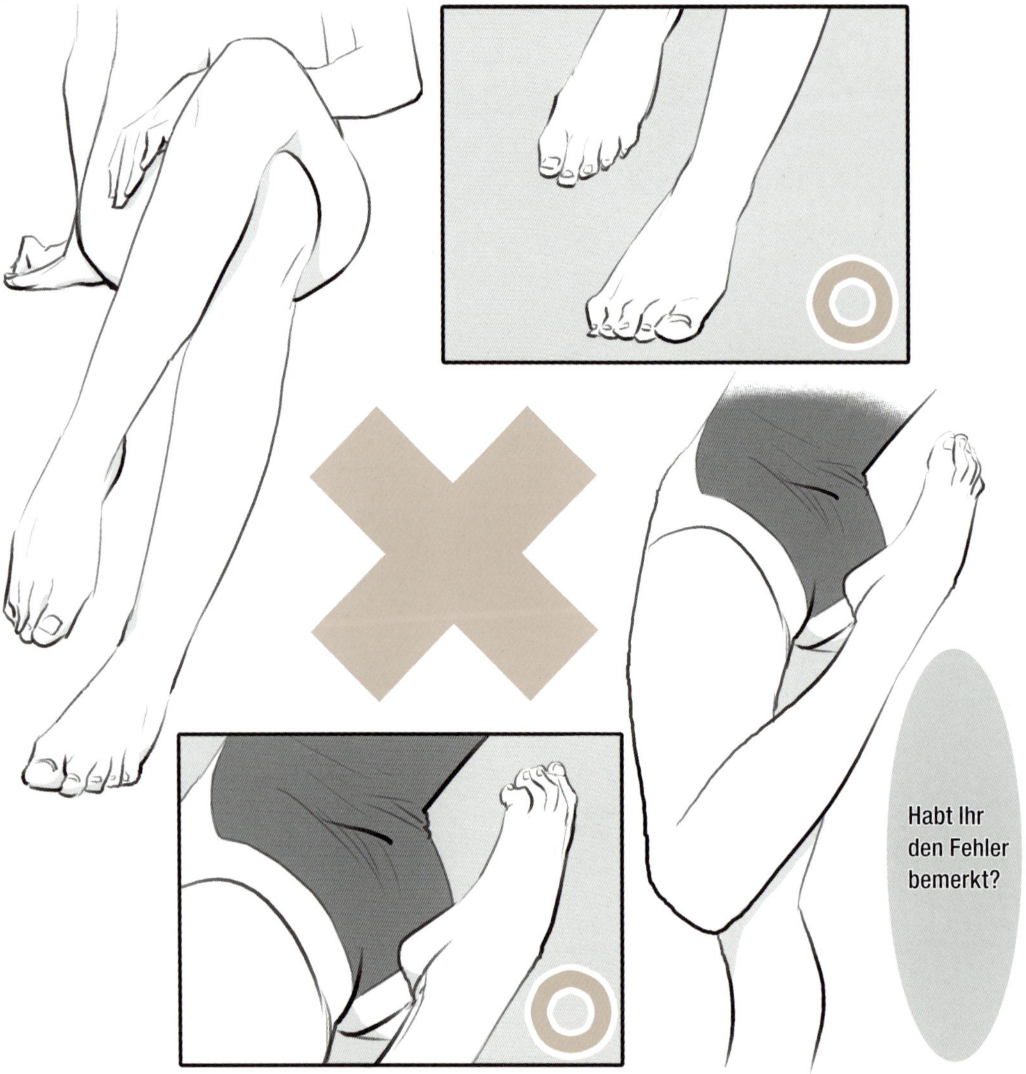

Habt Ihr den Fehler bemerkt?

Gegenmaßnahme

Wichtig ist, dass ihr sowohl die Skizze wie auch die Reinzeichnung und die fertiggestellte Zeichnung noch mal auf diesen Punkt hin begutachtet!

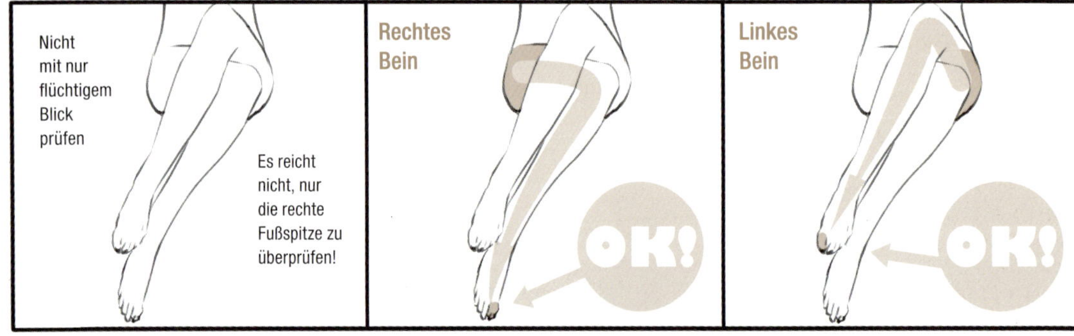

Man muss überprüfen, ob die Beine vom Ansatz bis zur Fußspitze dem rechten bzw. dem linken Bein entsprechen!

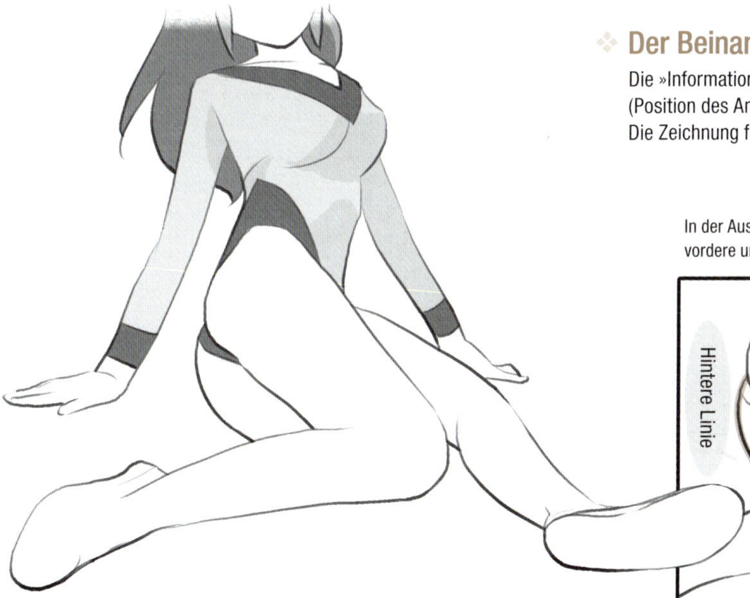

❖ Der Beinansatz stimmt nicht!

Die »Informationen« des verdeckten Beins (Position des Ansatzes, Breite) sind nicht stimmig: Die Zeichnung funktioniert nicht.

In der Ausrichtung des ausgestreckten Beins stimmen vordere und hintere Seite nicht miteinander überein.

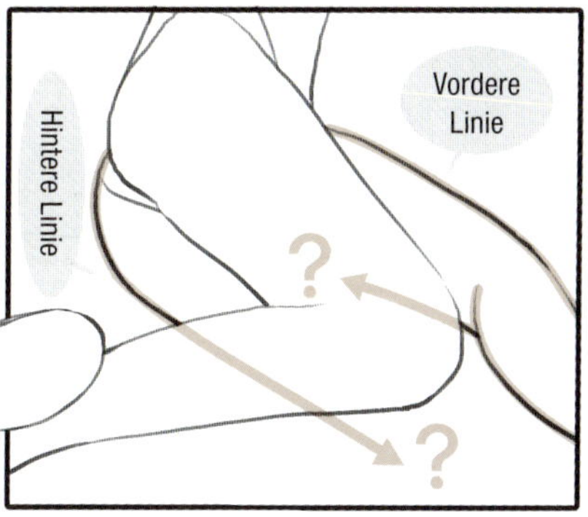

Hintere Linie

Vordere Linie

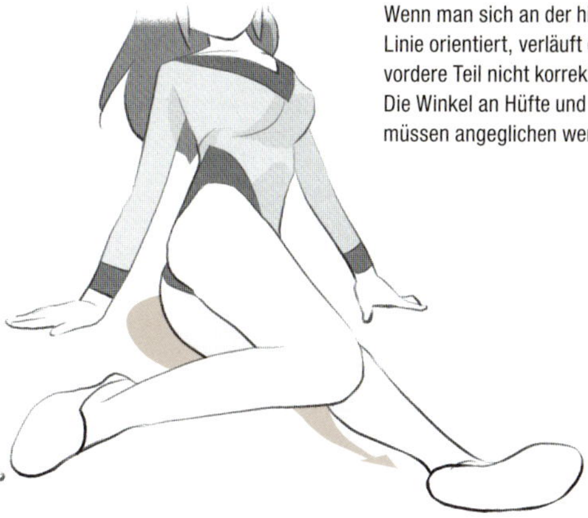

Wenn man sich an der hinteren Linie orientiert, verläuft der vordere Teil nicht korrekt. Die Winkel an Hüfte und Bein müssen angeglichen werden.

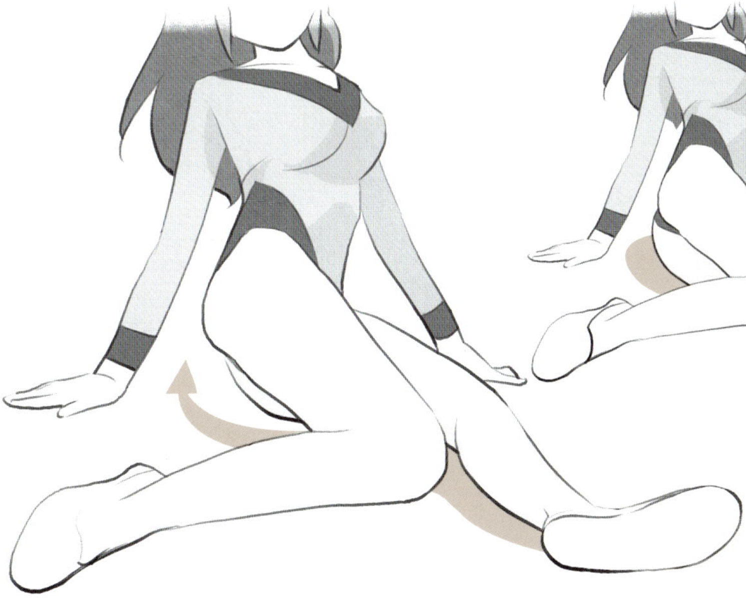

Wenn man sich an der vorderen Linie orientiert, wirkt die Darstellung des gesamten Körpers stimmig.

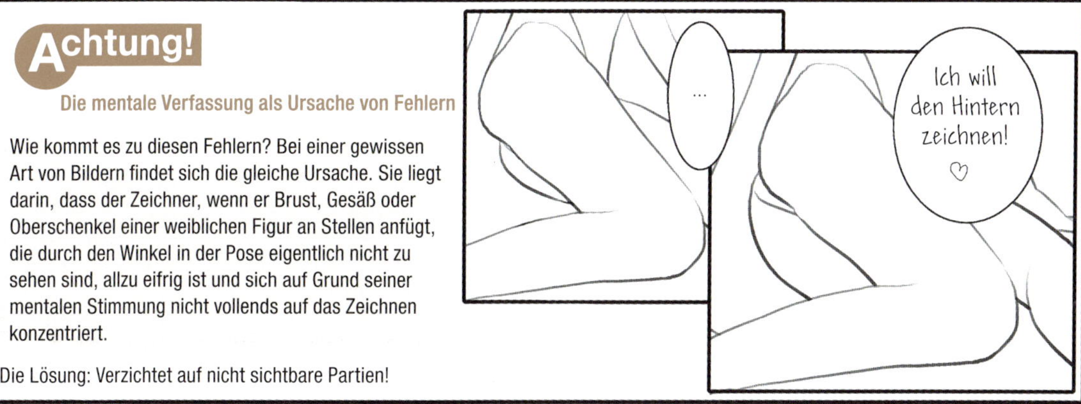

Achtung!

Die mentale Verfassung als Ursache von Fehlern

Wie kommt es zu diesen Fehlern? Bei einer gewissen Art von Bildern findet sich die gleiche Ursache. Sie liegt darin, dass der Zeichner, wenn er Brust, Gesäß oder Oberschenkel einer weiblichen Figur an Stellen anfügt, die durch den Winkel in der Pose eigentlich nicht zu sehen sind, allzu eifrig ist und sich auf Grund seiner mentalen Stimmung nicht vollends auf das Zeichnen konzentriert.

Die Lösung: Verzichtet auf nicht sichtbare Partien!

06 Ungewöhnliche Beine

Auch in aktuellen Werken tauchen häufig Figuren mit ziemlich ungewöhnlichen Beinen auf und erfreuen sich großer Beliebtheit.

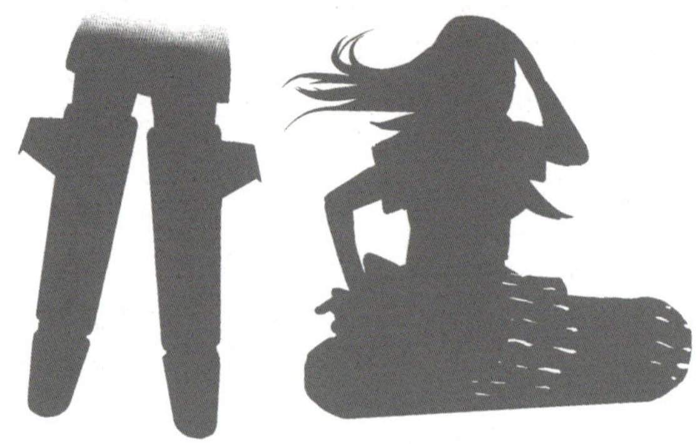

Natürlich gibt es, dem Arm entsprechend, auch mit einer Waffe verschmolzene Beine. Hier ist wieder Eure Fantasie gefragt. Ein Bein lässt sich mit nahezu jedem anderen Gegenstand verschmelzen.

Von Darstellungen, die sehr unangenehm wirken, solltet Ihr aber auch hier besser absehen.

❖ Tierbeine

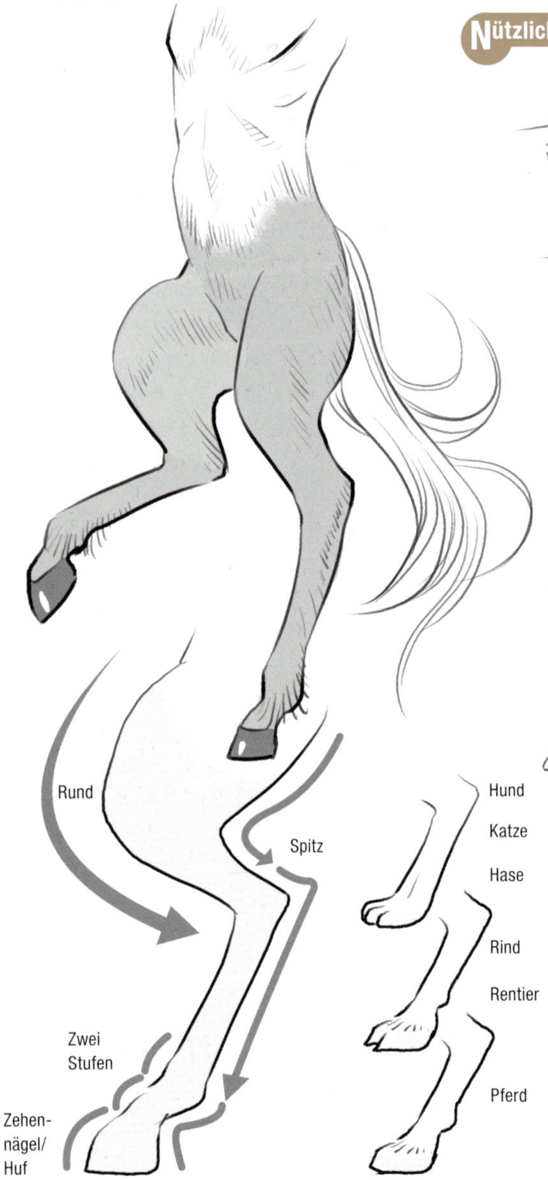

Rund

Spitz

Zwei Stufen

Zehennägel/ Huf

Hund

Katze

Hase

Rind

Rentier

Pferd

Nützliches Manga-Wissen

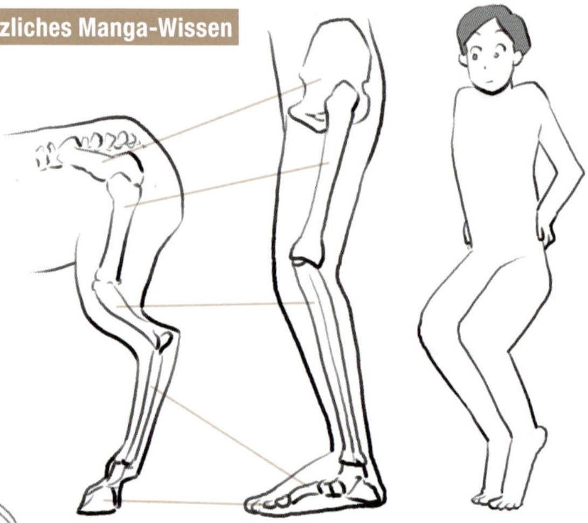

Man könnte meinen, dass die Gelenke am Bein eines Tieres entgegengesetzt zu denen des menschlichen Beins gebeugt werden. Tatsächlich beugen sie sich jedoch genauso, nur dass es äußerlich auf den ersten Blick anders wirkt. Vielleicht hilft es Euch, wenn Ihr Euch vorstellt, dass die Figur auf Fußspitzen steht.

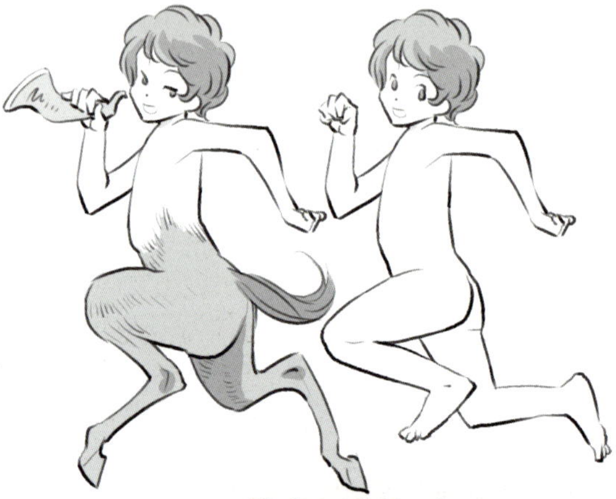

Und es gibt noch so viele weitere Möglichkeiten!

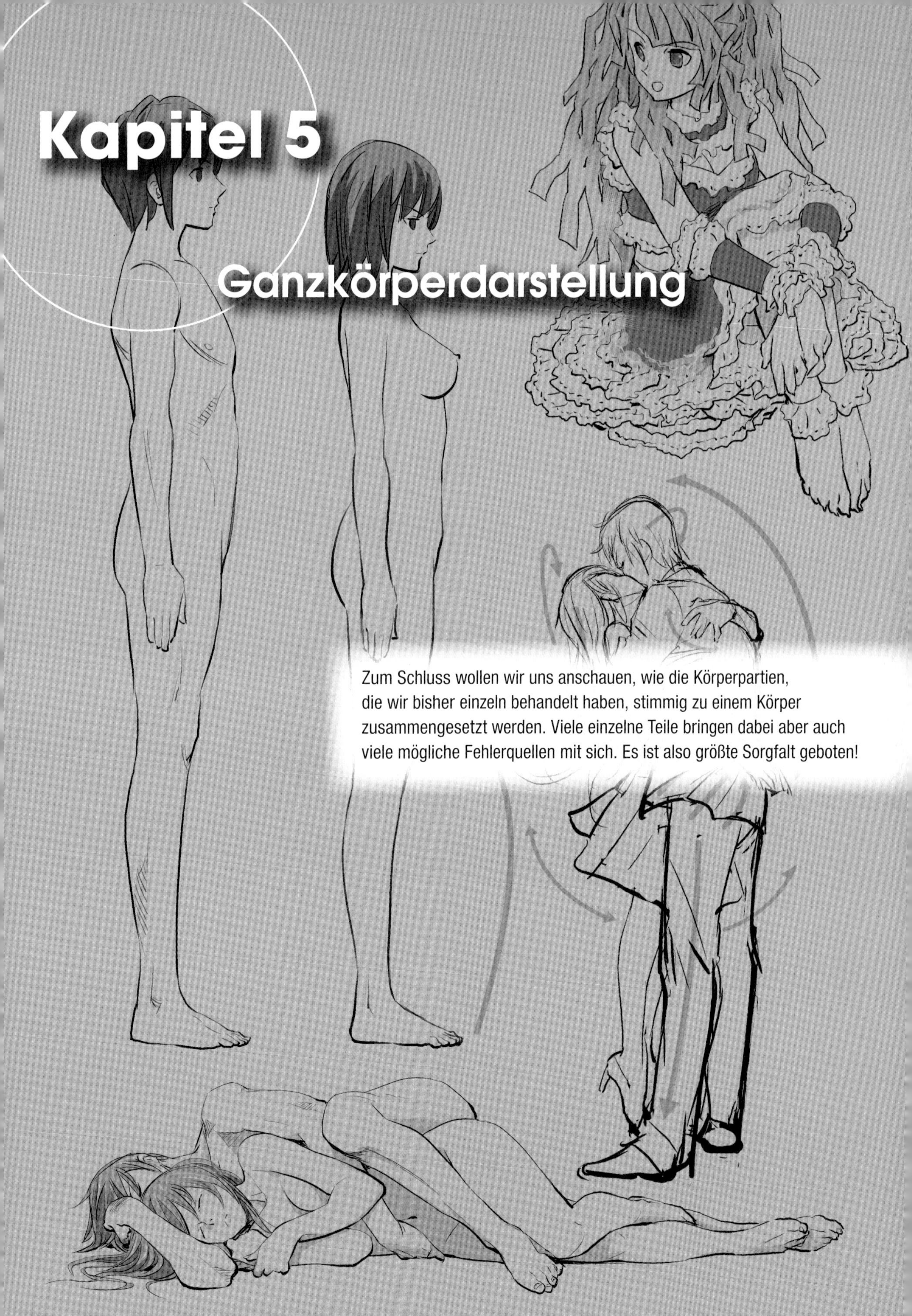

Kapitel 5

Ganzkörperdarstellung

Zum Schluss wollen wir uns anschauen, wie die Körperpartien, die wir bisher einzeln behandelt haben, stimmig zu einem Körper zusammengesetzt werden. Viele einzelne Teile bringen dabei aber auch viele mögliche Fehlerquellen mit sich. Es ist also größte Sorgfalt geboten!

01 Beispiele

❖ Aufrecht stehen

Beim Zeichnen des menschlichen Körpers ist das aufrechte Stehen wohl am schwierigsten. Hierbei müssen die Proportionen besonders fein ausbalanciert werden.

Point

Überprüfen wir einmal – wie wir es von Armen und Beinen schon kennen – die Proportionen des gesamten Körpers.

Vorn

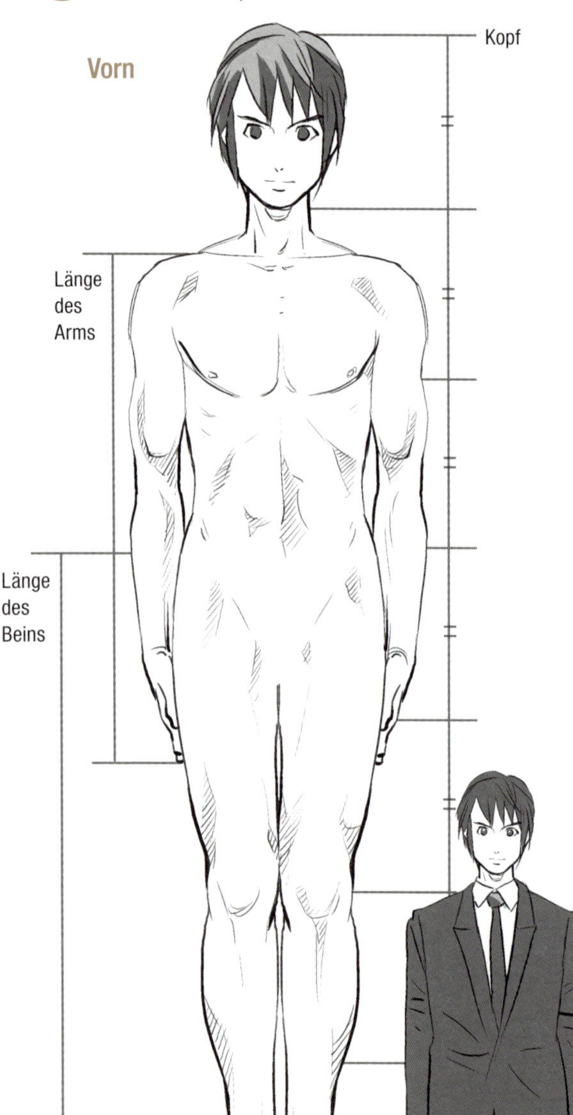

Kopf

Länge des Arms

Länge des Beins

Checkpoints

- Welche Muskeln sind von vorn am Arm zu sehen?
- Welche Muskeln sind von vorn am Oberschenkel zu sehen?

Checkpoints

- Wie ist das Verhältnis von Brust und Armen zueinander?
- Sind die Muskeln vereinfacht dargestellt?

Seitenansicht

Checkpoints
- Wo setzt die Brust an?
- Wo liegt die Spitze der lang-gestreckten Hand?
- An welchen Partien von Armen und Beinen finden sich Ausbuchtungen?

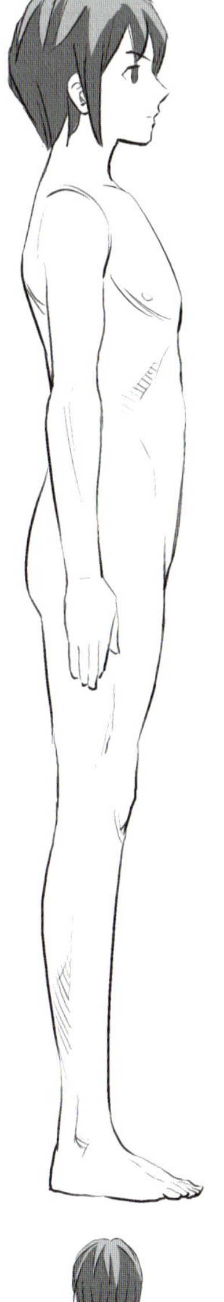

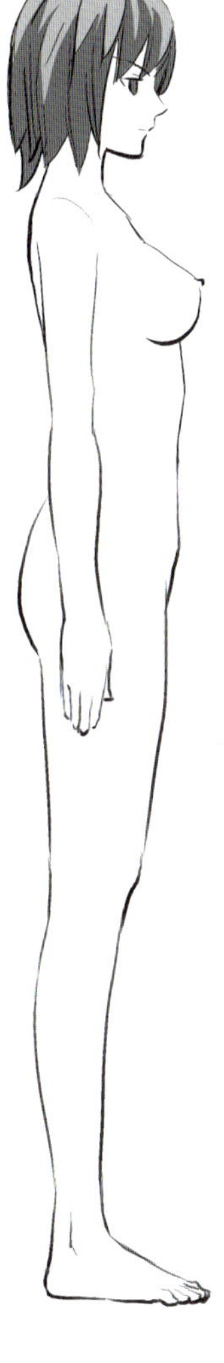

Checkpoints
- Wie ist die Verbindung von Rücken und Armen?
- Welche Muskeln sieht man von hinten an Armen und Beinen?

Rückansicht

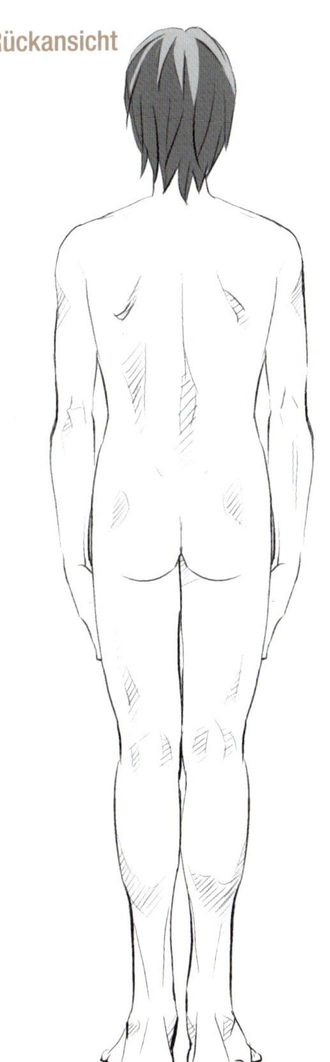

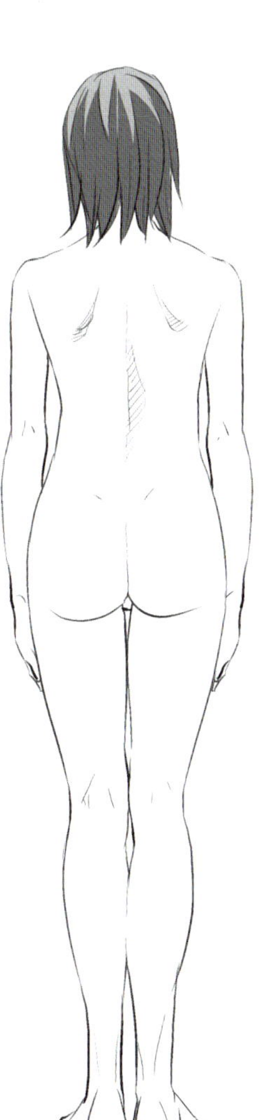

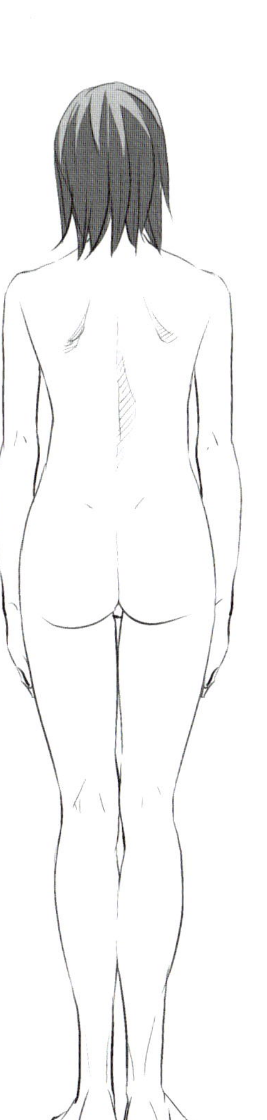

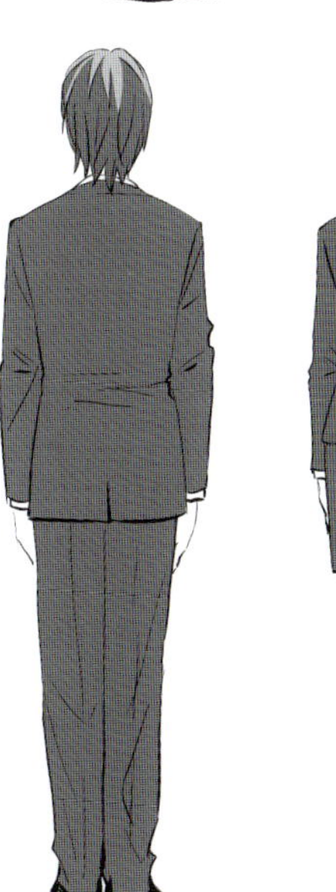

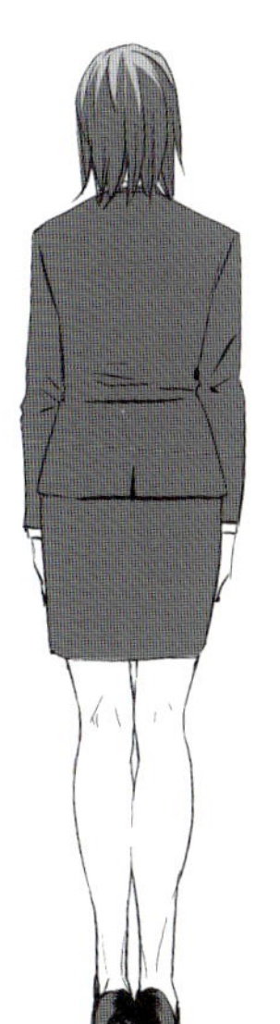

Sitzen

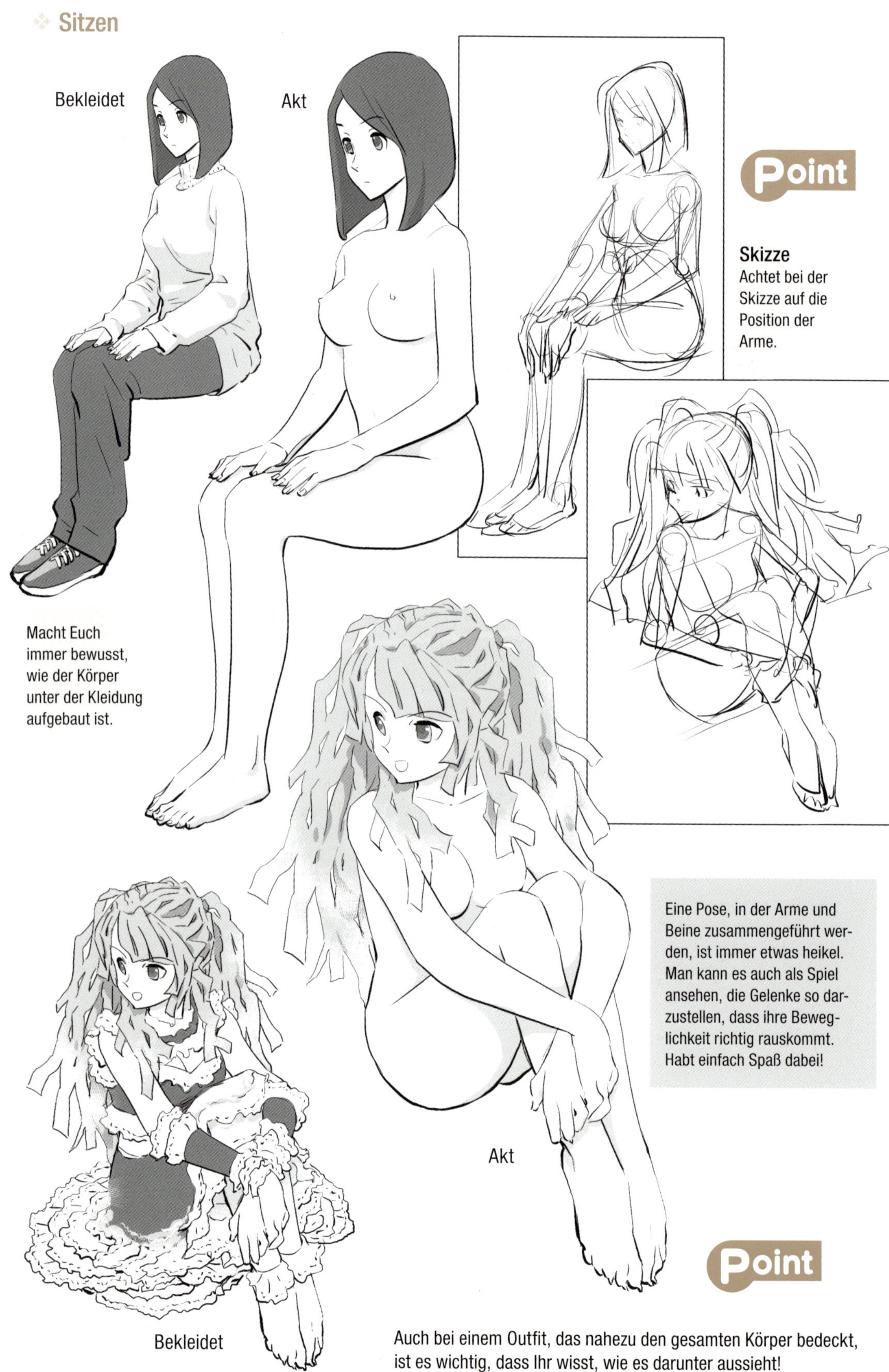

Skizze
Achtet bei der Skizze auf die Position der Arme.

Macht Euch immer bewusst, wie der Körper unter der Kleidung aufgebaut ist.

Eine Pose, in der Arme und Beine zusammengeführt werden, ist immer etwas heikel. Man kann es auch als Spiel ansehen, die Gelenke so darzustellen, dass ihre Beweglichkeit richtig rauskommt. Habt einfach Spaß dabei!

Auch bei einem Outfit, das nahezu den gesamten Körper bedeckt, ist es wichtig, dass Ihr wisst, wie es darunter aussieht!

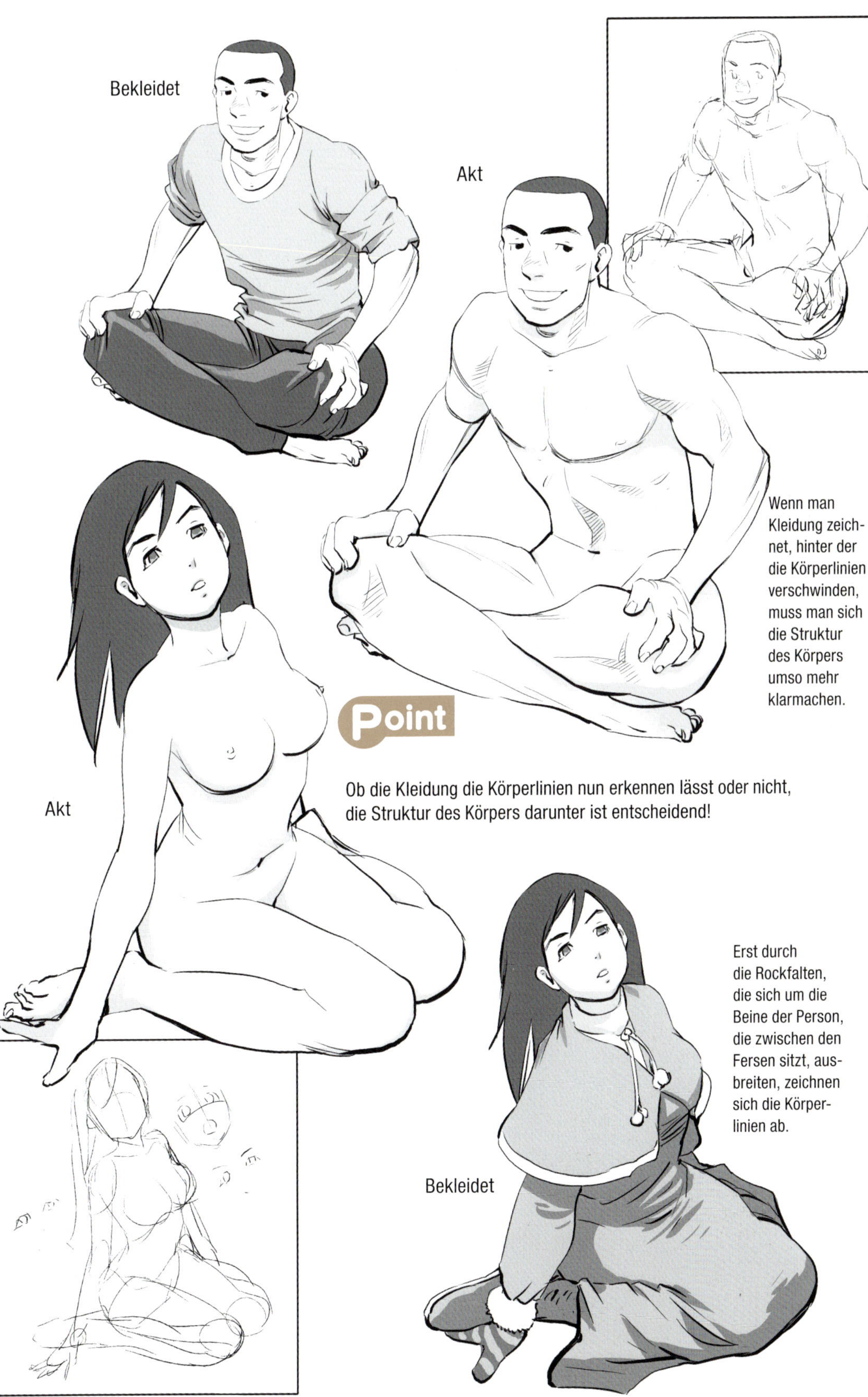

Wenn man Kleidung zeichnet, hinter der die Körperlinien verschwinden, muss man sich die Struktur des Körpers umso mehr klarmachen.

Point

Ob die Kleidung die Körperlinien nun erkennen lässt oder nicht, die Struktur des Körpers darunter ist entscheidend!

Erst durch die Rockfalten, die sich um die Beine der Person, die zwischen den Fersen sitzt, ausbreiten, zeichnen sich die Körperlinien ab.

❖ Eng umschlungenes Paar

Schauen wir uns einmal am Beispiel eines Liebespaars, das einander eng umschlungen hält, an, wie diese emotionale Situation inszeniert wurde.

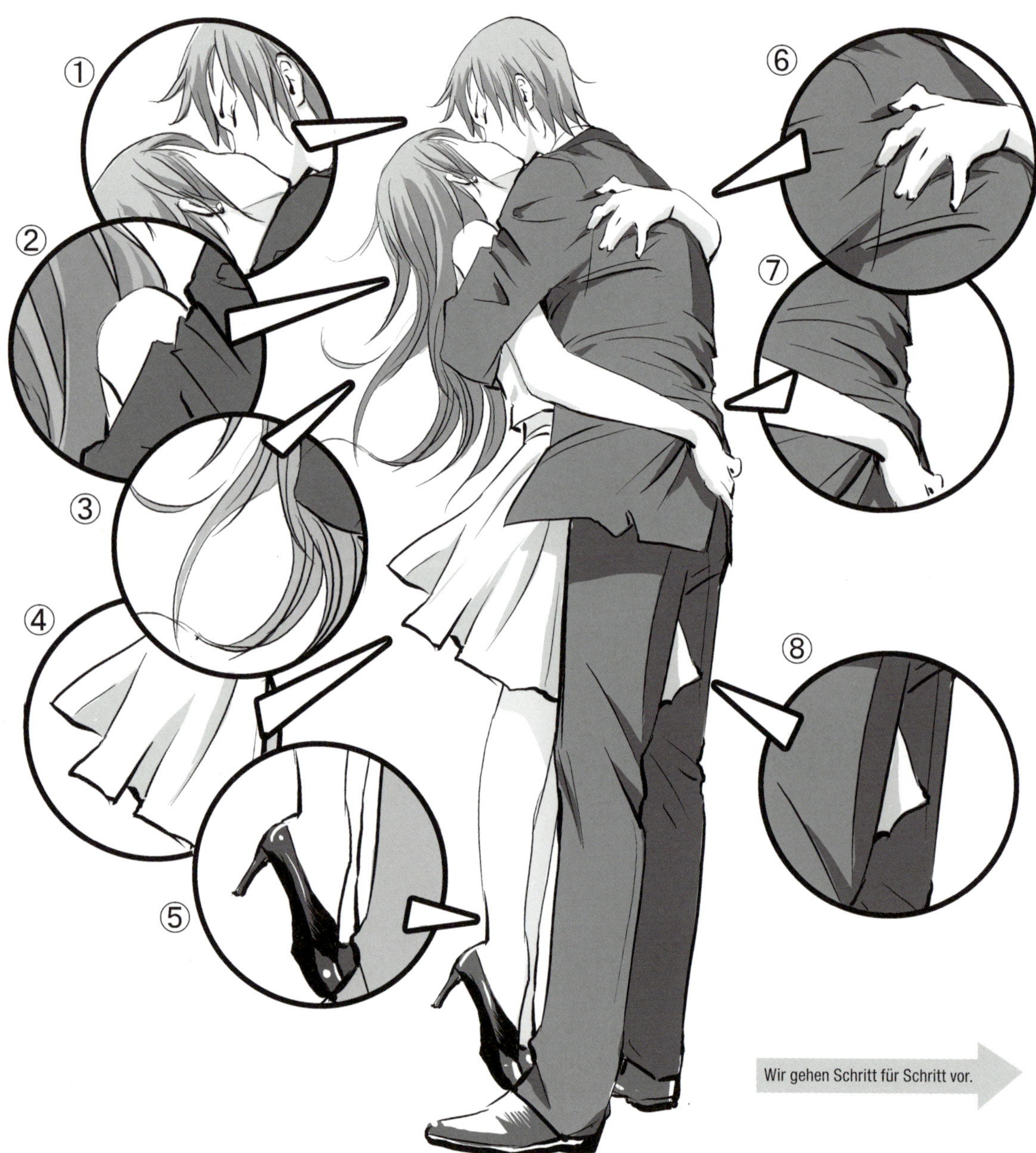

① Winkel der Köpfe
② Hochgezogene Schultern
③ Zurückwehendes Haar, während er sie in seine Richtung zieht
④ Flatternder Rock und eng aneinander liegende Hüftpartien
⑤ Sie steht auf den Zehenspitzen.
⑥ Die umschlingende Hand greift an den Rücken.
⑦ Zugfalten
⑧ Zwischen den Beinen des Mannes hervorschauende Rockpartie
Außerdem entscheidend: Wie sie sich ihrem Liebsten darbietet und wie er sie an sich drückt.

Zeichenfolge

① Grober Entwurf

Erster Entwurf, nachdem man sich entschieden hat, ein »eng umschlungenes Paar« zu zeichnen.

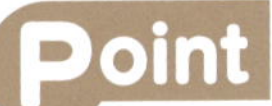

② Auf der Suche

Ist der Blickwinkel gut bzw. effektvoll? Nun folgen Probeentwürfe von gleichen und leicht abweichenden Posen aus anderen Blickwinkeln.

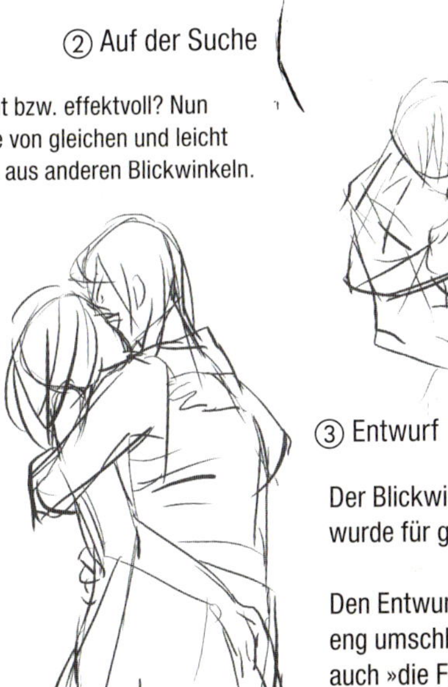

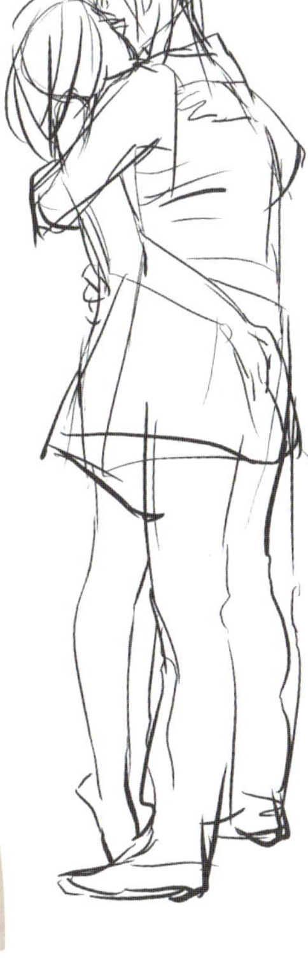

③ Entwurf

Der Blickwinkel des groben Entwurfs wurde für gut befunden.

Den Entwurf zeichnen. Weil nicht nur »das eng umschlungene Liebespaar«, sondern auch »die Frau, die sich mit Körper und Seele hingibt« und »der Halt, den der Mann ihr gibt« gezeigt werden sollen, werden alle Gelenke gebeugt gestaltet.

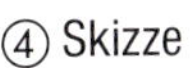

Gefühl hineinbringen:
Der Zeichner versetzt sich in seine Figuren und verfügt so über eine immense Vorstellungskraft.

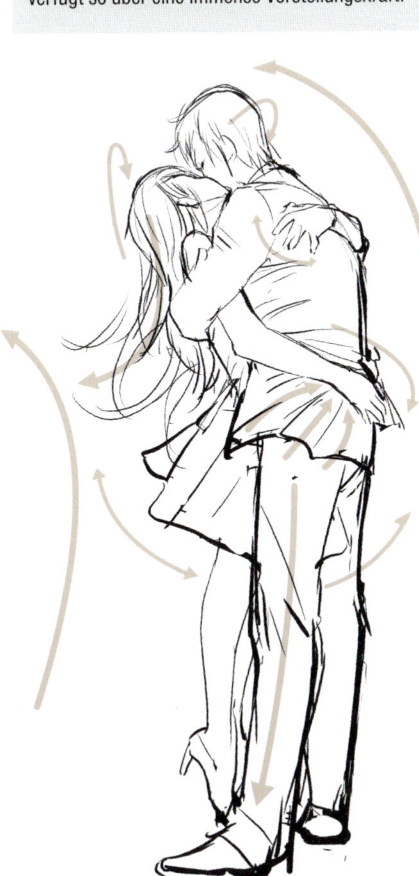

④ Skizze

In der Feinabstimmung werden an den Elementen aus dem Entwurf verschiedene Winkel ausprobiert. Die roten Pfeile markieren die Korrekturstellen.

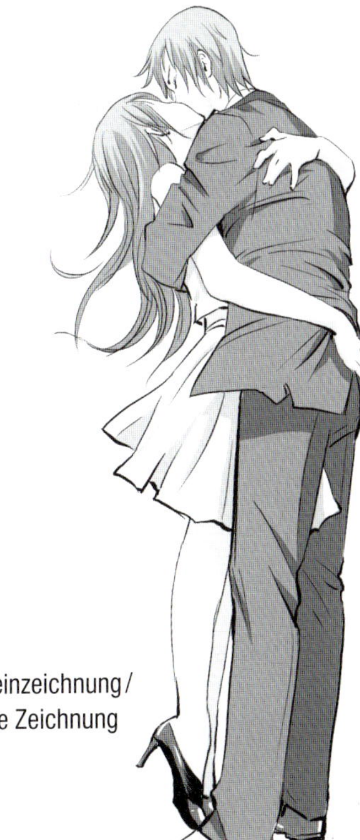

⑤ Reinzeichnung / fertige Zeichnung

Liegen

Da im Liegen die Körperlinie der unteren Seite nahezu gerade verläuft, verläuft jene der anderen Seite besonders schwungvoll.

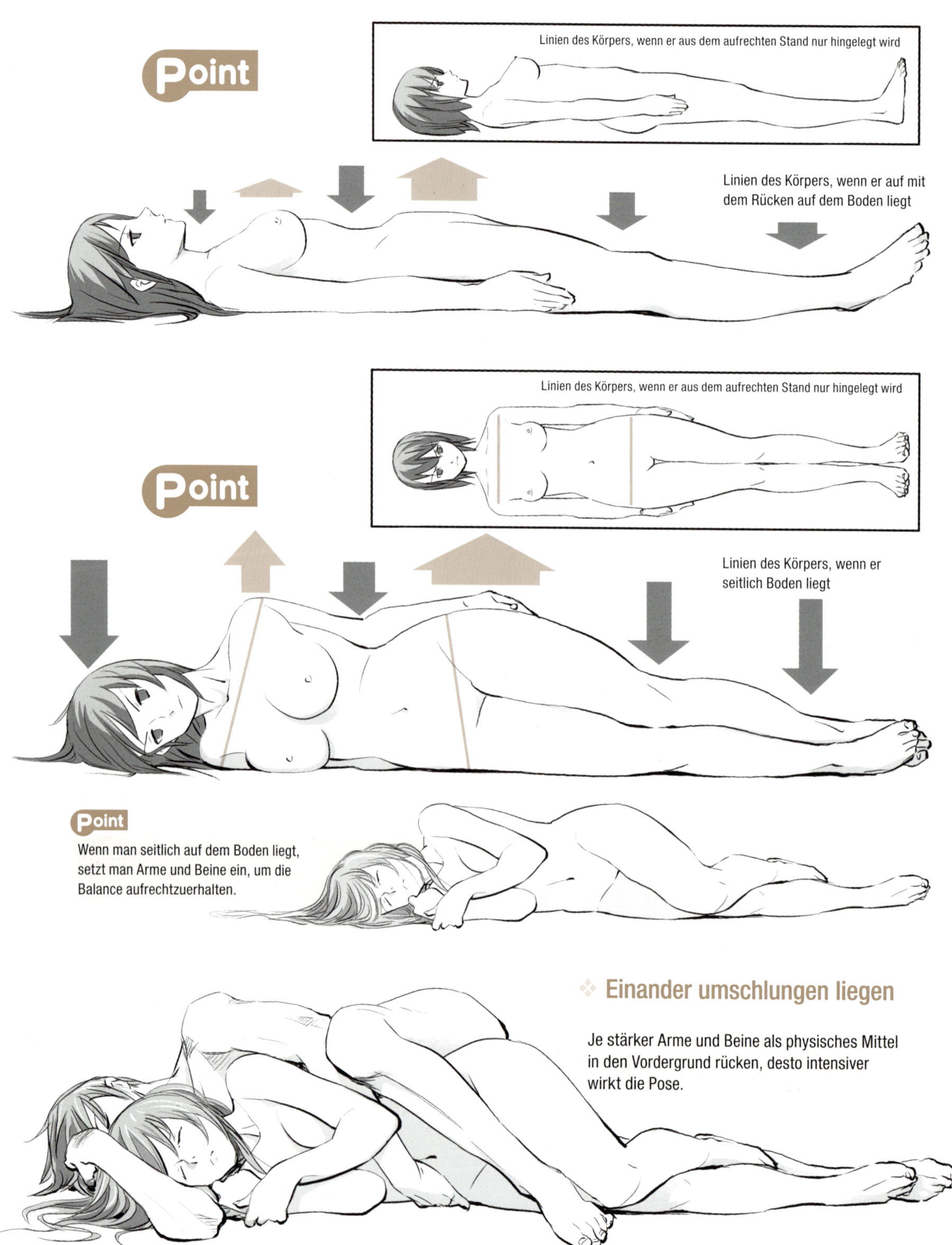

Einander umschlungen liegen

Je stärker Arme und Beine als physisches Mittel in den Vordergrund rücken, desto intensiver wirkt die Pose.

02 Übungsmethoden

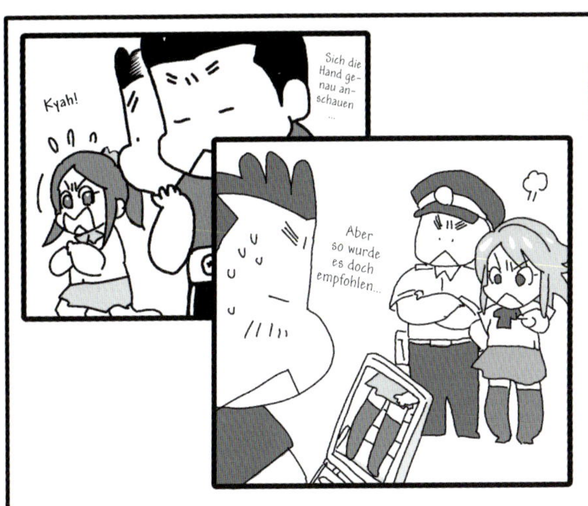

wichtig! **Point** Empfehlung für die Beobachtung

★ Um das Zeichnen von Händen zu üben, betrachtet zunächst einmal Eure eigenen Hände und anschließend die Hände anderer Leute. Genauso macht Ihr es bei den Füßen.

★ Nicht nur vor, sondern auch nach dem Zeichnen betrachten. Es ist wichtig, zu verstehen, was man »nicht versteht«.

★ Darstellungen von Menschen betrachten. Für Hände und Füße schaut Ihr Euch reale Hände und Füße genau an und vergleicht sie mit dem gezeichneten Bild.

wichtig! **Point** Empfehlung für die Vorstellungskraft: Durch Abzeichnen lernen

Um besser zu werden, ist es unerlässlich, auch einmal etwas abzuzeichnen. Hier eine effektive Methode, um sein Können durch Abzeichnen zu erhöhen.

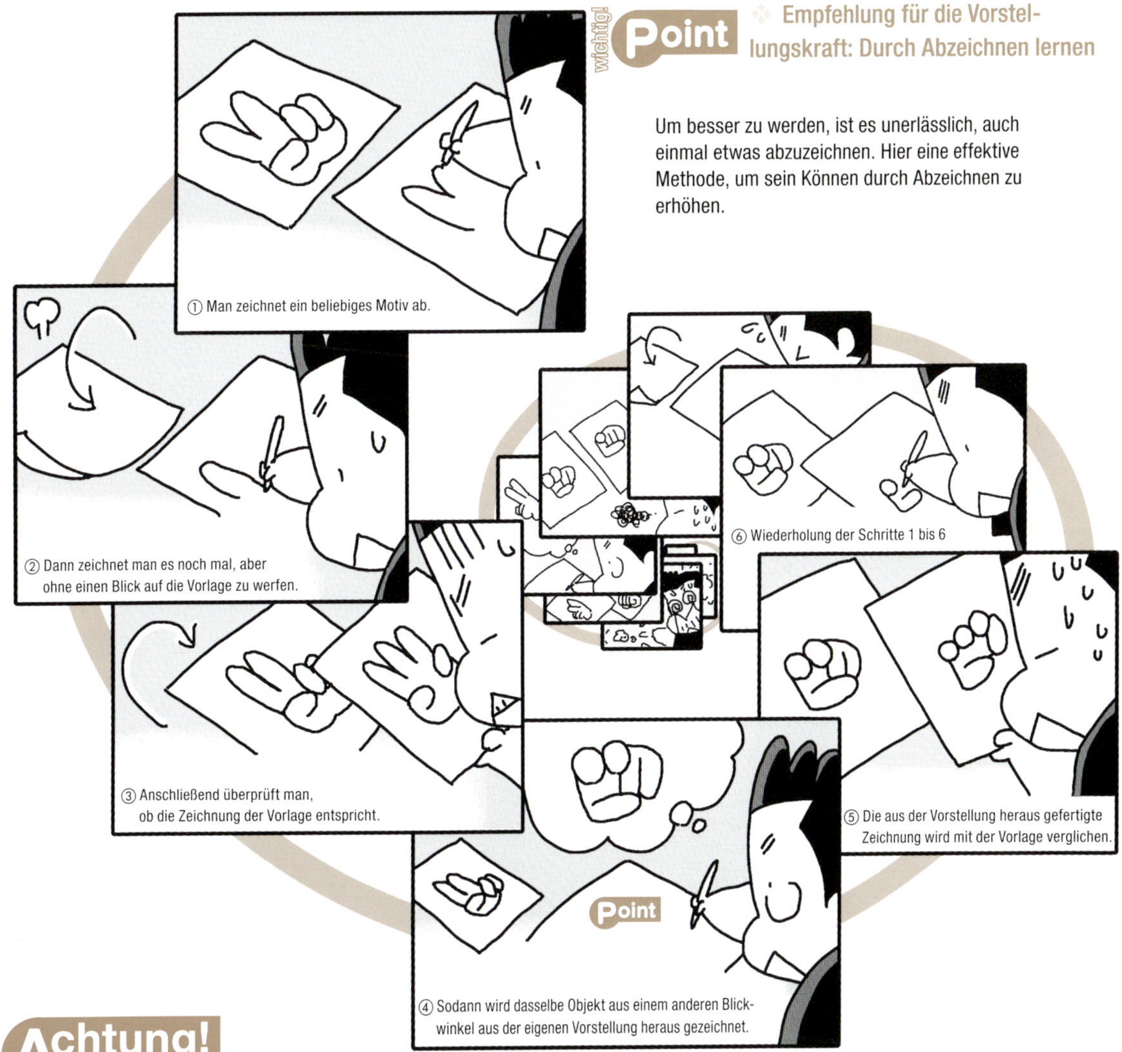

① Man zeichnet ein beliebiges Motiv ab.

② Dann zeichnet man es noch mal, aber ohne einen Blick auf die Vorlage zu werfen.

③ Anschließend überprüft man, ob die Zeichnung der Vorlage entspricht.

④ Sodann wird dasselbe Objekt aus einem anderen Blickwinkel aus der eigenen Vorstellung heraus gezeichnet.

Point

⑤ Die aus der Vorstellung heraus gefertigte Zeichnung wird mit der Vorlage verglichen.

⑥ Wiederholung der Schritte 1 bis 6

Achtung!

Beim Abzeichnen kann es passieren, dass man komplett abschaltet. Es ist jedoch extrem wichtig, dass Ihr mit dem Kopf dabeibleibt. Stumpfes Abzeichnen ist erst erlaubt, nachdem man sich klargemacht hat, welche Partien von Bedeutung sind bzw. welche weggelassen werden können.

Nachwort

Als ich in der dritten Klasse war, hatten wir ein Jahr lang die Aufgabe, fünf Minuten vor dem Unterricht unsere eigenen Hände auf einem kleinen Blatt Papier zu zeichnen. Aus irgendeinem Grund wurde dies nur in meiner Klasse gemacht, und ich erinnere mich genau daran, wie sehr der Klassenraum in diesen Minuten von der Konzentration der rund vierzig Schüler erfüllt war.

Dank dieser Maßnahme hatte ich, seit ich begonnen habe Manga zu zeichnen, nie große Probleme mit dem Zeichnen von Händen. Dafür quälte ich mich mächtig mit den Füßen herum; besonders die Fußspitzen fielen mir lange schwer.

Weil ich in diesem Buch alles richtig machen wollte, bezog ich meine Freunde und Bekannten ein und sammelte so eine Menge Material über Hände und Füße. Dies war nicht immer leicht.
Denn es gibt so viele individuelle Unterschiede...
Was hier passt, passt da irgendwie nicht.
Aber nein, irgendwie stimmt es doch, aber...
Meine wichtigste Erkenntnis ist und bleibt, und so habe ich sie Euch in diesem Buch vermitteln wollen, dass jedes Genre seine Besonderheiten hat und dass dies auch beim Zeichnen eines Manga zu berücksichtigen ist. Schließlich besitzt er charakteristische Eigenschaften (z. B. die Verzerrung), die für einen bleibenden Eindruck bei seinen Lesern sorgen sollen.

An dieser Stelle möchte ich mich bei den Redakteuren bedanken, die mich beim Schreiben des Buches immer wieder geduldig angespornt haben, außerdem danke ich der schönen, jungen Mangaka Frau T., die damals 26 Jahre alt war.

Ich bin sehr glücklich, mit diesem Buch das, was ich von Frau T. gelernt habe, weitergeben zu können.

Kobo Kaneda

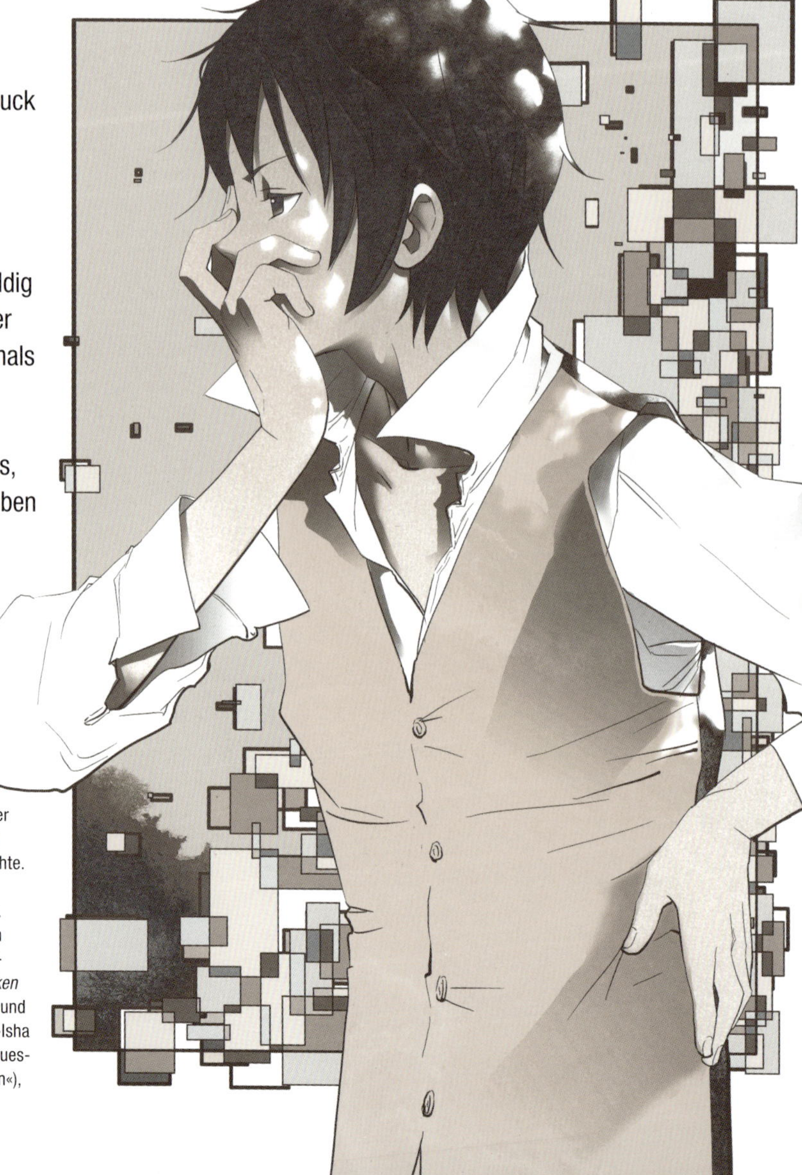

Zur Person

Kobo Kaneda war erst in einer Volkskunstgruppe tätig, bevor er als Assistent eines Mangaka anfing und sich schließlich 2005 als professioneller Mangaka und Illustrator selbstständig machte. Seitdem zeichnet er Serien, die gedruckt und im Internet veröffentlicht werden, Werbung und praktische Ratgeberliteratur. Wenn er für ein bestimmtes Buch seinen Zeichenstil anpassen muss, arbeitet er unter dem Pseudonym »Kobo«. Seine Hauptwerke sind: »Tenku no fugaku» (»Der himmlische Fuji«), *Gakuken Publishing*, »Senkoku buki katchu jiten« (»Lexikon der Waffen und Rüstungen der Sengoku-Zeit«), Verlag *Seibundo Shinko-sha*, »Isha ga oshieru kokoro to karada korega sekai no shinjoshiki« (»Neuestes Allgemeinwissen zu Herz und Körper, wie Ärzte es erklären«), Verlag *Mikasa Shobo*, und andere.

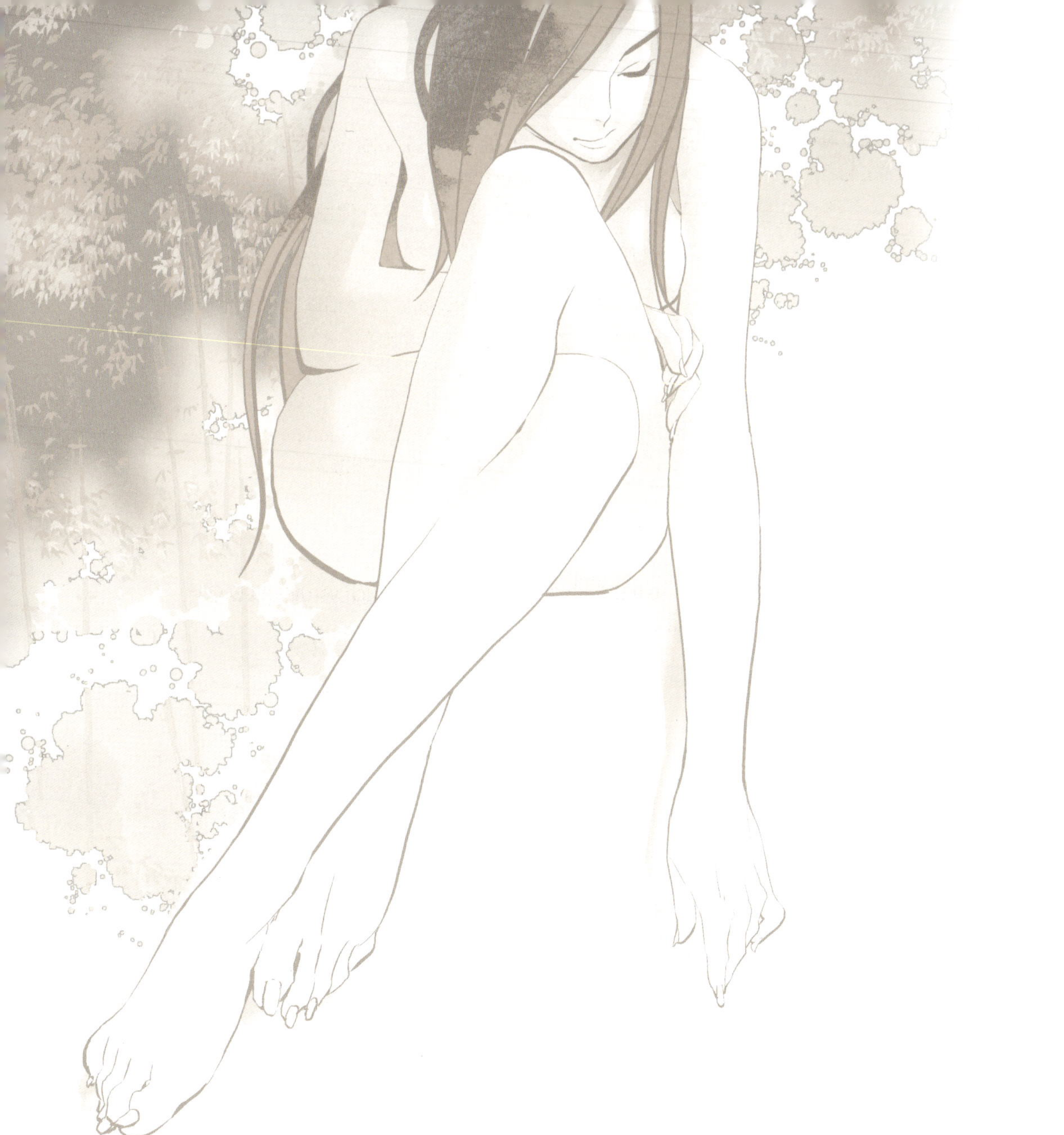

Literaturhinweise

»Jintaikaibozu kara manabu kyarakutaa dezain no egakikata« (»Character Design, wie es sich anhand des Anatomieatlasses des Menschen lernen lässt«), *Verlag Seibundo Shinko-sha*

»Teashi no egakikata masutaagaido« (»Master Guide zum Zeichnen von Gliedmaßen«), *Verlag Kosaido Shuppan*

Weitere Zeichenkurse aus der How-to-Draw-Manga-Reihe:

Manga-Skizzen zeichnen
ISBN 978-3-551-75242-0
Perfekte Proportionen im Manga
ISBN 978-3-551-75243-7
Manga-Figuren entwickeln
ISBN 978-3-551-75244-4
Manga aus der richtigen Perspektive
ISBN 978-3-551-75245-1
Von Accessoires bis Zubehör im Manga
ISBN 978-3-551-75246-8
Manga in der dritten Dimension
ISBN 978-3-551-75247-5
Oberflächen und Strukturen im Manga
ISBN 978-3-551-75248-2
Süße Jungs im Manga
ISBN 978-3-551-75253-6
Ausdrucksstarke Skizzen im Manga
ISBN 978-3-551-75249-9
Manga-Geschichten entwickeln
ISBN 978-3-551-75254-3
Grundlagen der Manga-Kunst
ISBN 978-3-551-75255-0
Hübsche Mädchen im Manga
ISBN 978-3-551-75256-7
Lebendige Manga-Charaktere
ISBN 978-3-551-75257-4
Manga-Figuren in ihrer Umwelt
ISBN 978-3-551-75258-1

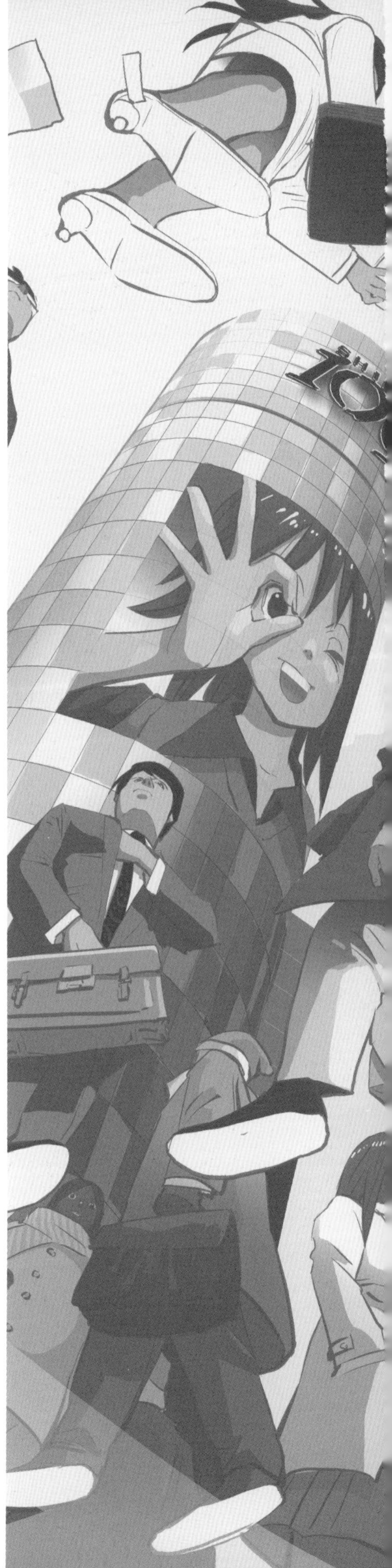

CARLSEN MANGA
Deutsche Ausgabe/German Edition
Carlsen Verlag GmbH · Hamburg 2014
Aus dem Japanischen von Nadja Stutterheim
Character No Teto Ashino Kakikata

Originally published in Japan in 2012 by SEIBUNDO SHINKOSHA PUBLISHING CO., LTD.
German translation rights arranged through TOHAN CORPORATION, Tokyo.
This German edition was published in Germany in 2014 by CARLSEN Verlag GmbH.

Redaktion: Anne Berling
Textbearbeitung: Sabrina Rohde
Umschlag-Layout: Sonnenfisch Production, Laura Bartels
Satz: Ronny Willisch
Herstellung: Tobias Hametner

ISBN 978-3-551-73683-3